Urtümliche Religiosität in der Gegenwart

Hubertus Lutterbach

Urtümliche Religiosität in der Gegenwart

FREIBURG · BASEL · WIEN

© Verlag Herder GmbH, Freiburg im Breisgau 2022
Alle Rechte vorbehalten
www.herder.de
Umschlaggestaltung: Verlag Herder
Umschlagmotiv: © Mizina/Getty Images
Satz: Barbara Herrmann, Freiburg im Breisgau
Herstellung: CPI books GmbH, Leck
Printed in Germany
ISBN Print 978-3-451-38971-9
ISBN E-Book (PDF) 978-3-451-83971-9

Inhalt

A. Einleitung 9
   a. Einfachreligionen und Hochreligionen 14
   b. Karl Jaspers' Theorie der Achsenzeit 17
   c. Ortho-praktische Religiosität in der Gegenwart –
      Warum dieses Buch lohnt 34

B. Manifestationen des Göttlichen

1. „Realpräsent" – Religionsstifter und Heilige im Bild 39
   a. Fäkal befleckter Papst und bombenbeladener
      Mohammed 39
   b. Bilder – Heilige Ikonen oder „Hinweisschilder"? 44
   c. Bilder als Ursache der Gewalt 60
   d. „Ich bin Charlie?" 65

2. Reines Blut – Reine Abstammung – Reines Volk 68
   a. „Blutstürken" und „Bio-Deutsche" 70
   b. Reines Blut und Ursprungsmythen 73
   c. Geistliche Familie und universales Weltverstehen 81
   d. Das reine Blut – Schlüsselidee der NS-Ideologie 88

3. Tot und unverweslich – Ein Leben für die anderen 97
   a. Hilflose Ärzte vor unverweslichem Mönch 98
   b. Ganzkörperreliquien mit Wunderkraft 101
   c. Zwischen Plastination und Pilgerhype 114
   d. Verschiedene Wege zur Unverweslichkeit? 119

C. Menschliche Anwege auf das Göttliche

4. Sexualität – Eine Quelle der Unreinheit 125
   a. „Frauen sind unrein" 126
   b. Kultische Unreinheit – Zwei religionsgeschichtliche
      Varianten 129

Inhalt

    c. Das Christentum – Von der inneren zur äußeren Unreinheit 132
    d. Der Pflichtzölibat 140
    e. Äußere Reinheit und sexuelle Gewalt durch Priester . 144
    f. Ringen um Reinheit heute 148

5. Materielle Opfer – Kein Leben ohne Geben 152
    a. Tierblut für Lottogewinn und Liebeszauber 154
    b. Materielle Opfer an die Götter – Ortho-praktisches Religionsleben in der griechisch-römischen Antike .. 157
    c. Das Selbstopfer – Ein religionsgeschichtlicher Durchbruch 163
    d. Neptuns Pfannkuchen 173

6. Die korrekte Form – Wodurch wirkt ein Ritual? 175
    a. Obamas Präsidentschaft in Gefahr 176
    b. Formstrenge im Dienste der Rechtssicherheit 180
    c. Ritualsicherheit braucht Formstrenge 183
    d. Von der „tridentinischen" Messe zur Kür des US-Präsidenten 194

7. Jungen machen Päpste – Was kindliche Weltdistanz bewirkt . 198
    a. Kinderentscheid über den Koptenpapst 199
    b. Kinder als Übermittler des göttlichen Willens 203
    c. „Kindergebet dringt durch die Wolken" 209
    d. Gottesurteil und Menschenwelt 213
    e. Losentscheid statt Konklave 215
    f. „Gehen Sie über Los!" 221

8. Die Beschneidung von Jungen – Eine religiöse Körpermarkierung 224
    a. Streit um eine Beschneidung in Köln 225
    b. Das Religionsleben Israels – Beschneidung von Penis, Herz und Ohr 229
    c. Die Beschneidung bei Muslimen und Christen 236
    d. Beschneidung macht „ganz" 246

Inhalt

9. „Rent a Pilgrim" – Die Mietpilgerschaft 252
   a. Traumberuf Mietpilger 253
   b. Das Pilgern – Zu Besuch an heiligen Orten 256
   c. Stellvertretendes Pilgern gegen Entgelt 259
   d. Mietpilgern – Oder: Pilgern durch Imagination 264
10. Vergeltung und Rache – Zum Umgang mit Konflikten 269
   a. Säureattentat als Vergeltungsmaßnahme 271
   b. Frauen – Halb so viel wert wie Männer? 273
   c. Rächende Vergeltung als „zuerst einfallendes
      Rechtsprinzip" 277
   d. Von der Tathaftung zur Intentionshaftung 285
   e. Die Todesstrafe – Öffentliche Vergeltung bis heute ... 291

D. Epilog – Ambiguitätstoleranz angesichts von ortho-praktischer und vergeistigter Religiosität
   a. Die Unterscheidung von ortho-praktischer und vergeistigter Religiosität – Eine Schule im Umgang mit Ambivalenz 301
   b. Ortho-praktische Religiosität in der Gegenwart – Was sie für Ökumene, interreligiöses Lernen und Menschenrechtsdiskurs bedeutet 311

Literaturverzeichnis 321

Danksagung 354

Register 357

A. Einleitung

Ich bin ein passionierter Zeitungsleser, für den es zu den Höhepunkten des Tages gehört, wenn er täglich mehrere nationale und internationale Zeitungen liest – meist analog, immer öfter auch digital. Wie viel Unterschiedliches ereignet sich doch an den verschiedenen Orten dieser Welt an einem einzigen Tag – an einem für mich ganz alltäglichen, an dem ich an der Universität meine Lehrveranstaltungen halte oder in einer sozialen Einrichtung in Nordwestdeutschland junge Menschen in sozialen Randsituationen begleite?! Tatsächlich erlebe ich die Zeitungen – ebenso wie manches Internet-Nachrichtenportal – wie ein Schlüsselloch: Ich kann von Nordwestdeutschland dadurch in die entferntesten Länder schauen und die ungewöhnlichsten Lebens- und Denkgewohnheiten mir unbekannter, fremder Menschen beinahe in Echtzeit – quasi live – miterleben.

Am meisten sprechen mich Zeitungsbeiträge an, die – zumindest aufs Erste – kaum nachvollziehbare Perspektiven aus fremden Kulturen und Religionen ins Wort bringen. Je mehr ein journalistischer Artikel dieses Kriterium erfüllt, umso mehr schmunzeln meine Seminarteilnehmerinnen und Seminarteilnehmer oder lachen sogar frank und frei heraus, wenn ich ihnen in meinen universitären Lehrveranstaltungen oder im Rahmen der Erwachsenenbildung aus diesen Artikeln vorlese. Vor dem Hintergrund der Lebens- und Denkgewohnheiten, die ihnen aus ihrem eigenen Alltag vertraut sind, wirken manche meiner „Intros" auf sie einfach derart abseitig und verrückt, dass sie sich nicht mehr anders zu helfen wissen, als sich darüber zu amüsieren. Meine stets mahnende Reaktion: „Lachen Sie nicht, denken Sie lieber darüber nach", hat bei den Adressaten bisweilen eher Kultstatus als Wirkkraft. Dabei ist es doch so: Fremde Menschen werden stets in einen Vergleich mit Bekanntem gebracht – egal ob ich ihnen direkt oder medial vermittelt begegne. Und was mir an Fremden als einzigartig oder als bemerkenswert auffällt, verlangt mir Offenheit und ein weites Herz, vielleicht sogar Toleranz ab. Wie schwierig eine solch aufgeschlossene Haltung im

Einzelfall sein kann, deutet eine aktuelle psychologische Studie zu diesem Thema an: „Konflikte zwischen Gruppen beginnen bereits auf der subtilen Ebene der Wahrnehmung und der Kognition – durch eine Unterteilung der Welt in ‚wir' und ‚die' sowie durch eine Höherschätzung von ‚wir' gegenüber ‚denen'."[1]

Ein paar Beispiele sollen veranschaulichen, was ich unter religiösen Gewohnheiten und Eigenheiten verstehe, die uns hier und heute fremd erscheinen. So berichtete die „Frankfurter Allgemeine Zeitung" von zwei Männern, die in Afghanistan lebendig begraben worden waren. Die beiden 22 und 18 Jahre alten Männer sollen gestanden haben, dass sie miteinander Analverkehr gehabt hatten. Dann habe ein Bulldozer in der westlichen Provinz Herat eine Mauer über sie geschoben. Kurze Zeit zuvor hätten zwei Männer eine solche Hinrichtungsprozedur im Süden des Landes, in Kandahar, überlebt. Auch sie waren wegen des gleichen Delikts zum Tode verurteilt worden. Weil sie nach 30 Minuten unter dem Schutt noch lebten, wurden sie begnadigt[2].

Aus Nepal ist immer wieder zu vernehmen, dass junge Frauen während ihrer Menstruation in sogenannten Menstruationshütten von der sonstigen Dorfbevölkerung abgesondert werden, weil sie in einem religiösen Sinn als unrein gelten. Als abgetrennter Verschlag dient ihnen meist ein Kuhstall, wie die „Süddeutsche Zeitung" exemplarisch berichtet. Bisweilen ist es darin so kalt, dass sich die Frauen ein Feuer anzünden und in der Folge mitunter wegen fehlender Rauchabzugseinrichtungen ersticken[3]. Die Reichweite dieser religiösen Sitte erläutert die Illustrierte „Stern": „Nach dem ‚Chhaupadi' genannten Brauch werden hinduistische Frauen während ihrer Monatsblutung des Hauses ihrer Familie verwiesen. Sie müssen mindestens vier Tage lang in Kuhställen oder an anderen entfernt vom Haus liegenden Orten leben. Da sie als unrein be-

---

[1] Hans Alves – Alex Koch – Christian Unkelbach, A Cognitive-Ecogological Explanation of Intergroup Biases, in: Psychological Science 29 (2018) S. 1126–1133, S. 1126.
[2] N. N., Wegen sexueller Verfehlungen, in: FAZ 24.03.1998, No. 70, S. 13.
[3] Friederike Zoe Grashoff, Weil sie eine Frau ist (21.12.2016), in: https://www.sueddeutsche.de/panorama/nepal-weil-sie-eine-frau-ist-1.3304437 (19.03.2019).

trachtet werden, dürfen die Frauen in der Zeit keine Menschen und Rinder sowie kein Obst und Gemüse berühren."[4] Mit vergleichbarer Stoßrichtung meldet die „Neue Zürcher Zeitung" im Blick auf das religiöse Leben in Indien: „Ein indischer Gott wünscht keinen Damenbesuch." Der Grund für dieses Verdikt liegt darin, dass der Heilige Agasthya Muni auf dem ihm gehörenden zweithöchsten Berg des indischen Staates Kerala die Frauen wegen ihrer menstruationsbedingten äußerlich-kultischen Unreinheit grundsätzlich nicht duldet[5]. Überhaupt „gelten menstruierende Frauen im Hinduismus als unrein und werden während ihrer Periode aus vielen Tempeln ausgeschlossen"[6].

Ein Islamist, der 2000 in Aleppo in Syrien geboren wurde und seit 2015 in Deutschland lebt, erläutert einem Psychologen, nachdem er ein homosexuelles Paar in Dresden niedergestochen und einen der beiden getötet hatte, dass er sich sündhaft fühle, weil er sich – so die Wochenzeitung „Die Zeit" – „sexuell selbst befriedige", ihn das aber sehr bedrücke, denn es lasse sich mit seiner Religion nicht vereinbaren. Dass das Onanieren für ihn ein kompliziertes Thema ist, hatte sich auch schon in der Zeit seiner vormaligen Inhaftierung gezeigt. Damals war er mit einem Beamten aneinandergeraten, weil er nach dem Masturbieren unbedingt duschen wollte, „um wieder ‚rein' zu werden, das aber nicht unverzüglich durfte"[7].

---

[4] N. N., Junge Frau erstickt in Nepal in einer „Menstruationshütte" (04.02.2019), in: https://www.stern.de/panorama/weltgeschehen/hinduistischer-brauch–frau-erstickt-in-nepal-in-menstruationshuette-8564956.html (19.03.2019). Der eindrucksvolle Film von Avinash Shejwal zum Thema „Menstruationshütten in Nepal" findet sich unter https://www.youtube.com/watch?v=HDNXcNm4CrM als Video.
[5] Britta Petersen, Ein indischer Gott wünscht keinen Damenbesuch, in: NZZ 09.01.2019, S. 4.
[6] N. N., Frauen dürfen Hindutempel betreten, in: NZZ 01.10.2018, S. 2. Dieser Artikel berichtet, dass der Oberste Gerichtshof in Delhi die Verbannung von Frauen aus einem bestimmten Tempel als Verstoß gegen den Gleichheitsgrundsatz von Mann und Frau aufgehoben hat.
[7] Anne Hähnig – Yassin Musharbash – Martin Nejezchleba, „Ich werde euch alle töten!" Ein Islamist begeht in Dresden an einem Touristenpaar eine schreckliche Bluttat. Im Prozess wird klar: Die Behörden wussten, wie gefährlich dieser Mann war –

Auch von der indonesischen Insel Bali war zu vernehmen, welche urtümliche Kraft die Einwohner dem Religionsleben zuschreiben: „Die Balinesen bangen um ihre Sicherheit. Seit einheimische Seher eine Gefahr vom Wasser her vorausgesagt haben, ziehen die Hindus fast jeden Morgen an den Strand und beten. Hunderte Gläubige, meist in Weiß gekleidet, sitzen dann in großen Gruppen unter der beißenden Tropensonne, um nach zwei Stunden Opfergaben ins Meer zu tragen. (…) Fest steht, dass der Meergott die Gebete der Balinesen bislang erhört hat." Ansonsten gibt es auf der Insel einen Menschen, dem der Ruf vorauseilt, dass er das Meer in besonderer Weise beeinflussen kann: „Er [Mbha Nono] hat den Schlüssel zum Meer', sagen die Menschen. Mbha Nono kann das nur bestätigen. Er erbte den direkten Draht zu Nyi Roro Kidul von seinen Ahnen und kann sich nicht nur mit der Göttin unterhalten, sondern zum Beispiel auch mit Hilfe von Reisopfern Flutwellen abschwächen oder umleiten."[8]

Der Literat und Büchner-Preisträger Martin Mosebach berichtet von einem „übergroßen Opferfest auf dem Mount Abu", das erstmalig seit 39 Jahren wieder stattfand und das er während einer Indienreise miterlebte: „Auf einer weiten, von hohen bemalten Felsen ganz umgebenen Ebene waren bunte Zelte errichtet, wie ein mittelalterliches Hoflager. Unter einem besonders großen Zeltdach befanden sich dicht an dicht die zu diesem Zwecke gebauten 99 Opferaltäre. Um jeden Altar – eine rund gemauerte Feuerstelle – saßen ein paar Männer, die dort unablässig aufs Neue die komplizierte Opferzeremonie vollzogen, Familienväter, die von zwischen den Altären auf und ab gehenden Priestern beraten wurden. Dass wir in dieses Zelt nicht hineinwollten und es wohl auch nicht sollten, verstand sich von selbst. Ein Priester bestrich uns die Stirn mit einer dicken orangefarbenen Paste und wies uns dann an, das Zelt barfuß zu umkreisen. Die Opferfeuer waren wohlriechend. In ihrem Rauch

---

aber unternahmen trotzdem zu wenig dagegen, in: DIE ZEIT 12.05.2021, No. 20, S. 18.
[8] Jochen Buchsteiner, Die Rache der schulterfreien Meeresgöttin, in: FAZ 05.09.2006, No. 206, S. 7.

bewegten sich die Köpfe der Opfernden, die leise Gebete sprachen. Dies Zelt war eine große Opferfabrik. Es war wie im Maschinenraum eines alten Ozeandampfers, in dem die Heizer das Feuer unterhalten und die Kraft erzeugen, die die Schiffsschraube bewegt, während die Passagiere auf den Schiffsdecks spazieren gehen."[9]

Ebenso überraschend wirkt es in unseren Breiten heutzutage, dass selbst Tieren der Prozess gemacht wird. Diese Praxis, die in den USA zu Anfang der 1990er Jahre endete, findet sich an manchen Orten Afrikas und Asiens auch heute noch: „Hunde im Todestrakt, Schweine am Galgen, Elefanten auf dem elektrischen Stuhl. Dass Tiere sich vor Gericht zu verantworten haben, war früher gängige Praxis und endete in den Vereinigten Staaten erst in den 1990er-Jahren", wie es in der Tageszeitung „Die Welt" heißt: „Taro hatte Glück. Es war das größte Glück, das man haben kann. Taro kam mit dem Leben davon. Nach drei Jahren im Todestrakt von Trenton, dem Hochsicherheitsgefängnis von New Jersey, kam dem Gefangenen Nr. 914095 eine Mitteilung zu: Er sei – übrigens aufgrund der intensiven Fürsprache von Brigitte Bardot – begnadigt worden zu lebenslänglich statt Todesstrafe. Diese existentielle Neuigkeit bekam Taro nicht so richtig mit. Er war nur ein Hund, 50 Kilo schwer, fünf Jahre alt, eine japanische Rasse namens Akita Inu. Und rechtskräftig von der US-Justiz zum Tode verurteilt. Taro hatte ein Mädchen gebissen. Er war eher ein Schnapper gewesen und der Schrecken schlimmer als die Wunde. Aber Taro hatte das falsche Bein erwischt. Es gehörte der Nichte des Sheriffs. Das war im Jahr 1991. Taro ist das letzte Tier gewesen, das ein US-Gericht für schuldfähig hielt."[10]

Selbstverständlich genügt es weder gegenüber den Studierenden noch gegenüber den Leserinnen und Lesern dieses Buches, die aus der Presse entnommenen und aufs Erste höchst eigenartig wirkenden Begebenheiten einfach nur nachzuerzählen, als ob es sich dabei

---

[9] Martin Mosebach, Der Heilige und das Handy, in: Die Zeit Literatur 61. Jg., No. 40, Sept. 2006 (Sonderbeilage).
[10] Elke Bodderas, Schuldig! – Tiere auf der Anklagebank (21.03.2014), in: https://www.welt.de/vermischtes/kurioses/article125886895/Schuldig-Tiere-auf-der-Anklagebank.html (25.02.2019).

Einleitung

um skurrile Ausstellungsstücke des religiösen Lebens handelte. Wenn die soeben vorgetragenen kurzen Episoden hier dennoch nicht weiter erläutert und interpretiert werden, hat das seinen Grund allein darin, dass sie die Leserschaft dieses Buches neugierig machen sollen auf weitere, ähnlich staunenswerte Ausdrucksweisen urtümlichen Religionslebens, die in den einzelnen Kapiteln dieses Buches, dort freilich unter Einschluss religionsgeschichtlicher Orientierungen, präsentiert werden sollen. Zugleich provozieren diese Funde die Frage, auf welche Weise sie sich gegenüber Zeitgenossen in unserer westlichen Welt so erschließen lassen, dass ihnen etwas über ihre eigene Geschichte und über ihre eigene Gegenwart aufgeht. Denn das sei bereits hier festgehalten und wird sich in den Kapiteln dieses Buches immer wieder bestätigen: So fremd, wie die Episoden in unseren Ohren zunächst klingen, sind sie uns letztlich keineswegs.

a. Einfachreligionen und Hochreligionen

Die geschilderten Beispiele gelebter fremder Religiosität lassen aufmerken, weil sie sich deutlich von den uns heute bekannten westlich-praktizierten Religionsformen unterscheiden. So könnte man diese Beispiele als Impuls nehmen, um auf die Unterscheidung zwischen Hoch- und Einfachreligionen zurückzugreifen, wie sie in der Forschungsgeschichte lange vorgenommen wurde, und die angedeuteten Phänomene entsprechend zuordnen. Hier sei um einer religionsgeschichtlichen Orientierung willen immerhin einleitend gefragt, welche forschungshistorischen Etappenschritte sich für die Einschätzung von vormals sogenannten Einfachreligionen und Hochreligionen rückblickend nachzeichnen lassen.

Noch im 19. Jahrhundert war man der Meinung, dass in dem, was man als Einfachreligionen bezeichnete, die Reste degenerierter Hochreligionen zu sehen seien. Somit stünden sie nicht für die Anfangsphase einer Entwicklung, sondern vielmehr für deren Ende; es handelte sich bei ihnen um keine natürliche Religion, stattdessen um ein spätes Verfallsprodukt. Der Religionshistoriker Hans-Georg

Kippenberg weist im Rückblick auf die Reichweite dieser Einschätzung hin: „War nicht der Anblick von Nomaden zwischen den Ruinen der altpersischen Reiche oder von Bauern neben den Pyramiden Ägyptens ein Beweis dafür, dass die heutigen Stammeskulturen die Überreste von untergegangenen Kulturen waren? So kam eine Degenerationsthese auf, die den Religionen außereuropäischer Stammesgesellschaften einen paradigmatischen Wert für den Anfangszustand menschlicher Kultur absprach."[11]

Es scheint so zu sein, dass das von Hans-Georg Kippenberg resümierte negative Verständnis von einfachreligiösem Leben mit Erfahrungswissen des 19. Jahrhunderts korrespondierte. So erlebten christliche Missionare alltagskonkret, dass sich Angehörige der von ihnen sogenannten Einfachreligionen nicht leicht bekehren ließen, woraufhin sie ihnen den Nimbus der Unbelehrbarkeit anhängten. In vergleichbarer Weise rechtfertigten europäische Staatsmänner ihre Maßnahmen der Kolonisierung damit, dass die Angehörigen der von ihnen defizitär eingeschätzten Einfachreligionen aus eigener Initiative und eigener Kraft keine Wende zum Besseren mehr hinbekämen. Im Ergebnis bedeutete dies: „Für eine ganze Phalanx von Autoritäten in Staat, Kirche und Wissenschaft stand fest, dass den Primitiven die Fähigkeit abging, sich ohne Hilfe von außen zu entwickeln."[12]

Als Alternative zur Degenerationsthese schlug der britische Sozialanthropologe Edward B. Tylor († 1917) vor, in den Einfachgesellschaften und in den Einfachreligionen den sozialen und religiösen Anfangszustand der menschlichen Geschichte zu sehen[13]. Unter vielen anderen schloss sich Charles Darwin 1871 dieser Position an

---

[11] Hans-Georg Kippenberg, Die Entdeckung der Religionsgeschichte. Religionswissenschaft und Moderne, München 1997, S. 80f.
[12] Kippenberg, Die Entdeckung der Religionsgeschichte, S. 81.
[13] Edward B. Tylor, „Wild Men and Beast Children", in: The Anthropological Review 1 (1863) S. 21–32. Zu „primitive culture" bei Edward B. Tylor s. im Blick auf Position und Rezeption prägnant Rüdiger Schmitt – Edward Burnett Tylor. Primitive Culture. Researches into the Development of Mythology, Philosophy, Religion, Language, Art and Custom (1871), in: Christel Gärtner – Gert Pickel (Hrsg.), Schlüsselwerke der Religionssoziologie, Wiesbaden 2019, S. 65–69, S. 66–68; auch Wolfgang Eßbach,

Einleitung

und brachte den neuen Konsens, dass die außereuropäischen Einfachkulturen und Einfachreligionen den Beginn der menschlichen Geschichte verkörperten, auf den Punkt: Die Argumente für die „Annahme, dass der Mensch als ein zivilisiertes Wesen auf die Welt gekommen ist, und dass alle Wilden seit jener Zeit einer Entartung unterlegen sind, (...) scheinen mir im Vergleich mit den von der anderen Seite vorgebrachten schwach zu sein"[14].

Die Konsequenzen dieser Neueinschätzung waren markant. Erstens: Insofern sich die Hochkulturen und Hochreligionen derart komplex entwickelt hatten, dass von den dahinter liegenden entwicklungsgeschichtlichen Anfangsstrukturen nichts mehr erkennbar war, ermöglichte die Beobachtung der außereuropäischen Einfachkulturen und Einfachreligionen, das Ursprüngliche in ihnen wiederzuentdecken und die Hochreligionen von ihren Wurzeln her neu zu verstehen. Umgekehrt sollten die Religionen der kolonisierten Völker, die man kurz zuvor noch verachtet hatte und die durch das Christentum abgelöst worden waren, fortan als wertvolle Zeugen einer ursprünglichen Religion der Menschheit geachtet und dokumentiert werden. Diese Manifestationen des Ursprünglichen ermöglichten es Forschern wie Edward B. Tylor sogar, Überbleibsel (*survivals*) älterer Vorstufen in der eigenen modernen Zivilisation nachzuweisen und irrational wirkende Elemente in der modernen Gesellschaft verständlich zu machen[15]. Zweitens verlor das Adjektiv „primitiv" seine negative Konnotation: „Es brachte gegen die Degenerationsbehauptung die Ursprünglichkeit der Lebensform dieser Völker zum Ausdruck. Anders als die gängigen Bezeichnungen ‚wild' oder ‚barbarisch', die Defizite im Vergleich mit der entwickel-

---

Religionssoziologie, 2 Bde., Paderborn 2014–2019, hier Bd. 2,1, Paderborn 2019, S. 670f.
[14] Charles Darwin, Die Abstammung des Menschen, 2. Aufl., Wiesbaden 1874, ND 1992, S. 159.
[15] Kippenberg, Die Entdeckung der Religionsgeschichte, S. 95 kommentiert: „Die moderne zivilisierte Welt trägt ihren Anfang doppelt in sich – in der entwickelten Struktur von Kultur und in den von der Entwicklung überholten Bräuchen. Was für den aufgeklärten Verstand in der modernen Gesellschaft unverständlich geworden war, sollte mit Hilfe ethnologischer Parallelen eingeordnet werden können."

ten Zivilisation bezeichneten, gab ‚primitiv' den so bezeichneten Völkern einen Platz ganz am Beginn der Abfolge von Strukturen menschlicher Lebensformen, ohne dabei eine Minderwertigkeit zu behaupten."[16]

Auch das vorliegende Buch basiert methodisch auf einer Gegenüberstellung unterschiedlicher Religionsausprägungen. Wir verdanken sie dem Psychologen und Philosophen Karl Jaspers († 1969): Im Rahmen seiner Theorie der Achsenzeit unterscheidet er „achsenzeitliche Religionen" und „vor- bzw. außer-achsenzeitliche Religionen".

b. Karl Jaspers' Theorie der Achsenzeit

Gemäß Karl Jaspers emergieren hochentwickelte Religionen beinahe synchron in vier voneinander unabhängigen Kulturkreisen (Griechenland, Israel, China, Indien) zwischen 800 und 200 v. Chr. Diese Gleichzeitigkeit veranlasst ihn, diesen Zeitraum als „Achsenzeit" und die Religionen als „Achsenzeitliche Religionen" zu benennen. Ausgezeichnet seien die achsenzeitlichen Religionen dadurch, dass sich der Mensch seiner selbst bewusst wird, dass er über sich nachdenkt und dass er seiner Möglichkeiten und Grenzen gewahr wird. Als grundlegendes Merkmal nennt Karl Jaspers im Blick auf das achsenzeitliche Religionsleben die „Vergeistigung", die es unten noch weiter auszuführen gilt.

Im Unterschied zu achsenzeitlichen Religionen sind vor-achsenzeitliche Religionen Karl Jaspers zufolge dadurch charakterisiert, dass sie auf mythischer Spekulation beruhen, ohne dass diese weiter hinterfragt wird. Der Mensch handelt, um die Welt in Gang zu halten, beispielsweise unter Zuhilfenahme magischer Praktiken. Meist sieht er sich als Teil einer (überschaubaren) Abstammungsgemeinschaft; das Denken in universalen Kategorien bleibt ihm fremd[17].

---

[16] Kippenberg, Die Entdeckung der Religionsgeschichte, S. 83.
[17] Karl Jaspers, Vom Ursprung und Ziel der Geschichte, München 1949, S. 21, S. 40f. und S. 62 (zukünftig kurz: Jaspers, Vom Ursprung und Ziel); dazu s. auch Jan Assmann, Achsenzeit. Eine Archäologie der Moderne, München 2018, S. 288; ebenfalls

Einleitung

Mit Karl Jaspers ist es unstrittig, dass vor- bzw. außer-achsenzeitliche Religionen – sie übertreffen die bisherige Lebensdauer der Weltreligionen weit – eine ebenso große Komplexität aufweisen wie achsenzeitliche. Doch unterscheiden sich die Verständnishorizonte und die jeweiligen Manifestationen, um die es in diesem Buch anhand konkreter Beispiele geht, vielfältig. Zeitgenossen, die sich also heute mit vor- bzw. außer-achsenzeitlichem Religionsleben befassen, lernen auf diese Weise sowohl ihr eigenes Religionsleben als auch das von Menschen in vor-achsenzeitlichen Kontexten umso intensiver kennen: „Wenn der Mensch sich der Zivilisation nicht einfach beugt, sondern über sich selber unverfälscht Bescheid wissen möchte, sollte er einen Blick in den Spiegel der Stammeskultur werfen", wie Hans-Georg Kippenberg aus der Perspektive achsenzeitlich-vergeistigten Kultur- und Religionslebens empfiehlt[18].

Ohne die Theorie der Achsenzeit in all ihren seit Karl Jaspers erfolgten Modifikationen zu verfolgen, sei hier – umfassender als oben – ihr Gehalt immerhin in den Grundzügen skizziert, insoweit er für die Unterscheidung von „vor-achsenzeitlichem Religionsleben" und „achsenzeitlichem Religionsleben" unverzichtbar ist.

Auszugehen ist von zwei tiefgreifenden Wandlungen in der Menschheitsgeschichte, die als Unterbrechungen eines in seiner Länge kaum auszumachenden Zeitstrahls gelten dürfen. So lässt sich mit den Fachleuten für die Ur- und Frühgeschichte festhalten, was maßgeblich der Prähistoriker Karl J. Narr († 2009) schon vor Jahrzehnten auf den Punkt gebracht hat: „Es scheint eine der wichtigsten Lehren der prähistorischen Archäologie zu sein, dass ein unvorstellbar langer Zeitraum – weit mehr als eine Million Jahre – verging, ehe wir – um 30.000 v. Chr. – einen Kulturwandel von wirklich epochalem Rang auszumachen vermögen"[19], nämlich das Auftreten der bil-

---

Kurt Salamun, Einleitung des Herausgebers [zu Karl Jaspers, Vom Ursprung und Ziel der Geschichte], in: Thomas Fuchs u. a. (Hrsg.), Karl Jaspers. Gesamtausgabe I 10, Basel 2017, S. VII–XXII, S. XVIII–XIX.
[18] Kippenberg, Die Entdeckung der Religionsgeschichte, S. 98.
[19] Karl J. Narr, Beiträge der Urgeschichte zur Kenntnis der Menschennatur, in: Hans-

denden Kunst[20]. Als zweite Wendemarke stufen Kulturhistoriker den Anfang der Schriftlichkeit vor etwa 5000 Jahren ein[21].

Die Achsenzeit als Periode beschleunigter, besonders innovativer Transformationen setzt Karl Jaspers noch später an, wenn er eindrücklich und ausführlich erläutert: „Für eine empirische Betrachtung liegt die Achse der Weltgeschichte in den Jahrhunderten 800 bis 200 v. Chr. Es ist die Zeit von Homer bis Archimedes, die Zeit der großen alttestamentlichen Propheten und Zarathustras – die Zeit der Upanischaden und Buddhas – die Zeit von den Liedern des Shiking über Laotse und Konfuzius bis zu Tschuang-tse. In dieser Zeit wurden alle Grundgedanken der folgenden Kulturen gewonnen. Zu ihr kehrt man mit Renaissancen in China, in Indien und im Abendland immer wieder zurück. Dieser Zeit ist gemeinsam, dass in den menschlichen Grenzsituationen die äußersten Fragen auftreten – dass der Mensch sich in seiner ganzen Brüchigkeit erkennt und zugleich die Bilder und Gedanken hervorbringt, in denen er trotzdem weiterzuleben vermag – dass die Erlösungsreligionen auftreten – dass die Rationalisierung beginnt – und dass in allen drei Gebieten am Ende ein Zusammenbruch des als kritisch empfundenen Zeitalters steht mit der Bildung despotischer Großreiche. Die parallele Vergegenwärtigung dieses Jahrtausends gehört zu den ergreifendsten weltgeschichtlichen Erfahrungen, die wir machen können."[22] Die Begründung für die von ihm behauptete Zentralität der Achsenzeit liefert er selbst: „Aus der Anschauung der Achsenzeit erfolgen die Fragen und Maßstäbe an alle vorhergehende und alle weitere Entwicklung."[23]

Alltagskonkret sieht Karl Jaspers die Achsenzeit unter anderem durch den Kampf der Rationalität gegen den Mythos (im Sinne ei-

---

Georg Gadamer – Paul Vogler (Hrsg.), Neue Anthropologie, Bd. 4, Stuttgart 1973, S. 3–62, S. 7f.
[20] Walter Burkert, Kulte des Altertums. Biologische Grundlagen der Religion, 2. Aufl., München 2009, S. 34.
[21] Narr, Beiträge der Urgeschichte, S. 6.
[22] Karl Jaspers, Vom europäischen Geist. Vortrag im Rahmen der Rencontres Internationales de Genève 1946, München 1947.
[23] Jaspers, Vom Ursprung und Ziel, S. 27.

ner fundierenden und in eine „absolute Vergangenheit" weisenden Geschichte, die nicht nur immer wieder, sondern aus jeder Gegenwart mit stets neu „abgelauschten" Bedeutungsnuancen immer wieder neu erzählt wird) geprägt, weiter durch das Ringen um die Transzendenz des einen Gottes, gleichermaßen durch die Ethisierung der Religion. Im Kern beschreibt der Philosoph diese gesamte Veränderung des Menschseins als einen Prozess der „Vergeistigung"[24] – und zwar mit grundlegenden lebenspraktischen Konsequenzen: anstelle geistlos dargebrachter materieller Opfergaben an Gott die menschliche Hingabe in Gebet und Caritas; anstelle der Orientierung an der Blutsverwandtschaft die Öffnung gegenüber allen Menschen als Brüdern und Schwestern; zur Wahrung der kultischen Reinheit anstelle der physisch-materiellen Reinheit die Reinheit des Herzens; anstelle von Rache und Vergeltung die Feindesliebe, anstelle der Kultreligion die Buchreligion[25] etc.

Achsenzeitliche Religionen sehen den Menschen über die Schöpfung gesetzt, nicht – wie in vor- bzw. außer-achsenzeitlichen Kontexten – in sie hinein. Während sich der Mensch in vor- bzw. außerachsenzeitlichen Settings in der Verantwortung erlebt, die Welt in ihren Abläufen stabil halten oder versöhnen zu müssen, fordern ihm die Achsenzeitreligionen ein freies, unabhängiges, distanziertes, zugleich verantwortliches und fürsorgliches Verhältnis gegenüber der Welt ab. In diesen Religionen soll der Mensch achtsam über die Welt verfügen und dem Schöpfer dafür dereinst Rechenschaft ablegen: „Damit erkennt er (…) die exklusive Göttlichkeit des außerweltlichen Gottes an."[26]

Mit anderen Worten: Es zählt zu den Charakteristika der achsenzeitlichen Religionen, dass sie um ihre Neuheit wissen. Und das in zweierlei Hinsicht: Zum einen verstehen sie sich in Abgrenzung ge-

---

[24] Jaspers, Vom Ursprung und Ziel, S. 21.
[25] Jan Assmann, Die Monotheistische Wende, in: Klaus E. Müller (Hrsg.), Historische Wendeprozesse. Ideen, die Geschichte machen, Freiburg 2003, S. 44–71, S. 58f. erläutert pointierend: „Die Schrift verstetigt nicht das Ritual, sie tritt an seine Stelle. (…) Die Schrift führte zu einer Entritualisierung und Enttheatralisierung der Religion."
[26] Assmann, Die Monotheistische Wende, S. 62.

genüber vor- bzw. außer-achsenzeitlichen Deutungsweisen (die heutzutage bisweilen als „magisch" oder „abergläubisch" abqualifiziert werden). Zum anderen sehen sie sich im Gegenüber zu Wissenschaft, Kunst, Politik oder Recht. Insofern das für vor- bzw. außer-achsenzeitliche Religionen charakteristische symbiotische Weltverhältnis in achsenzeitlichen Religionen als aufgekündigt gilt, sind Religion und Politik von jetzt an verschiedene Dinge[27]. Am ehesten lässt sich dieser „Prozess der Bewusstwerdung" als die „Erfindung des inneren Menschen" konkretisieren, der in der durch Jan Assmann pointierten Überzeugung aufgipfelt: „Religion ist Herzenssache!"[28]

Karl Jaspers hat seine sogenannte Theorie der Achsenzeit nach dem Ende des Zweiten Weltkriegs formuliert. In Folge der Nazi-Herrschaft waren die bis dahin als tragend erachteten Sinnkonstruktionen mit der Konsequenz zusammengebrochen, dass die Suche nach einem neuen Verständnis von Geschichte drängte. Nicht länger galt jene von den Nationalsozialisten vertretene Wesensgeschichte als maßgeblich, der zufolge jedem Volk bestimmte naturgegebene Merkmale eigen sind, die es möglichst unverfälscht zu bewahren hat, um seinem Auftrag in dieser Welt auf ideale Weise gerecht zu werden. Stattdessen begann man Geschichte in der Nachkriegszeit als „eine kulturelle Funktion, eine abhängige Variable kultureller, besonders religiöser Grundeinstellungen" zu verstehen[29]. Konkret: Die Denkweisen eines Volkes hängen nicht von vermeintlich naturgegebenen Begabungen, sondern von veränderlichen sozio-kulturellen Faktoren (wie Bevölkerungsdichte, Bildungswesen etc.) ab.

Ohne Übertreibung stehen die aus diesem Grundverständnis von Geschichte hervorgegangenen Publikationen – darunter prominent Karl Jaspers' 1949 in erster Auflage erschienenes Werk „Vom

---

[27] Assmann, Die Monotheistische Wende, S. 68.
[28] Assmann, Die Monotheistische Wende, S. 53. Auch Hans-Georg Soeffner, Luther und das Entstehen des modernen Typus von Individualität, in: Klaus E. Müller (Hrsg.), Historische Wendeprozesse. Ideen, die Geschichte machten, Freiburg 2003, S. 163–187, S. 170–173.
[29] Assmann, Achsenzeit, S. 166.

Ursprung und Ziel der Geschichte"³⁰ – für eine Ortsbestimmung, die weit über die damalige Gegenwart hinauswies. So ging es auch Karl Jaspers mit seiner kulturübergreifenden Gesamtperspektive zum einen darum, den Eurozentrismus zu überwinden, ohne zum anderen das aufzugeben, was man als die „europäischen Werte" charakterisieren könnte.

Näherhin versteht er die Achsenzeit als ein klassisches Zeitalter, in dem die Werteordnung für eine globalisierte Gegenwart bereits im Keim angelegt ist. Vor diesem Hintergrund sieht er keinerlei Raum mehr dafür, dass (europäische) Völker einander aufgrund ihrer je unterschiedlichen historischen Entwicklung oder wegen vorhandener Differenzen in aktuellen politischen Zielsetzungen abwerten oder sogar bekämpfen. Stattdessen optiert er für ein Miteinander der Völker, das durch ein Höchstmaß an gegenseitiger Verständigung sowie von der Suche nach Einheit auf dem gesamten Erdball geprägt sein sollte. Eine solche gegenwartsorientierte Zielsetzung hielt Karl Jaspers für unabdingbar angesichts des historischen Wissens darum, dass schon mehr als zwei Jahrtausende zuvor das Verbindende zwischen unterschiedlichen Völkern jene zivilisationsgeschichtliche Kraft entfacht hatte, von der die Menschen bis heute profitieren.

Seit den ausgehenden 1970er Jahren ringen Soziologen, Theologen, Sinologen und Indologen um den Gehalt von Karl Jaspers' Theorie der Achsenzeit, indem sie die Legitimität dieser universalen Weltdeutung grundsätzlich diskutieren oder sie durch empirisch angelegte Einzeluntersuchungen bestätigen bzw. verfeinern oder aber verwerfen³¹. Ergänzend hat sich jüngst der Ägyptologe Jan Assmann, Träger des Friedenspreises des Deutschen Buchhandels 2018, daran gemacht, die Vorgeschichte von Karl Jaspers' Weltdeutung zu rekonstruieren. Immerhin hatte Karl Jaspers selbst niemals für sich in Anspruch genommen, der erste zu sein, der sich an einer derartigen universalen Weltdeutung versucht. So legt Jan Assmann zwölf

---

30 Jaspers, Vom Ursprung und Ziel.
31 Eines der letzten Voten bietet Jóhann Páll Árnason, Weltliche Autonomie und Religion in der Konstitution der Moderne. Soziologische und sozialphilosophische Zugänge (Blumenberg-Vorlesungen 3) Freiburg 2019, S. 69–88.

Einleitung

materialreiche und spannend zu lesende Portrait-Studien vor, die den Weg der Achsenzeit-Theorie bis hin zu Karl Jaspers veranschaulichen[32].

Paradoxerweise – so lässt sich die biographische Entwicklung von Karl Jaspers auch wissenschaftsgeschichtlich einordnen – führte der innere Rückzug, in den ihn das NS-Regime gezwungen hatte, zu einer Ausweitung seines Forschens und Denkens ins Weltweite. So schreibt er rückblickend: „Mein Interesse ging auf die Menschheit im Ganzen, in der der Grund und der Maßstab fühlbar werden sollte, um sich in der Gegenwart zu behaupten. Der Nationalsozialismus bedeutete den radikalsten Abbruch der Kommunikation von Mensch zu Mensch und damit zugleich das Aufhören des Selbstseins des Menschen."[33]

In dem Maße, wie Karl Jaspers die von den Nationalsozialisten verursachte Katastrophe als einen menschheitsgeschichtlichen Bruch erlebte, fragte er nach einer Kriteriologie für eine Kulturgeschichte menschlich *gelingenden* Miteinanders: Auf welchen Prinzipien muss eine Gesellschaft aufruhen, die eine menschenfreundliche Alternative zum Grauen des nationalsozialistischen Terrorregimes bietet? Karl Jaspers fand sie in den von ihm als „achsenzeitlich" klassifizierten Kulturen, ohne dass er mit seiner Rede von der „Achsenzeit" eigentlich Periodisierungskriterien einführen wollte. – Was bedeuten die beschriebenen Zusammenhänge für die sprachliche und inhaltliche Charakterisierung jener religiösen Phänomene, die im Mittelpunkt der folgenden Kapitel stehen?

Einerseits spricht manches dafür, in den folgenden Kapiteln für die in Rede stehenden Religionsphänomene die als Zeitangaben verstehbaren Charakterisierungen „achsenzeitlich" und „vor-achsenzeitlich" (im Sinne von Karl Jaspers) beizubehalten und sie sprachlich allenfalls vorsichtig zu erweitern: beispielsweise indem man „achsenzeitlich" und „sekundärreligiös" parallelisiert bzw. „vorachsenzeitlich" und „primärreligiös" als Synonyma versteht. Im Rahmen dieser Festlegung stünden die Adjektive „achsenzeitlich"

---

[32] Assmann, Achsenzeit.
[33] Karl Jaspers, Vernunft und Freiheit. Sonderausgabe, Stuttgart – Zürich 1960, S. 94f.

und „sekundärreligiös" nicht nur für die ursprünglich damit jeweils gemeinte Epoche in den vier Achsenzeitkulturen, sondern auch für spätere Transformationen oder Phänomene mit achsenzeitlichen Bild- und Strukturähnlichkeiten anderswo. Und wenn von „vorachsenzeitlicher Religiosität" und „primärer Religiosität" die Rede ist, wäre damit jede Weise des Religionslebens gemeint, das sich aufgrund von Bild- oder Strukturähnlichkeiten mit Karl Jaspers als „vor- bzw. außer-achsenzeitlich" einordnen lässt. – Andererseits bleibt zu fragen, ob sich für das, was Karl Jaspers als „achsenzeitlich" bzw. „außer-achsenzeitlich" charakterisiert, Adjektive finden lassen, die die Zusammenhänge ohne jede zeitbezogen verstehbare Zuordnung ins Wort bringen. Umso dringlicher ist diese Suche, weil man den Hauptgrund für die Befassung von Karl Jaspers mit der Achsenzeittheorie rückblickend in der Frage sehen kann, auf welchen Prinzipien eine heutige Gesellschaft anhaltend (!) fußen muss, damit sie nicht despotisch endet. Aus dieser Überlegung speist sich folgender Vorschlag für die Charakterisierung der Religionsphänomene, die im Mittelpunkt dieses Buches stehen:

Ortho-praktische Religiosität nennen wir eine Religiosität, die im Rahmen eines symbiotischen Weltverhältnisses auf unhinterfragter mythischer Spekulation beruht und bei der Menschen den Glauben an Praktik, Ritual, „Kult" und Verfahren in den Vordergrund stellen, um mit Gott(-heiten) in Kontakt zu gelangen.

Vergeistigte Religiosität nennen wir eine Religiosität, bei der Menschen im Gegenüber zur Welt eine individuell angeeignete (Reflexions-)Theologie ethisch(-rational) wirksam werden lassen und so mit einem transzendent vorgestellten Gott in Kontakt gelangen.

Selbstverständlich bleibt es ungeachtet dieser (erweiterten) Nomenklatur dabei, dass sich auch innerhalb achsenzeitlich-vergeistigter Kulturen zumindest quantitativ begrenzte Einsprengsel finden, die Bild- oder Strukturähnlichkeiten mit Elementen ortho-praktischer Religiosität aufweisen (können). Dabei kann es auch so sein, dass Phänomene, die äußerlich gesehen als vor-achsenzeitlich einzustufen sind, trotzdem unter einem vergeistigten Vorzeichen begegnen, so dass sie insgesamt als sekundärreligiös einzustufen sind. Konkret: Wenn für ein ursprünglich ohne geistige Beteiligung dargebrachtes materielles Opfer später das reine Herz als Voraussetzung für das rechte materielle Opfern ins Spiel kommt, lässt sich das materielle Opfer fortan als Element einer vergeistigten Religiosität klassifizieren.

Bemerkenswerterweise sollen Hauptmomente dieser weltgeschichtlich neuen Religionsdimensionen in das Christentum eingegangen sein. Jesus und seine Botschaft liegen damit im Stream unter anderem der israelitischen Propheten und der antiken griechischen Philosophen. So stellt das neutestamentliche Christentum, das mit seinem vergeistigten Gottesbild von einem Gott ausgeht, der der menschlichen Verfügung entzogen ist, eine durch Gotteslob und Ethik gleichermaßen geprägte Lebenspraxis in den Vordergrund.

Ebenso zeigt das Neue Testament als Ausdruck des Achsenzeitlich-Vergeistigten eine Spiritualisierung der Kultbegriffe in manchen seiner Schriften. Entsprechend verstanden die Christen ihre Rede von Kult und Kultgegenständen nie im Sinne eines inhaltlichen Bezuges zu Schlachtopfern. Stattdessen sah der Apostel Paulus im Brot- und Kelchritus während der Gemeindeversammlung eine beherzte Feier aller Beteiligten (1 Kor 11,23–34) – mit „allen Kennzeichen der in Analogie zum alttestamentlichen Kult verstandenen Opferhandlung"[34]. So präsentierte sich das frühe Christentum im Horizont seiner Zeit freilich insgesamt längst „nicht als Anti-Religion", wie man das lange gesehen hat, sondern vielmehr „als integraler, wenn auch stets kritischer Teil der spätantiken Gesellschafts- und Religionskultur"[35].

Im Sinne ihres innenorientierten Religionsverständnisses hinterließen die frühen Christen manchen Hinweis darauf, dass sie herkömmlich mit Sakralität konnotierte Orte und Dinge in einem metaphorischen Sinne (bei gleichzeitiger Beibehaltung der Sakralnote) auffassten, um so die Heiligkeit Gottes und der Menschen zu akzentuieren. So mahnt der Apostel Paulus die Jesus-Anhänger in der griechischen Hafenstadt Korinth in bildhafter Sprache markant:

---

[34] Stefan Heid, Altar und Kirche. Prinzipien christlicher Liturgie, Regensburg 2019, S. 22.
[35] Heid, Altar und Kirche, S. 26.

Einleitung

„Wir Christen sind doch der Tempel des lebendigen Gottes." (1 Kor 3,16f; 2 Kor 6,16; Eph 2,19–22) Alle Christen – so ermutigt der erste Petrusbrief in der Spur des Apostels Paulus – mögen sich auf dem Eckstein Jesus Christus „als lebendige Steine auferbauen lassen": zu einem „geistigen Haus", zu einem „heiligen Priestertum", dem es allein um die Darbringung „geistiger Opfer" geht (1 Petr 2,5). Auch in einem anderen Brief aus der Paulus-Schule gilt Christus als der personale Mittelpunkt des geistig-geistlich verstandenen Tempelgebäudes: „Durch ihn – Christus – werdet auch ihr im Geist zu einer Wohnung Gottes erbaut", heißt es gegenüber den zuhörenden christlichen Gemeindemitgliedern (Eph 2,22). Die zitierten Schriftworte, die sich leicht noch vermehren lassen[36], veranschaulichen, dass die frühen Christen offenbar selbstverständlich ihre Gemeinschaft als heilige Größe kannten[37]. Eben diese in den neutestamentlichen Schriften vertretene Akzentuierung der Gegenwart (der Heiligkeit) Gottes, die in den Getauften ihre Gestalt annimmt, war die christliche Antwort auf die Kaisertreuen, die über Tempel und Statuen verfügten, wie christliche Kirchenschriftsteller bis in das 4. Jahrhundert hinein übermitteln.

Weitere achsenzeitlich-reflexionstheologische Spuren durchziehen das Neue Testament und seine Rezeption während der folgenden Jahrhunderte. Hier sei allein noch erinnert an das von jedem Christen exklusiv geforderte Bekenntnis zu Christus und seiner Botschaft. Schon von Jesus berichten die Evangelien, dass er Menschen immer wieder eine „Ich-Entscheidung" abverlangte.

Konsequent verstanden sich die Christen als Überzeugungsgemeinschaft – ablesbar an der Treue zu ihrem Religionsstifter, die auf der Basis des bei der Taufe drei Mal gesprochenen „Ich glaube – Credo" vielfache Konkretionen nach sich ziehen konnte: unter an-

---

[36] Beispielsweise greift der Apostel Paulus im gleichen spiritualisierenden Sinne das bereits prophetischerseits spiritualisierte Wort auf, dass Gottes Geist nicht auf steinerne Tafeln schreibe, sondern auf die fleischernen Tafeln des Herzens (Jer 31,33; 2 Kor 3,5).
[37] Dazu s. ausführlich Arnold Angenendt, Christliche Ortlosigkeit, in: Johannes Fried – Olaf B. Rader (Hrsg.), Die Welt des Mittelalters. Erinnerungsorte eines Jahrtausends, München 2011, S. 349–360.

derem die Gelübde, die Menschen gegenüber Gott ablegten und angesichts deren Erfüllung sie besondere Gaben zur wöchentlichen Eucharistiefeier beisteuerten; ebenso die zahlreichen Aufnahmeversprechen („Ich verspreche – Promitto"), die Christinnen und Christen in die Abgeschiedenheit der Klöster führten; äußerstenfalls die innere Einwilligung mancher Christinnen und Christen in den gewaltsamen Tod um des eigenen Christus-Glaubens willen[38].

Kurzum: Sowohl die spiritualisierten Gebäudemetaphern als auch die Tauf- und Klosterversprechen deuten gleichermaßen auf das ursprünglich geistlich verstandene (Sakral-)Zentrum der christlichen Gemeinde hin: „Wo zwei oder drei in meinem Namen versammelt sind, da bin ich – Christus – mitten unter ihnen", wie das Matthäus-Evangelium zusammenfasst (Mt 18,20). Mit einer gewissen Emphase stellt der Althistoriker Peter Brown sogar resümierend heraus, dass die in dieser Christusverbundenheit wurzelnde zügige Propagierung „einer philosophischen Gegenkultur der Ethik durch die Sprecher der christlichen Kirche (…) [als] der tiefste revolutionäre Einschnitt in spätklassischer Zeit" gelten darf[39]. Zwar tradierte sich dieses radikale Ideal weiter; doch zugleich lief die Entwicklung spätestens mit dem ausgehenden 2. Jahrhundert viel schneller auf den eigenständigen Kultbau hinaus als bislang gedacht[40]. Überein-

---

[38] Hubertus Lutterbach, Erste Taufe, Zweite Taufe, Wiedertaufe – Im Ringen um ein entschiedenes Christentum. Ein kulturhistorischer Durchblick, in: Benedikt Kranemann – Gotthard Fuchs – Joachim Hake (Hrsg.), Wiederkehr der Rituale. Zum Beispiel die Taufe, Stuttgart 2004, S. 17–46; Stefan Heid, Gelübde (vota) in der frühchristlichen Religionspraxis und Liturgie, in: Lukas Clemens – Hiltrud Merten – Christoph Schäfer (Hrsg.), Frühchristliche Grabinschriften im Westen des Römischen Reiches (Interdisziplinärer Dialog zwischen Archäologie und Geschichte 3) Trier 2015, S. 227–246, S. 231, S. 232f. und S. 237; Hubertus Lutterbach, Monachus factus est. Die Mönchwerdung im frühen Mittelalter. Zugleich ein Beitrag zur Frömmigkeits- und Liturgiegeschichte (Beiträge zur Geschichte des Alten Mönchtums und des Benediktinertums 44) Münster 1995, bes. S. 25–78.

[39] Peter Brown, Spätantike, in: Georges Duby – Philippe Ariès (Hrsg.), Geschichte des privaten Lebens 1 („Vom Römischen Imperium zum Byzantinischen Reich") Frankfurt 1989, S. 229–297, S. 242.

[40] Entsprechend hilfreich ist die von Ann Marie Yasin, Saints and Church Spaces in the Late Antique Mediterranean. Architecture, Cult, and Community, Cambridge

stimmend mit derart neuen Einsichten gibt sich zuletzt der kanadische Religionswissenschaftler John S. Kloppenborg in seinen neutestamentlichen Studien religionsvergleichend davon überzeugt, dass sich schon das Christentum des 1. und 2. Jahrhunderts längst nicht so markant von seiner Umwelt abhob, wie das bislang oft behauptet worden ist[41].

Auch in den weiteren Jahrhunderten vermochte sich die achsenzeitlich-vergeistigte Fundierung des (neutestamentlichen) Christentums jedenfalls nicht auf Dauer und zur Gänze durchzuhalten, denn sie basierte maßgeblich auf zivilisationsgeschichtlich mühsam erreichten Errungenschaften: erstrangig auf dem Betrieb von Akademien und von Schulen, die – als Teil der Transformationen im Westteil des Imperium Romanum – zu Beginn des 6. Jahrhunderts geschlossen wurden[42]. Tatsächlich ließen sich diese Institutionen aufgrund des damaligen Bevölkerungsrückgangs und der Stadt-

---

2009 eingebrachte Unterscheidung zwischen materialen heiligen Orten, die das Christentum – wie angesprochen – ursprünglich nicht kennt, sowie heiligen Räumen, die sehr wohl bereits im vorkonstantinischen Christentum anzutreffen sind. Das bedeutet für die nachkonstantinische Entwicklung, dass man im 4. Jahrhundert den Gottesdiensträumen nicht plötzlich eine Sakralität zusprach, von der zuvor keine Rede gewesen war. Eher schon lässt sich rückblickend ein im Vergleich zur früheren Zeit deutlicher Anstieg der einem Raum zugebilligten Heiligkeit festhalten. Dazu s. Heid, Altar und Kirche, S. 182f. und S. 198. Zurückhaltender ist Hugo Brandenburg, Die frühchristlichen Kirchen Roms. Vom 4. bis zum 7. Jahrhundert. Der Beginn der abendländischen Kirchenbaukunst, 3. komplett überarb. Aufl., Regensburg 2013, S. 12, der eine sakrale Konnotierung der Gebäude für die Gemeinschaftsliturgie ab dem 3. Jahrhundert wirksam sieht.

[41] John S. Kloppenborg, Urchristentum, Primitive Christianity, Early Christianity, the Jesus Movement, in: Early Christianity 11 (2020) S. 389–412, bes. S. 389–392. In diesem Sinne ist mit John S. Kloppenborg, The Attraction of Roman Élite to the Christian Movement, in: Ute E. Eisen – Heidrun E. Mader (Hrsg.), Talking God in Society. Multidisciplinary (Re)constructions of Ancient (Con)texts. FS Peter Lampe, 2 Bde., Göttingen 2020, hier Bd. 1, S. 263–280, bes. S. 274f. umgekehrt darauf hinzuweisen, dass die Gemeinschaft der Christen auf die römische Elite höchst attraktiv wirkte, insofern diese sich von den Jesus-Anhängerinnen und -Anhängern im Umgang mit Büchern (*codices*) sowie im Blick auf Lektüre(-techniken) inspirieren und trainieren ließ, um auf diese Weise dem damaligen Code der gesellschaftlichen Elite hinsichtlich der vorausgesetzten Kulturtechniken umso besser zu entsprechen.

[42] Einen fulminanten Überblick über die Theorien zum Untergang des Römischen

flucht nicht länger aufrechterhalten. Wenn beispielsweise in der Stadt Rom während der Spätantike noch über eine Million Einwohner lebten, zur Zeit von Papst Gregor dem Großen († 604) lediglich noch 60.000 Einwohner und während der Regentschaft von Kaiser Karl dem Großen († 814) nicht einmal mehr 20.000 Einwohner, dann sollte diese Entwicklung eben auch einschneidende Folgen für die Infrastruktur im Allgemeinen und für das religiöse Leben im Besonderen nach sich ziehen: In dem Maße, wie die Fernstraßen verfielen sowie die technischen und theologischen Wissensbestände in Vergessenheit gerieten[43], fanden vermehrt primärkulturelle und primärreligiöse Verstehensmuster ihren Eingang in die Weltdeutung und Lebenspraxis der Menschen.

Freilich: Wie genau diese Transformationsprozesse von der Spätantike zum Frühmittelalter einzuschätzen sind oder wie weit die Kontinuitäten reichen, ist in der Forschungs-Community aktuell stark umstritten. Unbestritten ist, dass der angesprochene Übergang die antike Welt geographisch, kulturell und religiös veränderte. Darüber hinaus sehen einige Historikerinnen und Historiker – sie vertreten die über Jahrzehnte hinweg etablierte Position – Anhaltspunkte für ein Denken in Dekadenzmodellen, mit denen sie einen Niedergang oder einen Zusammenbruch des Römischen Reiches und seiner Kultur verbinden[44]. Andere stellen diese Grundperspektive in Frage und bevorzugen die Klassifizierung des 5. bis 7. Jahrhunderts als eine Epoche der Transformation[45]. Unter anderen un-

---

Reiches liefert Alexander Demandt, Der Fall Roms. Die Auflösung des Römischen Reiches im Urteil der Nachwelt, München 2014.

[43] Dazu s. umfassend Arnold Esch, Zwischen Antike und Mittelalter. Der Verfall des römischen Straßensystems in Mittelitalien und die Via Amerina, München 2011; neuerdings auch Jasmin Hettinger, Hochwasservorsorge im Römischen Reich. Praktiken und Paradigmen (Geographica historica 44) Stuttgart 2022, S. 409–416.

[44] Josef Andreas Jungmann, Die Abwehr des germanischen Arianismus und der Umbruch der religiösen Kultur im frühen Mittelalter, in: Zeitschrift für katholische Theologie 69 (1947) S. 36–99, S. 36; Peter Heather, Invasion der Barbaren. Die Entstehung Europas im ersten Jahrtausend nach Christus, Stuttgart 2019, S. 281, 305f., 311, 331 oder 544 geht vom „Zerfall", „Zusammenbruch", „Kollaps" oder „Zerfallsprozess" des Weströmischen Reiches aus.

[45] Diese Position ist maßgeblich initiiert worden durch das von Evangelos Chrysos, Ja-

terstützen (Kirchen-)Historikerinnen und (Kirchen-)Historiker wie Uta Heil, Walter Pohl oder Volker Henning Drecoll diese zuletzt genannte Ausrichtung[46]. Der zufolge umfasst die kulturelle Transformation Aspekte sowohl der Akkulturation als auch der Inkulturation, also sowohl der Angleichung an eine Kultur als auch der Integration in sie. In beiden Fällen lautet die entscheidende Frage: Woran soll dieser kulturelle Wandlungsprozess gemessen werden?

Ungeachtet der großen Relevanz des forschungsgeschichtlichen Aufbruchs „erscheint es schwierig, ein Denken in Dekadenzmodellen gänzlich zu vermeiden"[47]. So diagnostiziert der Kirchenhistoriker Arnold Angenendt unter Rückgriff auf Kategorien der französischen Nouvelle Histoire markante Veränderungen und ebenso eindrucksvolle Kontinuitäten, wenn er im Blick auf das frühmittelalterliche Christentum im Vergleich zu seinen neutestamentlichen Anfängen eine „Re-archaisierung" feststellt, also ein neuerliches Aufleben vor-achsenzeitlicher Plausibilitäten, insofern das Christentum hier mehr als zuvor ortho-praktisch ausgerichtete Religionselemente in sich aufgenommen hätte: „Ethische Forderungen wurden ‚vor-bewusst', historische Tatbestände ‚typisch' und geistig-bildhafte Interpretationen ‚realistisch' aufgefasst. Und doch entstand kein wirklich archaisches Zeitalter, sondern nur ein solches mit archaisierenden Zügen."[48]

---

vier Arce und Ian N. Wood zwischen 1993 bis 1998 getragene Forschungsprojekt „The Transformation of the Roman World". Dazu s. überblicksartig http://archives.esf.org/coordinating-research/research-networking-programmes/humanities-hum/completed-rnp-programmes-in-humanities/the-transformation-of-the-roman-world.html (27.09.2020).

[46] Ausdrücklich verwiesen sei auf die Sammelpublikation von Uta Heil (Hrsg.), Das Christentum im frühen Europa. Diskurse – Tendenzen – Entscheidungen (Millennium-Studien zur Kultur und Geschichte des ersten Jahrtausends n. Chr. 75) Berlin – Boston 2020.

[47] Uta Heil – Volker Henning Drecoll, Anti-Arianismus und mehr. Zum Profil des lateinischen Christentums im entstehenden Frühmittelalter, in: Uta Heil (Hrsg.), Das Christentum im frühen Europa. Diskurse – Tendenzen – Entscheidungen (Millennium-Studien75) Berlin – Boston 2020, S. 3–31, S. 8.

[48] Arnold Angenendt, Geschichte der Religiosität im Mittelalter, 4. Aufl., Darmstadt 2005, S. 23.

Die angedeuteten Veränderungen zwischen Spätantike und Mittelalter dürfen – ungeachtet aller regionalen Differenzierungen[49] – im Blick auf das Religionsleben der Christen nicht vergessen lassen, dass es während der etwa tausend Jahre Mittelalter – also im Zeitraum von ca. 500 n. Chr. bis ca. 1500 n. Chr. – drei zivilisationsgeschichtliche Transformationsschübe gab. Allesamt waren sie vom Rekurs auf antike Errungenschaften gespeist, ehe das achsenzeitlich-vergeistigte Niveau der (Spät-)Antike auch im Bereich des Religionslebens neuerlich erreicht war, so dass spätestens im 16. Jahrhundert vielfältige Strukturparallelen und Bildähnlichkeiten auffallen, die sich in dieser Fülle auch in manch anderer „vergeistigter Kultur" antreffen lassen. Die erste Transformationsdynamik fiel in das 9. Jahrhundert, die zweite ist in das 12. Jahrhundert zu terminieren und die dritte in das 15. Jahrhundert[50].

Als erstes ist die sogenannte „karolingische Erneuerung" oder „karolingische Renaissance"[51] zu nennen, die maßgeblich mit dem Namen von Karl dem Großen († 814) verbunden ist und als Versuch einer „christlichen Durchformung der Gesellschaft" gelten darf[52]. Dieser Herrscher suchte sein Großreich mit Hilfe des von ihm vorausgesetzten einzig richtigen Ritus zusammenzuhalten, den er in christlichen Quellen vermeintlich römischer Provenienz vor sich zu haben glaubte. So sollte seine Bildungsreform den „Zusammenhang zwischen Lesen, Schreiben und gottwohlgefälligem Wandel" offensichtlich machen[53]. Zwar blieb das inhaltliche Verstehen oder gar die persönliche Verinnerlichung der christlichen Texte für Karl den Großen und seine Herrschaftspolitik von noch untergeordneter Bedeutung; doch sollte die von ihm initiierte Sammlung

---

[49] Volker Leppin, Geschichte des mittelalterlichen Christentums (Neue theologische Grundrisse o. Nr.) Tübingen 2012, S. 439: Es gab „nicht ein einheitliches Mittelalter".
[50] Angenendt, Geschichte der Religiosität, S. 31–88. Unberücksichtigt bleiben müssen das schnelle Eindringen des Islam in den Raum und die religiösen Kontexte im Frühmittelalter, ebenso die Relevanz des Islam für das europäische Selbstbewusstsein.
[51] Leppin, Geschichte des mittelalterlichen Christentums, S. 139, S. 142 und S. 204.
[52] Leppin, Geschichte des mittelalterlichen Christentums, S. 134.
[53] Josef Fleckenstein, Art. Bildungsreform Karls des Großen, in: Lexikon des Mittelalters 2 (1983) Sp. 187–189, Sp. 187f.

antiker Buchbestände einem bildungsfreundlichen Gesamtklima in seinem Großreich auch auf Zukunft hin voranhelfen[54]. Bereits im 9. Jahrhundert legten die theologischen Debatten davon ein beredtes Zeugnis ab[55]. Somit wird greifbar: „Teil der umfassenden kulturellen Transformation ist auch die ungeheure Leistung der Traditionswahrung."[56]

Ohne die „karolingische Erneuerung" ist auch jene Transformationsdynamik nicht vorstellbar, die die Menschen im Hochmittelalter erlebten und die sich auch im Bereich des religiösen Lebens niederschlug. Die meteorologische Warmphase im 12. Jahrhundert ermöglichte ein bemerkenswertes Bevölkerungswachstum sowie im Gefolge eine Verstädterung mit Arbeitsteiligkeit und Fernhandel. Damit ergaben sich zugleich starke Impulse und Freiräume für den Erwerb und die Vermittlung von Bildung. Auch die Theologie zählte mit ihrem Rekurs auf antike Wissensbestände zu den Gewinnern der vermehrt aufkommenden Schulen und Universitäten[57]. So unterstreicht der Mediävist und Germanist Friedrich Ohly: „Das 12. Jahrhundert (...) ist von einer schöpferischen Frische ohnegleichen. Sein Aufschwung gibt ihm eine epochale Bedeutung von Wendecharakter innerhalb des leicht als globale Einheit gesehenen Mittelalters."[58] Tatsächlich darf diese Epoche als Ursprung der Gotik, als Wurzelgrund der Mystik oder als Basis der Scholastik gelten. Nicht zuletzt ermöglichten die volkssprachlichen Literaturen mehr Menschen als je zuvor den Zugang zur Welt des Geistes.

---

[54] Arnold Angenendt, Das Frühmittelalter. Die abendländische Christenheit von 400 bis 900, 2. Aufl., Stuttgart – Berlin – Köln 1995, S. 304–320.
[55] Leppin, Geschichte des mittelalterlichen Christentums, S. 147–153.
[56] Leppin, Geschichte des mittelalterlichen Christentums, S. 82.
[57] Gerhard Lubich, Hochmittelalter. Über einen schwierigen Ordnungsbegriff, in: Lisa Klocke – Matthias Weber (Hrsg.), Das Hochmittelalter. Eine vernachlässigte Epoche? Neue Forschungen zum 11. bis 13. Jahrhundert (Studien zur Vormoderne 2) Berlin 2020, S. 11–18, bes. S. 15f.; Leppin, Geschichte des mittelalterlichen Christentums, S. 311f.
[58] Friedrich Ohly, Kathedrale als Zeitenraum. Zum Dom von Siena, in: Friedrich Ohly, Schriften zur mittelalterlichen Bedeutungsforschung, Darmstadt 1977, S. 171–274, S. 171.

Schließlich traten im Spätmittelalter weitere Erneuerungskräfte auf, die es ermöglichten, in vielen Bereichen der Gesellschaft das achsenzeitliche Level neutestamentlicher Prägung neuerlich zu aktualisieren⁵⁹. Zu nennen ist hier seit dem Beginn der sog. „Kleinen Eiszeit" um 1300 – neben mancher „Neigung zur Veräußerlichung"⁶⁰ – besonders die Entfaltung der christlichen (Frauen-)Mystik mit ihrer folgenreichen Akzentuierung der Verinnerlichung⁶¹. Die Menschen glaubten sich durch Gott berührt und mit seiner „nahen Gnade" beschenkt, wie Berndt Hamm treffend formuliert⁶². Nicht zuletzt technische Erfindungen wie der Buchdruck brachten die geistigen Früchte der Introspektion in Umlauf: Die „Literatur-Explosion"⁶³ und die „Explosion der Buchherstellung"⁶⁴ beförderten die Weitergabe des Wissens und auch die (theologisch-)wissenschaftliche Auseinandersetzung. Immerhin ist der damalige Anteil der „geistlichen Prosaliteratur [auf] 70 bis 80 Prozent der [literarischen] Gesamtproduktion" zu veranschlagen⁶⁵. Ebenso wie dieses Ausmaß an Schriftlichkeit den gesamtgesellschaftlichen Prozess der inzwischen (wieder) erreichten Verinnerlichung spiegelt, förderte sie zugleich die Innenschau der Menschen: Diese waren zunehmend an der inneren Auseinandersetzung mit sich selbst sowie mit Gott und der Welt interessiert⁶⁶. Tatsächlich lässt sich für diese Epoche die Wiedergewinnung einer Vergeistigung festhalten, die sich all-

---

⁵⁹ Zu den „Polaritäten im späten Mittelalter" s. Leppin, Geschichte des mittelalterlichen Christentums, S. 375–440.
⁶⁰ Leppin, Geschichte des mittelalterlichen Christentums, S. 109.
⁶¹ Leppin, Geschichte des mittelalterlichen Christentums, S. 413 bewertet die spätmittelalterliche Mystik sogar als „international verbreitetes Phänomen".
⁶² Berndt Hamm, Spielräume eines Pfarrers vor der Reformation. Ulrich Krafft in Ulm (Veröffentlichungen der Stadtbibliothek Ulm 27) Ulm 2020, S. 355 und S. 354–360.
⁶³ Hugo Kuhn, Entwürfe zu einer Literatursystematik des Spätmittelalters, Tübingen 1980, S. 78.
⁶⁴ Kurt Ruh, Geistliche Prosa, in: Neues Handbuch der Literaturwissenschaft 8 („Europäisches Spätmittelalter", hrsg. v. Willi Erzgräber), Wiesbaden 1978, S. 565–605, S. 565.
⁶⁵ Ruh, Geistliche Prosa, S. 565.
⁶⁶ Dazu s. exemplarisch Hamm, Spielräume, S. 380–394.

Einleitung

tagskonkret in Bildern und Strukturen niederschlug, wie sie achsenzeitlichen Traditionen vergleichbar sind und an die dann 250 Jahre später auch die Bewegung der Aufklärung vielfältig anknüpfen konnte[67].

c. Ortho-praktische Religiosität in der Gegenwart – Warum dieses Buch lohnt

Die Kapitel – und damit die exemplarisch ausgewählten Einzelthemen – dieser Publikation gehen von hierzulande in Zeitungen, Journalen und ihren Online-Portalen verbreiteten Meldungen über ortho-praktische Ausdrucksweisen und Gepflogenheiten religiösen Lebens in zumeist geographisch entfernten Regionen und Kulturen unserer heutigen Welt aus. Ein erstes Ziel im Blick auf diese Funde besteht darin, sie unter vergleichendem Rückgriff auf ortho-praktische Ausdrucksweisen und Gepflogenheiten im westlichen (partiell ortho-praktisch durchprägten) Frühmittelalter zu erläutern und tiefer zu verstehen.

In einem zweiten Schritt soll das als „ortho-praktisch" zugeordnete Phänomen mit seinem achsenzeitlich-vergeistigten Pendant verglichen werden. Häufig lässt sich die sekundärreligiöse Ausprä-

---

[67] Christian Hardegen, Art. Aufklärung, in: Handbuch religionswissenschaftlicher Grundbegriffe 2 (1990) S. 104–105, hier S. 104: „Die Aufklärer [des 18. Jahrhunderts] führen die Traditionen der Humanisten, Erasmianer, Sozzinianer fort." – Die Bewegung der Aufklärung entfaltete ihre Prägekraft in unseren Breiten im 18. Jahrhundert und steht bis heute für rationale Kritik an überlieferten Traditionen und religiös-dogmatischen Weltbildern, für die Betonung der Eigenständigkeit des Individuums in religiösen oder politischen Angelegenheiten sowie für die Hochschätzung von Erziehung und Bildung, wie Otto Weiß, Aufklärung – Modernismus – Postmoderne. Das Ringen der Theologie um eine zeitgemäße Glaubensverantwortung, Regensburg 2017, S. 33–36 und S. 40–48 facettenreich ausführt. Ähnlich Steven Pinker, Aufklärung jetzt. Für Vernunft, Wissenschaft, Humanismus und Fortschritt. Eine Verteidigung, 2. Aufl., Frankfurt 2018, S. 19–27, auch ebd. S. 46–54 die lesenswerten Überlegungen zu „Gegenaufklärungen"; Albrecht Beutel, Kirchengeschichte im Zeitalter der Aufklärung. Ein Kompendium, Stuttgart 2009, S. 21f.; Barbara Stollberg-Rillinger, Europa im Jahrhundert der Aufklärung, Stuttgart 2000, bes. S. 16–20.

Einleitung

gung des Phänomens in den achsenzeitlich orientierten Epochen des Christentums auffinden; darüber hinaus zeigt sie sich aktuell in den westlichen Industrieländern, allzumal dieser Kulturkreis stark von der aufklärerischen Bewegung geprägt ist, welche ihrerseits nachhaltig von den Durchbrüchen der Achsenzeit profitiert hat. Beide Ausprägungen in den Blick genommen, drängt sich eine Frage geradezu auf: Wie zeigt sich das einzelne religiöse Phänomen in seiner ortho-praktischen und in seiner vergeistigten Ausprägung und welcher „Logik" folgt es jeweils?

Derartige Vergleiche machen drittens zum einen anschaulich, dass ortho-praktischen und vergeistigten Phänomenen religiösen Lebens unterschiedliche, aber – wie gesagt – gleichermaßen komplexe Verständnisweisen zugrunde liegen. Zum anderen kommt auf diese Weise ans Licht, dass in den westlichen Industrieländern heutzutage zwar vergeistigte Lebensdeutungen und Alltagspraktiken klar dominieren; doch finden sich immerhin auch hier und heute – es sei wiederholt – weiterhin Manifestationen ortho-praktischer Verstehensmuster und Handlungsweisen, die tatsächlich erstaunlich sind. Anders formuliert: Selbst wenn sich in unserer Gesellschaft aktuell die meisten religiösen Ausdrucksformen zu einem breiten achsenzeitlich-vergeistigten Strom vereinigen, lassen sich nichtsdestoweniger ortho-praktische Deutungen oder Praktiken in zumindest rinnsalhaften Ausmaßen antreffen[68]. Sosehr ein solches Nebeneinander von Phänomenen mit ortho-praktischen und vergeistigten Strukturparallelen schon manches Mal grundsätzlich festgehalten worden sein mag – bislang gibt es keine Studie, die es unter Einbezug der Gegenwart derart erschließt, wie es in diesem Buch geschieht.

Neben dem Informationsgewinn durch ein Panoptikum ortho-praktischer Phänomene aus heutiger Zeit verspricht das Buch zugleich einen Mehrwert an Orientierungswissen und Erkenntnisfähigkeit. Damit unterstützt es alle, die die „Urtümliche Religiosität in der Gegenwart" zur Hand nehmen, darin, ihr Leben vertieft zu deuten.

---

[68] Dazu s. auch Assmann, Die Monotheistische Wende, S. 50–52.

Einleitung

Erstens fördert das in jedem Kapitel praktizierte vergleichsgestützte Vorgehen das komparative Verstehen von Religionsleben über Epochengrenzen hinweg. Zum zweiten dient es dem religionsphänomenologisch vergleichenden Verständnis über Ortsgrenzen hinweg.

Diese Fähigkeiten eignen sich nicht allein zur Retrospektive, sondern erst recht dienen sie der Gegenwartsdiagnostik. Denn wer dieses Buch mit seinen geschichtlich ausgreifenden Vergleichsperspektiven gelesen hat, findet hoffentlich manchen Anhaltspunkt, um aktuelle, religiös mitgeprägte Deutungs- und Lebenshorizonte in der weiten Welt ebenso wie in Deutschland vertiefter zu erfassen als zuvor.

B. Manifestationen des Göttlichen

1. „Realpräsent" – Religionsstifter und Heilige im Bild

Kaum etwas wirkt auf die Wahrnehmung heutiger Menschen so stark wie die mediale Globalisierung. Sie verwandelt die Welt in das sprichwörtliche „global village". Unter den für jede Meldung maßgeblichen Zeichen stehen Bilder gewissermaßen für eine abgekürzte Kommunikation, zumal sie ein tieferes Vorwissen (scheinbar) nicht voraussetzen. Ihre fulminante Wirkung beruht darauf, dass sie schneller „lesbar" sind als Gedanken und umso länger nachwirken. So überrascht es nicht, dass sich die Macht der Bilder in unserem Zeitalter der Beschleunigung immer wieder zeigt – und zwar unabhängig davon, ob die Bilder beweglich sind oder gedruckt vorliegen.

Weil Bilder so unmittelbar auf das Gefühlsleben des Betrachters einwirken, lassen sie sich leicht für die jeweils eigenen Ziele einsetzen. Umso mehr kommt es darauf an, dass Journalisten oder Künstler bei der Präsentation von Bildern in den analogen oder digitalen Medien von vornherein das Bildverständnis derer mit bedenken, an die sich ein Bild richtet oder die es voraussichtlich anschauen werden. Denn: Die Wahrnehmung von Bildern in Primär- und Sekundärkulturen unterscheidet sich, wie sich bis in die Gegenwart zeigt. Dabei spielt die Fähigkeit zur Differenzierung zwischen Urbild und Abbild eine entscheidende Rolle.

a. Fäkal befleckter Papst und bombenbeladener Mohammed

Es ist erst ein Jahrzehnt her, dass das deutsche Satiremagazin „Titanic" auf seinem Titelcover Papst Benedikt XVI. von vorn in einer weißen Soutane mit einem gelben Inkontinenzfleck und auf dem Rückcover von hinten mit einem braunen Fleck auf Gesäßhöhe dargestellt hat. Jede der beiden Karikaturen war versehen mit dem Titel: „Die undichte Stelle ist gefunden." Die zwei Darstellungen bezogen sich auf die sogenannte Vatileaks-Affäre. Aufgrund bürokratischer Durchlässigkeit im direkten Umfeld des Papstes waren wichtige Akten an Unbefugte geraten.

Viele Menschen haben sich damals über diese pietätlose Darstellung eines alten Mannes und religiösen Oberhauptes aufgeregt, wie „Spiegel Online" am 18. Juli 2012 ausführte. So hatte der Deutsche Presserat damals etwa 160 Beschwerden gegen das Titelbild erhalten. Erstrangig hätten Privatleute die Beschwerden eingereicht; aber auch katholische Organisationen seien unter den Beschwerdeführern gewesen. Als Kritikpunkte galten unter anderem die Verletzung der Persönlichkeitsrechte sowie Angriffe auf die Menschenwürde oder die Würde des Amtes. Ergänzend weist die Mitteilung aus „Spiegel Online" auf eine bereits früher erfolgte despektierliche Darstellung von Jesus selbst hin: So hätte der Presserat zwei Jahre zuvor etwa 200 Beschwerden gegen ein Titelbild der „Titanic" erhalten, das sich zudem noch mit tendenziösen Anspielungen auf die Kirche bezog. Das Satiremagazin hatte einen katholischen Geistlichen gezeigt, der in Schritthöhe vor Jesus am Kreuz kniet, der wiederum im Gesicht dunkelrot angelaufen ist. Damit spielte das Heft auf die Fälle sexueller Gewalt durch Kleriker in der katholischen Kirche an. Damals sollte der Beschwerdeausschuss die Beschwerden allesamt zurückweisen[1].

Ähnlich stellte sich die Situation dar, als 2008 ein knallgrüner Holzfrosch an einem von Martin Kippenberger († 1997) geschaffenen Kreuz im Kunstmuseum Bozen gezeigt wurde und Dirk Schümer dazu in der „Frankfurter Allgemeine Zeitung" vom 8. Juli kommentierte: „Sei kein Frosch. Dieses Stoßgebet richtet derzeit ein katholischer Kirchenvolksteil an den Gekreuzigten – einen giftgrünen Grasfrosch mit einem Bier zwischen den Schwimmhäuten. Was sich der vor elf Jahren verstorbene Martin Kippenberger als gutmütige Provokation ausdachte, erregt in Südtirol die Gemeinde. Natürlich nicht die der Kunstliebhaber; die sehen der Leihgabe eines ansässigen Arztes seit der Eröffnung des ehrgeizigen Landesmuseums für moderne Kunst – ‚Museion' – im Mai

---

[1] http://www.spiegel.de/kultur/gesellschaft/titanic-legt-widerspruch-gegen-unterlassung-des-papst-covers-ein-a-845103.html (18.11.2020).

gefasst ins amphibische Auge. Doch (...) die katholische Öffentlichkeit ist außer sich. Ein Frosch am Kreuz? Kurz vor dem weltweit beachteten Papsturlaub in Brixen?"[2]

Über derart empörte Reaktionen angesichts von karikierenden Papst- oder Jesusdarstellungen hinaus folgt hierzulande allenfalls in Ausnahmefällen eine einstweilige gerichtliche Verfügung angesichts extrem beleidigender und christentumsbezogener Satiredarstellungen oder -hefte. Zur Anwendung von physischer Gewalt gegenüber den Schöpfern dieser Bilder ist es bisher jedenfalls nicht gekommen. Das mag auch darin mit begründet liegen, dass die Betrachter die Karikaturen nicht mit ihren Urbildern identifizieren, sondern den Bildern einen Verweischarakter zuschreiben.

Anders verhält es sich bei Karikaturen des Religionsstifters Mohammed, die unter radikalen Muslimen weltweit regelmäßig zu einem kollektiven Aufschrei führen. Hans Belting macht darauf aufmerksam, dass diese Karikaturen die islamische Bilderkultur insofern doppelt verletzen, als sie erstens den Propheten „überhaupt abbilden" und dafür zweitens auch noch „ein Zerrbild wählen"[3]. Könnte es hier zusätzlich von Bedeutung sein, dass Islamisten eine Differenzierung von Urbild und Abbild nicht vornehmen? Einige Beispiele, die auch die zuletzt genannte Hypothese mit stützen mögen: 2005 sorgte unter anderem die Darstellung des Propheten mit einem Turban als Bombe durch den dänischen Karikaturisten Kurt Westergaard († 2021) für Aufsehen. In der Folge wurde ein hohes Kopfgeld auf die Tötung des Künstlers ausgesetzt. Mehrere Anschlagsversuche auf ihn scheiterten[4]. Gleichwohl fanden bis Februar

---

[2] http://www.faz.net/aktuell/feuilleton/kunst-aerger-mit-dem-kroetenkruzifix-1665440.html (18.11.2020)

[3] Hans Belting, Bildkulturen und Bilderstreit, in: Ursula Baatz – Hans Belting u. a., Bilderstreit 2006. Pressefreiheit? Blasphemie? Globale Politik? (Wiener Vorlesungen im Rathaus 122) Wien 2007, S. 47–61, S. 55f.

[4] N. N., Mohammed-Karikaturen. Verdächtiger plante Anschlag auf dänische Zeitung (28.09.2010), in: http://www.spiegel.de/politik/ausland/mohammed-karikaturen-terrorverdaechtiger-plante-anschlag-auf-daenische-zeitung-a-720016.html (21.09.2017); N. N., Karikaturenstreit. Somalier wegen Angriffs auf Mohammed-Zeichner verurteilt

2006 als Folge des Karikaturenstreits 139 Menschen den Tod, während über 800 Verletzungen erlitten.

Auch hinter dem 2015 erfolgten Anschlag auf die Redaktionsräume des wöchentlich erscheinenden und damals bedeutendsten Satiremagazins Frankreichs „Charlie Hebdo" stand die Wut von Islamisten darüber, dass sie den Propheten in der Zeitschrift mehrfach und über Jahre hinweg übel verunglimpft sahen. So zählte das Magazin zu den überhaupt nur wenigen Zeitschriften auf der Welt, das im Februar 2006 die Mohammed-Karikaturen von Kurt Westergaard, die ursprünglich in der dänischen „Jyllands-Posten" veröffentlicht worden waren, nachdruckte. Weiterhin publizierten die Redakteure von „Charlie Hebdo" am 2. November 2011 ein Sonderheft zum Wahlerfolg der Islamisten in Tunesien unter dem Titel „Charia Hebdo". Als Chefredakteur nannten sie „Mohammed", der zugleich als Karikatur mit dem Ausspruch „100 Peitschenhiebe, wenn Sie sich nicht totlachen" auf der Titelseite dargestellt war. Noch am selben Tag erfolgte ein Brandanschlag auf die Redaktionsräume. Nachdem im September 2012 in „Charlie Hebdo" einige weitere Mohammed-Karikaturen erschienen waren, nahm die Polizei in La Rochelle einen Mann fest, der zum Mord an Stéphane Charbonnier, den damaligen Herausgeber und Chefredakteur des Satiremagazins, aufgerufen hatte. Im März 2013 schrieb das Online-Magazin „Inspire" Stéphane Charbonnier sogar „tot oder lebendig wegen Verbrechen gegen den Islam" zur Fahndung aus. Das Online-Magazin, das dem jemenitischen Zweig von Al-Quaida zugerechnet wird, verwendete dabei zwei Slogans: „Eine Kugel am Tag schützt vor Ungläubigen" sowie „Verteidigt den Propheten Mohammed, Friede sei mit ihm."

In der Folge weiterer islam- und mohammed-kritischer Karikaturen ereignete sich schließlich am 7. Januar 2015 der oben schon genannte islamistische Terroranschlag auf die Redaktionsräume von „Charlie Hebdo". Unter anderem fielen ihm in der Redaktion zehn Mitglieder zum Opfer, die zum Zeitpunkt des Anschlags ihre wöchentliche Redaktionssitzung abhielten. Während ihrer Attacke

---

(03.02.2011), in: http://www.spiegel.de/politik/ausland/karikaturenstreit-somalier-wegen-angriffs-auf-mohammed-zeichner-verurteilt-a-743347.html (21.09.2017).

riefen die Terroristen „On a vengé le Prophète. – Wir haben den Propheten gerächt."⁵

Einig waren sich im Konzert der internationalen Medien auch die deutschen Zeitungen und Magazine darin, dass der Terroranschlag auf die Redaktion von „Charlie Hebdo" eine Reaktion auf die Veröffentlichung von Mohammed-Karikaturen war. Stellvertretend sei „Spiegel online" zitiert: „,Charlie Hebdo' ist mit seiner Islamkritik weltweit bekannt geworden. Mehrfach druckte das Satiremagazin Karikaturen des Propheten Mohammed. Es wurde dafür (…) zur Zielscheibe für Angriffe von Islamisten."⁶

Das erste Heft von „Charlie Hebdo" nach dem Pariser Massaker am 7. Januar 2015 zeigt den Propheten, auf den die drei Attentäter von Paris im Paradies treffen und der ihnen auf ihre Frage nach den versprochenen 72 Jungfrauen im Paradies antwortet: Die würden sie deshalb nicht treffen, weil die schon mit den Kerlen von „Charlie Hebdo" – also aus der Perspektive des Satiremagazins: mit den eigentlichen Märtyrern – um die Häuser zögen. Auch hier folgten die Drohungen gegenüber den Karikaturisten unmittelbar. So unterstreicht „Die Welt": „Muslime wüten gegen Beleidigung des Propheten. In vielen muslimischen Staaten kocht die Wut auf die jüngsten Mohammed-Karikaturen des französischen Satire-Magazins ‚Charlie Hebdo' hoch. Es brennen Kirchen, vier Menschen werden getötet."⁷ Im gleichen Sinne heißt es am 17. Januar 2015 in „DiePresse.com": „,Charlie Hebdo'. Gewalttätige Proteste in islamischen Ländern. Pakistan, Senegal, Jordanien, Niger, Türkei: Tausende Muslime haben gegen ‚Charlie Hebdo' protestiert. Es gab Verletzte und Tote. Einen Tag nach den gewaltsamen Protesten gegen die Mohammed-Karikatur der jüngsten ‚Charlie Hebdo'-Ausgabe in Niger hat es in dem westafrikanischen Land erneut Zusammen-

---

⁵ https://de.wikipedia.org/wiki/Anschlag_auf_Charlie_Hebdo (21.09.2017).
⁶ Fabian Reinbold, Terrorangriff auf Satiremagazin. Warum „Charlie Hebdo"? (07.01.2015), in: http://www.spiegel.de/politik/ausland/charlie-hebdo-satiremagazin-mit-skandal-tradition-a-1011723.html (21.09.2020).
⁷ https://www.welt.de/politik/ausland/gallery136476056/Muslime-wueten-gegen-Beleidigung-des-Propheten.html (19.11.2020).

stöße gegeben. Die Polizei ging am Samstag mit Tränengas gegen Demonstranten in der Hauptstadt Niamey vor, wie AFP-Reporter berichteten. Zu dem von den Behörden untersagten Protest nahe der Großen Moschee versammelten sich mindestens tausend Jugendliche. Einige von ihnen bewarfen die Einsatzkräfte mit Steinen, andere zündeten Autoreifen an. Demonstranten auf Motorrädern skandierten ‚Allahu Akba' (Gott ist groß)."[8]

Die Beispiele aus der deutschsprachigen Presse belegen, dass in diesen und vielen anderen Fällen, als religiöse Persönlichkeiten zum Objekt satirischer Kritik wurden, die Empörung und das Entsetzen unter den Muslimen ungleich größer als unter den Christen waren.

Wie ist dieser Unterschied in der Wahrnehmung religiöser Satire im Christentum und im Islam zu erklären? Warum folgt auf Mohammed-Karikaturen im Unterschied zu Papst-, Jesus- oder Heiligen-Karikaturen immer wieder schwere Gewaltandrohung oder sogar Gewaltanwendung? Orientierung bieten kann hier unter anderem der Blick in die (europäische) Geschichte; denn – so schwer das heutzutage verständlich sein mag – auch in unseren Breiten wurden über Jahrhunderte hinweg die Bilder heiliger Menschen unmittelbar mit diesen Menschen identifiziert. Sogar noch heute begegnet dieses Bildverständnis auch in unserer eigenen Kultur zumindest rinnsalartig.

b. Bilder – Heilige Ikonen oder „Hinweisschilder"?

Wenn ein moderner Betrachter auf ein gemaltes Portrait schaut, dann wird er wie in einem Automatismus gedanklich eine Mauer aufrichten – zwischen der Darstellung des Menschen im Bild auf der einen Seite und dem dargestellten Menschen in Realität auf der anderen Seite, dessen tatsächliche Schönheit allein die Augen des Künstlers, nicht aber die des Bildbetrachters erblickt haben.

---

[8] http://diepresse.com/iphone/app/article.php?id=4640760 (19.11.2020).

„Realpräsent" – Religionsstifter und Heilige im Bild

Diese Art der Anschauung unterscheidet sich grundlegend von der Weise, wie radikale muslimische Gruppierungen auf eine Karikatur ihres Propheten blicken. Grundlegend für ihre Anschauung ist aus kunst- und kulturgeschichtlicher Sicht, dass sie bei ihrer Wahrnehmung von Bildern des Propheten den Propheten selbst erblicken, wie er mit Leib und Seele lebt[9]. Konsequent – so stellt es der Kunsthistoriker Horst Bredekamp heraus – identifizieren sie auch die Satirezeichnung des Propheten – also sein Abbild – mit dem Religionsstifter Mohammed persönlich – also mit seinem Urbild: Damit sei die „große, in langen Kämpfen erstrittene Errungenschaft der abendländischen Kultur", also „die Unterscheidung von Bild und Gott, Bild und Körper" durch die Denkweise der Täter nicht länger leitend[10].

---

[9] Arthur Engelbert, Global Images. Eine Studie zur Praxis der Bilder, Bielefeld 2011, S. 115 erläutert: „Das Abbild ist nur ein Bild von etwas, worauf es sich bezieht. Das Abbild ist also selbst nicht das, was es als Zeichen zeigt oder als Gegenstand darstellt bzw. repräsentiert. Es gibt ein Beziehungsverhältnis an und markiert eine Trennung zu etwas anderem. Es kann etwas abbilden, etwas so zeigen, wie es dem Anspruch nach sein soll oder auch nur dem Anschein nach etwas wiedergeben." Es spricht vieles dafür, dass in Settings, die im Bereich des Ikonographischen nicht zwischen Urbild und Abbild unterscheiden (können), die fehlende Unterscheidung auch in anderen Bereichen der Darstellung bzw. des Medialen zum Tragen kommt – man denke beispielsweise an die Literatur, wenn der Schriftsteller Salman Rushdie den Propheten Mohammed u. a. in seinen „Satanischen Versen" literarisch karikiert und Ayatolla Khomeini, das damalige Staatsoberhaupt der Islamischen Republik Iran, 1989 deshalb die Muslime in aller Welt mittels einer Fatwa aufrief, den Literaten zu töten. Für diesen weiterführenden Hinweis danke ich meinem Kollegenfreund Andreas Holzem (Tübingen).

[10] Horst Bredekamp, Doppelmord an Mensch und Werk, in: SZ 12.01.2015, S. 8. Kritisch dazu s. Albrecht Koschorke, Replik, in: Zeitschrift für Kulturwissenschaften 2015 (Heft 2), S. 286–288, bes. S. 287 (auch online unter: https://mediarep.org/bitstream/handle/doc/14908/ZFK_2015_2_263-295_Zillinger_et-al_Debatte_Repliken_.pdf?sequence=4), der davon ausgeht, dass sowohl die Karikaturisten als auch die Islamisten die Unterscheidung von Urbild und Abbild durchhalten, aber aus dieser Gemeinsamkeit im Blick auf die Darstellung Mohammeds unterschiedliche Schlüsse ziehen: „Die Veröffentlichung der Karikaturen und das Attentat auf Charlie Hebdo haben nichts damit zu tun, dass die einen zu einer Unterscheidung befähigt sind und die anderen nicht. Es geht vielmehr für beide Seiten um das Verbindende ‚innerhalb' der Unterscheidung zwischen dem Bild und dem abgebildeten Gegenstand, nur dass sie in Hinsicht auf dessen Wahrnehmung und Handhabung entgegengesetzte Positionen vertreten: „Was die einen (die

Angesichts einer solchen Wahrnehmung kommt jede satirische Darstellung des Propheten einer menschlichen Manipulation am heiligen Propheten und damit seiner Schmähung gleich. Aus der Perspektive vieler Muslime ist eine satirische Präsentation des Propheten nichts Anderes als ein dem Menschen niemals zustehender Übergriff auf das Göttliche, allzumal der Prophet gemäß einigen muslimischen Traditionen überhaupt nicht gemalt werden soll[11].

Auch die christliche Geschichte kennt Epochen, in denen die Menschen die dargestellten Heiligen unmittelbar mit den leibhaftigen Heiligen identifizierten. Der Bildwissenschaftler Horst Bredekamp spricht von einer „tiefreichenden Tradition, Körper und Bild, obwohl getrennt, als identisch zu begreifen"[12]. Aus bildtheologi-

---

Karikaturisten) als einen Anspielungsreiz nutzen, codieren die anderen (die Neoreligiösen) als einen Angriff auf Gott."

[11] Jürgen Wasim Frembgen, Bilderverbot und religiöse Bildkunst im Islam, in: Marianne Stößl (Hrsg.), Verbotene Bilder. Heiligenfiguren in Rußland, München 2006, S. 29–33, bes. S. 32f. erläutert u. a.: „In der gelebten Religiosität des Volksislam spielt die Bildkunst mit ihrer Anschaulichkeit und unmittelbaren Wirkung auf die Frommen eine wichtige Rolle bei der Vermittlung von Glaubensinhalten. (…) Andachtsbilder dieser Art stellen ein wichtiges Medium der Volksfrömmigkeit dar. Sie enthalten eine besondere Heil- und Segenskraft, die im Arabischen ‚baraka' genannt wird." Ergänzend Horst Bredekamp, Doppelmord an Mensch und Werk, in: SZ 12.01.2015, S. 8: „Im Islam ist das Bildverbot nicht in derselben Weise scharf definiert wie dies ursprünglich im jüdischen und christlichen Glauben der Fall war. Man kann im Koran sowohl Argumente dafür finden, dass Mohammed dargestellt werden darf, als auch dagegen. Das ist Auslegungssache – ähnlich wie die Frage, ob Gewalt im Namen Allahs erlaubt ist oder nicht."

[12] Horst Bredekamp, Theorie des Bildakts. Frankfurter Adorno-Vorlesungen 2007, Berlin 2010, S. 173; ebd. S. 197 heißt es erläuternd: „In der Vorstellung, dass Bilder und Körper bis zu einem bestimmten Grad ein Verhältnis wechselseitiger Identität eingehen, kippt die Repräsentation in eine Substitution um." Diese sieht er (ebd. S. 56) auch in unserem Land bis in die Gegenwart reichen. So spricht er exemplarisch von der „Scheu, einer in der Tagespresse abgebildeten Person die Augen auszustechen, weil selbst noch in diesem Medium eine Ahnung dessen wirkt, dass im Bild mehr enthalten ist als nur ein Abbild". Umgekehrt zeigt sich die Identität von Bild und Dargestelltem auch darin, dass abwesende Menschen und Institutionen unter Rückgriff auf Bilder gegenwärtig wurden: „Hierzu gehört die Praxis des Votivkultes, in dem Personen oder Teile ihrer Körper in dem Bestreben gezeigt werden, deren reale Heilung zu bewirken oder einer erfolgten Genesung zur Dauerhaftigkeit zu verhel-

scher Perspektive rekonstruiert Thomas Lentes hier einen hilfreichen Gedanken, um die angesprochene Identifikation tiefer zu verstehen: „Die Heiligen und ihre Kraft wohnten im Bild. Und wie Wein und Brot in der Messe setzten die Bilder das Heil und die Heiligen materialiter gegenwärtig." Somit hatten Bilder (ebenso wie Kreuze oder Reliquien) gewissermaßen „ihr eigenes Gedächtnis, durch das sie unzweifelhaft die Präsenz des Heiligen sicherten". Konsequent garantierten das für das Heiligenbild verwendete Material ebenso wie dessen Form die Präsenz des Heiligen[13].

Schematisch lassen sich für den christlichen Umgang mit Bildern rückblickend drei Epochen voneinander abheben: die Frühe Kirche als Zeit des Bilderverbots, die Zeit seit dem 5. Jahrhundert bis mindestens zum Hochmittelalter als Phase der Identifikation von Urbild und Abbild, schließlich seit dem Spätmittelalter die Phase, in der das Bild zunehmend einen Verweischarakter zugeschrieben bekam.

In ihren Anfängen haben die Christen die Versuchung, dem Bild Gottes einen Reliquiencharakter zuzuschreiben, dadurch abgewehrt, dass sie sich dem sogenannten monotheistischen Bilderverbot unterwarfen. Deutlich bringt diese Selbstpositionierung das neutestamentlich-christliche Selbstverständnis zum Ausdruck, denn in ihren Anfängen erlebten sich die Christen in einem Zwiespalt.

Auf der einen Seite sahen sich die Jesus-Anhänger von antiken Kulturen umgeben, die ungeachtet aller philosophischen Einzelkritik eine ausladende Bilderverehrung pflegten: „Zeiten der Bilderfeindlichkeit, wie sie die jüdische und christliche Geistesgeschichte kennt, hat es in der griechisch-römischen Welt nicht gegeben. Während des ganzen heidnischen Altertums hielten Staatsreligion und Volksglaube an der bildlichen Darstellung der Götter und an deren Verehrung fest. (…) Die Verwandtschaft von Vorstellung und Dar-

---

fen." (Horst Bredekamp, Der Bildakt [Wagenbachs Taschenbuch 744] Berlin 2015, S. 216).
[13] Thomas Lentes, Auf der Suche nach dem Ort des Gedächtnisses. Thesen zur Umwertung der symbolischen Formen in Abendmahlslehre, Bildtheorie und Bildandacht des 14.–16. Jahrhunderts, in: Klaus Krüger – Alessandro Nova (Hrsg.), Imagination und Wirklichkeit. Zum Verhältnis von mentalen und realen Bildern in der Kunst der frühen Neuzeit, Mainz 2000, S. 21–46, S. 22f. (Zitat S. 23).

stellung macht es auch begreiflich, dass Bild und Dargestelltes als identisch empfunden wurden, eine Auffassung, die im Volke, allen philosophischen und religiösen Lehren zum Trotz, bis in die Spätantike hinein wirksam blieb."[14]

Auf der anderen Seite sahen sich die Christen dadurch herausgefordert, dass das Alte Testament ein radikales Bilderverbot überliefert. Dabei galt in dieser Tradition nicht die Herstellung von Bildern als das Problem, sondern vielmehr, dass man das hergestellte Bild von Gott durch die Verehrung gewissermaßen konsekrierte. Die retrospektive Übertragung von Gottes Präsenz, die man ehedem in Propheten wie Mose verkörpert sah, auf das selbst geschaffene Bild, ist hier das eigentliche „no go" (Ex 32,1–6, bes. 4; Ex 20,4–6 = Dtn 5,8–10)[15].

Diese Ablehnung speist sich aus der Befürchtung, dass ein Bild von Gott den Frommen dazu verleiten kann, Gott im Bild zu begegnen; denn, so sagt es der Alttestamentler Christoph Dohmen: „Der Ernstfall des Bildes ist das mit göttlicher Kraft aufgeladene Monument, das deshalb kultische Verehrung erfährt."[16] Oder mit dem Bildwissenschaftler Reinhard Hoeps gesprochen: „Das Verbot der Bilder resultiert aus dem den Bildern zugetrauten Vermögen der Manifestation und Ausübung von Göttlichkeit, die im bilderlosen Monotheismus Israels nur fremde Göttlichkeit sein kann. Wegen ihrer Machtfülle sind die Bilder untersagt."[17] Durch die Dreidimensionalität des bildlich dargestellten Gottes – egal ob Plastik oder Skulptur – assoziierten die Menschen allzu leicht eine Theophanie. In vielen altorientalischen Religionen legte sich dieses Ineinander von Urbild und Abbild auf der Seite der Betrachter nahe, zumal

---

[14] Hertha Elisabeth Killy – Maximiliana Höpfner, Art. Bild II. (Griechisch-Römisch), in: Reallexikon für Antike und Christentum 2 (1954) Sp. 302–318, Sp. 302.

[15] Jan Assmann, Religion, Staat, Kultur. Altägypten und der Weg Europas (Blumenberg Vorlesungen 5) Freiburg 2021, S. 124–126.

[16] Christoph Dohmen, „Du sollst Dir kein Bild machen …" – Was verbietet das Bilderverbot der Bibel wem?, in: Marianne Stößl (Hrsg.), Verbotene Bilder. Heiligenfiguren in Rußland, München 2006, S. 20–28, S. 23.

[17] Reinhard Hoeps, Aus dem Schatten des goldenen Kalbes. Skulptur in theologischer Perspektive, Paderborn – München – Wien 1999, S. 13.

man die Götterstatuen einweihte; doch der Dekalog verbietet derartige Gottesbilder, auch um zu verdeutlichen, dass sich Gott grundsätzlich nicht in menschengemachte Gestalten oder Darstellungen hineinbringen lässt[18]. Also: Das Entscheidende, um das es hier seit dem Aufkommen einer Alleinverehrung des Gottes Jahwe im 8. Jahrhundert v. Chr. geht, besteht in dem Unterschied zwischen dem kreativen *Tun des Menschen*, wenn er ein Gottesbild herstellt, und der Erwartung des Menschen, dass *das Bild etwas tut*, weshalb er es verehrt. Man könnte sagen, dass das biblische Verbot, Gott sichtbar und greifbar ins Bild zu bringen, gewährleisten helfen soll, dass die Menschen keinen falschen Göttern nachlaufen[19]. In diesem Sinne wahrt das Bilderverbot die Transzendenz Gottes, wäh-

---

[18] Jan Assmann, Was ist so schlimm an den Bildern?, in: Hans Joas (Hrsg.), Die zehn Gebote. Ein widersprüchliches Erbe? (Schriften des Deutschen Hygiene-Museums Dresden 5) Köln – Weimar – Wien 2006, S. 17–32, S. 21 [auch online verfügbar unter https://core.ac.uk/download/pdf/35125208.pdf] kommentiert: „Daher ist das Bilderverbot der Inbegriff oder die Signatur des Monotheismus. Der Monotheismus zieht eine Grenze zwischen sich und den anderen Religionen, die er als Heidentum ausgrenzt. Das Bilderverbot definiert dieses ausgegrenzte Heidentum als Götzendienst, Idolatrie. Wer sich Bilder macht, stellt sich auf die Seite der Götzendiener und damit automatisch gegen Gott." Kritisch dazu s. Christoph Markschies, Ist Monotheismus gefährlich? Einige Beobachtungen zu einer aktuellen Debatte aus der Spätantike, in: Christoph Markschies, Antike ohne Ende, Berlin 2008, S. 129–148, bes. S. 143–148, der das exklusive Verständnis des Monotheismus bei Theologen und Kirchenhistorikern in deren rein dogmen- und theologiegeschichtlicher Perspektive wurzeln sieht. Ähnlich Yitzhak Hen, Dialog und Debatte in Spätantike und frühmittelalterlichem Christentum, in: Uta Heil (Hrsg.), Das Christentum im frühen Europa. Diskurse – Tendenzen – Entscheidungen (Millennium-Studien zur Kultur und Geschichte des ersten Jahrtausends n. Chr. 75) Berlin – Boston 2020, S. 157–169, S. 158–161; Paula Fredriksen, Mandatory Retirement. Ideas in the Study of Christian Origins whose Time has Come to Go, in: Studies in Religion/Sciences Religieuses (Revue Canadienne/A Canadian Journal) 35 (2006) Heft 2, S. 231–246, S. 241: „Ancient Monotheism means ‚one god on top', with other gods ranged beneath, lower than and in some sense subordinate to the high god."

[19] Christoph Dohmen, Religion gegen Kunst? Liegen die Anfänge der Kunstfeindlichkeit in der Bibel?, in: Christoph Dohmen, Studien zu Bilderverbot und Bildtheologie des Alten Testaments (Stuttgarter Biblische Aufsatzbände 51) Stuttgart 2012, S. 60–72, S. 69 pointiert: „Das Fremdgötterverbot hat als Spezialfall das Bilderverbot im 8. Jahrhundert v. C. geboren."

rend es aber gleichzeitig nach einer Vermittlung in die Immanenz ruft[20].

Die Wichtigkeit des beschriebenen Anliegens hinter dem kultischen Bilderverbot spiegelt sich zentral auch in den sogenannten „Zehn Geboten" wider: „Das Fremdgötterverbot (Alleinverehrungsanspruch JHWHs), dem das Bilderverbot seine Entstehung verdankt und als dessen Konkretion es erscheint, ist der eigentliche Motor auf dem Weg zum Bilderverbot in Israel in biblischer Zeit gewesen."[21] Diese Fokussierung veranschaulicht in aller Deutlichkeit, dass es in den Texten des Alten Testaments keinesfalls um ein generelles „Kunstverbot" geht; stattdessen ordnet sich das Bilderverbot in den Bereich des Kultischen und der kultischen Verehrung ein[22]. Zudem sollte das Bilderverbot dabei mithelfen, die Tora – hier verstanden im Sinne der Gottes- und Nächstenliebe – als das textgewordene Gottesbild in den Mittelpunkt zu rücken: „Die Tora ersetzt die Bilder, macht sie überflüssig. Wo Bild war, soll Tora werden. Wo Bild ist, kann Tora nicht sein."[23]

Das alttestamentliche Bilderverbot blieb auch „im ganzen Neuen Testament vorausgesetzt"[24], so dass die Maxime der israelitischen Tradition, wie sie in das Buch Exodus (20,4) eingegangen ist, ihre Gültigkeit behielt: „Du sollst dir kein Gottesbild machen und keine Darstellung von irgendetwas am Himmel droben, auf der Erde unten oder im Wasser unter der Erde." Diese mosaische Verbotsvorschrift, die die Gleichsetzung von Bild und Gott unterstellt, ist im Christentum maßgeblich geblieben – unter anderem in den Zehn

---

[20] Dohmen, Religion gegen Kunst?, S. 72.
[21] Dohmen, „Du sollst dir kein Bild machen …", S. 27.
[22] Dohmen, „Du sollst Dir kein Bild machen …", S. 27 ergänzt: „Auch spätere Texte, die den Verbotsinhalt weiter ausdehnen, zum Beispiel vom Kultbildverbot zum Verbot jedweder Darstellung im Bereich des Kultes, sind weit entfernt von einem Kunst- oder Vorstellungsverbot (Gedanken oder Sprachbilder betreffend), vielmehr konzentrieren sie sich ausschließlich auf den Bereich der Verehrung und spitzen damit das Problem immer weiter in Richtung auf die Frage des ‚Bilderkultes' zu."
[23] Assmann, Was ist so schlimm an den Bildern?, S. 25.
[24] Christoph Dohmen, Art. Bild II. (Biblisch), in: Lexikon für Theologie und Kirche 2 (1994) Sp. 441–443, Sp. 442.

Geboten (Ex 20,4). So galt das „Kultbildverbot' – ‚Du sollst dir kein Kultbild machen'"[25] selbstverständlich auch im Christentum. Übrigens findet es sich zwar nicht im Koran, lässt sich aber in der Hadith-Literatur seit dem 8. Jahrhundert nachweisen.

Tatsächlich zeigten sich die frühen Christen ablehnend gegenüber den antiken Götterkulten, wie sie auch in Götterbildern und -statuen zum Ausdruck kamen. Stattdessen übernahmen sie im Rahmen ihrer monotheistischen Ausrichtung[26] die prophetische Position, der zufolge die Götterbilder ohne Macht und ohne Kraft, dafür voller Dämonen und Unholde seien. Wer einen geistigen Gott anbete, könne ihn nicht in sinnenfälligen Dingen finden: „Dass die Bilder der Götter nicht sehen und nicht hören, ist ein in der christlichen Apologetik immer wiederkehrender Topos, den sie mit stoischer Philosophie und jüdischer Polemik teilt. Ihre Ohnmacht illustriert man durch den Hinweis, dass Spinnen, Vögel und Mäuse in ihnen nisten oder durch den anderen, dass man sie bewachen und anschließen muss, damit sie nicht gestohlen werden."[27]

So wirkte sich die von den griechischen Philosophen ebenso wie von den Propheten Israels hoch gehaltene Unterscheidung zwischen einer Götterskulptur und Gott selbst auch im Christentum aus: Hier galt Christus ursprünglich als das einzig zulässige (Gottes-)Bild, insofern es sich bei ihm um das „Ebenbild des unsichtbaren Gottes" (Kol 1,15) handelt, das die Christen bis heute mit Hilfe metaphorischer Bilder wie Fisch, Brot oder Sonne versinnbildlichen.

---

[25] Diese Übersetzung stammt von Christoph Dohmen, Vom Gottesbild zum Menschenbild. Aspekte der innerbiblischen Dynamik des Bilderverbotes, in: Christoph Dohmen, Studien zu Bilderverbot und Bildtheologie des Alten Testaments (Stuttgarter Biblische Aufsatzbände 51) Stuttgart 2012, S. 113–121, S. 115.

[26] Nicht weiter eingegangen werden kann hier auf das „Problem, [dass] auch Monotheismen ‚nur' als Teil eines religiösen Systems zu beschreiben [sind], obwohl die eine Religion für sich den Anspruch erhebt, das ganze System zu sein". Burkhard Gladigow, Mediterrane Religionsgeschichte, römische Religionsgeschichte, europäische Religionsgeschichte. Zur Genese eines Fachkonzepts, in: H. F. J. Horstmanshoff – H. W. Singor u. a. (Hrsg.), Kykeon. FS Henk S. Versnel (Religions in the Graeco-Roman World 142) Leiden – Boston – Köln 2002, S. 49–67, S. 51.

[27] Johannes Kollwitz, Art. Bild III. (Christlich), in: Reallexikon für Antike und Christentum 2 (1954) Sp. 318–341, Sp. 319.

Manifestationen des Göttlichen

Nicht zufällig sind es diese geistigen Bilder, die den Christen auch untereinander als Erkennungszeichen dienten. Als „identity-marker" finden sie sich auf christlichen Sarkophagen oder an christlichen Grabstätten. Darüber hinaus erachteten die Christen als das einzig legitime Abbild Gottes – so schon die Kirchenväter Klemens von Alexandrien († 215) oder Origenes († 254) – den lebendigen Menschen. Und der sollte sein göttliches Urbild dadurch ehren, dass er sich – hier ganz achsenzeitlich fundierten Prämissen verpflichtet – gegenüber seinem Schöpfer hörend und gegenüber seinen Mitmenschen barmherzig verhält[28].

Die angedeutete Klarheit und Polemik gegenüber dem antik-paganen Götterbild umfasste in der christlichen Frühzeit nicht allein jedes gemalte Kultbild, sondern schloss zugleich jedwede porträtmäßige Darstellung Christi oder seiner Apostel aus. Obgleich Ahnenporträts oder Porträts hochgeschätzter Philosophen in der griechisch-römischen Umwelt vielfältig verbreitet waren, gab es im christlichen Raum tatsächlich nichts Vergleichbares.

Trotz dieses traditionsreichen und in der Frühen Kirche theologisch durchgehaltenen Bilderverbots gelangten gemalte und gestickte (Gottes-)Bilder auch im Christentum bereits ab dem 4. Jahrhundert zu auffällig schneller Verbreitung[29]. Mehr noch: In dem Maße, wie im Frühmittelalter die Heiligenverehrung zu immer größerer Verbreitung gelangte, begannen die Menschen nach und nach damit, Heiligenbilder und Heiligenskulpturen zu malen, zu schaffen und zu verehren.

In der Person des christlichen Theologen und Geschichtsschreibers Eusebius von Caesaraea († 339) bündeln sich die beiden Ent-

---

[28] Clemens von Alexandrien, Stromateis 5,94,6, ed. Otto Stählin (Die griechischen christlichen Schriftsteller der ersten Jahrhunderte 15) Berlin 1895, S. 388. Übers. v. Otto Stählin, Des Clemens von Alexandreia Teppiche wissenschaftlicher Darlegungen entsprechend der wahren Philosophie 5,94,6 (BKV. Reihe 2. Bd. 19) München 1937, S. 198f.; Origenes, Contra Celsum 8,17f., ed. Marcel Borret, Origène. Contre Celse (Sources Chrétiennes 150) Paris 1969, S. 210–215. Übers. v. Paul Koetschau, Des Origenes acht Bücher gegen Celsus 8,17f. (BKV 53) München 1927, S. 318–320.
[29] Franz Dünzl, Bilderstreit im ersten Jahrtausend, in: Erich Garhammer (Hrsg.), BilderStreit. Theologie auf Augenhöhe, Würzburg 2007, S. 47–76, S. 56–61.

wicklungen. Einerseits hält er persönlich das biblische Bilderverbot weiter durch; andererseits erfährt er in seiner Umwelt bereits von gegenläufigen Entwicklungen. So weist er den von Konstantia, der Schwester von Kaiser Konstantin († 337), gehegten Wunsch nach einem Bild, das Christus darstellt, in einem Brief mit der Begründung zurück, dass das alttestamentliche Bilderverbot weiterhin gelte[30]. Aus diesem Grunde hält Eusebius nur eine einzige Weise des Christusbildes für legitim, nämlich die von der Heiligen Schrift angeregte ethische Ausrichtung des Menschen an Christus: „Wenn ihr aber aus freien Stücken in hohem Maße vor der künftigen Schau von Angesicht zu Angesicht und dem Erblicken unseres Heilandes euch selbst zu Bildern macht, was könnten wir für einen besseren Maler haben als den Gott-Logos selbst?"[31] – Ungeachtet seiner persönlichen Konsequenz in der Bilderfrage darf Eusebius von Caesaraea als einer der ersten Zeugen für das Vorhandensein von Bildern gelten, die Jesus Christus und die Heiligen zeigen. So berichtet er, dass er Bilder von den Aposteln Petrus und Paulus, ja sogar von Christus selbst gesehen habe, die in Farbe gemalt gewesen seien[32]. In einem Brief erläutert er, dass er bei einer Frau ein Bild von Christus und Paulus gefunden hätte, und dass er umgekehrt einer Frau die Bitte abgeschlagen hätte, ihr ein Bild Christi zukommen zu lassen[33]. Die genannten Belege machen deutlich, von wo die Tendenz zum gemalten Bild kam, das alsbald auch zum Gegenstand der Verehrung wurde: „von unten, aus den Kreisen der Gemeinde, vor al-

---

[30] Eusebius von Caesaraea, Brief an Konstantia, übers. v. Heinrich Bacht, in: Gervais Dumeige, Nizäa II (Geschichte der ökumenischen Konzilien 4) Mainz 1985, S. 277–279.
[31] Eusebius von Caesaraea, Brief an Konstantia, übers. v. Heinrich Bacht, in: Gervais Dumeige, Nizäa II (Geschichte der ökumenischen Konzilien 4) Mainz 1985, S. 279.
[32] Eusebius von Caesarea, Kirchengeschichte 7,18, übers. v. Philipp Haeuser, Eusebius von Caesaerea, Kirchengeschichte. Studienausgabe. Unveränd. ND der 3. Aufl., Darmstadt 1997, S. 334. Nicht weiter eingegangen werden soll an dieser Stelle auf das Auftreten der *vera icon*, dazu s. Bredekamp, Der Bildakt, S. 179.
[33] Eusebius, Ep. 2 („Ad Constantiam Augustam"), hrsg. v. Jacques-Paul Migne (Patrologia Graeca 20) Paris 1857, Sp. 1545–1548.

lem der Frauenwelt. Die Theologen verhielten sich hingegen noch lange ablehnend."[34]

In jedem Fall glaubte man schon zur Zeit der Alten Kirche, authentische Bilder Christi zu kennen. Unter anderem verbreitete sich die Tradition, der zufolge die Magier, die sich gemäß dem Matthäus-Evangelium an die Krippe Jesu begeben hatten, um das göttliche Kind zu verehren (Mt 2,1–13), sogar einen Maler mitgebracht hätten, der den Säugling malte[35]. In ähnlicher Weise gelangte jene Legende zu großer Aufmerksamkeit, nach der der Evangelist Lukas nicht allein die ausführliche Kindheitsgeschichte Jesu abgefasst, sondern als Maler zudem das Jesuskind „vor Ort" eigenhändig gemalt hätte[36]. Im Wissen darum, dass man sich im 4. und 5. Jahrhundert auf die Malerei begrenzte und von der Darstellung Christi als Skulptur absah[37], kann der Kirchenhistoriker Arnold Angenendt für das Christentum angesichts des ursprünglichen Bilderverbots zwar das geradezu erstaunliche Resümee ziehen: „Die Bilder wurden selbstverständlich."[38] Doch blieb es dabei, dass die *Verehrung* der Bilder als Ausdruck eines Ineinanders von Urbild und Abbild in der christlichen Frömmigkeit bis ins 5. Jahrhundert keine wirkliche Rolle gespielt hat.

Während die christliche Bilderverehrung als Ausdruck einer partiellen Hinkehr zu primärreligiösen Plausibilitäten in Rom bereits zu Beginn des Frühmittelalters anzutreffen war und von hier aus sogar der Umgang mit den verehrten Bildern – den Ikonen – in der byzantinischen Welt Inspiration erfuhr, kamen im Norden

---

[34] Kollwitz, Art. Bild III. (Christlich), Sp. 321. Dazu s. auch Rainer Warland, Die ältesten Christusbilder. Bildkonzepte des 3. und 4. Jahrhunderts in stetiger Veränderung, in: Imperium der Götter. Isis – Mithras – Christus. Kulte und Religionen im Römischen Reich, hrsg. v. Badischen Landesmuseum Karlsruhe, Darmstadt 2013, S. 362–363.
[35] Kollwitz, Art. Bild III. (Christlich), Sp. 322.
[36] Klaus Schreiner, Maria. Jungfrau, Mutter, Herrscherin, München – Wien 1994, S. 257–259.
[37] Kollwitz, Art. Bild III. (Christlich), Sp. 323.
[38] Angenendt, Geschichte der Religiosität, S. 371.

plastische Kultbilder deutlich später auf. So entwickelte sich der kirchlich gebilligte Brauch, sich vor den Bildern und – zumindest im Westen – vor den Statuen niederzuwerfen oder sie durch Niederknien, Küssen, Anzünden von Kerzen und Weihrauch sowie durch Bekleidung mit kostbaren Gewändern und Pretiosen zu ehren. Auch die Wallfahrt zu wirkmächtigen Bildern und Skulpturen hatte den Sinn, die in ihnen als präsent wahrgenommenen Heiligen zu preisen oder zu beschenken, sie um Hilfe zu bitten oder ihnen für empfangene Wohltaten zu danken[39]. Zwar versuchten Theologen schon seit dem 8. Jahrhundert immer wieder, die ikonische Differenz zwischen dem Heiligen und seinem Bild in Erinnerung zu rufen; doch scheint dieser Unterschied in der alltäglichen Praxis keine Rolle gespielt zu haben. Mehr noch: Eben weil die Menschen zwischen dem Heiligen und seinem Bild keinerlei Differenz sahen, konnten sie dem Bild die Möglichkeit zuschreiben, dass es Wunder wirkte oder menschengleich handelte bzw. derart behandelt wurde[40].

Obendrein sah man die Verehrung dieser Kultbilder durch darin eingearbeitete Reliquien ebenso legitimiert wie man die Bilder mit Sekundärreliquien des jeweiligen Heiligen berührte, um sie als Ausdrucksweisen seiner Gegenwart abzusichern[41]. Im Kontext der hoch- und spätmittelalterlichen Mystik fanden besonders Marienbilder reiche Verbreitung, die sich als wundertätig erwiesen und die deshalb als verehrungswürdig galten. Diesen – verglichen mit den christlichen Anfängen – geradezu erstaunlichen Befund erklärt der Kunsthistoriker Hans Belting auf eine für Theologen nicht ge-

---

[39] Jean Wirth, Soll man die Bilder anbeten? Theorien zum Bilderkult bis zum Konzil von Trient, in: Cécile Dupeux – Peter Jezler – Jean Wirth (Hrsg.), Bildersturm. Wahnsinn oder Gottes Wille? Katalog zur Ausstellung, Zürich 2000, S. 28–37.
[40] Lentes, Auf der Suche nach dem Ort des Gedächtnisses, S. 24.
[41] Guy P. Marchal, Das vieldeutige Heiligenbild. Bildersturm im Mittelalter, in: Peter Blickle u. a. (Hrsg.), Macht und Ohnmacht der Bilder. Reformatorischer Bildersturm im Kontext der europäischen Geschichte (Historische Zeitschrift. Beiheft 33) München 2002, S. 307–332, S. 313 unterstreicht, dass die „Vorstellung vom Innewohnen des Heiligen im Bild bis zur Vermengung von Bild und Reliquie" gehen kann.

rade schmeichelhafte Weise, wenn er die „Macht der Bilder und die Ohnmacht der Theologen" einander gegenüberstellt[42].

Diese „Ohnmacht der Theologen" zeigte sich auch, als Bilder im Westen einfach vom Himmel auf die Menschen heruntergefallen sein sollen und die Menschen auf diese von ihnen als göttlich eingestuften Geschenke mit spontaner Verehrung reagierten. Noch bis über das Spätmittelalter hinaus machten zahlreiche Christus-, Marien- und Heiligenbilder von sich reden, die den Menschen aus dem himmlischen „Off" zugefallen waren. Da sie nicht von Menschenhand gemalt waren, schätzte man die ihnen zugesprochene göttliche Kraft umso höher ein. Dadurch übten sie eine große Anziehung auf die Menschen aus, die sich ihrer als „Energiequellen" in zahllosen Notlagen bedienten[43]. Auch die bereits seit altkirchlicher Zeit bekannten Bilder, die Lukas zeigen, wie er gerade dabei ist, Jesus zu malen, vermehrten sich im Hoch- und Spätmittelalter als Manifestationen der Gegenwart Jesu Christi rasant. Sie bekamen sogar einen Zeugniswert zugesprochen, der den Evangelien in nichts nachstand: „Von Lukas gemalte Bilder (…) besaßen für die Wahrheit der christlichen Heilslehre eine Beweiskraft, die mit dem Zeugniswert der Heiligen Schrift vergleichbar war."[44]

Tatsächlich ist von einer durch die Menschen geglaubten „Realpräsenz der Kultperson in ihrem Bild zu sprechen", was ungeachtet des ursprünglichen (Kult-)Bilderverbots zu einer grenzenlosen Verbreitung der Bilder führte: „Das Bild war das Sakrament der Frommen", wie man bei dem Kulturhistoriker Thomas Lentes lernen kann[45]. Und diese Wertschätzung änderte weder der unter Theologen ausgetragene Streit um die Legitimität der Bilderverehrung während des 8. und 9. Jahrhunderts in der Ostkirche noch der Ein-

---

[42] Hans Belting, Bild und Kult. Eine Geschichte des Bildes vor dem Zeitalter der Kunst, München 1990, S. 11.
[43] Belting, Bild und Kult, S. 66–70.
[44] Schreiner, Maria, S. 259.
[45] Thomas Lentes, Gebetbuch und Gebärde. Religiöses Ausdrucksverhalten in Gebetbüchern aus dem Dominikanerinnen-Kloster St. Nikolaus in Undis zu Straßburg (1339–1550) (Diss. Masch.), Münster 1996, S. 348.

fluss der Reformation im Westen ein- für allemal, mögen all diese theologisch Gebildeten auch in weitgehender Übereinstimmung auf der Differenz zwischen Heiligem und Ikone bestanden haben[46]. Anders als die Anhänger der protestantischen Bekenntnisse sahen zumindest die Katholiken auch über die Reformation hinaus die Heiligen in ihren Bildern und Skulpturen gegenwärtig, so dass sie die Bilder aus dieser Überzeugung heraus weiter verehrten oder bei Bedarf auch die Heiligen im Bild straften[47].

Als geradezu unentbehrlich galten beispielsweise die Schabmadonnen, etwa handbreite kleine Madonnenstatuen aus Ton, von denen man im Falle der Not ein wenig abschabte und auf geschädigte Körperteile streute; Schluckbildchen von Heiligen, also etwa briefmarkengroße Heiligenbilder, die man in Bogen kaufte und im Falle der Krankheit als „Medizin" einzeln herunterschluckte; oder Bilder des Heiligen Ignatius († 1556), die süddeutsche Bierbrauer in die Fässer warfen, um ihr Getränk auf diese Weise haltbarer zu machen[48]. Was der Bewegung der Aufklärung vollends gelang, hat die Reformation zumindest vorbereitet: Sie schrieb dem Bild oder der

---

[46] Philipp Zitzlsperger, Trient und die Kraft der Bilder. Überlegungen zur *virtus* der Gnadenbilder, in: Peter Walter – Günther Wassilowsky (Hrsg.), Das Konzil von Trient und die katholische Konfessionskultur (1563–2013) (Reformationsgeschichtliche Studien und Texte 163) Münster 2016, S. 335–372, S. 369 stellt mit Blick auf die Wesensbestimmung des Bildes heraus, dass die Heiligen- und Gnadenbilder nicht die Dargestellten sind, sondern nur deren göttliche Kraft (*virtus*) enthalten.

[47] Ein Verbot der Bestrafung von Heiligen im Bild sprach kirchenoffiziell 1274 das Konzil von Lyon II can. 17 (ed. Charles-Joseph Hefele – Henri Leclercq, Histoire des conciles d'après les documents originaux, Bd. 6, Paris 1914, S. 195) aus: „Den verabscheuenswerten Missbrauch der schrecklichen Unfrömmigkeit jener, welche gemalte oder geschnitzte Bilder des Kreuzes, der seligen Jungfrau oder anderer Heiliger voll Unehrerbietigkeit zu behandeln wagen, dabei zur Verschärfung den Gottesdienst einstellen und diese Bilder auf die Erde stellen und Disteln oder Dornen unter sie legen, missbilligen wir durchaus. Strengstens verbieten wir, dergleichen in Zukunft zu tun." Dazu s. auch Arnold Angenendt, Heilige und Reliquien. Die Geschichte ihres Kultes vom frühen Christentum bis zur Gegenwart, München 1994, S. 212f.

[48] Peter Hersche, Die Allmacht der Bilder. Zum Fortleben ihres Kults im nachtridentinischen Katholizismus, in: Peter Blickle u. a. (Hrsg.), Macht und Ohnmacht der Bilder. Reformatorischer Bildersturm im Kontext der europäischen Geschichte (Historische Zeitschrift. Beiheft 33) München 2002, S. 391–405, S. 396.

Statue einen Verweischarakter zu und erschütterte so den traditionsreichen Glauben an die Realpräsenz von Gott und seinen Heiligen im Bild[49].

Genau genommen ist es nicht einfach „die Reformation" gewesen, die im Bereich der Frömmigkeit das Auseinandertreten von Urbild und Abbild initiiert hatte. Vielmehr profitierten die reformatorischen (und später die aufklärerischen) Theologen bei ihrer Neueinschätzung der Bilder von einem gesamtgesellschaftlichen Prozess der Verinnerlichung, wie er sich im Spätmittelalter als Frucht zunehmender Bildungsmöglichkeiten (Vermehrung der Schulen, Aufbau von Universitäten etc.) einstellte[50]: „Für Kirchenreformer des 15. und beginnenden 16. Jahrhunderts ist generell eine starke Tendenz zur vergeistigenden Verinnerlichung kirchlicher Frömmigkeitsformen charakteristisch und daher auch eine vielfältige Kritik an Verhaltensweisen der Gläubigen, die auf die Gnadenmedialität von Materiellem, Äußerem, Rituellem und Mechanischem fixiert sind, ohne zum Wesentlichen der seelischen Gottesbeziehung vorzustoßen."[51] So sprachen die Menschen den Heiligen im Bild anstelle ihrer Realpräsenz immer häufiger einen Verweischarakter zu[52]. Hierin – und nicht in einer theologisch-lehr-

---

[49] Jean Wirth, Aspects modernes et contemporains de l'iconoclasme, in: Peter Blickle u. a. (Hrsg.), Macht und Ohnmacht der Bilder. Reformatorischer Bildersturm im Kontext der europäischen Geschichte (Historische Zeitschrift. Beiheft 33) München 2002, S. 455–481, S. 465–467. Zum frömmigkeitsgeschichtlichen Hintergrund s. Hamm, Spielräume, S. 266f.

[50] Dabei mögen auch theologische Zeugnisse zur Wesensbestimmung des Bildes wie dasjenige von Johannes von Damaskus († 750) (Drei Verteidigungsschriften gegen diejenigen, welche die heiligen Bilder verwerfen III 16, hrsg. u. eingel. v. Gerhard Feige, übers. v. Wolfgang Hradsky, Leipzig 1994, S. 104) hilfreich gewesen sein: „Was ist ein Bild? Ein Bild ist Ähnlichkeit, Beispiel und Ausformung von etwas, indem es das Abgebildete durch sich selbst zeigt. Keineswegs gleicht das Bild in jeder Hinsicht dem Urbild, d. h. dem Abgebildeten – denn das eine ist das Bild und das andere das Abgebildete –, und man sieht auf jeden Fall einen Unterschied zwischen ihnen, da das eine nicht dieses und das andere nicht jenes ist."

[51] Hamm, Spielräume, S. 387f. (Zitat S. 387).

[52] Zur Urbild-Abbild-Diskussion im Rahmen der spätmittelalterlichen Ikonographie s. Thomas Lentes, Verum Corpus und Vera Imago. Kalkulierte Bildbeziehungen in der Gregorsmesse, in: Andreas Gormans – Thomas Lentes (Hrsg.), Das Bild der Er-

amtlichen Initiative – liegt bereits im Jahrhundert vor der Reformation der Ausgangspunkt für eine Entwicklung, die die in der Frömmigkeitspraxis weithin vorausgesetzte Heilsmaterialität des Bildes mehr und mehr zügelte[53]. So schreibt der Frankfurter Kaplan Johannes Wolff in seinem Beichtbüchlein aus dem Jahre 1478: „Item wir sollen die Bilder der Heiligen nicht um ihrer selbst willen ehren, sondern weil wir, wenn wir die Bilder ansehen, die Dinge ehren, die durch solche Bilder bezeichnet sind nach der Gewohnheit der heiligen Kirche." Und in Abkehr von einer 1000 Jahre gültigen Überzeugung heißt es unterstreichend: „Andernfalls wäre es Abgötterei, wo man das Bild um seiner selbst willen anbetet und glaubt, dass ein Bild – hübsch oder hässlich, neu oder alt – mehr Gnade hätte und in sich eine bestimmte innere Macht oder Gottheit beschlösse."[54]

Wie bereits gesagt, sollte sich das Bild, dem keinerlei Heilswirklichkeit mehr zugeschrieben wird, erst mit der Reformation im 16. Jahrhundert zumindest unter den protestantischen Bekenntnissen durchsetzen. Dabei gingen die Lutheraner voran, als sie die Polarität von ‚Heiligenbild mit Heilswirksamkeit' und ‚Heiligenbild mit Verweischarakter' zugunsten des Heiligenbildes auflösten, das zu verinnerlichen war und dem jegliche Heilsqualität abging: „Das Gedächtnis, das die Bilder noch bargen, war für Martin Luther keine *vergegenwärtigende* Erinnerung mehr. Das Bild rief lediglich die Erinnerung an die Lehre wach. (…) Die Lehre des Bildes löste bei Luther die Begegnung zwischen Bildperson und Betrachter ab."[55]

---

scheinung. Die Gregorsmesse im Mittelalter (KultBild. Visualität und Religion in der Vormoderne 3) Berlin 2007, S. 13–35, S. 20–28.
[53] Thomas Lentes, „Andacht" und „Gebärde". Das religiöse Ausdrucksverhalten, in: Bernhard Jussen – Craig Koslofsky (Hrsg.), Kulturelle Reformation. Sinnformationen im Umbruch 1400–1600 (Veröffentlichungen des Max-Planck-Instituts für Geschichte 145) Göttingen 1999, S. 29–67, S. 45. Die Darlegung dieses Unterkapitels verdankt den Impulsen meines Kollegen Thomas Lentes, Münster († 2020) weit mehr, als die Fußnoten zum Ausdruck bringen können. Dafür danke ich ihm sehr!
[54] Franz Falk (Hrsg.), Drei Beichtbüchlein nach den zehn Geboten aus der Frühzeit der Buchdruckerkunst (Reformationsgeschichtliche Studien und Texte 2) Münster 1907, S. 30.
[55] Lentes, „Andacht" und „Gebärde", S. 49.

Auch auf katholischer Seite hinterließ das Mühen um die Klärung des Verhältnisses von Gott bzw. Heiligen und Bild eine theologiegeschichtlich bemerkenswerte Spur. So votierten die Konzilsväter von Trient 1563 für die Differenz von Heiligen und Ikonen. Bilder galten ihnen als Medien, die zu Gott und seinen Heiligen hinführen, aber nicht mit ihnen identisch sind. Demzufolge verfügen die Bilder über keinerlei Kraft, die Wunder zur Folge haben könnte[56]. Freilich konnte der Konzilsbeschluss von Trient alltagskonkret nicht verhindern, dass die Gläubigen angesichts der alsbald gehäuft anzutreffenden Gnadenbilder selbstverständlich eine Identität von heiligem Menschen und Ikone voraussetzten. Gerade dieses Ineinander ermöglichte die Sogwirkung dieser (Heiligen-)Bilder, so dass sie das Wallfahrtswesen seit der frühen Neuzeit in großem Stil beflügelten[57].

c. Bilder als Ursache der Gewalt

Aus der Geschichte des Christentums ist bekannt, dass Bilder auch in Europa im (teilweise gewaltsamen) Streit von Religionen und Weltanschauungen häufig eine Rolle spielten. Exemplarisch lassen

---

[56] Dazu s. umfassend Hubert Jedin, Entstehung und Tragweite des Trienter Dekrets über die Bilderverehrung, in: Theologische Quartalschrift 116 (1935) S. 143–188 und S. 404–429, hier S. 183f. Das Trienter Bilderdekret ist vollständig transkribiert und übersetzt bei Christian Hecht, Katholische Bildertheologie der Frühen Neuzeit. Studien zu Traktaten von Johannes Molanus, Gabriele Paleotti und anderen Autoren, 3. Aufl., Berlin 2016, S. 501–504. Zum entscheidenden Passus s. ebd. S. 502: ... *non quod credatur inesse aliqua in iis divinitas vel virtus, propter quam sint colendae.*

[57] Zitzlsperger, Trient und die Kraft der Bilder, S. 337 (ebd. auch die beiden vorgängigen Zitate). Ebd S. 368 weist darauf hin, dass der Siegeszug der Gnadenbilder in der Frühneuzeit auch auf einer neuen Lehre von der Übertragungskausalität basiert. Sie stellt die Fähigkeit von Körpern in den Mittelpunkt, selbst Kraft aufzunehmen und sie eigenmächtig weiterzugeben: „Mit der Kraftübertragung durch gegenseitige Berührung von Körpern, Menschen, Tieren oder Dingen war ein Naturgesetz beschrieben, das in den Forschungen Keplers, Galileis, Newtons oder Leibniz' weiterentwickelt wurde." Wenn also ,Trient' diese neuen Einsichten in die Übertragungskausalität ignorierte, blieben die Konzilsväter mit ihrem bildertheologischen Votum hinter dem naturwissenschaftlichen Wissensstand ihrer Zeit zurück, der zudem bestens mit einem primärreligiösen Verständnis von religiösen Bildern korrespondierte.

sich die Bilderstürme der Reformation nennen, wie sie unter anderem 1534 im westfälischen Münster tobten. Die hier an die Macht gelangten Täufer setzten sich von den religiösen Vorgängertraditionen der Katholiken und der Lutheraner radikal ab. Sie zerstörten katholischerseits in den Kirchen angebrachte Bilder der Heiligen, indem sie ihnen als Ausdruck einer „sprechenden Verformung" gezielt die Gesichter und die Hände beschädigten[58]. Derlei Gewalt wendeten sie an, weil sie davon ausgingen, dass die Katholiken die Bilder und Skulpturen der Heiligen unmittelbar mit den Heiligen selber identifizierten und sie somit als lebendig, ja machtvoll ansahen. Doch weisen die Aktionen der Bilderstürmer, bei denen sie den Heiligenfiguren die menschlichen Kommunikationsorgane zerstörten, zugleich darauf hin, dass auch sie selber letztlich im Unklaren darüber waren, ob in den Heiligenfiguren womöglich tatsächlich das Leben pulsierte[59]. In jedem Falle legten sie Hand an die Heiligenfiguren, die in den Kirchenräumen an Türmen und an Sakramentshäuschen, an Säulen und an Kapitellen, in Nischen oder über Portalen angebracht waren, damit diese den Gläubigen nicht länger als Ansprechpartner dienen konnten[60]. So stehen die reformatorischen Bilderstürme für den Versuch, mittels der Beruhigung des äußeren (Kirchen-)Raumes den Innenraum der Frommen ruhig zu stellen und auf Christus und sein Wort hin zu fokussieren[61]. Und zumindest nebenbei sei im Blick auf das Täuferreich von Münster 1534/1535 festgehalten, dass die *Schöpfer* dieser mittelalterlichen Bilder und Skulpturen eventuell allein deshalb nicht der täuferi-

---

[58] Bredekamp, Der Bildakt, S. 208.
[59] Bredekamp, Theorie des Bildakts, S. 210f.
[60] Norbert Schnitzler, Ikonoklasmus – Bildersturm. Theologischer Bilderstreit und ikonoklastisches Handeln während des 15. und 16. Jahrhunderts, München 1996, S. 321f.
[61] Hubertus Lutterbach, Der Weg in das Täuferreich von Münster. Ein Ringen um die heilige Stadt (Geschichte des Bistums Münster 3) Münster 2006, S. 256f. Ähnliche Beispiele bei Bernd Roeck, Macht und Ohnmacht der Bilder. Die historische Perspektive, in: Peter Blickle u. a. (Hrsg.), Macht und Ohnmacht der Bilder. Reformatorischer Bildersturm im Kontext der europäischen Geschichte (Historische Zeitschrift. Beiheft 33) München 2002, S. 33–63, S. 45–47.

schen Gewalt zum Opfer fielen, weil die betroffenen Bilder und Skulpturen schon alt und die hinter ihnen stehenden Künstler längst nicht mehr am Leben waren. Denn ansonsten zeigten sich die Münsteraner Täufer in der Endphase ihrer Herrschaft keineswegs zögerlich, Katholiken und Lutheraner um ihr Leben zu bringen, wenn sie sich dem Täufertum samt dessen Abkehr von der mittelalterlichen Bilderwelt verschlossen[62].

Zwar blieb es im Rahmen der reformatorisch initiierten bilderstürmerischen Aktionen dabei, dass die Akteure die Bilder und nicht deren Urheber vernichteten. Ob damit aber auch für das Mittelalter gilt, was der renommierte Kunsthistoriker Horst Bredekamp wohl im Blick auf die Neuzeit sowie unter Bezug auf die Ermordung der Redakteure von „Charlie Hebdo" festgehalten hat: „Der kollektive Mord an Künstlern, weil sie Bilder erzeugt haben, ist ein Novum"[63]?

Wenn Menschen heutzutage das Mittelalter als ein Zeitalter des Krieges und der Kriegstreiberei darstellen, entspricht das jedenfalls den Tatsachen nicht. Im Gegenteil: Das Mittelalter ist „erheblich weniger militant gewesen als etwa das republikanische Rom oder die Masse der neuzeitlichen Staaten"[64]. Ursächlich wird hinter dieser vergleichsweise irenischen Grundhaltung das neutestamentliche Friedensgebot (Mt 5,3–11) ebenso stehen wie die Weisung, die Feinde zu lieben (Mt 5,43–48): „Das Friedenschaffen hat ebenso wie das Lieben der Feinde nachhaltig auf einen ‚humanistischen' Friedensbegriff in der Geschichte der Kirche gewirkt."[65]

---

[62] Hubertus Lutterbach, Das Täuferreich von Münster. Wurzeln und Eigenarten eines religiösen Aufbruchs, 2. überarb. Aufl., Münster 2021, S. 78–82 und S. 138–143.
[63] Horst Bredekamp, Doppelmord an Mensch und Werk, in: SZ 12.01.2015, S. 8.
[64] Dietrich Kurze, Krieg und Frieden im mittelalterlichen Denken, in: Heinz Durchhardt (Hrsg.), Zwischenstaatliche Friedenswahrung in Mittelalter und Früher Neuzeit (Münstersche historische Forschungen 1) Köln – Wien 1991, S. 1–44, S. 3.
[65] Erich Dinkler – Erika Dinkler-von Schubert, Art. Friede, in: Reallexikon für Antike und Christentum 8 (1972) Sp. 434–505, Sp. 461. Das gilt ungeachtet der Tatsache, dass das Matthäus- und das Lukas-Evangelium ihre Mahnung zum Frieden erstrangig nicht universal verstehen; vielmehr haben sie Christen in einer Minderheitensituation vor Augen, die auf die Gewalt, die ihnen ihre „Verfolger" angetan haben, mit fort-

In der Folge hatten die Christen mit ihrer Botschaft vom Frieden und von der Feindesliebe eigentlich keine Legitimation mehr, Gegnern mit Waffengewalt ihren Willen aufzuzwingen. Tatsächlich gibt sich die Lehre vom „gerechten Krieg" oder vom „heiligen Krieg", die auf Augustinus von Hippo († 430) zurückgeht, äußerst vorsichtig, wenn sie die Maximen zum gewaltsamen Umgang der Christen mit ihren Gegnern formuliert. Diesem nordafrikanischen Bischof zufolge ist der Krieg allein dann gerecht und heilig, wenn er auf den Befehl des Herrschers zurückgeht, um christlicherseits erlittene Verluste zurück zu holen oder um Angreifer abzuwehren. Konkret war ein Krieg gegen Andersgläubige unter anderem dann gerechtfertigt, wenn sie die Christen provoziert oder in ihrer Ehre geschmäht hatten, wenn sie christliche Heiligtümer mit ihren Bildern und Skulpturen eingenommen hatten oder besetzt hielten. Also: „Ein reiner Heidenkrieg war unzulässig."[66] Entsprechend erfüllten die hoch- und spätmittelalterlichen Kreuzzüge die Kriterien für den „heiligen Krieg", hatten die Muslime doch christliche Stätten samt ihrem Bilder- und Skulpturenreichtum besetzt und geschmäht, christliche Bildwerke geschändet und zerstört.

Bemerkenswert ist, dass die Christen die Gewalt keinesfalls immer selber ausübten, wenn Gegner innerhalb oder außerhalb der Glaubensgemeinschaft den Kultbildern Schaden zugefügt hatten. Es konnten auch die Heiligen höchstpersönlich sein, die sich den Menschen dabei zeigten, dass sie sich als Ausdruck ihrer Präsenz im Bild zur Wehr setzten – oder man schrieb es Gott zu, dass er sich in ihrem Namen wehrhaft zeigte. Beispielsweise gerieten im Westen seit dem Frühmittelalter zahlreiche Überlieferungen in Umlauf, nach denen der betroffene Heilige oder der darüber gleichfalls erzürnte Gott – das lässt sich nicht immer präzise unterscheiden – jene Menschen, die ein Heiligenbild oder eine Heiligenskulptur ent-

---

gesetzt friedfertigem Verhalten antworten sollen, so Hubert Frankemölle, Art. Feindesliebe I. (Biblisch), in: Lexikon für Theologie und Kirche 3 (1995) Sp. 1212–1213, Sp. 1212.
[66] Arnold Angenendt, Toleranz und Gewalt. Das Christentum zwischen Bibel und Schwert, 5. Aufl., Münster 2009, S. 416.

führt oder beschädigt, geschmäht oder verunehrt hatten, mit einem Strafwunder heimsuchte. Dabei konnten die Übeltäter auf der Stelle sterben oder es stieß ihnen sonst irgendein schweres Unheil an Leib oder Leben zu. Jedenfalls gab man sich überzeugt, dass der (gemalte oder skulpturierte) Heilige zum unmittelbaren Opfer des Gewaltaktes geworden war und deshalb auf Gottes Schutz zählen durfte[67].

Eine von vielen Beispielerzählungen für Strafwunder, die Heilige bewirken, findet sich in der hagiographischen Schrift „Leben des Heiligen Antonius von Padua" aus der Feder von Sicco Poentone (1476). Ihr zufolge hatte Papst Bonifaz VIII. einige Franziskanerbrüder gebeten, in der römischen Lateranbasilika eine Serie von Heiligen zu malen. Eigenmächtig – gewissermaßen im Sinne einer Werbekampagne in eigener Sache – ergänzten die ausführenden Brüder einige ihrer Ordensheiligen in das vorgesehene Bildprogramm: den heiligen Franziskus († 1226) und den heiligen Antonius von Padua († 1231). Als der Papst die Bescherung bemerkte, packte ihn der Zorn. Er soll gesagt haben: „Den heiligen Franziskus kann ich dulden (...), wo es nun einmal geschehen ist. Aber ich bestehe darauf, dass der heilige Antonius vollständig entfernt wird." Daraufhin – so heißt es in der Tradition – wurden alle, die diese päpstliche Kritik in die Tat umsetzen wollten, von einem „schrecklichen, widerhallenden, gigantischen Geist" zu Boden geschleudert und vertrieben[68].

Ob das Ideal des gerechten Krieges und die Traditionen, die vom Eingreifen Gottes und seiner Heiligen (auch) im Falle der Schmähung religiöser Bilder handeln, mit dazu beitrugen, die Fehde, also die für legitim erachtete Selbstrache, zu eliminieren, auf dass so die Spirale des Unheils durchbrochen oder zumindest verlangsamt wurde? Jedenfalls hat es ein ganzes Jahrtausend gedauert, bis die Fehde durch die Schaffung des Reichskammergerichts im Jahr 1495 an ihr Ende gelangte. Wichtiger noch als dieser Meilenstein

---

[67] Roeck, Macht und Ohnmacht der Bilder, S. 44.
[68] Michael Baxandall, Painting and Experience in Fifteenth Century Italy. A Primer in the Social History of Pictorial Style, Oxford 1972 (dt. 2. Aufl., Frankfurt 1980), S. 61f.

auf dem Weg zu einem friedvollen Miteinander erwies sich 150 Jahre später der Westfälische Friede von 1648 mit seiner Festlegung, dass kein Mensch wegen seines Glaubens getötet werden darf. Auch diese Setzung trägt bis heute im Westen maßgeblich dazu bei, dass selbst Künstler, die christliche Schlüsselgestalten karikieren oder verunglimpfen, dafür weitgehende Toleranz erfahren, jedenfalls nicht fürchten müssen, um ihr Leben gebracht zu werden.

d. „Ich bin Charlie?"

Als vorwärtsweisende Meilensteine für die Bild- und die Menschenrechtspolitik Europas können im Rückblick erstens das im Spätmittelalter auf breiter Basis angestoßene Verständnis von Bildern als Orte mit Verweischarakter – aber eben ohne Realpräsenz der Heiligen – gelten sowie zweitens der Beschluss von 1648, dass Menschen wegen ihres Glaubens nicht getötet werden dürfen[69]. – Darf man nichtsdestoweniger die Frage aufwerfen, ob es legitim ist, dass 2015 nicht wenige Menschen unser Bildverständnis bis hin zu einem von vielen geforderten „Je suis Charlie"-Bekenntnis als Ausdruck der Solidarität mit den getöteten „Charlie Hebdo"-Redakteuren absolut gesetzt haben, ohne dabei überhaupt einmal die Welt aus der Perspektive einer anderen Bildauffassung in den Blick genommen zu haben[70]? Diese Frage stellt sich umso drängender, da die „Je suis Charlie"-Aussage ihrerseits eine Identität zwischen dem Satire-Magazin und der Person, die das Bekenntnis spricht, zum Ausdruck bringen kann[71].

---

[69] Thomas Kaufmann, Art. Westfälischer Friede, in: Theologische Realenzyklopädie 35 (2003) S. 679–686, S. 682–684.
[70] Dazu s. Alexander Görlach, Der Karikaturen-Streit in deutschen Printmedien. Eine Diskursanalyse (Perspektiven germanistischer Linguistik 2) Stuttgart 2009, S. 147f.
[71] Fatima Hamlaoui – Manfred Krifka, Je suis Charlie. Ein Lehrstück für die Informationsstruktur, in: Geisteswissenschaftliches Zentrum Berlin. Bericht über das Forschungsjahr 2015, Berlin 2015, S. 99–105, S. 105. Ebd. wird darauf hingewiesen, dass „Je suis Charlie" anstelle von „Ich bin Charlie" (= Identität von Urbild und Abbild)

Papst Franziskus mag genau mit dieser Art von Eurozentrismus seine Schwierigkeiten haben, wenn er (und mancher Mitmensch) den Slogan „Je suis Charlie" für sich bewusst nicht übernommen hat. Immerhin haben die in radikal-muslimischen Kreisen noch heute einflussreiche Auffassung des Bildes als Ort heiliger Realpräsenz sowie der Gewalt- und Racheimpuls angesichts religiöser Schmähungen von Bildern auch in unseren Breiten historisch einen hohen Einfluss ausgeübt[72].

Freilich provoziert die für die Täter selbstverständliche und als Ausdruck ortho-praktischer Religiosität zu charakterisierende Identifikation von Urbild und Abbild, aus der heraus sie die Tötung der Redakteure von „Charlie Hebdo" vorgenommen haben, die alles entscheidende Frage: Welche gesellschaftliche Rolle soll die Meinungsfreiheit zukünftig einnehmen und wie können deren Befürworter sie schützen? Immerhin gilt es mit Horst Bredekamp zu gewärtigen, dass es innerhalb einer von radikalen Kreisen der muslimischen Kultur vertretenen Weltauffassung, die Bild und Gott gleichsetzt, keine Freiheit der Kunst und des Glaubens geben kann. Um diese Freiheit zu wahren, bedarf es der Distanz von Bild und Körper, von Bild und Gott: „Aus der zerstörerischen Seite des substitutiven Bildaktes ergibt sich das Gebot einer (…) umfassenden Praxis der Distanz [von Urbild und Abbild]. Sie erscheint gegenwärtig so fern wie notwendig."[73] Die somit ermöglichte Wahrung des Freiraums für die Kunst erachtet der Islamwissenschaftler Ruud Koopmans sogar als eine Frage auf Leben und Tod, der die Verteidiger der Meinungsfreiheit schon allzu lange ausgewichen seien und die sie allzu lange verharmlost hätten[74].

---

alternativ übersetzt werden kann mit „Ich folge Charlie", wodurch dem Slogan ein Verweischarakter (zugleich: Unterscheidung von Urbild und Abbild) zukommt.
[72] Zur Bedeutung der Blasphemie und der Ketzerei in diesem Kontext s. Gerd Schwerhoff, Zungen wie Schwerter. Blasphemie in alteuropäischen Gesellschaften 1200–1650 (Konflikte und Kultur – Historische Perspektiven 12) Konstanz 2005, bes. S. 300–318.
[73] Bredekamp, Theorie des Bildakts, S. 230.
[74] Ruud Koopmans, Das verfallene Haus des Islam. Die religiösen Ursachen von Unfreiheit, Stagnation und Gewalt, München 2019, S. 228f. nennt ergänzend weitere

Wer den eingeforderten Einsatz leistet, sollte ihn allerdings im Wissen darum erbringen, dass im nach-aufgeklärten Deutschland wie auch in vielen anderen Ländern seit Jahren genau jener Selfie-Boom um sich greift, der wesentlich auch davon gespeist ist, dass Menschen jedwede Distanz zu ihrem Abbild aufgeben und sich sogar ganz mit ihm identifizieren.

Und schmilzt nicht gleichermaßen jede Distanz zwischen Urbild und Abbild dahin, wenn im Rahmen des Augenblicksjournalismus heutzutage jene Verbrecherjagden beinahe in Echtzeit medial übertragen werden, bei denen sich Polizisten in höchste Gefahr begeben und Menschen ihr Leben verlieren? Tatsächlich: Trotz unserer aufgeklärten Traditionen im Gepäck, bringen Menschen hierzulande in den beschriebenen Situationen zum Ausdruck, wie beständig gefährdet die Differenzierung zwischen Urbild und Abbild bleibt – und umgekehrt: wieviel Aufmerksamkeit es für den Betrachter braucht, um die innere Distanz zum Bild und zum Geschehen immer wieder einzunehmen. Um ein perspektivreiches Wort von Horst Bredekamp an den Schluss zu stellen, der sich hier im Blick auf das „Charlie Hebdo"-Attentat äußert und die Differenzierung zwischen Urbild und Abbild unbedingt anmahnt: „Solange das Bild und Gott [bzw. der Prophet] gleichgesetzt werden, wird es Opfer geben. Die Gewinnung eines Distanzraumes zwischen Bild und Dargestelltem ist die entscheidende Frage der Aufklärung in diesem Moment. Und das muss in jedem Moment begründet, verteidigt und auch durchgesetzt werden."[75]

Gründe, warum der Islam in puncto Bilderverständnis nicht auf ‚aufgeklärter Höhe' ist, darunter maßgeblich die „Geringschätzung von säkularem Wissen" als „Schlüsselproblem" der weltweiten „islamischen Krise".

[75] Kulturzeit-Gespräch (am 14.01.2015) mit Horst Bredekamp: „Wie finden Sie die aktuelle ‚Charlie Hebdo'-Ausgabe", fragen wir den Kunsthistoriker Horst Bredekamp, der zur Wirkung von Bildern und Bilderkriegen forscht, in: https://www.3sat.de/kultur/kulturzeit/kulturzeit-gespraech-mit-horst-bredekamp-100.html (09.03.2021).

2. Reines Blut – Reine Abstammung – Reines Volk

Ist es nicht bemerkenswert, dass bis heute unter beinahe jeder Todesanzeige als Trauernde allein die Familienangehörigen im Sinne der unmittelbaren (Bluts-)verwandtschaft verzeichnet sind? In Abschiedsschmerz und Dankbarkeit präsentieren sich jeweils die Geschwister oder die Kinder, die Enkel oder die Eltern, die um ihre Mutter oder ihren Vater, ihre Tochter oder ihren Sohn, ihre Schwester oder ihren Bruder, ihre Tante oder ihren Onkel trauern. Dagegen kommt es eher selten vor, dass Freundinnen und Freunde einen Nachruf in den Medien aufgeben, um ihre Verbundenheit mit einem verstorbenen Menschen abseits dessen kundzutun, was wir als Blutsverwandtschaft bezeichnen. Allein dann kommt eine Traueranzeige ohne die Nennung der engsten biologischen Verwandten aus, wenn über einen kondolierenden Verein oder einen trauernden Freundeskreis hinaus eine Firma oder eine Institution ihre Verbundenheit mit einem ehemaligen Betriebszugehörigen oder einer früheren Mitarbeiterin zum Ausdruck bringt und die Verdienste dieses verstorbenen Menschen zugunsten des Unternehmens würdigt.

Keine Frage: Die Blutsverwandtschaft ist bis heute eine feste Größe innerhalb unseres Zusammenlebens. Am Anfang des Lebens werden die Eltern eines Kindes auf der Geburtsurkunde ebenso wie auf der Taufurkunde als seine Blutsverwandten festgeschrieben. Selbst die Ausstellung einer Heiratsurkunde ist nicht möglich ohne eine beglaubigte Abschrift aus dem Geburtenregister, so dass auf diese Weise die Namen der blutsverwandten Eltern selbstverständlich einbezogen sind. Und insofern bei einem ledigen Menschen auch noch für die Ausfertigung einer Sterbeurkunde die Vorlage einer Geburtsurkunde zwingend erforderlich ist, erfolgt nicht einmal die Dokumentation seines Lebensendes ohne die Berücksichtigung seiner ihm blutsverwandten Eltern.

Selbst im Blick auf die gesetzliche Erbfolge gilt der Grundsatz: „Nur das Blut zählt." Entsprechend bedeutet das für den Fall, dass kein Testament vorhanden ist: Gemäß der gesetzlichen Erbfolge „erben grundsätzlich nur blutsverwandte Angehörige". Als Ausnahmen sind allein adoptierte Personen und Ehepartner zu nennen. Aufgrund der Bedeutung des gemeinsamen Blutes ist ebenfalls gesetzlicher Erbe, „wer zum Zeitpunkt des Erbfalls noch nicht geboren, aber bereits gezeugt ist". Genauerhin ist dem Erbrecht zu entnehmen, dass die Erbfolge nach „Ordnungen" organisiert ist. Also: Erben aus der ersten Ordnung sind die blutsverwandten Abkömmlinge, das heißt Kinder, Enkel und Urenkel. Als Erben der zweiten Ordnung gelten die Eltern des Erblassers und deren Nachkommen, beispielsweise Geschwister, Neffen und Nichten. Erben der dritten Ordnung sind die Großeltern des Erblassers und deren Nachkommen, das heißt Tanten, Onkel, Cousins oder Cousinen[1].

Der Sinn dieser Erbregelungen besteht darin, dass der Gesetzgeber die nächsten Angehörigen eines Verstorbenen materiell abzusichern sucht: „Das deutsche gesetzliche Erbrecht knüpft an die Blutsverwandtschaft an und bindet das Vermögen des Erblassers so an seine Familie. Es dient damit der Versorgung der nächsten Angehörigen und hat gleichsam Unterhaltsersatzfunktion."[2]

Im Blick auf die genannten Orte gesellschaftlichen Lebens ist es leicht nachvollziehbar, wenn die Blutsverwandtschaft im Sinne der biologisch-naturwissenschaftlich aufgefassten Verwandtschaft eine derart zentrale Rolle einnimmt. Im Unterschied dazu gibt es andere Redeweisen von Zugehörigkeit aufgrund des als gemeinsam vorausgesetzten Blutes, die uns heutzutage kaum noch verständlich sind oder die (gesamt-)gesellschaftlich sogar zu großen Irritationen führen.

---

[1] Heinrich Schäfer-Drinhausen, Erbfolge – Gesetzliche Erbfolge – Nur das Blut zählt, in: https://www.advogarant.de/rechtsanwalt/gebiete/rechtsanwalt-fuer-erbrecht/erbfolge/erbfolge (05.08.2020).
[2] Ingo Lahn, Die gesetzliche Erbfolge. Ohne Testament oder Erbvertrag bestimmt das Gesetz, wer wie viel erbt, in: https://www.erbrecht-lahn.de/erbrecht/gesetzliche-erbfolge/ (05.08.2020).

Manifestationen des Göttlichen

a. „Blutstürken" und „Bio-Deutsche"

Am 2. Juni 2016 verabschiedete der Deutsche Bundestag mit breiter Mehrheit einen gemeinsamen Antrag von Union, SPD und Grünen, der die Massentötung von bis zu 1,5 Millionen Armeniern 1915 durch das Osmanische Reich während des Ersten Weltkriegs als Völkermord einstuft. Über diesen Beschluss, der mit einer einzigen Gegenstimme und einer Stimmenthaltung angenommen wurde, zeigte sich der türkische Präsident Erdogan empört, denn er selber sieht das damalige Geschehen, bei dem ein christliches Volk beinahe zur Gänze ausgerottet wurde, keinesfalls als Völkermord an. In seiner Gereiztheit sprach er den türkischstämmigen Mitgliedern des Deutschen Bundestages, die an der Entscheidung beteiligt waren, ihr Türkischsein, näherhin ihr reines türkisches Blut, ab.

Wenige Tage nach der von Erdogan und seinen Getreuen zurückgewiesenen Beschlussfassung griff die Wochenzeitung „Die Zeit" den Streit auf, indem sie einleitend erläutert: „Was macht einen Türken zu einem Türken? Nach den bisherigen Gesetzen der Türkei war es der Pass. Nun hat Präsident Recep Tayyip Erdogan noch ‚reines Blut' als Bestimmungsmerkmal eingeführt. Nach der Armenien-Resolution des Bundestages fragte er, ‚was das für Türken seien', die dafür gestimmt haben. ‚Ihr Blut muss in einem Labortest untersucht werden.' Und wenig später ließ er noch wissen, dass das Blut der türkischstämmigen Bundestagsabgeordneten ‚verdorben' sei."

Unter dem Stichwort „Reines Blut, reine Bewunderung" heißt es in „Die Zeit" weitergehend, dass Präsident Erdogan zu Hause schon länger zwischen guten und schlechten Türken differenziere: „Die Guten, das sind die mit dem reinen Blut und reiner Bewunderung für ihren Präsidenten, die sind loyal bis ins Mark." Dagegen seien die schlechten Türken mit dem schlechten Blut jene, die sich gegenüber ihrem Präsidenten oppositionell verhalten: Kritiker im Bereich der Medien und der Wissenschaft, der Administration und der Justiz, darüber hinaus Kurden oder Aleviten. Und weiter kommentiert „Die Zeit" mit Blick auf das Verhältnis zwischen Türken und Deutschen: „Die Blutstheorie zeigt nun, wie Erdogan auf die Türken und

Türkischstämmigen in Deutschland schaut. Er begreift sie als seine eigenen Türken, als Stimmvieh für die AKP. Und wenn Türkischstämmige in den Deutschen Bundestag einziehen, dann sollen sie keine Deutschen sein, sondern Blutstürken, die Entscheidungen wie die über die Völkermordsresolution im Bundestag verhindern. Tun sie das nicht, begehen sie Verrat an der nationalen Sache. Sie sind ‚verdorben'."³

Fast alle deutschsprachigen Zeitungen und Journale verwahren sich im Juni 2016 gegen die Forderung des türkischen Präsidenten nach einem Bluttest für türkischstämmige deutsche Politiker: „Erdogan im Bluttest-Wahn", formuliert beispielsweise die „Berliner Zeitung", die gleich noch weitere ablehnende Stellungnahmen gegen das Votum des Präsidenten rezitiert: „Auch die türkische Gemeinde in Deutschland wurde mehr als deutlich. ‚Morddrohungen und Bluttestforderungen finden wir abscheulich', so der Vorsitzende Gökay Sofuoglu. ‚Ich denke, dass Leute nach Blut definiert werden, hat 1945 aufgehört. Das ist absolut deplatziert.'"⁴

Vergegenwärtigt man sich Erdogans Rede vom „reinen" beziehungsweise „verdorbenen Blut" sowie vom geforderten „Bluttest auf reines türkisches Blut" im Prisma der deutschsprachigen Print-Berichterstattung, zeigt sich insgesamt deutlich, dass die Journalisten diese Rede weniger im naturwissenschaftlichen Sinne aufgreifen, sondern sie zumindest gleichzeitig als Bild für Erdogan-gewogene und Erdogan-abgewandte Menschen auffassen. Wie Erdogan seine

---

³ Michael Thumann, Gute Türken, schlechte Türken. Eine Kolumne, in: https://www.zeit.de/politik/ausland/2016-06/recep-tayyip-erdogan-blut-ideologie-nation (06.08.2020). Ebd. bringt Thumann zum Ausdruck, wie erstaunlich lange das „Blutsrecht" auch noch in Deutschland im Rahmen des Bürgerschaftsrechts eine entscheidende Rolle spielte: „Die Deutschen pflegten Variationen des *ius sanguinis* bis zum Jahr 2000, als ein neues Staatsbürgerschaftsrecht es ermöglichte, nach einer bestimmten Zeit Deutscher zu werden, weil man in Deutschland lebt und arbeitet. Viele Türkischstämmige haben davon profitiert. In der Türkei dagegen gilt nach der Verfassung bis heute eine Form des Blutsrechts, um zu definieren, was ein Türke ist. Doch Erdogan geht weiter und spricht von gutem und verdorbenem Blut. Guten Türken und verdorbenen Türken."

⁴ N. N., Nach Armenien-Resolution. Erdogan im Bluttest-Wahn, in: https://www.bz-berlin.de/welt/nach-armenien-resolution-erdogan-im-bluttest-wahn (06.08.2020).

Rede von Blut und Bluttest selbst verstanden hat, muss offenbleiben. Unabhängig davon, werden viele seiner Anhänger die Rede vom „reinen türkischen Blut" im unmittelbar-naturwissenschaftlichen Sinne wahrgenommen haben. Und genau darauf könnte der Präsident spekuliert haben.

Mit einer ähnlichen Logik findet sich die Rede vom Blut immer wieder auch in der aktuellen bundesdeutschen Politik – besonders häufig am politisch rechten Rand. So zitiert die „Ostsee-Zeitung" im April 2017 den AfD-Landtagsabgeordneten Ralph Weber mit den Worten: „Wir ,Biodeutsche' mit zwei deutschen Eltern und vier deutschen Großeltern müssen hierfür sorgen", dass es zu keiner multikulturellen Umgestaltung unseres Landes kommt[5]. Gemeint sind hier mit den „Biodeutschen" eindeutig jene, in deren Adern das deutsche Blut im naturwissenschaftlichen Sinne unverfälscht und unverdorben fließen soll.

Im Juni 2011 entwickelte sich in der Deutschen Burschenschaft ein Streit darüber, ob ein bestimmtes Mitglied das „Deutsche" in ausreichender Weise verkörpere, wie „Die Tageszeitung (TAZ)" berichtete. Hintergrund war ein Antrag der „Alten Breslauer Burschenschaft der Raczeks zu Bonn", die die „Burschenschaft Hansea zu Mannheim" aus dem Dachverband eliminieren wollte. Als Begründung führten die Kläger an, dass ihnen ein Hansea-Mitglied, das in Mannheim geboren war, bei der Bundeswehr gedient und die Fechtmensuren geleistet hatte, nicht deutsch genug war. Denn der Mann hat chinesische Eltern. „Die Tageszeitung (TAZ)" gibt als Votum zu dieser Causa die Stellungnahme des damaligen Verbandssprechers der Deutschen Burschenschaften, Stefan Dobner, mit folgenden Worten wieder: „Das Gutachten orientiert sich an dem in der Bundesrepublik über Jahrzehnte geltenden Abstammungsprinzip – dem *ius sanguinis*.'" Zwar zog die klagende Burschenschaft schlussendlich ihren Antrag zurück, weil sie den zunehmenden öffentlichen Aufruhr scheute. Doch weist „Die Tageszeitung (TAZ)" darauf hin, dass damit die Basis für diesen Antrag

---

[5] Frank Pubantz, Weber provoziert mit Nazi-Sprüchen, in: http://www.ostsee-zeitung.de/Nachrichten/MV-aktuell/Weber-provoziert-mit-Nazi-Spruechen (07.08.2018).

nichtsdestoweniger ihre Wirksamkeit behält. „Unberührt von der Rücknahme", so heißt es in der Zeitung, „bleibt das weiterhin geltende Rechtsgutachten des Dachverbandes, das zuverlässig regelt: Deutsch ist dort nur, wer deutsches Blut hat."[6]

Wie ist die vorgestellte Rede vom reinen Blut als Basis für die reine Abstammung und das reine Volk – vorgeblich immer verstanden im naturwissenschaftlichen Sinne – historisch einzuschätzen? Zum tieferen Verständnis dieses in unserer Gesellschaft aktuell bemerkenswert häufig hergestellten Bezuges zwischen reinem Blut, reiner Abstammung und reinem Volk mag es hilfreich sein, mit kulturgeschichtlicher Erkundungsabsicht in das europäische (Früh-)Mittelalter auszuwandern: Wie lassen sich rückblickend die vielen ursprungsmythischen Erzählungen aus dieser Epoche verstehen, von denen jede einzelne das reine Blut aller Angehörigen des jeweiligen Volkes veranschaulichen sollte? Zweitens ist zu fragen, welches womöglich alternative – eben universale – Erklärungsmuster es im Blick auf die vielen ursprungsmythischen Erzählungen für die zahllosen Einzelclans gab bzw. gibt. In einem letzten Schritt stellt sich die Frage, in welcher Verbindung man ursprungsmythische Erzählungen der reinen Herkunft einerseits und naturwissenschaftliche Erklärungen für das reine (Herkunfts-)Blut andererseits zwischen dem 19. und dem 21. Jahrhundert sah bzw. sieht. Unter dieser zuletzt genannten Perspektive lohnt es sich, sowohl wissenschaftlich-medizinische als auch politisch-populistische Perspektiven einzubeziehen.

b. Reines Blut und Ursprungsmythen

Ethnien, die mittels Kommunikation und Interaktion ein gentilreligiöses Identitätsbewusstsein entwickelt haben und dieses in kollektiven Ritualen auch für Außenstehende fassbar machen, erheben oftmals den Anspruch, dass ihr Urahn der erste Mensch auf Erden

---

[6] Andreas Speit, Streit in der Burschenschaft. Deutsch, wer deutsches Blut hat, in: http://www.taz.de/!5118513/ (07.08.2018).

überhaupt war. Einerlei ob die Vorstellung dominiert, dass dieser Urahn einst dem Boden entstiegen ist, auf dem seine Nachfahren noch heute leben, ob er dort von den Göttern geschaffen oder durch die Götter an einem Seil auf die Erde gelassen wurde – meist geht es für eine Ethnie – ein Volk[7] – im Rahmen vor-achsenzeitlich geprägten Weltverstehens allein darum, dass es sich mit diesem lebenspendenden Ursprung in einer lebenserhaltenden Verbindung sieht: „Auf diese Weise ist eine kontinuierliche Abfolgebeziehung von der Urzeit bis zur Gegenwart konstituiert, stellt das eigene Ethnos das älteste, sozusagen das ‚erstgeborene' mit der längsten Geschichte innerhalb der Völkerfamilie der Gesamtmenschheit dar."[8]

Freilich kann das Konstrukt einer als kontinuierlich eingestuften Abfolgebeziehung von der Urzeit bis zur jeweiligen Gegenwart innerhalb eines Volkes keine Übereinstimmung im gemeinsamen Blut bedeuten, wie sie einem naturwissenschaftlichen DNA-Test entsprechen würde. So unterstreicht der renommierte Althistoriker Walter Burkert im Rückblick: „‚Blutsverwandtschaft' scheint noch immer ein selbstverständlicher Begriff zu sein, auch wenn wir wissen, dass dieser aus einer Zeit stammt, als man von ‚Genen' noch keine Ahnung hatte."[9] Stattdessen lässt sich aus einem religionsgeschichtlichen Blickwinkel unterstreichen, dass die Herkunftssagen solcher Stämme nicht auf einer naturwissenschaftlichen Logik aufbauen, sondern als ursprungs*mythische* Herkunftssagen einzustufen sind. Beispielsweise stimmen derartige Sinnkonstruktionen bisweilen darin überein, dass sie „aus Stammes- oder Geschlechternamen einen Spitzenahn abstrahieren". Um es zu wiederholen: „Diese Spit-

---

[7] Zur Problematik von Termini wie Volk, Stamm oder Nation s. Walter Pohl, Von der Ethnogenese zur Identitätsforschung, in: Walter Pohl – Maximilian Diesenberger – Bernhard Zeller (Hrsg.), Neue Wege der Frühmittelalterforschung. Bilanz und Perspektiven (Forschungen zur Geschichte des Mittelalters 22) Wien 2018, S. 9–34, S. 31.

[8] Klaus E. Müller, Das magische Universum der Identität. Elementarformen sozialen Verhaltens. Ein ethnologischer Grundriss, Frankfurt – New York 1987, S. 95.

[9] Walter Burkert, „Blutsverwandtschaft". Mythos, Natur und Jurisprudenz, in: Christina von Braun – Christoph Wulf (Hrsg.), Mythen des Blutes, Frankfurt – New York 2007, S. 247–256, S. 247.

zenahnen werden im gentilen Denken heroisiert, d. h. zu Halbgöttern erklärt oder divinisiert, d. h. in den Götterstand erhoben", weshalb alle Nachfolger dieses Spitzenahns innerhalb ihres Stamms gleichfalls als Menschen mit hervorragenden Qualitäten gelten[10].

Übrigens: Welche Elemente in die als „rein" eingestufte Stammesabfolge über das von jeher als gemeinsam apostrophierte Blut hinaus einwirken, kann sehr unterschiedlich sein. Sogar die „Entstehung" des vermeintlich reinen gemeinsamen Blutes aufgrund sozialer Prozesse von langer Dauer gilt als möglich. So vermittelt die regelmäßige gemeinsame Aufnahme von Nahrung, die am gleichen Herd desselben Hauses zubereitet wird, in der Sicht mancher Völker übereinstimmendes Blut. Gemäß dieser Auffassung vergemeinschaftet das gemeinsame Essen diese Menschen und macht sie einander „blutsverwandt". So gehen in der Konsequenz dieser Sicht die Menschen eines bestimmten Stammes neue verwandtschaftliche „Blutsbindungen" ein, wenn sie regelmäßig mit Mitgliedern eines anderen Stammes speisen[11].

„,Blutsverwandtschaft' bildet [also] nicht einfach ‚die Natur' ab, sondern ist eine soziokulturelle Ausgestaltung von Beziehungen, die als in der Natur verankert definiert werden." Damit umfasst „Blutsverwandtschaft" als Konzept bestimmte politische Ziele und Konsequenzen im Zusammenleben eines Volkes, die als unverrückbar tradiert werden. Beispielsweise kommt unter dem Paradigma der „Blutsverwandtschaft" zum Ausdruck, wer in einem Volk miteinander verbunden ist und wer nicht, wer über- und wer untergeordnet ist: „Blutsverwandtschaft naturalisiert damit Differenz und Ungleichheit und macht die Infragestellung derselben unangreifbar."[12]

Konfrontiert man diese Perspektive mit vorliegenden Genealo-

---

[10] Heinrich Beck, Probleme einer völkerwanderungszeitlichen Religionsgeschichte, in: Dieter Geuenich (Hrsg.), Die Franken und die Alemannen bis zur „Schlacht bei Zülpich" (496/497) (Ergänzungsbände zum Reallexikon der Germanischen Altertumskunde 19) Berlin – New York 1998, S. 475–488, S. 477.

[11] Brigitta Hauser-Schäublin, Blutsverwandtschaft, in: Christina von Braun – Christoph Wulf (Hrsg.), Mythen des Blutes, Frankfurt – New York 2007, S. 171–183, S. 181.

[12] Hauser-Schäublin, Blutsverwandtschaft, S. 172f.

gien europäischer Provenienz aus dem Frühmittelalter[13], bestätigen sie die Rede von der Blutsverwandtschaft als einem sozialen Konstrukt. Aus der Sicht der jeweiligen Gegenwart legitimiert eine Genealogie – ebenso wie der Stammbaum als eine Weise ihrer Visualisierung[14] – die Existenz und Organisation eines Sozialverbandes. Dabei attestiert die Genealogie einem Volk eine zeitliche Tiefe und eine ungebrochene Kontinuität. So fungieren Genealogien in zahlreichen Kulturen als ein identitätsstiftender Ausdruck des Geschönten, der Anpassung und der Auslassung. Sie sind also nicht ein Ausdruck des naturwissenschaftlich Realen, sondern kultur- und religionswissenschaftlich eine Veranschaulichung des Konstruierten oder des Imaginierten. Dabei ziehen sie den Horizont gerade nicht eng, sondern weit. Man erinnere sich allein daran, dass das Volk der Franken mit den Trojanern, den Römern, den Phrygiern ebenso wie mit den Friesen oder den Türken genealogisch in Verbindung gebracht wurde[15].

Das Römische Imperium war zur Zeit seiner größten Ausdehnung im 2. Jahrhundert n. Chr. noch ein großer gemeinsamer Lebensraum, der in Nord-Süd-Richtung von England bis nach Nordafrika, in West-Ost-Richtung vom heutigen Spanien bis zum Persischen Golf reichte. Allerdings entwickelte sich der Westteil des

---

[13] Walter Pohl, Die christliche Dimension ethnischer Identitäten im Frühmittelalter, in: Uta Heil (Hrsg.), Das Christentum im frühen Europa. Diskurse – Tendenzen – Entscheidungen (Millennium-Studien zur Kultur und Geschichte des ersten Jahrtausends n. Chr. 75) Berlin – Boston 2020, S. 35–49, S. 37f. weist darauf hin, dass Genealogien im frühmittelalterlich-lateinischen Kontinentaleuropa eine deutlich geringere Rolle spielen im Vergleich zu den britischen Inseln. – Zur Problematik der Rede von „Genealogie" s. Walter Pohl, Genealogy. A Comparative Perspective from the Early Medieval West, in: Erik Hovden – Christina Lutter – Walter Pohl (Hrsg.), Meanings of Community across Medieval Eurasia (Brill's Series on the Early Middle Ages 25) Leiden – Boston 2016, S. 232–269, S. 260.

[14] Zur geringen Bedeutung von (visualisierten) Stammbäumen im Mittelalter s. Christian Nikolaus Opitz, Genealogical Representations of Monastic Communities in Late Medieval Art, in: Erik Hovden – Christina Lutter – Walter Pohl (Hrsg.), Meanings of Community across Medieval Eurasia (Brill's Series on the Early Middle Ages 25) Leiden – Boston 2016, S. 183–202, S. 188.

[15] Pohl, Genealogy, S. 259.

Imperiums in dem Maße zunehmend kleinräumig, wie ab dem 5. Jahrhundert im Rahmen der ehedem sog. Völkerwanderung kleinere Stämme eine je eigene oder eine gemeinsame Identität ausbildeten. Auf dem Boden des alten Römischen Reiches gründeten sie Kleinkönigreiche, die ihrerseits für Diskontinuitäten und Kontinuitäten im Vergleich zum Imperium Romanum standen[16]. Ohne hier näher auf die jeweilige Ethnogenese der beteiligten Gruppen eingehen zu können, ist festzuhalten, dass diese Ethnien ein zunehmend gentiles Bewusstsein ausprägten, das im Rahmen ihrer historischen (Selbst-)Legitimation vielfach auf den jeweils eigenen Spitzenahn ausgerichtet blieb, sich auf das ihm entströmende Volksleben konzentrierte und die eigene Sippe gegenüber anderen sozialen Gruppen vielfältig abschloss[17]. Übrigens – und wie bereits angesprochen: Im Rahmen dieser Transformation verschwanden im ehemaligen weströmischen Reich zugleich Schulen und Akademien, Bibliotheken und überhaupt Literalität weitgehend; allesamt Institutionen, die über Jahrhunderte hinweg (stammes-)übergreifende, ja universale Lebenszusammenhänge getragen hatten.

Heute ist bekannt, dass die Menschen im frühen Mittelalter ihre Vorstellungen für menschliches und gesellschaftliches Zusammenleben oftmals von der Sippe und vom Stamm ableiteten. Diese „Konstruktion" war deshalb hilfreich, weil es eine öffentlich garantierte Sicherheit, wie sie uns in unseren Breiten heutzutage selbstverständlich erscheint, beispielsweise in den Regionen nördlich der Alpen damals nicht gab. So sah man das geordnete Zusammenleben

---

[16] Stefan Esders, Kingdoms of the Empire, AD 608–616. Mediterrane Konnektivität, Synchronität und Kausalität als analytisches und darstellerisches Problem der Frühmittelalterforschung, in: Walter Pohl – Maximilian Diesenberger – Bernhard Zeller (Hrsg.), Neue Wege der Frühmittelalterforschung. Bilanz und Perspektiven (Forschungen zur Geschichte des Mittelalters 22) Wien 2018, S. 93–135, S. 93–95 ruft die Bezeichnung „Kingdoms of the Empire" für die Kleinkönigreiche in Erinnerung, weil diese Rede die Kleinkönigreiche zum einen als weiterhin zum römischen Imperium gehörig begreift. Zum anderen verdeutlicht sie dieses Zugehörigkeitsverhältnis als „Teil einer Fernbeziehung".

[17] Walter Pohl – Daniel Mahoney, Narratives of Ethnic Origins. Eurasian Perspectives, in: The Medieval History Journal 21 (2018) Heft 2, S. 187–191, S. 188f.

wesentlich in den sich langsam festigenden Sippenverbänden gesichert[18]. Nach innen war es als Bündnis der Fürsorge untereinander organisiert, nach außen als Bündnis des Kampfes strukturiert. Arnold Angenendt pointiert die religiös-ethischen Vorzüge dieses sippenorientierten Weltverstehens für das Mittelalter, ohne dass man seine Rede von der „Blutsverwandtschaft" im heutigen naturwissenschaftlichen Sinne missverstehen darf: „Die gemeinsame Abkunft und die Blutsverwandtschaft verpflichteten zu Frieden und gegenseitiger Hilfe."[19] Und der Mediävist Heinrich Beck sekundiert: „Das genealogische Denken, in das auch die Religion als legitimierender Faktor einbezogen werden konnte (...), schafft nicht nur ein Wir-Gefühl und zeugt von einem Gemeinschaftssinn. Es grenzt in gleicher Weise auch aus und ab, schafft Distanz und differenziert auf der Ebene der Geschlechter und Ethnien."[20]

Schlaglichtartig lässt sich die Bedeutung der Herkunftsfamilie beispielsweise für Klosterkonflikte im Früh- und Hochmittelalter nachzeichnen. Wenn damals ein Klostervorsteher und seine Mönche miteinander in Streit gerieten, mobilisierten beide Seiten – über andere Bündnisse hinaus – oft auch ihre Verwandten, denen sie sich als ihren „Blutsfamilien" weiter verbunden wussten. Dieser Rückgriff ist bemerkenswert, denn seit den christlich-monastischen Anfängen bedeutet das klösterliche Ideal, dass sich die Mönche bzw. Nonnen mit ihrem Klostereintritt von ihrer Herkunftsfamilie zugunsten der *familia Dei* verabschieden. Tatsächlich aber griffen diese Herkunftsfamilien bisweilen zu Gunsten ihrer Verwandten

---

[18] Leppin, Geschichte des mittelalterlichen Christentums, S. 16–18 betont im Blick auf diese Völkerschaften „deren dynamisch Wandlung aufgrund sozialer und kultureller Gegebenheiten" – und zwar auf der Basis einer „Sozialverfassung", die auf dem „Prinzip der Gefolgschaft" beruht.
[19] Angenendt, Geschichte der Religiosität, S. 345.
[20] Beck, Probleme einer völkerwanderungszeitlichen Religionsgeschichte, S. 478. Auch Peter Stih, Als die Kirche slawisch zu sprechen begann. Zu den Hintergründen der Christianisierung in Karantanien und Pannonien, in: Walter Pohl – Maximilian Diesenberger – Bernhard Zeller (Hrsg.), Neue Wege der Frühmittelalterforschung. Bilanz und Perspektiven (Forschungen zur Geschichte des Mittelalters 22) Wien 2018, S. 339–356, S. 341.

unter den streitenden Mönchen in die Auseinandersetzung ein und führten nicht selten die finale Entscheidung herbei. Beispielsweise lag die Klosterdisziplin in St. Gallen in der Mitte des 10. Jahrhunderts arg darnieder. Im Zuge dieser Zuchtlosigkeit – so übermittelt es der Geschichtsschreiber Ekkehard von St. Gallen († 973) – griff Thieto, der Abt des Klosters, irgendwann zwischen 937 und 958 hart durch und bestrafte den Mönch Victor massiv. Dieser Klosterbewohner von hochadeliger Abkunft floh daraufhin aus dem Kloster. In der Folge entwickelte sich dieser klösterliche Konflikt zu einer Auseinandersetzung, bei der die beiden Klosterkontrahenten sich immer wieder ihrer Verwandtschaft bedienten. Diese Dynamik erfuhr auch dadurch keine Unterbrechung, dass Craloh zum äbtlichen Nachfolger von Thieto aufstieg und ein strenges klösterliches Regiment führte. Beispielsweise setzten sich die Verwandten des entlaufenen Mönchs bei König Otto I. († 973) für ihr Familienmitglied ein. In der Folge forderte König Otto I. den Abt Craloh auf, den Mönch für den Fall wieder aufzunehmen, dass er reumütig in das Kloster zurückkehren wollte. Als Victor tatsächlich aufs Neue in das Kloster eingezogen war und die Leitung der Klosterschule neuerlich an sich gezogen hatte, setzten sich – wenig überraschend – seine Konflikte mit Abt Craloh unvermindert fort. Stets und ständig musste Craloh einen Anschlag auf sein Leben fürchten. Krank und dauernd in Angst vor Victors Familie, übergab er die Amtsgeschäfte schließlich Ekkehard I. Wenig später starb er[21].

Weil die Mönche im Mittelalter bei klösterlichen Konflikten auch auf ihre leiblichen Verwandten als Verstärkung zurückgriffen, dürfen früh- und hochmittelalterliche Klöster keinesfalls von vornherein als eine „Welt im Abseits" gelten. So „pflegten Mönche nicht nur Kontakte zu ihren Familien; sie blieben auch nach ihrem Klostereintritt Teil ihrer Familien – und handelten entsprechend"[22]. Ge-

---

[21] Casus S. Galli 69–71, ed. Hans F. Haefele (Freiherr vom Stein-Gedächtnisausgabe 10) Darmstadt 1980, S. 146–149; ebd. 77, S. 160–163; ebd. 79, S. 164f.
[22] Steffen Patzold, Konflikte im Kloster. Studien zu Auseinandersetzungen in monastischen Gemeinschaften des ottonisch-salischen Reichs (Historische Studien 463) Husum 2000, S. 306.

rade weil einzelne Mönche innige Beziehungen zu ihren Verwandten (darüber hinaus zu Freunden und anderen einflussreichen Adeligen) unterhielten, konnten sie diese Kontakte aktivieren und instrumentalisieren, wenn sie mit ihren Oberen in Streit gerieten[23]. Nicht die Distanz der Mönche zur Welt brachte also die Entscheidung in klösterlichen Konfliktfällen; stattdessen erfolgte die Klärung der monastischen Auseinandersetzung oftmals erst aufgrund der fortdauernden Einbindung der Mönche unter anderem in ihre leibliche Verwandtschaft[24].

Selbst noch für das 17. Jahrhundert lassen sich innerhalb des westlichen Christentums prägnante Beispiele finden, die den fortdauernden Einfluss „blutsfamiliär" geprägten Denkens in politisch und sozial wichtigen Lebensbereichen veranschaulichen. So war besonders das Papstamt unter Familien umkämpft, die miteinander konkurrierten; denn in Rom wechselten mit dem Papst zugleich die Herrscherfamilien. So war es ganz und gar unvorhersehbar, welcher Kardinal und damit: welche Familie dem jeweils im Amt befindlichen Pontifex nachfolgen würde. Immer waren diese Phasen, in der die eigene Familie den amtierenden Papst stellte, von begrenzter Dauer: „Und selbst dann, (...) wenn man im Gefolge einer Papstfamilie Zugang zu Ämtern und Würden gefunden hatte, ja selbst wenn es einem Familienmitglied gelungen war, auf den Stuhl Petri gewählt zu werden, so war damit immer nur ein flüchtiger Moment des Glücks, ein vergänglicher Triumph verbunden. Nach dem Tod des Papstes würde sich wieder alles ändern, und für diesen Moment galt es bei Zeiten vorzusorgen."[25]

In der Konsequenz setzte sich die römische Oberschicht aus Familienverbänden zusammen, deren jeweilige Position in der sozialen und politischen Hierarchie beständig, aber immer wieder unvorhersehbar mit im Spiel blieb: „Wer heute die Unterstützung des

---

[23] Patzold, Konflikte im Kloster, S. 311.
[24] Patzold, Konflikte im Kloster, S. 313.
[25] Arne Karsten, Verkehrsprobleme frühneuzeitlich, in: Arne Karsten – Volker Reinhardt, Kardinäle, Künstler, Kurtisanen. Wahre Geschichten aus dem päpstlichen Rom, Darmstadt 2004, S. 60–65, S. 65.

Papstes hatte, musste damit rechnen, schon morgen unter seinem Nachfolger in Ungnade zu fallen. Gewinner und Verlierer wechselten mit – im europäischen Vergleich – atemberaubender Geschwindigkeit."[26]

Entgegen der bisherigen Forschung wird der allmähliche Bedeutungsverlust der Verwandtschaft in der Neuzeit – auch für das Feld des religiösen Lebens – aktuell bestritten[27]. Stattdessen plädiert man heutzutage dafür, dass sich unterschiedliche Gruppierungen von Verwandten formierten, wenn die Fehdeführung, das Totengedächtnis, die Vererbung von Gütern, die Weitergabe von Ämtern oder die Festigung von Allianzen mittels Eheschließung zu organisieren waren. Der amerikanische Historiker David W. Sabean geht sogar so weit, dass er das 19. Jahrhundert als „kinship-hot society" charakterisiert und die Bedeutung der Verwandtschaft auf allen Ebenen der Gesellschaft klar herausstreicht[28].

c. Geistliche Familie und universales Weltverstehen

„Der Gebrauch ethnischer Sprache für die Christen war meist gerade Ausdruck dessen, dass nach der Taufe bisherige ethnische oder soziale Zugehörigkeiten keine Rolle mehr spielten."[29] Anders als viele Stämme, deren Mitglieder sich ihre exklusive Kontinuität zu ihrem jeweiligen Spitzenahn bis heute als „Blutsverwandtschaft" vorstellen, setzte das achsenzeitlich-neutestamentliche Christentum – in der Spur des Judentums – seinen Akzent von vornherein anti-familiar. Wenn das Neue Testament also von Jesu Vater spricht, ist damit im

---

[26] Karsten, Verkehrsprobleme frühneuzeitlich, S. 65.
[27] Siehe dazu z. B. Jon Mathieu – Simon Teuscher – David Warren Sabean (Hrsg.), Kinship in Europe. Approaches to Long-Term Development (1300–1900), New York 2007.
[28] David W. Sabean, Kinship and Class Dynamics in Nineteenth-Century Europe, in: Jon Mathieu – Simon Teuscher – David Warren Sabean (Hrsg.), Kinship in Europe. Approaches to Long-Term Development (1300–1900), New York 2007, S. 301–313 mit einer umfangreichen Explikation von Einzelstrategien.
[29] Pohl, Die christliche Dimension ethnischer Identitäten, S. 42.

geistlichen Sinne sein göttlicher Vater im Himmel gemeint. Und wenn alle Christen aufgrund der gemeinsamen Taufe einander Brüder und Schwestern sind, dürfen sie – wiederum im geistlichen Sinne – gleichermaßen als Brüder und Schwestern Jesu gelten und damit gleichfalls als Kinder des göttlichen Vaters, wie es in dem „verwandtenkritischen Spitzensatz" Mk 3,35 durchklingt: „Wer Gottes Willen tut, der ist mein Bruder und meine Schwester ..."[30]

In der Urgemeinde und unter den frühen Christen folgte das Vater-Verständnis demnach keinesfalls einer am vermeintlich „reinen Blut" orientierten Logik, sondern ist eindeutig als Ausdruck einer geistlichen Verwandtschaft zu verstehen: „Die Basis des frühneutestamentlichen Verständnisses von Vaterschaft ist das familienfeindliche Ethos der Wanderapostel", wie der Neutestamentler Klaus Berger unterstreicht[31]. In der Konsequenz werde im frühen Christentum – wie bereits angesprochen – „der menschliche Vater abgewertet und restlos aufgegeben, wobei dann Gott als Vater an dessen Stelle tritt". Wenn Lk 14,26 dazu auffordert, den leiblichen Vater zu hassen, spiegelt sich darin Jesu eigenes Verhältnis zu seinem Vater: „Es war offenbar katastrophal!" Und insofern Jesus gemäß dem Mt- und dem Lk-Evangelium nicht von einem leiblichen Vater gezeugt wurde, ersetzte in seinem Falle die Wirksamkeit des Heiligen Geistes die (Bluts-)Abstammung von einem leiblichen Vater[32].

Dieses geistliche Vater-Kind-Verhältnis mit seinen universalen Auswirkungen lässt sich nicht verstehen ohne die urchristlich vorgenommene Neuinterpretation der antiken Leitvorstellung vom Familienoberhaupt (*pater familias*). So griffen die frühen Christen zwar auf die traditionsreiche Grundidee vom Familienoberhaupt (*pater familias*) und der väterlich-häuslichen Herrschaft (*patria po-*

---

[30] Christoph Markschies, Das antike Christentum. Frömmigkeit, Lebensformen, Institutionen, 2. Aufl., München 2012, S. 185.
[31] Klaus Berger, Theologiegeschichte des Urchristentums, Tübingen – Basel 1994, S. 28. Auch Markus Tiwald, Wanderradikalismus. Jesu erste Jünger – ein Anfang und was davon bleibt (Österreichische biblische Studien 20) Frankfurt 2002, S. 312–314.
[32] Berger, Theologiegeschichte des Urchristentums, S. 28.

testas) zurück, übertrugen die damit verbundenen Befugnisse jedoch auf den göttlichen Vater. Mit anderen Worten: Die Christen setzten sich von ihrer Umwelt ab, indem sie nicht länger den irdischen Vater als Herrn über Leben und Tod ansahen, sondern allein Gott die Verfügbarkeit über das menschliche Leben zusprachen, wenn sie sich ihm im Empfang der Taufe als Gotteskinder unterstellten und als menschliche Geschwister füreinander sorgten. Konsequent weist der Althistoriker Otto Hiltbrunner darauf hin, dass die väterlich-häusliche Herrschaft (*patria potestas*) in nachklassischer Zeit neben hellenistischen Einflüssen vor allem durch das Einwirken der Christen eingeschränkt wurde[33].

Die achsenzeitliche Rede von der Vaterschaft Gottes bringt ins Bild, wie sehr das Christentum seine Sicht auf die soziale Situation der Bekehrten vom Judentum übernimmt. Wer sich also zum Judentum oder zum Christentum hin bekehrt, lässt seine „blutsfamiliären Bindungen" hinter sich und tritt in eine neue Familie ein: in eine geistliche Familie der allesamt auf den göttlichen Vater hin ausgerichteten Gläubigen. So führte im Mittelalter auch die geistliche Elternschaft qua Taufe – also die Taufpatenschaft – zu einem Verwandtschaftsgrad, der der leiblichen Verwandtschaft vergleichbar ist. Er verunmöglichte eine Eheschließung zwischen Taufpate und Patentochter bzw. Taufpatin und Patensohn in gleicher Weise, wie es auch leiblichen Eltern verboten war, ihre leiblichen Kinder zu ehelichen.

Von der göttlichen Vaterschaft leitet sich die Rede von der Gotteskindschaft aller Gottgläubigen im Sinne einer Schlüsselmetapher des Christentums her. Und ebenso wie Gott als Vater im Neuen Testament „vor allem für soziale und emotionale Geborgenheit" steht, umfasst auch die Gotteskindschaft die soziale und emotionale Eingebundenheit all jener, die nach dem Vorbild Jesu Christi an den göttlichen Vater glauben[34]: „Paulus und Johannes bezeugen gleichermaßen, dass die Ausweitung der einzigartigen Vater-Kind-Rela-

---

[33] Otto Hiltbrunner, Art. Patria potestas, in: Der Kleine Pauly 4 (1972) S. 552–553, hier S. 552.
[34] Berger, Theologiegeschichte des Urchristentums, S. 30.

tion, in der Jesus stand, auf alle Christen als das eigentliche nachösterliche Geschehen angesehen wird. Nur diese beiden Theologen kennen die Bezeichnung ‚Kinder Gottes' zur Bezeichnung der Glaubenden."[35]

Die religiöse Qualifikation der Menschen als Gotteskinder darf als ein jedem Menschen zugesprochener Würdetitel gelten, als Ausdruck der geistlich-familiären Beziehung zwischen Gott und Mensch: „Der Name Gotteskinder steht zusammenfassend für die neue Identität der Christen, eine Identität nach innen und außen. Ihr Leben haben sie – wie es bei Kindern nicht anders sein kann – empfangen; sie haben es nicht selbst erarbeitet oder hergestellt. Ihr neues Sein gewinnen sie aus ihrer neuen Relation zu dem lebendigen Gott."[36] Im göttlichen Geschenk der Kindschaft für alle Menschen wurzelt das biblische Gebot der Nächstenliebe (Mt 22,34–40): Jeder vom göttlichen Vater beschenkte Mensch soll diese Gabe aus Dankbarkeit an seine Mitmenschen weiterreichen, auf dass idealerweise kein Mensch von der Hilfe seiner Mitmenschen ausgenommen bleibt.

Die zivilisationsgeschichtlichen Auswirkungen dieser christlichen Selbstverortung seien hier zumindest angedeutet. Während sich die clan-bezogene und „blutsorientierte" Sorge erstrangig auf die Mitglieder des eigenen Stammes begrenzen mag, liegt es in der geistlichen Verwandtschaft aller Gotteskinder mit dem göttlichen Vater begründet, dass diese Kleinräumigkeit im Frühmittelalter immer wieder auch durchbrochen wurde[37]. Beispielhaft verweisen lässt

---

[35] Berger, Theologiegeschichte des Urchristentums, S. 32.

[36] Hans-Josef Klauck, Der erste Johannesbrief (Evangelisch-katholischer Kommentar zum Neuen Testament 23,1) Zürich – Neukirchen-Vluyn 1991, S. 180. Die im Kopftext getroffene Aussage ist selbst dann bemerkenswert, wenn der Einschränkung von Pohl, Die christliche Dimension ethnischer Identitäten, S. 44 zuzustimmen ist: „Von einer radikalen Ablehnung der ethnischen Einteilung der Welt aus universalistischer Perspektive ist in den frühmittelalterlichen Quellen seltener zu hören."

[37] Zur frühmittelalterlichen Inzestgesetzgebung s. überblickshaft Hubertus Lutterbach, Sexualität im Mittelalter. Eine Kulturstudie anhand von Bußbüchern des 6. bis 12. Jahrhunderts (Beihefte zum Archiv für Kulturgeschichte 43) Köln – Weimar 1999, S. 166–195 und S. 217–220.

sich für das Franken- und Langobardenreich des frühen 7. Jahrhunderts auf den Mönch und Klostergründer Columban von Luxeuil († 615), der grenzüberschreitend wirkte und sich mit weitgespannten aristokratischen und kirchlichen Netzwerken verband, die über die Klostergründungen im fränkischen Nordburgund, im Bodenseegebiet, in Bayern und in Oberitalien verwoben waren[38].

Freilich ist spätestens an dieser Stelle einzuräumen, dass die in der Geschichtswissenschaft weit verbreitete und bisweilen für allzu selbstverständlich erachtete Gegenüberstellung von „universalem Christentum" und „partikularen Völkern/Nationen" einige Aspekte in den Hintergrund rückt, die für die „Operationalisierung" des christlichen Universalismus dennoch bedenkenswert sind. So richtet der Mediävist Walter Pohl den Blick darauf, dass es allein christlichen Königen, die über lateinische Schriftlichkeit und römische Administrationskenntnisse verfügten, im frühmittelalterlichen Europa gelungen sei, großräumige politische Herrschaften durch eine ethnisch definierte Führungsgruppe zu etablieren. Die Mitwirkung von Bischöfen und Mönchen bei diesen Prozessen trug nicht nur dazu bei, zivilisatorische Errungenschaften bekannt zu machen und zu verbreiten; vielmehr veränderten sich durch ihr Mittun auch die „Vorstellungen von der Rolle der Völker in einer christlichen Welt"[39].

Der Jesus-Titel „König der Juden" hatte dem „römischen Brauch für die barbarischen Gentes an der Peripherie" entsprochen[40]. In dieser Spur sollte die Rezeption der neutestamentlichen Herausstellung der Christen als Gottes Volk ab dem 5. Jahrhundert dazu führen, dass sich einzelne Völker so verstanden, dass sie das (von Gott) religiös berufene Volk seien. Walter Pohl bringt diese Auffassung in ihren Konsequenzen auf den Punkt: „Die ersehnte Einheit im Glauben beruhte auf einer Vielfalt von Völkern, die Teil des göttlichen Heilsplanes war. Sie alle waren zur Erlösung berufen, die wiederum ihrer Mitwirkung bedurfte. (…) Dieses politische Muster christlich

---

[38] Esders, Kingdoms of the Empire, S. 129.
[39] Pohl, Die christliche Dimension ethnischer Identitäten, S. 39.
[40] Pohl, Die christliche Dimension ethnischer Identitäten, S. 39.

legitimierter ethnischer Staaten hat sich im Frühmittelalter entwickelt. Es bot notwendige Voraussetzungen für die Entstehung moderner Nationen in Europa."[41] Christlicher Universalismus und ethnische Kleingruppen standen einander also nicht einfach gegenüber; stattdessen tendiert die aktuelle Forschung dahin, dass die ethnisch spezifischen Führungsgruppen dem christlichen Universalismus überhaupt erst zum Durchbruch verhalfen[42].

Zuletzt liegt in der neutestamentlich überlieferten und universal ausgerichteten Gotteskindschaft eine wichtige Wurzel für jene Wertschätzung menschlichen Lebens, die die Idee der universalen Menschenrechte mitinspiriert hat. So rückten die Christen – in der Spur ihrer jüdischen Glaubensgeschwister – all jene Menschen in die gesellschaftliche Mitte und schenkten ihnen Beachtung, die in der antiken Welt ansonsten ohne gesellschaftliche Aufmerksamkeit blieben: die Menschen mit Behinderungen oder die auf Unterstützung angewiesenen Kinder, die bedürftigen Alten und die körperlich oder seelisch geschwächten Kranken, um nur einige Randgruppen exemplarisch zu nennen[43]. So ließe sich auch über das Mittelalter hinaus exemplarisch auf die verschiedenen christlich initiierten Institutionen der Caritas verweisen, die gemäß ihrem Ideal die Menschen unabhängig von ihrer Herkunft aufnahmen bzw. unterstützten[44].

Die Geschwisterschaft aller Menschen aufgrund der gemeinsamen Gotteskindschaft sicherten die Christen schließlich noch

---

[41] Pohl, Die christliche Dimension ethnischer Identitäten, S. 45.

[42] Fredriksen, Mandatory Retirement, S. 237f.; auch Gerda Heydemann, People(s) of God? Biblical Exegesis and the Language of Community in Late Antique and Early Medieval Europe, in: Erik Hovden – Christina Lutter – Walter Pohl (Hrsg.), Meanings of Community across Medieval Eurasia (Brill's Series on the Early Middle Ages 25) Leiden – Boston 2016, S. 27–60, S. 51f.

[43] Zur Relevanz dieser christlichen Sicht auf den Menschen in Geschichte und Gegenwart s. Hubertus Lutterbach, So prägt Religion unsere Mitmenschlichkeit, Kevelaer 2018.

[44] Lutterbach, So prägt Religion, S. 19–24; kulturvergleichend s. auch Arnold Angenendt, Die Geburt der christlichen Caritas, in: Christoph Stiegemann (Hrsg.), Caritas. Nächstenliebe von den frühen Christen bis zur Gegenwart, Petersberg 2015, S. 40–51.

durch eine ursprungsmythische Grundüberzeugung der besonderen Art ab. Dieser Auffassung zufolge stammen nicht allein die Menschen einer einzigen sozialen Gruppe, sondern vielmehr *alle* Menschen von einem einzigen Menschen ab: von Adam. Insofern jeder Mensch auf diesen ersten Menschen zurückgeht, sind alle Menschen, die jemals gelebt haben, einander Brüder und Schwestern und insofern miteinander verwandt[45]. Jedem Menschen kommt eine göttliche Würde zu, so dass jeder Mensch für seinen Mitmenschen im Bedarfsfall Unterstützung zu bieten und Hilfe zu gewähren hat.

Unübertroffen bringt der nordafrikanische Bischof Augustinus von Hippo († 430) die Quintessenz seines biblischen Gesamtverständnisses anhand von Menschen mit Behinderung ins Wort: dass nämlich jeder Mensch mit Behinderung ebenso wie jeder Mensch ohne Behinderung von Gott und dem einen Adam abstammt, so dass er als Bruder oder Schwester vorbehaltlos auf die Solidarität aller anderen Menschen zählen darf. Als Substrat seiner seelsorgerlichen Überzeugungen formuliert er: „Wer immer irgendwo auf Erden als Mensch, also als sterbliches vernunftbegabtes Lebewesen geboren ist, er mag eine für unsere Begriffe noch so ungewohnte Körperform haben, an Farbe, Bewegung, Stimme, Kraft und Teilen seiner natürlichen Eigenschaften noch so sehr von anderen Menschen abweichen; kein Gläubiger soll zweifeln, dass er seinen Ursprung aus jenem einen zuerst gebildeten Menschen herleitet. Es [die Behinderten] sind Menschen, und sie stammen [wie alle anderen Menschen] von Adam ab."[46]

Damit wenden sich die Christen von einem Abstammungsverständnis ab, wie es einer vor-achsenzeitlich-primärreligiösen Logik selbstverständlich entspricht: Der eine (halb-)göttliche Spitzenahn

---

[45] Arnold Angenendt, Der eine Adam und die vielen Stammväter. Idee und Wirklichkeit der Origo gentis im Mittelalter, in: Peter Wunderli (Hrsg.), Herkunft und Ursprung. Historische und mythische Formen der Legitimation, Sigmaringen 1994, S. 27–52.

[46] Augustinus von Hippo, De Civitate Dei XVI 8,2, hrsg. v. Wilhelm Thimme, Aurelius Augustinus, Vom Gottesstaat (De civitate Dei), 2 Bde., München 1977, hier 2, S. 297f.

verbürgt das vermeintlich „reine Blut" all seiner Nachkommen auf einzigartige Weise. Wer allerdings außerhalb dieses Clans lebt, gilt als Halbmensch, als Untermensch oder als Mensch zweiter Klasse. Aufgrund des „falschen" oder „verdorbenen" Blutes hat er eben kein Anrecht auf menschlichen Schutz und menschliche Hilfe.

d. Das reine Blut – Schlüsselidee der NS-Ideologie

In bewusster Abkehr vom christlichen Universalismus galt das „Blut" im nationalsozialistischen Denken als eine zentrale, biologisch aufgeladene Kategorie. Mit wissenschaftlichem Anspruch, zugleich in (rückblickend) primärreligiöser oder ortho-praktischer Tradition wertschätzte man das Blut als Träger des Erbgutes, so dass man davon ausging, mit seiner Pflege und Reinerhaltung die rassischen Eigenschaften eines Volkes – hier: des deutschen Volkes – schützen zu können[47].

Mit Hilfe von „Blutschranken" suchte man die „Blutsgemeinschaft" abzusichern, damit die als unübertrefflich eingeschätzte Qualität der nordischen Rasse in seiner optimalen „Blutwertigkeit" unvermischt gewahrt blieb[48]. Tatsächlich ging die nationalsozialistische Ideologie davon aus, dass sich die verschiedenen Völker im Blut unterschieden. Damit sah man die Trennung zwischen den Völkern als ein bereits in der Natur grundgelegtes Faktum an. In der Konsequenz verstand man „blutsfremd" als Adjektiv, das Menschen nicht des eigenen, sondern eines fremden und unterlegenen Volkes kennzeichnete.

---

[47] N. N., Art. Blut, in: Christian Zentner (Hrsg.), Das große Lexikon des Dritten Reiches, Augsburg 1993, S. 79. Zur Bedeutung des Blutes als Träger von Rasse-Eigenschaften für die Blutgruppenforschung s. Myriam Spörri, Reines und gemischtes Blut. Zur Kulturgeschichte der Blutgruppenforschung (1900–1933), Bielefeld 2013, bes. S. 89 und S. 309–311.

[48] Uffa Jensen, Art. Blut, Blutfahne, Blutopfer, Blutorden, in: Wolfgang Benz – Hermann Graml – Hermann Weiß (Hrsg.), Enzyklopädie des Nationalsozialismus, 5. erw. Aufl., Stuttgart 2007, S. 441–442, hier S. 442.

Von dieser Überzeugung leiteten Adolf Hitler und seine Anhänger die Notwendigkeit ab, andere Rassen vollständig zu vernichten, sie zu unterwerfen oder sie zukünftig als Arbeitssklaven zu nutzen. Somit lagen zwischen den rasse-bezogenen Ideen und Experimenten, die auch andernorts (Amerika, Israel etc.) anzutreffen waren, und den schauerlich-unvorstellbaren Massenmorden der Nationalsozialisten, Welten[49].

In Adolf Hitlers Werk „Mein Kampf" findet sich die Unterscheidung der Völker gemäß ihrem jeweiligen Blut als Schlüsselgedanke vielfältig belegt: „Wenn ein Volk die ihm von der Natur gegebenen und in seinem Blute wurzelnden Eigenschaften seines Wesens nicht mehr achten will, hat es kein Recht mehr zur Klage über den Verlust seines irdischen Daseins."[50] In der Präambel des „Gesetzes zum Schutze des deutschen Blutes und der deutschen Ehre" – auch „Blutschutzgesetz" genannt – vom 15. September 1935 heißt es entsprechend: „Durchdrungen von der Erkenntnis, dass die Reinheit des deutschen Blutes die Voraussetzung für den Fortbestand des deutschen Volkes ist, und beseelt von dem unbeugsamen Willen, die deutsche Nation für alle Zukunft zu sichern, hat der Reichstag einstimmig das folgende [Blutschutz-]Gesetz beschlossen."[51]

Das vorgestellte Gedankengut fand seinen Eingang auch in den schulischen Unterricht. Unter anderem setzte man alles daran, die Schülerinnen und Schüler dazu zu erziehen, das eigene, allen anderen Völkern überlegene deutsche Blut nach Kräften rein zu halten: „Unsere Jugend muss lernen, was Rasse bedeutet und zur Einsicht gelangen, dass nur ein rassereines Volk Bestand haben kann. Sie muss wissen, dass die Rasse das Wesen eines Volkes bedingt, dass Rasse gleich Blut ist und damit an jeden Deutschen Forderungen erhebt."[52]

---

[49] Markus Günther, Hitlers Bibel. In den Vereinigten Staaten wurde die Idee populär, eine überlegene weiße Rasse zu züchten. Später arbeiteten amerikanische Eugeniker eng mit Nazi-Wissenschaftlern zusammen, in: FAS 07.10.2018, No. 40, S. 9.
[50] Adolf Hitler, Mein Kampf, 29. Aufl., München 1933, S. 369.
[51] Reichsgesetzblatt, Teil I., Jg. 1933–1945, hrsg. v. Reichsministerium des Innern, Berlin 1933–1945, hier 1935, S. 1146.
[52] Karl Heß – Paul Stricker, Ein Beitrag zur Unterrichtsgestaltung in der Vererbungslehre und Rassenkunde für das 4. bis 6. Schuljahr, Karlsruhe 1936, S. 3.

Das deutsche Blut galt als von so unvergleichlicher, ja quasi-göttlicher Reinheit, dass man ihm sogar zutraute, die christliche Religion zu ersetzen. „Heute erwacht (…) ein neuer Glaube", wie der NSDAP-Parteiideologe Alfred Rosenberg in den 1930er Jahren festhielt: „… der Mythus des Blutes, der Glaube, mit dem Blute auch das göttliche Wesen des Menschen überhaupt zu verteidigen. Der mit dem hellsten Wissen verkörperte Glaube, dass das nordische Blut jenes Mysterium darstellt, welches die alten Sakramente ersetzt und überwunden hat."[53]

Im Rückblick verdient es Aufmerksamkeit, dass sich Biologen mit jüdischem und nicht-jüdischem Familienhintergrund zwischen 1900 und 1935 gleichermaßen an der Forschung zur Blutsreinheit bzw. Blutsunreinheit beteiligt haben. Den meisten Biologen jüdischer Provenienz war es ein Anliegen, die Juden der biologischen Logik des „Rasse"-Begriffs zu entziehen. Dieses Vorhaben realisierten sie, indem sie davon absahen, die Juden als Kollektiv biologisch zu bewerten, ohne dass sie dabei allerdings den Denkrahmen der Biologie hinter sich gelassen hätten: „Ihre Argumentationen richteten sich gegen das Narrativ der reinen, fremden, unabänderlichen ‚Rasse' mit minderwertigen Eigenschaften, aber nicht gegen die Zuständigkeit der Biologie in dieser Streitfrage."[54] Als Hauptweg wählten sie den der Eugenik. Dieser war im Unterschied zu den rassenbiologischen Ansätzen weniger deterministisch, dafür aber umso mehr auf den jeweiligen Einzelfall konzentriert[55]. – Dagegen bestanden die Forscher nicht-jüdischer Herkunft allzumeist auf dem „Rasse"-Begriff. Sie bewarben ihn geradezu mit dem Ziel, die Vorstellung der Ununterscheidbarkeit oder der freundschaftlichen Verwandtschaft zweier gleichwertiger Gruppen – beispielsweise Juden und Nicht-Juden – als unhaltbar zurückzuweisen. So erachteten sie die Juden auch aufgrund ihres Blutes als ein „antikes Rassenge-

---

[53] Alfred Rosenberg, Der Mythus des 20. Jahrhunderts. Eine Wertung der seelisch-geistigen Gestaltenkämpfe unserer Zeit, 111.–114. Aufl., München 1937, S. 114.
[54] Veronika Lipphardt, Biologie der Juden. Jüdische Wissenschaftler über „Rasse" und Vererbung 1900–1935, Göttingen 2008, S. 308.
[55] Lipphardt, Biologie der Juden, S. 311f.

misch, das sich vom germanischen Rassengemisch unterschied und in Europa fremd geblieben sei. (...) Fest stand für diese Autoren, dass [das jüdische Blut und] das ‚jüdische Erbgut' gravierende Defekte" aufwiesen[56].

Einer der stärksten Kritiker der Rassenforschung war Franz Boas († 1942), der aus einem liberalen jüdischen Elternhaus in Deutschland stammte, hier seine wissenschaftliche Ausbildung als Kulturanthropologe erhielt und mit 29 Jahren im Jahr 1887 in die Vereinigten Staaten emigrierte. Er gab sich überzeugt, dass der einzige Weg, den „rassistischen Fimmel anzugreifen", darin bestehen würde, „seine angeblich wissenschaftliche Basis zu untergraben"[57]. Die damals herrschende Auffassung von Rassenwesenheiten und Rassenhierarchien, wie man sie auch im jeweiligen Blut dingfest machen zu können glaubte, suchte er als Pseudowissenschaft zu entlarven. Anstelle eines vom Rassenbegriff geprägten Denkens optierte er als Kulturanthropologe dafür, sowohl die Einzigartigkeit als auch den Eigenwert einer jeden Kultur der Welt zu entdecken sowie die Begrenztheit der eigenen gesellschaftlichen Überzeugungen und wissenschaftlichen Vorgehensweisen zu reflektieren[58]: „Kultur und nicht Rasse – gleich Natur – bestimmte nach Boas über das menschliche Verhalten und Handeln."[59]

Die Kulturanthropologin Ruth Benedict († 1948) darf als die bedeutendste Schülerin von Franz Boas gelten. An die Stelle einer Geschichtsschreibung, die Völker gemäß ihrem Wesen – ihrem

---

[56] Lipphardt, Biologie der Juden, S. 308.
[57] Franz Boas an P. Baerwald, Brief vom 04.10.1933, zit. nach Douglas Cole, Franz Boas. Ein Wissenschaftler und Patriot zwischen zwei Ländern, in: Volker Rodekamp (Hrsg.), Franz Boas 1858–1942. Ein amerikanischer Anthropologe aus Minden, Bielefeld 1994, S. 9–23, Zitat S. 21.
[58] Alexandra Grund-Wittenberg, Kulturanthropologie und Altes Testament. Stand und Perspektiven der Forschung, in: Theologische Literaturzeitung 141 (2016) Sp. 874–886, Sp. 880 („Was ist Kulturanthropologie?").
[59] Doris Kaufmann, „Rasse und Kultur". Die amerikanische Kulturanthropologie um Franz Boas (1858–1942) in der ersten Hälfte des 20. Jahrhunderts – ein Gegenentwurf zur Rassenforschung in Deutschland, in: Hans-Walter Schmuhl (Hrsg.), Rassenforschung an Kaiser-Wilhelm-Instituten vor und nach 1933 (Geschichte der Kaiser-Wilhelm-Gesellschaft im Nationalsozialismus 4) Göttingen 2003, S. 309–327, S. 326f.

„Blut" – klassifiziert, kämpfte sie für eine Geschichtsschreibung, die die Geschichte von Völkern nach dem zivilisationsgeschichtlichen Level ihres Soziallebens bewertet[60]: „Man mag verblüffende Errungenschaften oder geistige und gefühlsmäßige Charakteristika zusammentragen, wie man will, nichts von alledem wird durch das ‚Blut' eines Volkes über den Lauf der Zeit hinweg verewigt. All das wechselt rasch mit dem sozialen Wechsel von politischer und wirtschaftlicher Sicherheit zu deren Gegenteil."[61]

Aufgrund ihrer Klassifizierung menschlicher Gemeinschaften entsprechend ihrem entwicklungsgeschichtlichen Niveau kommt sie zu dem Ergebnis, dass das Grundverständnis des modernen Rassismus an das Selbstverständnis von Primärkulturen anknüpft, wobei sie diese allerdings nicht wertneutral versteht, sondern abwertet: „Die Formel ‚Ich gehöre zu den Auserwählten' hat eine weit längere Geschichte als der moderne [nationalsozialistische] Rassismus. Es sind dies Kampfparolen unter den primitivsten, nackten Wilden. Unter ihnen ist diese Formel ein wesentlicher Bestandteil ihres gesamten Lebensinhaltes, der für unsere Begriffe unglaublich beschränkt ist. (...) Was immer außerhalb dieses kleinen Gebietes lag, war ihnen (...) so fremd wie die Marsoberfläche."[62] Entsprechend dieser Logik, wie sie sich – so ausdrücklich Ruth Benedict – in ihrer Defizienz bis hinein in die Ideologie des Nationalsozialismus fortgesetzt hätte, führten diese Stämme in ihrem Stammesnamen die exklusiv verstandene Bezeichnung „Der Mensch". Ruth Benedict kommentiert diesen Ausschließlichkeitsanspruch mit mahnendem Unterton: „Die Bestimmung [zum wahren Menschsein] bezog sich nur auf sie und ihre kleine Gruppe. Andere

---

[60] Ruth Benedict, Rassenforschung und Rassentheorie, Göttingen 1947, S. 32: „Die Rassentheoretiker behaupten: ‚Die Weißen sind heute am zivilisiertesten, deshalb ist ihr ‚Blut' von höherer ‚Art'.' Aber wenn wir die Entwicklung höherer Kulturformen verstehen wollen, müssen wir uns an die Geschichte, nicht an die Biologie halten."
[61] Ruth Benedict, Die Rassenfrage in Wissenschaft und Politik (Das Weltbild o. No.) Bergen (Oberbayern) 1947, S. 113.
[62] Benedict, Die Rassenfrage, S. 135. Dass Ruth Benedict – wie im Kopftext eingeräumt – ihre Rede von Primärkultur und Primärreligiosität mit einem defizitären Vorzeichen versieht, kann hier nicht weiter diskutiert werden.

Völker – die nicht-menschlichen – waren als Jagdbeute recht. Sie durften wie Tiere gejagt werden."⁶³

Auf die Frage, was eine moderne Zivilisation ausmache, antwortet Ruth Benedict, dass die Grenzen des Stammes weiter und weiter ausgedehnt werden: „Der einzige wesentliche Beitrag, den die moderne Zivilisation geleistet hat, war die Erweiterung des Umfangs der geschlossenen Gruppe. Darin sind unvergleichliche Erfolge erzielt worden."⁶⁴ Wie bedroht diese Errungenschaft freilich fortwährend bleibt, liest die Kulturanthropologin am Nationalsozialismus ab, der zutiefst auf der Logik einer – von ihr hier als defizitär bewerteten – Primärkultur beruht: „Die Menschen haben den Horizont eines Hühnerhofes noch nicht überwunden", klagte sie im Blick auf das Unrechtsregime⁶⁵. Hinter dieser bildhaften Rede steht wohl der Erwerb eines Hühnerhofes durch den NSDAP-Politiker Heinrich Himmler 1928, den er aber alsbald wieder verkaufte.

Tatsächlich bezeichnet der Weg von der Kleinräumigkeit zur Großräumigkeit des menschlichen Zusammenlebens zivilisationsgeschichtlich einen großen Sprung. Noch im Mittelalter hatte jede Stadt ihre eigene Währung. Hätten sich die Menschen in den Nachbarstädten Assisi und Perugia nicht gegenseitig bekämpft, hätte Franziskus von Assisi († 1226) womöglich keinerlei Berühmtheit erlangt. Ihm wäre die Möglichkeit versagt geblieben, sich in diesen Konflikt als „Bruder" *aller* Menschen, also abseits „bluts"- und clanbedingter Verbindlichkeiten friedensstiftend auszuzeichnen. Immerhin machte ihn dieses Engagement derart bekannt, dass die Hoffnungen auf ihm auch in späteren Konfliktsituationen seiner Zeit ruhten, als Menschen unterschiedlichen „Blutes" und sogar unterschiedlicher Religionen gegeneinander Krieg führten und Franziskus daraufhin beim Sultan in friedensstiftender Absicht wiederum erfolgreich vorsprach.

Auf exakt dieser Verstehenslinie hat auch der vormalige Präsident der EU-Kommission, Jean-Claude Juncker, in seiner Rede

---

[63] Benedict, Die Rassenfrage, S. 135.
[64] Benedict, Die Rassenfrage, S. 213.
[65] Benedict, Die Rassenfrage, S. 208.

zum Volkstrauertag 2008 im Deutschen Bundestag hervorgehoben, welche Bedeutung er weiten Grenzen anstelle enger Grenzen in Europa auf der Basis der jüngsten historischen Erfahrungen zumisst: „Wer an Europa zweifelt, wer an Europa verzweifelt, der sollte Soldatenfriedhöfe besuchen. Nirgendwo besser, nirgendwo eindringlicher, nirgendwo bewegender ist zu spüren, was das europäische Gegeneinander an Schlimmstem bewirken kann. (…) Das Nicht-Zusammenleben-Wollen und das Nicht-Zusammenleben-Können haben im 20. Jahrhundert 80 Millionen Menschen das Leben gekostet. Jede Stunde des Zweiten Weltkrieges hat 1045 Tote gebracht."[66]

Umso erschütternder wirkt es, wenn Menschen ungeachtet der Nazi-Diktatur und des Zweiten Weltkrieges heutzutage neuerlich für ein deutsches Volk eintreten, dem besonderes Blut eigen sein soll, das man gegenüber vermeintlich fremdem und minderwertigem Blut schützen muss[67]. Die seit Jahren regelmäßigen Pegida-Demonstrationen in Dresden und anderswo stehen aktuell auch für diese Unfähigkeit, menschenwürdige Schlüsse aus der Geschichte abzuleiten. Nicht weniger zeigt sich diese Lernunwilligkeit bei rassistischen Kundgebungen im europäischen Ausland. So trugen Demonstranten am polnischen Unabhängigkeitstag 2017 in Warschau Transparente mit sich herum, auf denen zu lesen war „Weißes Europa" oder „Reines Blut", wie die „Berliner Morgenpost" am 12. November 2017 berichtete[68]. Auf anderen Plakaten stand „Reines Blut, nüchterner Geist" oder „Europa wird weiß sein – oder entvölkert"[69]. Ebenso ließe sich an Craig Cobb erinnern, einen der bekanntesten Neonazis der Vereinigten Staaten, der vor einigen Jahren

---

[66] Jean-Claude Juncker, Gedenkrede zum Volkstrauertag 2008 im Deutschen Bundestag, in: https://www.volkstrauertag.de/2008/gedenkrede-jean-claude-juncker.html (26.08.2020).
[67] Dazu s. für die 1960er bis 1980er Jahre Friedrich-Wilhelm Haack, Wotans Wiederkehr. Blut-, Boden- und Rasse-Religion, München 1981, S. 28–32.
[68] N. N., Nationalismus. Etwa 60000 Rechtsradikale marschieren durch Warschau, in: https://www.morgenpost.de/politik/article212511685/Rechtsradikaler-Aufmarsch-am-Nationalfeiertag-in-Polen.html (26.08.2020).
[69] Dominik Sliskovic, „Unser Land geht verloren." Junge Musiker sprechen über den Rechtsruck in Polen (12.08.2018), in: https://www.watson.de/international/inter

per Gentest in einer Daytime-TV-Show beweisen wollte, dass er „reines Blut" in sich trage. Als die Moderatorin den Umschlag mit dem Laborergebnis schließlich öffnete, las sie vor, dass der von diesem Resultat gewiss enttäuschte Herr Cobb „zu 86 Prozent europäisch und zu 14 Prozent subsaharischer Abstammung" sei[70]. Leider führen nicht einmal derartige Untersuchungsergebnisse dazu, das Beharren auf dem „reinen Blut" ein für alle Mal zu überwinden.

Wie befreiend ist es dagegen, wenn das, was die Christen biblisch-mythisch als die eine (göttlich initiierte) Menschheitsfamilie preisen, inzwischen sogar mit naturwissenschaftlichen Ergebnissen zusammenpasst: Die Menschen auf dieser Erde stimmen allesamt in mehr als 99 Prozent der Gene überein! Insofern ist das reine Blut allen Menschen eigen oder niemandem. In eben diesem Sinne lassen aktuelle archäo-genetische Forschungen auch keinerlei Zweifel daran, dass es „den Europäer" niemals gegeben hat. Denn auch für diesen Teil der Erde, den wir heute „Europa" nennen, zeigt die Sequenzierung des Erbgutes auf der Basis prähistorischer Skelettreste, dass die hier lebenden Menschen von Vorfahren aus sehr verschiedenen Regionen abstammen. Seit der Alt- und Mittelsteinzeit folgten immer wieder Einwanderungswellen, wenn die jeweilige Bevölkerung durch Krankheiten oder Kriege zahlenmäßig dezimiert worden war. In der Folge bedeutete dieser Zuzug je aufs Neue eine genetische Durchmischung[71].

Freilich sollte eine in Theorie und Alltagspraxis ganz und gar wünschenswerte Bejahung der Zusammengehörigkeit aller Menschen nicht dazu führen, dass sich Menschen hierzulande unaufmerksam gegenüber der neuen „Macht der Clans" verhalten, die in manchen Großstädten anzutreffen sind, rechtsfreie Zonen gezielt

---

view/215837954-unser-land-geht-verloren-junge-musiker-sprechen-ueber-den-rechtsruck-in-polen (26.08.2020).

[70] Andreas Kunz, Wenn Neonazis lieber weißer wären. Auch amerikanische Rassisten stammen aus Afrika (21.08.2017), in: https://www.derbund.ch/sonntagszeitung/sub saharische-neonazis/story/28967881?track (26.08.2020).

[71] Johannes Krause, „Die Reise unserer Gene". Eine Geschichte über uns und unsere Vorfahren, Berlin 2019, S. 39–91. Auch ebd., S. 227–255 („Das Ende von Schwarz und Weiß").

besetzen und das Ideal der menschlichen Universalität mit ihren Weisen des Clan-Denkens wirkungsvoll unterlaufen. Ursprünglich kamen sie aus dem arabischen Raum; inzwischen sind auch Sippenverbände aus Tschetschenien, Albanien oder dem Kosovo anzutreffen, die hierzulande ihr korruptes Unwesen in Parallelgesellschaften treiben. Der deutsche Islamwissenschaftler und Publizist Ralph Ghadban erläutert die Ursache für diese „Macht der Clans", nämlich die in sich abgeschlossene Großfamilie: „Grund ist ein Phänomen, das bis heute nicht ernst genug genommen wird – die Großfamilie! In fast allen islamischen Ländern bildet die Großfamilie den Kern der sozialen Struktur; sie wird von der Scharia unterstützt, die das Familien- und Erbrecht bestimmt. Ihr Zusammenhalt ist unterschiedlich intensiv. Bei den Clans ist er am stärksten; die verwandtschaftlichen Beziehungen sind so eng geknüpft, dass sie keine anderen Zugehörigkeiten zulassen."[72] Mahnend unterstreicht der libanesisch-stämmige Autor als Verteidiger der Menschenrechte, dass diese Clans in „archaischen Gesellschaften" ihre Berechtigung als „Schutzsystem gegen Willkür" hätten. Dagegen gebe es „in einem Rechtsstaat wie Deutschland keine Existenzberechtigung für ein Clan-System"[73]. So müsse alles getan werden, um eine „Schwächung der Clanstrukturen" zugunsten einer „Individualisierung" zu erreichen[74].

---

[72] Ralph Ghadban, Die Macht der Clans. Der Staat versagt im Kampf gegen Organisationen, die ihr Geschäft in rechtsfreien Räumen betreiben, in: SZ 29.08.2018, S. 2.
[73] Ralph Ghadban, „Wir müssen die Clan-Strukturen jetzt schnell zerschlagen", in: FAZ 07.04.2018, No. 81, S. 4. Ähnlich Verena Mayer, Krieg der Clans, in: SZ 17.09.2018, S. 8: „Kriminelle Großfamilien kämpfen um ihr Terrain", wo ein Ermittler im Blick auf Angehörige kriminell agierender Clans in Deutschland zum Ausdruck bringt: „Einige von ihnen zogen sich ‚auf ihr altes Stammesrecht' zurück."
[74] Ralph Ghadban, Arabische Clans. Die unterschätzte Gefahr, 3. Aufl., Berlin 2018, S. 283. Auch ebd. S. 259: „Die Integration in unsere moderne Gesellschaft ist immer individuell; um sie zu erreichen, muss die Großfamilie als agierender soziopolitischer Verband gesprengt werden."

3. Tot und unverweslich – Ein Leben für die anderen

Was tut man, wenn ein Mensch bei einem Unfall ums Leben gekommen und sein Körper dabei so übel zugerichtet worden ist, dass man es den Angehörigen kaum zumuten kann, ihn im offenen Sarg ein letztes Mal zu sehen? Was geschieht, wenn ein Mensch eines natürlichen Todes gestorben ist, aber seine Verwandten ihn erst nach einiger Zeit besuchen können, um ihm ein letztes Mal gegenüberzutreten? In diesen Fällen kommt ein Thanatopraktiker zum Einsatz. Die Vertreter dieses sehr traditionsreichen Berufs richten einen Verstorbenen wieder so her, dass seine Wunden oder krankheitsbedingten Veränderungen anschließend kaum noch zu erkennen sind. Zugleich verlangsamen sie den Verwesungsprozess, indem sie Kosmetika anwenden und das Blut gegen verwesungshemmende Wirkstoffe austauschen. Die dabei zur Anwendung kommende leicht rosafarbene Flüssigkeit führt mit ihren Pigmenten sogar dazu, dass der Verstorbene ein rosafarbenes Aussehen zurückerlangt. Zugleich wirkt seine Haut dadurch etwas praller und lebendiger. So erleichtert es die thanatopraktische Behandlung den Angehörigen, von dem Verstorbenen am offenen Sarg Abschied zu nehmen. Denn der letzte Anblick ist der, der in Erinnerung bleibt.

Im Unterschied zu einer zeitlich nur begrenzt wirksamen optischen Erhaltung von Verstorbenen geht es im Folgenden um Verstorbene, deren Verwesung ausbleibt, ohne dass Menschen den Prozess der Verwesung mittels einer thanatopraktischen Behandlung gestoppt haben. – In einigen dieser Fälle scheint es so zu sein, dass die Unverweslichkeit auf besondere Meditations- und Verinnerlichungspraktiken des Verstorbenen zu seinen Lebzeiten zurückgeführt wird, in anderen Fällen auf seinen radikalen Verzicht auf Sexualität. In allen Fällen ziehen diese unverwesten Leichname jedenfalls die Menschenmassen an, die sich dieses Schauspiel nicht entgehen lassen.

In der aktuellen Wahrnehmung erstaunt insgesamt eine gewisse Ambivalenz: Zum einen können wissenschaftsgläubige Menschen zwar die auf eine (zeitlich befristete) Konservierung von Leichen gerichteten Bemühungen der Bestatter wünschen und würdigen. Zum anderen aber können sie die von selbst erfolgte, rational nicht erklärbare Unverweslichkeit eines Menschen in Geschichte und Gegenwart oft kaum abwertungsfrei ertragen, einerlei ob diese eher mit seiner ungewöhnlich intensiven Meditation als Ausdruck der Vergeistigung oder erstrangig mit seinem radikalen Verzicht auf Sexualität in Verbindung gebracht wird. Ungeachtet dieser Uneindeutigkeit folgen viele Menschen hier einer basalen Sehnsucht, wenn sie die Grab- oder Sarkophag-Orte dieser zwar irdisch toten, doch religiös als weiterhin lebendig eingeschätzten Ausnahmepersönlichkeiten aufsuchen, weil sie dort ein göttliches Eingreifen am Werk sehen.

a. Hilflose Ärzte vor unverweslichem Mönch

Unter der Überschrift „Toter Lama verblüfft die Wissenschaft" titelt die österreichische Zeitung „Standard" am 11. Juli 2007 großformatig: „Experten beraten über Mönch im Lotussitz. In Burjatien ist der Leichnam eines Buddhisten auch nach 80 Jahren nicht verwest."[1]

Burjatien ist keine Gegend, die viele Schlagzeilen produziert. Dafür liegt sie viel zu weit abseits von den Zentren der modernen Welt. Fünfeinhalbtausend Kilometer östlich von Moskau, ist sie umschlossen vom Baikalsee und der Mongolei. Hier befindet sich auch das buddhistische Kloster Dazan im Dörfchen Iwolginsk, das im September 2002 aufgrund eines wundersamen Geschehens in die Aufmerksamkeit der Medien geriet. Damals wurde in diesem Kloster, das bis heute als das Zentrum der russischen Buddhisten gilt, das würfelige Grabgefäß des Lama Chambo Itigilow Daschi-Dorscho in Gegenwart auch einiger Mediziner geöffnet. Darin erblickten die verblüfften Anwesenden den im Lotussitz erstarrten einstigen Klostervorsteher.

---

[1] Der Standard (Print-Ausgabe), 04.07.2007. Online-Ausgabe: 11.07.2007 (www.derstandard.at/story/2945165/toter-lama-verbluefft-die-wissenschaft) (Abgerufen am 24.12.2019).

Das „Wunder" dabei: Obwohl der Lama bereits seit 1927 tot ist, zeigt sein Leichnam auch weiterhin keine Ansätze von Verwesung und verharrt stattdessen in seiner Meditationspose. Dieser Umstand wirkt umso erstaunlicher, da der Leichnam weder jemals einbalsamiert noch mumifiziert wurde. Selbst nach der Sargöffnung, als der Leichnam mit Sauerstoff in Kontakt kam, was gewöhnlich den Verwesungsprozess auslöst, trat die Zersetzung nicht ein. Weil der Leichnam seine Feuchtigkeit fürderhin behält, sind die Fenster des Glassarkophages, in den er nach der letzten Exhumierung gesetzt wurde, beschlagen. Einzig ein Höchstmaß an vergeistigter Frömmigkeit lassen seine Glaubensbrüder als Erklärung für die Unverweslichkeit des Lama gelten. Tatsächlich erklären buddhistische Theologen das Phänomen der Nichtverwesung damit, dass der Lama die oberste Realität aller Erscheinungen, die „Leere" genannt, erfasst und beim Sterben seinen Körper so gereinigt hat, dass er nicht verwest.

Der Lama hatte sich gegen Ende seines Lebens auch körperlich in die Meditationshaltung begeben. Als seine Schüler befanden, dass er verstorben sei, legten sie ihn in einen Würfel aus Zederndielen. Vor seinem Ableben soll der Lama verfügt haben, dass sein Grab nach 30 Jahren zu öffnen sei und man ihn darin lebend antreffen würde. Bereits 1955 und 1973 waren die Mönche diesem Vermächtnis nachgekommen. Medizinische Untersuchungen begannen aber erst 2007: „Zum 80. Todestag des Lama", so schließt der Zeitungsbericht, „haben sich 150 internationale Gelehrte zu einem Expertenforum im Kloster versammelt."

Naturwissenschaftler sind dem Geheimnis des unverwesten Leibes freilich bis heute nicht auf die Spur gekommen. Sie rätseln nach wie vor, weshalb sich eine Reihe von Körpereigenschaften des Lama – etwa die Eiweißverbindungen der Zellen – von denen eines lebenden Menschen nicht unterscheiden. „Seine Gelenke biegen sich, das Weichgewebe lässt sich eindrücken wie bei Lebenden, und nach der Öffnung des Grabgefäßes entströmte daraus ein Wohlgeruch", sagte die Leiterin des Lama-Erforschungsprojektes, Galina Jerschowa. Nicht zuletzt bestätigte die Untersuchung von Körperteilen des Lama in der Moskauer Gerichtsmedizin das anhaltende Staunen der beteiligten Wissenschaftler.

„Für buddhistische Gläubige", so führt die Zeitung „Standard" entscheidend aus, „ist der Leichnam zum Objekt der Verehrung geworden." Konkreter heißt es dazu in „Die Welt": „Lama Dorzho Itigilow zieht seit 2002 Millionen Pilger in das Kloster Ivolginsk in der Steppe der russischen Republik Burjatien. (…) Die Menschen legen Tausende von Kilometern zurück, um ihn zu sehen, in der Hoffnung auf seine positive Kraft. Für die Mönche des Klosters besteht die nicht in irgendeiner Magie. Itigilow würde den Menschen zeigen, dass ihre Möglichkeiten grenzenlos seien, dass ihre innere Welt viel reicher sei, als sie denken, ‚viel reicher, als die äußere materielle Welt', sagte Itigilows Nachfolger Daschi Aujuscheew in einem ZDF-Film. Und er versucht, auf seine Art das Phänomen zu erklären, für das die Wissenschaft noch keine einleuchtende Erklärung hat: ‚Im Universum, in der Zeit existiert eine Lücke', sagt er. ‚Itigilow hat diese Lücke gefunden, sein Körper existiert in dieser Lücke, deshalb spielt Zeit für ihn keine Rolle.'"[2]

Von einem gleichfalls unverwesten buddhistischen Gelehrten, der in der Mongolei gelebt und sein Leben der Meditation gewidmet haben soll, berichtete „Die Welt" 2015[3]. Ihr zufolge behaupten die Gläubigen in diesem Fall ausdrücklich, dass der naturwissenschaftlich Tote überhaupt nicht tot sei, sondern noch weiterhin meditiere. Dass der Verstorbene in der Lotus-Position verharre, die linke Hand geöffnet habe, die Rechte in der Haltung des Predigers präsentiere, sei ein „Zeichen, dass der Lama nicht tot ist, sondern in einer sehr tiefen Meditation, die einer alten Tradition der buddhistischen Lamas entspricht". Wörtlich heißt es in „Die Welt" erklärend: „Für gläubige Buddhisten des Landes ist die etwa 200 Jahre alte Mumie viel mehr als bloß ein Kulturgut. Für sie ist sie die Hülle eines Menschen, der in einem ganz besonderen Verhältnis zur geis-

---

[2] Claudia Becker, Unerklärliches Rätsel der lebenden Mumien-Mönche, in: https://www.welt.de/vermischtes/article137217929/Unerklaerliches-Raetsel-der-lebenden-Mumien-Moenche.html (19.02.2021).
[3] Claudia Becker, Unerklärliches Rätsel der lebenden Mumien-Mönche, in: https://www.welt.de/vermischtes/article137217929/Unerklaerliches-Raetsel-der-lebenden-Mumien-Moenche.html (19.02.2021).

tigen Welt steht, nämlich für einen Menschen im Bewusstseinszustand namens ‚Tukdam', der letzten Stufe auf dem Weg zu Buddha, der höchsten Stufe der Spiritualität."

Selbst wenn sich auch in diesem Fall die Ursache für die Unverweslichkeit des Leichnams naturwissenschaftlich bislang nicht erklären lässt, ist das Echo der Menschen groß, zumal es sich bei dem Verstorbenen womöglich sogar um den Meister des oben genannten Lamas aus der russischen Republik Burjatien handelt. Jedenfalls zeigt sich auch in diesem Fall der Zustrom der Pilger in gewaltiger Größe.

Zwar finden sich im achsenzeitlich geprägten Neuen Testament zu den unverwesten Verstorbenen keine Hinweise. Doch verbreiteten sich derartige Erzählungen auch unter den Christen immer wieder, nachdem sich die Jesus-Anhänger seit dem 2. Jahrhundert gegenüber der Vorstellung vom Grab als Verbindungspunkt zwischen Erde und Himmel grundsätzlich geöffnet hatten. So mag erstens der Umweg über die Geschichte des Christentums – unter besonderer Berücksichtigung der spätantiken und der mittelalterlichen Geschichte – helfen, sich den unverwest gebliebenen buddhistischen Gelehrten und ihrer massenhaften Verehrung auf dem Weg eines religionshistorischen Verstehensversuchs anzunähern. Davon ausgehend ist zweitens in vergleichender Absicht nach Erscheinungsformen „ganzer Leichname" in der Gegenwart zu fragen, wie sie aktuell der Plastinator Gunther von Hagens in seinen Ausstellungen „Körperwelten" präsentiert, der damit gleichfalls auf ein millionenfaches Besucherecho stößt. Inwieweit können auch diese Ganzkörperplastinate als Fortsetzung des traditionellen Phänomens „Unverweslicher Leichnam" in der Gegenwart gelten?

b. Ganzkörperreliquien mit Wunderkraft

Ursprünglich hatten sich die Christen mit der biblischen Zusage begnügt, dass Gott für jeden Christen nach dem Tod eine ewige Wohnung bereithält (Joh 14,2). In der Konsequenz blieb die religionsgeschichtlich verbreitete Vorstellung vom Grab als Wohnung oder

Haus des Toten im Christentum erst einmal ohne Echo. Stattdessen akzentuierte der Apostel Paulus unter Rückgriff auf geistig gemeinte Bilder, dass im Tod das „irdische Zelt" des Leibes abgebrochen werde und für jeden Menschen eine individuell bereitete „ewige Wohnung" bei Gott folge. Als Zielperspektive auch über den irdischen Tod hinaus stellte er seinen Geschwistern im Glauben kurz und knapp vor Augen, dereinst „daheim beim Herrn zu sein" (2 Kor 5,8). Für jedwede Ausprägung von Grabkult bot das Christentum in seinen Anfängen kaum Anknüpfungspunkte. So wusste man nicht einmal, wo so bedeutende Persönlichkeiten wie Stephanus, den die Christen als frühesten Märtyrer aus ihren Reihen wertschätzten, überhaupt begraben lagen.

Doch bereits im 2. Jahrhundert n. Chr. zeigten sich die Christen – wie oben bereits angedeutet – zunehmend aufgeschlossener gegenüber dem Grabkult und dies umso mehr, je deutlicher sich abzeichnete, dass ihre ursprüngliche Sehnsucht nach der baldigen Wiederkehr ihres Religionsstifters Jesus unbeantwortet blieb und sie dieses Vakuum füllen mussten. Unter diesem veränderten Horizont verlor der bis dahin maßgebliche paulinische Leitgedanke „Totsein heißt: Sein mit Jesus Christus" seine Binde- und Strahlkraft (1 Kor 15).

Im Rahmen ihres Ringens um einen größeren eschatologischen Bilderreichtum und auf ihrer Suche auch nach lokalen Anhaltspunkten für ihren Grabkult verstärkte sich das Verlangen der Christen, Inspiration und Heil auch an jenen Orten zu finden, an denen besonders überzeugungsstarke Mitchristen ihre letzte Ruhe gefunden hatten. Indem die Aufmerksamkeit für den Leib des Verstorbenen und damit auch die Sorge um den Ort des Grabes zunahmen, begannen sich unter den Anhängerinnen und Anhängern Jesu gleichzeitig jene religionsgeschichtlich uralten Vorstellungen zu manifestieren, wie sie beispielsweise in unverwesten Leibern von Verstorbenen zum Ausdruck kommen.

Wenn christliche Gräber fortan sogar mit der Aufschrift „ewiges Haus" versehen wurden, zeigt sich der Kontrast zum neutestamentlichen Ausgangspunkt umso nachdrücklicher. Als mächtiger Zeuge dafür, dass die Seele zwar den im Grab ruhenden Leib verlässt, sie aber den menschlichen Leib – ihre ursprüngliche Wohnstätte –

nichtsdestoweniger weiter liebt und sich deshalb auch an der Grabpflege freut, gilt Kaiser Valentinian III. († 455). Mit seinem Plädoyer spricht er sich für eine über den Tod hinaus wirksame Verbindung zwischen der Seele im Himmel und dem Leib im Grab aus[4].

Auf zwei Psalmworte griffen die Christen zurück, um sich die Unverweslichkeit des Leichnams als göttlich verursachtes Geschehen zu erklären. Die eine Zusage stammt aus Psalm 34,21: „Der Herr behütet dem Gerechten all seine Glieder, nicht eines von ihnen wird zerbrochen." Ergänzend berief man sich auf Psalm 16, wo es in Vers 10 heißt: „Du, Gott, lässt deinen Frommen das Grab [lateinisch: *corruptio*/Verwesung] nicht schauen." Den Christen erschien diese Idee umso plausibler, hatte doch auch Jesus drei Tage im Grab gelegen, ohne dass sein Leib während dieser Grabesruhe verweste.

Immer wieder sollten sich die zitierten Zusagen im Rahmen der kaiserlichen Christenverfolgungen bestätigen. Während dieser Bedrängnis, die bis in das 4. Jahrhundert n. Chr. andauerte, kamen viele Menschen gewaltsam zu Tode. Als man aber die brutal ermordeten Christinnen und Christen einige Zeit nach ihrer Beisetzung exhumierte, weil sich an ihrem Grab Wundersames zugetragen hatte, zeigten sich gemäß der Überlieferung die ursprünglich schwer verletzten oder sogar abgetrennten Glieder – wie auch der übrige Leib – oftmals in einem ganz und gar unversehrten und gesunden Zustand.

So hatte der gewaltsam zu Tode gekommene Märtyrer Nizarius bereits einige Zeit im Grab gelegen, als ihn Bischof Ambrosius von Mailand († 397) aufgrund wundersamer Begebenheiten an seiner Ruhestätte erheben ließ. Nach der Exhumierung sei das Blut so frisch aus dem Körper geflossen, als ob ihm seine Verletzung soeben erst zugefügt worden wäre. Zudem hätte man das vom Körper abgetrennte Haupt gänzlich heil (*integrum*) und unverwest (*incorruptum*) vorgefunden. Es sei noch vollständig mit den Haupthaaren und mit dem Bart bedeckt gewesen, als ob man es eben erst gewa-

---

[4] Valentinian III., Novellae 23 („De sepulcri violatoribus"), ed. Theodor Mommsen – Paulus M. Meyer, Theodosani Libri XVI cum Constitutionibus Sirmondianis et Leges Novellae ad Theodosianum Pertinentes, Bd. 2, Berlin 1962, S. 114, Z. 12.

schen und in das Grab gelegt hätte. Das wundersame Geschehen, dass dem Heiligen Nizarius nach dem Tod kein einziges Haar verlorenging, wie es das Lukas-Evangelium den überzeugten Nachfolgern Jesu bereits prophezeit hat (Lk 21,18), sollte für Aufsehen sorgen und den Ort seines Grabes zu einem Anziehungspunkt machen[5]. In einem vergleichbaren Sinne charakterisiert auch Bischof Augustinus von Hippo († 430) angesichts exhumierter Märtyrer den wundersamen Befund mehrfach mit den summarischen Worten „unverweste Leiber" (*corpora incorrupta*). Die aus dem Grab Erhobenen waren demnach intakt geblieben. So berichtet der nordafrikanische Bischof in seinen „Bekenntnissen" unter anderem von der Erhebung der Märtyrer Prothasius und Gervasius in Mailand, die dort „unverwest" aufgefunden worden seien. Auch hier eilten viele Menschen herbei, so dass es zu einer „lärmenden Freude des Volkes" kam. Inmitten dieser ausgelassenen Stimmung zeigten sich die vollständig erhaltenen Toten derart lebendig, dass von Dämonen Besessene geheilt wurden und ein stadtbekannter Blinder sein Augenlicht zurückerlangte, nachdem er die auf einer Bahre liegenden Leiber mit seinem Schweißtuch berührt hatte[6].

In einer legendarischen Beschreibung, mit der Bischof Hieronymus († 420) die asketischen Höchstleistungen des Hilarion von Gaza († 371) preist, heißt es, dass man dessen „ganzen Leib unverwest/integer" (*corpore toto integro*) vorfand – mehr als zehn Monate nach seinem Tod[7]! Ähnlich soll sich der Leib des Heiligen Severinus von Noricum († 482) gezeigt haben: Obwohl man sechs Jahre nach seinem Tod erwartet hatte, auf einen weitgehend zerfallenen Leichnam zu stoßen, traf man Severin „unverwest" mit Bart und Haaren an[8].

---

[5] Vita Ambrosii 32,1, ed. Anton A. R. Bastiaensen, Vita di Cipriano, Vita di Ambrogio, Vita di Agostino (Vite dei Santi 3) 2. Aufl., Mailand 1981, S. 51–125, hier S. 94, Z. 8.

[6] Z. B. Augustinus, Confessiones IX 7,16, ed. Pius Knöll (Corpus Scriptorum Ecclesiasticorum Latinorum 33) Prag – Wien – Leipzig 1896, S. 208f.

[7] Vita Hilarionis 32 (Acta Sanctorum Oct IX) Paris – Rom 1869, S. 57f.

[8] Eugippius, Vita Severini 45, ed. Hermann Sauppe (MGH. Auctores Antiquissimi 1,2) Berlin 1877 [ND 1966], S. 29, Z. 29ff.

Das Ideal des unverwesten Leichnams verbreitete sich seit altkirchlicher Zeit sowohl im Westen als auch im Osten. Für beide Bereiche spricht der Kirchenhistoriker Arnold Angenendt sogar von einer „reichen Bezeugung" dieses Phänomens, das er als „zentral" für die gesamte Reliquienverehrung einstuft[9]. Der Grund dafür, dass der Verwesungsprozess der christlichen Ausnahmegestalten ausblieb, ist freilich bis heute offen.

Im Sinne einer scharnierartig eingefügten Zwischenüberlegung könnte die in der Alten Kirche als gottgeschenkt eingestufte Nicht-Verwesung – vergleichbar dem buddhistischen Lama – auf Verinnerlichungsprozesse zurückgehen, denen sich die Toten zu ihren Lebzeiten hingegeben hatten. Für die christlichen Märtyrer der ersten Jahrhunderte wirkt diese Hypothese vor allem deshalb plausibel, weil auch andere zeitgenössische Ausdrucksweisen christlichen Lebens – man denke an die altkirchliche Bußfrömmigkeit – diese Verinnerlichung als Ringen um ein reines Herz widerspiegeln. Die Gewährung des „unverwesten Leibes" wäre somit die übernatürliche Antwort auf die durch nichts zu übertreffende Überzeugungstat der (blutigen) Lebenshingabe für Christus. – Alternativ kann der „unverweste Leib" als himmlische Antwort auf asketische Höchstleistungen des Nahrungs-, Schlaf- und vor allem Sexualitätsverzichts um der kultisch-äußerlichen Reinheit willen gedeutet werden. Diese Option, von der noch zu sprechen sein wird, legte sich am ehesten für die frühmittelalterlichen Bezeugungen der „unverwesten Leiber" nahe, zumal die Introspektionsfähigkeit der Menschen in der zweiten Hälfte des 1. Jahrtausends vergleichsweise geringer war als in der Spätantike. – Einerlei, ob man im Rückblick die erste oder die zweite Option für wahrscheinlich hält: Als gemeinreligiös und als Ausdruck einer ortho-praktischen Religiosität muss jedenfalls sowohl im Blick auf die Spätantike als auch für das Frühmittelalter der Zulauf der vielen Menschen gelten, die sich an jenen Orten einfanden (und vielfach bis heute einfinden), an denen sich Gottes Wirken in Gestalt eines „unverwesten Leibes" – seiner-

---

[9] Arnold Angenendt, Corpus incorruptum. Eine Leitidee der mittelalterlichen Reliquienverehrung, in: Saeculum 42 (1991) S. 320–348, S. 320.

seits Ausdruck des lebenden Toten – manifestierte und die sich dort himmlische Kraft holten oder auf unmittelbare Wunderwerke des bzw. der Bestatteten hofften.

In zuvor unbekannter Häufigkeit berichtet Bischof Gregor von Tours († 594) davon, dass man Heilige in ihren Gräbern unverwest auffand. Derartiges überliefert er von seinem Amtskollegen Felix († ca. 580), der in Bourges als Bischof amtiert hatte. Als man die heruntergekommene Sargbedeckung durch eine neue ersetzen wollte, habe man „den Leib des seligen Bekenners (sic!) so unverwest [vorgefunden], dass weder Auflösungserscheinungen am Körper noch Fäulnis und Schimmel an der Bekleidung festzustellen waren. Vielmehr präsentierte sich alles am Verstorbenen so unversehrt/unverwest (*integrum*), dass man es", wie die Lebensbeschreibung des Felix herausstellt, „als zu eben jener Stunde ins Grab gegeben hätte ansehen mögen"[10]. Ähnlich erläutert Gregor von Tours den Befund zur Erhebung des Bischofs Valerius von Saint-Lizier († ca. 451): „Der verehrungswürdige Leib war ganz und gar unverwest (*integrum*). Weder waren die Haare auf dem Haupt ausgefallen noch die Barthaare ausgedünnt; weder zeigte sich die Haut hässlich noch sein Äußeres in irgendeiner Weise verdorben. Stattdessen war alles an ihm unverwest (*inlaesum*), als hätte man es erst jüngst ins Grab gelegt. Zudem ging ein solch süßer Duft von seinem Grab aus, dass kein Zweifel daran blieb, dass hier ein Freund Gottes ruht."[11]

Im Hintergrund derartiger Wunderhaftigkeit sahen die Christen das höchstpersönliche Handeln ihres Vorbildes Jesus Christus, der seine Getreuen auf diese Weise besonders auszeichnet. Eine aus dem ägyptischen Volksglauben stammende Erzählung von Joseph, dem Zimmermann, bringt diesen Zusammenhang anschaulich auf den Punkt. Dort heißt es, dass Jesus selbst den Leichnam seines Va-

---

[10] Gregor von Tours, Liber in gloria confessorum 100, ed. Bruno Krusch (MGH. Scriptores Rerum Merovingicarum 1,2) Hannover ND 1969, S. 348.

[11] Gregor von Tours, Liber in gloria confessorum 83, ed. Bruno Krusch (MGH. Scriptores Rerum Merovingicarum 1,2) Hannover ND 1969, S. 352. Zum duftenden Leichnam s. Romedio Schmitz-Esser, Der Leichnam im Mittelalter. Einbalsamierung, Verbrennung und die kulturelle Konstruktion des toten Körpers (Mittelalter-Forschungen 48) 2. Aufl., Ostfildern 2016, S. 154–158.

ters vor der Verwesung bewahrt und dabei gesprochen hätte: „Der Gestank des Todes soll nicht Herr über dich werden, noch sollen deine Ohren faulen, noch soll der Eiter jemals aus deinem Leibe fließen, noch soll dein Begräbniszeug in der Erde vergehen noch dein Fleisch, das ich auf dich gelegt habe, sondern es soll an deinem Körper fest bleiben bis zum Tage des Mahls der tausend Jahre. Das Haar deines Hauptes soll nicht altern, diese Haare, die ich oftmals mit meinen Händen fasste, o mein geliebter Vater Joseph, und das Gute wird dir zuteilwerden."[12] Im Hintergrund derartiger Überlieferungen steht die in Ägypten verbreitete Überzeugung, dass der irdische Leib intakt bleiben muss, um für die Auferstehung in rechter Weise bereitzuliegen. Mindestens die Knochen sollten für den Auferstehungsleib beieinanderbleiben[13].

Wie überhaupt kam es zur Feststellung des „unverwesten Leibes"? Im Unterschied zu dem buddhistischen Mönch, der seine Unverweslichkeit, die man Jahrzehnte später feststellen sollte, sogar selber vorhergesagt hatte, äußerten sich christliche Heilige im Vorhinein nicht zu ihrer eigenen Unverweslichkeit. Stattdessen wiesen – wie bereits

---

[12] De morte Josephi 26,1, hrsg. v. P. de Lagarde, Aegyptiaca, Göttingen 1883 (I. De morte Josephi, 1/37); dt. Übers. S. Morenz, Die Geschichte von Joseph dem Zimmermann, übers., erl. u. unters. (Texte und Untersuchungen zur Geschichte der altchristlichen Literatur 56) Berlin 1951, S. 22.

[13] Nur nebenbei sei hier in Erinnerung gerufen, dass ursprünglich auch die Mumifizierungspraktiken diesem Zusammenbleiben der Knochen dienten. Diesen Brauch, der vom Alten Ägypten ausging, pflegte man im christlichen Ägypten weiter, so dass er im Christentum über die Epochen hinweg und überregional weit bezeugt ist. Zahlreiche hochgestellte Persönlichkeiten (Kaiser und Könige, Päpste und Bischöfe) erfuhren dadurch eine besondere Ehrung, dass man die Verwesung ihres Leibes gewissermaßen mit Hilfe menschlichen Eingreifens aufzuhalten suchte. Dazu s. Theofried Baumeister, Martyr invictus. Der Martyrer als Sinnbild der Erlösung in der Legende und im Kult der frühen koptischen Kirche. Zur Kontinuität des ägyptischen Denkens (Forschungen zur Volkskunde 46) Münster 1970, S. 179f. In ähnlicher Weise machte kürzlich ein Befund aus dem Buddhismus von sich reden, der tatsächlich bemerkenswert ist: In einer Buddha-Statue aus dem 12. Jahrhundert fanden Forscher die Mumie eines vor mehr als tausend Jahren verstorbenen Mönches. Auf den Röntgenbildern ist das von vielen Papierlagen umwickelte Skelett gut zu erkennen. Dazu s. https://www.welt.de/vermischtes/article137751810/Mysterioeses-Skelett-sitzt-in-1000-Jahrealter-Statue.html (06.06.2021).

angedeutet – wundersame Ereignisse am stark frequentierten Grab des Heiligen auf seine fortdauernde Lebendigkeit hin. Religionsgeschichtlich spricht man hier von der Doppelexistenz des Heiligen: die Seele im Himmel, der Leib im Grab – und beides direkt miteinander verbunden! Die Idee einer solchen Realpräsenz des körperlich unverwesten Heiligen reflektieren prominent zwei Inschriften am Grab des Heiligen Martin von Tours († 397). Die eine lautet: „Hier ist Bischof Martin heiligen Angedenkens bestattet. Seine Seele ist in der Hand Gottes, aber hier ist er ganz gegenwärtig, manifest in aller Gnade der Wunder." In der anderen Inschrift heißt es: „Martinus steht vom Himmel her dem Grabe vor."[14] Deutlicher lässt sich die einem Heiligen und seinem unverwesten Leib zugeschriebene Realpräsenz nicht ins Wort bringen. In der Konsequenz galt der Heilige in seinem Leichnam als „selbstbestimmtes Wesen"[15].

Erst angesichts der Aktivität des Heiligen in seinem Grab, die man sich allein himmlisch erklären zu können glaubte, erfolgte seine Erhebung – durchaus auch zum Zwecke der „Prüfung" – im Rahmen einer öffentlichen Liturgie, zu der auch die Öffnung des Sarges und die Feststellung gehörten, dass der Leichnam unverwest war.

Für den Heiligen Hubertus († 727), der als Bischof von Maastricht-Lüttich amtiert hatte, ist sogar eine Fortsetzungsgeschichte überliefert, in der sein „unverwester Leib" (*corpus incorruptum*) eine zentrale Rolle spielt. Der Reihe nach: Sechzehn Jahre nach seinem Tod ereignete sich an seinem Grab in Lüttich Wundersames gegenüber den dort immer wieder zahlreich versammelten Menschen. Die Anhänger des Verstorbenen interpretierten diese Vorkommnisse derart, dass Gott seinen getreuen Diener als Licht auf einen Leuchter gestellt sehen wollte (Mt 5,14–15 par.). Im Sinne eines Vorbereitungsritus fasteten und beteten die Menschen drei Tage lang. Dann vollzog man ein Buchorakel: Bibel und Sakramentar, die beide auf dem Altar lagen, wurden aufgeschlagen, um von der zuerst ins Auge fallenden Stelle die Erlaubtheit oder Nicht-Erlaubtheit

---

[14] Luce Pietri, La ville de Tours du IVe au VIe siècle. Naissance d'une cité chrétienne (Collection de l'école française de Rome 69) Rom 1983, S. 809f., Nr. 13 und Nr. 15.
[15] Schmitz-Esser, Der Leichnam im Mittelalter, S. 121.

der Erhebung als Ausdruck eines Gottesurteils abzuleiten. Nachdem dieses Signal klar zugunsten der Exhumierung ausgefallen war, machte man sich in der Frühe des 3. November feierlich an die Erhebung des Leichnams. Während der geöffnete Sarg sofort ein helles Licht freigab, verströmte der unverweste Leichnam (*corpus eius in sepulchro solidum atque inlibatum*) angenehmen Wohlgeruch. Das Gesicht erschien wie vom Tau des Himmels benetzt und die Haare erinnerten eher an die eines Kindes als an die eines Greises. So sahen die zahlreich Versammelten die Verheißung Jesu erfüllt, dass vom Kopf seiner Heiligen kein Haar vergehen werde (Lk 21,18). Ähnlich ursprünglich zeigte sich die Kleidung des Heiligen: in edlem Zustand und unverwest (*incorrupta*). – Anwesend waren bei der Prozedur als Ehrengäste übrigens auch der mit dem Heiligen verwandte regionale Herrscher Karlmann († 771) und dessen Angehörige. Alle ehrten sie den Heiligen, indem sie seine Hände und seine Füße küssten. Eigenhändig legte Karlmann den Leib auf eine Bahre, mit der der Heilige zum Altar getragen wurde. Aus Dankbarkeit gegenüber diesem überirdisch gewährten Geschehen stiftete er der Kirche unter anderem Altartücher, silberne Altargefäße sowie zur finanziellen Absicherung noch Liegenschaften mit Hörigen[16].

Bemerkenswerterweise sollte die Geschichte des unverwesten Heiligen Hubertus 98 Jahre nach seinem Tod eine überraschende Fortsetzung finden: Im Jahr 825 übertrug man seinen Körper unter vielfältiger Beteiligung nach Andagium, also in das spätere St. Hubert (heutige Provinz Luxemburg in Belgien). Und wie bereits im Jahre 743, zeigte sich der Leichnam ein weiteres Mal als „unverwester Leib" (*corpus incorruptum*). Die Verwesung – dieses als bedrückend empfundene Schicksal des Menschen seit seiner Vertreibung aus dem Paradies – blieb dem Heiligen erspart, wie man ihm vielstimmig und wunderbasiert nachrühmte[17].

---

[16] Vita Hugberti 20, ed. Wilhelm Levison (MGH. Scriptores Rerum Merovingicarum 6) Hannover – Leipzig 1913, S. 495f.
[17] Translatio S. Hucberti 2, ed. L. v. Heinemann (MGH. Scriptores 15,1) Hannover 1887, S. 236f.

Schließlich ließen sich die Mönche von St. Hubert im Jahre 1515 durch Papst Leo X. bestätigen, dass weder ein Ort noch eine Gemeinschaft oder irgendeine Person berechtigten Anspruch auch nur auf einen einzigen Teil vom Heiligen Hubertus erheben könne, denn sein Körper sei stets unzerteilt und „ganz" geblieben. Entsprechend beschied der Abt von St. Hubert 1763 die Bitte des Augsburger Bischofs um Reliquien des Heiligen negativ und begründete seine Ablehnung damit, dass der Leib komplett erhalten und wie lebend sei, jedenfalls ohne Spur von Verwesung[18]. Noch darüber hinausgehend zitiert der Editor Pierre Saintyves († 1935) eine Überlieferung, der zufolge der Bart des Heiligen ständig nachgewachsen sei und der Sakristan ihn alljährlich am Fest des Heiligen Hubertus neu gestutzt hätte[19].

Sogar noch aus der Zeit nach der europäischen Aufklärung sind uns aus hiesigen Breiten vereinzelt Belege christlicher Provenienz für die Auffindung eines „unverwesten Leichnams" überliefert: Zwar ohne kirchenpolitisch-offizielle Erhebungsprozedur, stattdessen eher aus persönlicher Neugier, ließ Luise Hensel († 1876) das Grab ihrer Freundin, der mystisch begabten und im Ruf der Heiligkeit stehenden Seherin Anna-Katharina Emmerick († 1824), geheim öffnen, wie Clemens von Brentano († 1842) beschreibt. Mit einigen unbescholtenen Bürgersmännern ging sie im münsterländischen Dülmen bei Mondschein auf den Friedhof, um den Sarg jener Frau zu heben, die zu Lebzeiten durch ihre innenorientierte Frömmigkeit so sehr auf sich aufmerksam gemacht hatte: „Als sie auf den rechten Sarg stießen, den sie an der Form von den neben stehenden zu unterscheiden wussten, gruben sie die Erde weiter los, bis sie ihn (...) bewegen konnten." Und weiter heißt es aus der Perspektive der Augenzeugin Luise Hensel: „Wir hoben den Sarg herauf – mir schlug

---

[18] François Baix, Saint Hubert. Sa mort, sa canonisation, ses reliques, in: Mélanges Félix Rousseau. Études sur l'histoire du pays mosan au moyen âge, Bruxelles 1958, S. 71–80.

[19] Pierre Saintyves, En Marge de la Légende Dorée. Songes, miracles et survivances. Essai sur la formation de quelques thèmes hagiographiques, 2. Aufl., Paris 1987, S. 495–896, S. 713.

das Herz lieb- und erwartungsvoll bei dieser Arbeit. Der Deckel des Sarges ward geöffnet, ich schaute begierig hin, voll Sehnsucht die geliebten Züge zu erblicken und – ach ich musste mich abwenden, um meinen Schrecken zu verbergen – ihr liebes Gesicht war von der einen Seite fast ganz mit Schimmel überzogen, was den ersten Anblick grauenvoll machte. Bei längerem Hinschauen ward ihr Gesicht mir wieder vertraut und angenehm. Es war, als ob der Schimmel sich an der Luft verzehrte. Ihre Züge wurden mir immer lieblicher, sie schien zu schlafen, es war nicht die geringste Verzerrung an ihr und ihre feine, gradausgestreckte, in ein feines Leintuch gehüllte Gestalt hat mir ein unvergesslich rührendes Bild in der Phantasie zurückgelassen. Es war schon fünf Wochen, dass sie in der Erde lag. Dennoch war nicht der geringste Leichengeruch zu bemerken, auch kein Wurm. Das Grabtuch war nass wie eben gewaschen, und schmiegte sich dicht an ihre Glieder. Das Heu, auf dem sie lag, war schon voll Moder und Schimmel. Beim Aufheben des Deckels hatte sich ein dumpfiger Geruch verbreitet, der von dem modernden Heu und den nassen Tüchern kam. Es war keine Spur von Leichengeruch zu bemerken. Ihre Augen waren tief in den Kopf hinein gesunken, ihr Mund war sanft geöffnet. Wir hatten still an ihrem offenen Sarg gebetet."[20] Auch das Grab der Emmerick zog während der vergangenen fast 200 Jahre viele Menschen an, so dass sie Papst Johannes Paul II. 2004 schließlich seligsprach.

Im Vergleich zu allen anderen wiedergegebenen Auffindungen von unverwesten Leibern lässt die zuletzt rezitierte Begebenheit bereits die durch aufklärerisches Gedankengut begründete Sorge von Luise Hensel durchklingen, dass der Leib ihrer Freundin womöglich doch nicht in unverwestem Zustand aufgefunden werden könnte. Denn anders als in den Jahrhunderten zuvor, erfolgte die Erhebung der Emmerick nicht im Rahmen einer minutiös vorberei-

---

[20] Luise Hensel, Bericht der Luise Hensel über Eröffnung des Grabes am 20. März 1824. Geschehen am 19. März auf 20. März 1824. 5 Wochen nach dem Tode der Emmerick 1824, in: Clemens Brentano, Sämtliche Werke und Briefe, hrsg. v. Jürgen Tische, 2 Bde. (Ausgabe, veranstaltet vom freien Deutschen Hochstift 28,1–2), Stuttgart 1981–1982, hier Bd. 2, S. 401–403, hier S. 402f.

teten, hochkarätig besetzten, reich frequentierten und protokollarisch ausgereiften liturgischen Prozedur, sondern gewissermaßen als Geheimprojekt bei Nacht und Nebel unter Ausschluss der Öffentlichkeit. Immerhin bekam die in der Epoche der Romantik allenthalben zu beobachtende neue Konjunktur der Heiligen auch durch die Exhumierung der Emmerick einen neuen Schub. So erwiesen sich in ihrem Falle die traditionellen Zeichen für das Fortleben der Heiligen noch über ihren irdischen Tod hinaus gegenüber allen rationalen Versuchen der Welterklärung als weiterhin überlegen, so dass viele Menschen ihr Grab besuchten.

Angesichts der hervorragenden Bedeutung, die man den unverwesten, also zur Gänze erhaltenen Leibern der Heiligen zuschrieb, stellt sich abschließend die Frage, wie es im Christentum dennoch zu ihrer Teilung kommen konnte. In einem ersten Schritt entnahm man einem *corpus incorruptum* allein jene Teile, die als überschüssig und deshalb als entfernbar galten: Haare, Fingernägel, Zehennägel, Vorhaut oder Zähne[21]. Ergänzend etablierten sich spätestens um 500 Reliquienteilungen im lateinischen Westen in dem Sinne, dass man die Überreste eines Heiligen zerteilte und verteilte[22], so dass der Kirchenhistoriker Andreas Merkt sogar von einer „geradezu nekrophilen Frömmigkeit" spricht[23]. Wenn er im gleichen Sinne überdies einen „neuen tabulosen Umgang mit den Toten [konstatiert], der traditionellen Reinheitsvorstellungen zuwiderlief"[24], ist hier freilich zu gewärtigen, dass diese Reinheitsvorstellungen gerade nicht außer Kraft gesetzt, sondern überhaupt nicht tangiert wurden, weil jede Ganzkörperreliquie wie auch jedes Reliquienknöchelchen

---

[21] Arnold Angenendt, Corpus incorruptum, S. 333f.
[22] Schmitz-Esser, Der Leichnam im Mittelalter, S. 126 und S. 151. Der früheren Forschung zufolge etablierte sich die Reliquienteilung zumindest in Rom erst in karolingischer Zeit.
[23] Andreas Merkt, „Über den Gräbern Gott anbeten". Religiöse „Revolutionen" und kulturelle Umbrüche in der Spätantike, in: Andreas Merkt (Hrsg.), Metamorphosen des Todes. Bestattungskulturen und Jenseitsvorstellungen im Wandel – Vom alten Ägypten bis zum Friedwald der Gegenwart (Regensburger Klassikstudien 2) Regensburg 2016, S. 125–143, S. 132.
[24] Merkt, „Über den Gräbern Gott anbeten", S. 132.

als so lebendig galt, wie eben jeder Heiliger als lebendiger Toter angesehen wurde. – Zwar entnahm man in diesen Fällen dem jeweiligen Heiligen nur ein Partikel. Dieses aber hatte Anspruch auf eine Verehrung, die der Devotion gegenüber dem ganzen Leib des Heiligen nicht nachsteht. Ohne Frage erfuhren diese Reliquien – meist Knochenteile eines Heiligen – oftmals reiche Wertschätzung durch die Kirchenbesuche oder gottesdienstlichen Handlungen der Menschen. Denn: In jedem noch so kleinen Teil eines Heiligen sah man ihn zur Gänze lebendig gegenwärtig.

Wie anders gestalteten totalitäre Staaten hier ihre Führerverehrung über den Tod der Heroen hinaus?! Zwar orientierte sich beispielsweise die 1922 gegründete Sowjetunion am christlichen Reliquienkult; aber dass man Lenin († 1924) als Ganzkörperreliquie zerteilt hätte, – das wäre keinem Sowjet eingefallen: Die bolschewistische Religionspolitik, deren erste Zusammenstöße mit der Kirche darauf zurückgingen, dass man Gräber und Schreine öffnete, um die Reliquien zu vernichten, war stolz darauf, der Öffentlichkeit den zuvor mit viel Aufwand einbalsamierten „ganzen Lenin" im Lenin-Mausoleum am Roten Platz präsentieren zu können[25]; denn „der ‚Apostel des Weltkommunismus' [sollte] für alle Zeiten fortleben – ungealtert und unverwest" sowie unter reichlicher Verehrung durch die Bevölkerung[26].

Im Sinne einer Bilanz deutet vieles darauf hin, dass die Menschen die Unverweslichkeit des Leichnams erstrangig mit der besonderen Innenschau des Verstorbenen zu seinen Lebzeiten in Verbindung brachten; besonders im (Früh-)Mittelalter könnten sie möglicherweise auch den radikalen Verzicht des Heiligen auf die Ausübung der Sexualität als Ursache hinter seiner Unverweslichkeit

---

[25] Zu den Traditionen der Einbalsamierung s. Schmitz-Esser, Der Leichnam im Mittelalter, S. 165–233.
[26] Hans Maier, Die Politischen Religionen und die Bilder, in: Peter Blickle u. a. (Hrsg.), Macht und Ohnmacht der Bilder. Reformatorischer Bildersturm im Kontext der europäischen Geschichte (Historische Zeitschrift. Beiheft 33) München 2002, S. 485–507, S. 488. Ähnlich im Blick auf den ehemaligen Staatschef Hugo Chávez († 2013) aus Venezuela, s. Josef Oehrlein, Chávez unser im Himmel, in: FAZ 19.05.2013, No. 20, S. 6.

gesehen haben. Während die Betonung der Introspektion hinter dem Phänomen des „corpus incorruptum" als achsenzeitlich-vergeistigt gewertet werden darf, lässt sich der dadurch jeweils ausgelöste Ansturm auf das Grab des Heiligen – des lebenden Toten – gemeinreligiösem Gedankengut ortho-praktischer Provenienz zuordnen.

c. Zwischen Plastination und Pilgerhype

Heutzutage ist ein neues Interesse sowohl gegenüber den Ganzkörperreliquien als auch gegenüber den kaum sichtbaren Reliquienpartikeln zu beobachten. Im Gefolge versteht zum einen der Plastinator Gunther von Hagens, der Begründer der „Körperwelten"-Ausstellungen, seine Plastinate als direkte Nachfahren der Reliquien – weshalb sich die Frage nach dem tatsächlichen Bezug zwischen diesen beiden Arten menschlicher Überbleibsel unausweichlich stellt. Zum anderen erfreut sich die religiöse Pilgerschaft aktuell einer großen Beliebtheit, so dass auch auf diese Weise die Ganzkörperreliquien und die – den ganzen Körper repräsentierenden – Reliquienpartikel an den Wallfahrtsorten in den Mittelpunkt nicht zuletzt der medialen Aufmerksamkeit geraten.

Tatsächlich erfahren die durch den Anatom Gunther von Hagens präparierten, eben plastinierten Überbleibsel von Verstorbenen im Rahmen der seit 1996 initiierten und weltweit von mehr als 37 Millionen Menschen besuchten „Körperwelten"-Ausstellungen eine den Reliquien vielfach ebenbürtige Beachtung. Wohl nicht zufällig preist sich der mit moderner Technik arbeitende Gunther von Hagens als moderner Fortsetzer dieser religiösen Tradition an: Auf zeitgemäße Weise befriedige die Plastination die Sehnsucht der Menschen nach Unsterblichkeit, welche in unseren Breiten bisher die katholische Kirche allein für sich beansprucht und mit ihren zahlreichen, von „unverwesten Heiligen" bewohnten Sakralorten ansichtig gemacht habe. Ganz im Sinne dieses religiös untermalten Verständnisses stilisieren ihn seine Bewunderer zum Schöpfer einer neuen Religion. Sie charakterisieren ihn als „spirituellen Asketen" oder als „verkannten Propheten einer neuen Zeit"²⁷. – Auf welche Weise verschafft sich Gunther von Hagens dieses Ansehen? Wie arbeitet er, und was ist sein Anliegen? Diese Frage bedarf der Beantwortung, um die Unterschiede und Gemeinsamkeiten zwischen einem *corpus incorruptum* und einem Ganzkörperplastinat präzise zu verstehen.

Im Rahmen des als „Plastination" bezeichneten und durch Gunther von Hagens erfundenen Konservierungsverfahrens durchtränkt man das menschliche Gewebe mit Kunststoff. In einem ersten Schritt wird die Verwesung des verstorbenen Menschen durch Formalin gestoppt, um ihn dann zu einem Gestaltpräparat oder zu einem Scheibenpräparat mit 3,5 mm dicken Scheiben zu verarbeiten. Die weiteren Präparationsschritte beziehen sich auf die Entwässerung und die Entfettung des Leichnams: Im kalten Acetonbad wird gefrorenes Gewebswasser entnommen und durch Aceton wieder aufgefüllt; im warmen Acetonbad werden lösliche Fettanteile gegen Aceton ausgetauscht. Als nächstes entzieht man das Aceton, um es allmählich durch Kunststoff zu ersetzen. Dabei fixiert man entweder den gesamten Leichnam in einer bestimmten Pose (Gestaltplastinat) oder legt die präparierten Gewebsscheiben zwischen Folie und / oder Glasscheiben (Scheibenplastinat), um diese Objekte den Besuchern der „Körperwelten"-Ausstellungen zeigen zu können. So lässt sich Gunther von Hagens' Konservierungsverfahren, für das ihm unter Fachkolleginnen und Fachkollegen hohe Anerkennung zuteilwird, tatsächlich als die „Erfindung von ‚Plastikmenschen'" charakterisieren, wie Kritiker der Plastination formulieren²⁸.

---

27 Siehe dazu umfassend Nina Kleinschmidt – Henri Wagner, Endlich unsterblich? Gunther von Hagens – Schöpfer der Körperwelten, Bergisch Gladbach 2000; Franz Josef Wetz, Der Grenzgänger, in: Angelina Whalley – Franz Josef Wetz (Hrsg.), Der Grenzgänger. Begegnungen mit Gunther von Hagens, Heidelberg 2005, S. 274–293.
28 Claudia Christina Jost, Wissenschaftsexperimente mit Leichen und die Ausstellung „Körperwelten". Aufklärung, Kunst und Totenrecht, in: Lieselotte Hermes da Fonseca – Thomas Kliche (Hrsg.), Verführerische Leichen – Verbotener Verfall. „Körperwelten" als gesellschaftliches Schlüsselereignis (Perspektiven politischer Psychologie 1) Lengerich 2006, S. 313–336, S. 326.

Nicht zuletzt verdient es Beachtung, dass das Wirken des Gunther von Hagens und die Präsentation seiner Ausstellungen ein Gemeinschaftsgefühl unter jenen Menschen hervorbringen, die sich nach ihrem Tod als Plastinationsobjekte zur Verfügung stellen wollen. Genauerhin würdigen die Mitglieder dieser sogenannten „Körperspendergemeinschaften" Gunther von Hagens als ihren „Gott"; im Gegenzug achtet der Chef-Plastinator – Skeptiker wie die Kulturhistorikerin und Ethnologin Liselotte Hermes da Fonseca bezeichnen ihn als „Verkörperung und Personifizierung der anonymisierten Toten" – seine Körperspender als seine „anatomischen Schätze"[29]: „'Willst du wirklich ewig leben, musst du deinen Körper geben'", wirbt er in Reimform[30]. Und im Sinne einer gelungenen Schöpfung zeigt er seine Ganzkörperplastinate ohne jeden Hinweis auf Verwesung, Leid oder Agonie. Stattdessen „regieren das Leben und der Moment der prallen Lebensfülle" die Optik des Betrachters[31].

Sowohl innerhalb eines religionsgeschichtlichen Horizonts als auch in historisch-theologischen Hinsichten wird man die Frage nach der Kontinuität zwischen den mittelalterlichen Reliquien und den durch Gunther von Hagens geschaffenen Körperpräparaten verneinen müssen.

Während es sich bei Ganzkörper- oder Partikularreliquien um Ausdrucksformen des religiös (hier: christlicherseits bzw. katholischerseits) als lebendig eingeschätzten sowie namentlich bekannten Menschen handelt, müssen die modernen und anonym aus-

---

[29] Liselotte Hermes da Fonseca, „Trauerlose Würfelanatomie" als Gesellschaftsmodell. Der Verlust verschiedener Menschen und Leben in den „Körperwelten", in: Lieselotte Hermes da Fonseca – Thomas Kliche (Hrsg.), Verführerische Leichen – Verbotener Verfall. „Körperwelten" als gesellschaftliches Schlüsselereignis (Perspektiven politischer Psychologie 1) Lengerich 2006, S. 378–442, S. 403 (alle Zitate).

[30] Das Zitat des Gunther von Hagens ist entnommen aus Nina Kleinschmidt – Henri Wagner, Endlich Unsterblich. Gunther von Hagens, Schöpfer von Körperwelten, Berlin 2000, S. 82.

[31] Thomas Schnalke, Demokratisierte Körperwelten. Zur Geschichte der öffentlichen Anatomie, in: Gottfried Bogusch – Renate Graf – Thomas Schnalke (Hrsg.), Auf Leben und Tod. Beiträge zur Diskussion um die Ausstellung „Körperwelten", Darmstadt 2003, S. 3–28, S. 23.

gestellten Plastinate eher als eine „‚Sache' im Dauerzustand des Noch-nicht-beigesetzt-Seins"³² gelten oder – juristisch betrachtet – als „Kunstobjekte" eingeordnet werden³³. Überdies beruht die Rede von Reliquien auf einem religiös mitgeprägten Körperverständnis, wohingegen der Körper der „Körperwelten"-Ausstellung als Körper der wissenschaftlichen Anatomie im Horizont des biomedizinischen Menschenbildes zu charakterisieren ist. So handelt es sich im Falle der Heiligen und Reliquien – auch über den irdischen Tod der Person hinaus – um den in der Welt der Religionen (hier: von Katholiken) für vital gehaltenen Leib, der gerade wegen der ihm zugeschriebenen Vitalität so häufig aufgesucht wurde bzw. wird; dagegen geht es im Falle der Plastinate mehr um „Installationen aus Menschenmaterial", wie sich der Medizinethiker Klaus Bergdolt ausdrückt, die freilich ebenfalls viele Besucher anziehen³⁴.

Theologisch gewendet: Während religiöse Menschen darauf vertrauen, dass – mit göttlicher Hilfe – die Wirkmächtigkeit des in seinen Reliquien weiterhin als lebendig erachteten Heiligen gegeben ist und sich diese Vitalkraft für die Lebenden jederzeit alltagskonkret auswirken kann, erkennt man plastinierten Menschen keine über ihren irdischen Tod hinaus fortdauernde Wirksamkeit und Lebendigkeit zu. In diesem Sinne besteht das menschheitsgeschichtlich womöglich Einzigartige der Plastination darin, dass es – abgesehen von totalitären Führerkulten – wohl noch nie eine körperliche „Haltbarmachung" des Menschen gegeben hat, der es allein um ein über den irdischen Tod hinausreichendes leibliches Fortbestehen im Diesseits gegangen ist.

Weitaus traditionsreicher als das Plastinationsverfahren ist das heutzutage wieder „angesagte" Pilgerwesen durch die Auffindung

---

[32] Hermes da Fonseca, „Trauerlose Würfelanatomie", S. 416.
[33] Johanna Freiin von Proff zu Irnich, Kulturelle Freiheitsrechte und Menschenwürde. ‚Körperwelten' in der Diskussion (Studien zur Rechtswissenschaft 236) Hamburg 2009, S. 221.
[34] Klaus Bergdolt, Installationen aus Menschenmaterial oder die missbrauchte Didaktik, in: Gottfried Bogusch – Renate Graf – Thomas Schnalke (Hrsg.), Auf Leben und Tod. Beiträge zur Diskussion um die Ausstellung „Körperwelten", Darmstadt 2003, S. 71–81.

Manifestationen des Göttlichen

von unverwesten Menschen motiviert. Bemerkenswerterweise ist der in Europa aktuell meist besuchte Wallfahrtsort San Giovanni Rotondo, der Geburts- und Sterbeort des in Italien berühmten Priesters und Kapuzinermönchs Padre Pio († 1968). Die Stadt San Giovanni Rotondo avancierte maßgeblich dadurch zu einem jährlich von 7,5 Millionen Menschen besuchten Pilgerort, dass man Padre Pio dort unverwest aufgefunden hat. Zu seinen Lebzeiten hatten ihm die Menschen nachgerühmt, dass er über die Gaben der Heilung, der Prophetie und insbesondere der Innenschau verfügt haben soll. Immer wieder half er Menschen in körperlichen und seelischen Nöten. So tief soll er mit sich selbst eins und mit dem leidenden Christus in der Meditation verbunden gewesen sein, dass sich an seinem Leib im Gefolge einer Vision des Gekreuzigten ab 1918 jene Wundmale zeigten, die auch der Herr bei seinem Tod am Kreuz trug. Als seine sterblichen Überreste vier Jahrzehnte nach seinem Tod im Jahr 2008 exhumiert wurden, zeigte sich der Leichnam dieses mystisch begabten Ausnahmechristen weitgehend intakt. Der Bart und das Kinn waren in einwandfreiem Zustand, auch die anderen Körperpartien überraschend gut erhalten. Ein bei der Erhebung anwesender Erzbischof gab zu Protokoll: „Wenn Pater Pio gestattet, würde ich sagen, seine Hände sahen aus wie frisch manikürt."[35] Schon kurze Zeit nach der Exhumierung legte man den ganzen Leib dieser überdies noch wundertätig in Erscheinung getretenen christlichen Ausnahmepersönlichkeit in einen gläsernen Sarg, um sie für die Pilger sichtbar zu machen. Seitdem strömen die Pilger in Scharen herbei und bringen zum Ausdruck, dass sie an diesem Ort durch die Begegnung mit dem Übernatürlichen neue Kraft in ihrem Alltag, in ihren Nöten und in ihren Gebrechen finden.

Ob der Heilige Jakobus, zu dessen Grab in Santiago de Compostela jährlich etwa 4,5 Millionen Menschen pilgern, gleichfalls als *corpus incorruptum* aufgefunden wurde, ist nicht überliefert[36]. Im-

---

[35] N. N., Italy Exhumes Revered Monk's Body, in: http://news.bbc.co.uk/2/hi/europe/7275514.stm (10.11.2021).
[36] Zur Entdeckung des Jakobus-Grabes im Frühmittelalter s. Leppin, Geschichte des mittelalterlichen Christentums, S. 160.

merhin zeigten sich am Ort seiner Bestattung zahlreiche Lichter, wie derlei auch von anderen unverwest aufgefundenen Persönlichkeiten vielfach berichtet wird. Noch heute heißt dieser Ort daher „Heiliger Jakobus vom Feld der Lichter – Santiago de Compostela". Und auch dieser „Andersort" ragt nicht zuletzt deshalb hervor, weil sich Menschen von dem als lebendig geglaubten Heiligen – gewissermaßen vom Himmel auf Erden – angezogen fühlen und dafür lange Wege auf sich nehmen; von seinem Wirken zu ihren Gunsten versprechen sie sich Vorteile in Zeit und/oder Ewigkeit.

d. Verschiedene Wege zur Unverweslichkeit?

Der unverwesliche Leichnam ist ein Phänomen, das sich in vielen Religionen und zu unterschiedlichen Zeiten – eben bis heute – antreffen lässt. Beispielsweise findet es sich immer wieder für buddhistische Heilige überliefert. Ebenso gab und gibt es dafür im Christentum wichtige Anknüpfungspunkte. So nahm und nimmt man bisweilen unmittelbar Bezug auf Jesus, der gemäß dem Neuen Testament am dritten Tag auferstand – offenbar ohne Spuren von Verwesung. In Anknüpfung an diese Tradition sahen bzw. sehen die Christen seitdem besonders überzeugungskräftige Glaubensgeschwister immer wieder einmal dadurch hervorragend ausgezeichnet, dass deren Leiber – wie schon der Leib Jesu – nach ihrem individuellen Tod nicht verwesten. So ließe sich die Unverweslichkeit als ein über die irdische Lebenszeit hinausweisendes Signal für die besondere Glaubens- oder Überzeugungstiefe eines Menschen während seiner Erdenjahre verstehen. Unter diesem Vorzeichen wäre das *corpus incorruptum* ein Ausdruck für die zutiefst vergeistigte Spiritualität eines Menschen.

Als nicht weniger denkbar erweist sich zumindest für bestimmte Epochen, denen die Innenschau aufgrund fehlender Bildungsmöglichkeiten eher wenig zugänglich war, eine zweite Erklärungsmöglichkeit für die Unverweslichkeit: die Wahrung der äußerlich-physischen, mitunter auch der kultisch-asketischen Reinheit zu Lebzeiten, wie sie sich vor allem durch ein Höchstmaß an Verzicht auf Sexualität realisieren lässt. Beispielsweise berief man sich im Frühmittelalter auf eine Tradition, der zufolge auch der Leib Christi lebenslänglich sexuell unbefleckt geblieben sei. So heißt es bei Theofried († 1110), dem seit 1081 in der Abtei Echternach amtierenden Abt als Reflex auf diese Grundüberzeugung: „Wie von dem unverweslichen Herrenleib auf alles Fleisch der Heiligen die Gnade der Unverweslichkeit und Heiligkeit ausgegossen wurde, so übertrug sich von seinem Gewand kraft dessen mystischer Ausstrahlung auch auf alle Kleidungsstücke heiliger Leiber die unaussprechliche Fülle seiner Kraft."[37] Gemäß diesem Votum erschließt sich die Unverweslichkeit religiös keinesfalls einfachhin als Naturvorgang, sondern zeichnet im Sinne einer Gabe vielmehr jene mitsamt ihrer Kleidung aus, die christusgleich ihr Leben in sexueller Enthaltsamkeit verbracht haben – ein Gedanke, der auch die Wertschätzung der Jungfräulichkeit und die jahrhundertelange Plausibilität des Priesterzölibats maßgeblich unterstützt hat.

Als dritte Erklärungsmöglichkeit für die Unverweslichkeit eines Leichnams ließe sich ursächlich das vorausgesetzte Ineinander einer Reinheit des Herzens und einer Enthaltung von aller Sexualität anführen. Auch diese Option – und jedenfalls nicht zwingend allein die erste Option – könnte hinter der eingangs wiedergegebenen Geschichte des buddhistischen Mönches und seines „unverwesten Leibes" stehen. Womöglich trifft sie auch auf einen verstorbenen christlichen Oberhirten zu, den der Ruf lebenslänglicher sexueller Enthaltsamkeit und vorbildlicher Nächstenliebe umgibt. So verbreitete die orthodoxe Kirche am 5. März 2016 über ihre Nachrichtenportale diese Meldung: „Im Sommer 2011 starb Erzbischof Dimitrij von Dallas (USA). Wie ,pravoslavie.ru' berichtet, wurden (...) seine Gebeine für die Überführung in die Kathedrale des Hl. Seraphim vorbereitet. Als sein Sarg auf dem Friedhof geöffnet wurde, fand man seinen Körper unverwest vor. Viereinhalb Jahre lagen die Ge-

---

[37] Thiofrid von Echternach, Flores epitaphii sanctorum III 4, hrsg. v. Jacques-Paul Migne (Patrologia Latina 157) Paris 1898, Sp. 375B. Dazu s. auch Angenendt, Heilige und Reliquien, S. 89–92.

beine in der Erde des Friedhofs und Erzbischof Dimitrij sieht aus wie am Tag des Begräbnisses."[38]

Ob das Grab dieses zuletzt genannten Würdenträgers ebenfalls viele Verehrer anziehen wird, weil sie sich dort gemäß gemeinreligiösen Plausibilitäten einen hervorgehobenen Ort göttlichen Wirkens in der Welt erhoffen, bleibt abzuwarten – die historische Plausibilität deutet immerhin in diese Richtung. Denn einerlei, wieviel Innenschau im Sinne einer vergeistigten Spiritualität hinter dem Ereignis eines „unverwesten Leibes" steht: Was die herbeieilenden Menschen erleben wollen, ist erstrangig etwas Sinnliches, Sichtbares oder Haptisches. So kommen sie und treten vor die „lebenden Toten", in denen ihnen gewissermaßen der Himmel auf Erden präsent wird.

---

[38] http://www.orthodoxie-in-deutschland.de/ (06.11.2016).

C. Menschliche Anwege auf das Göttliche

4. Sexualität – Eine Quelle der Unreinheit

In einer Seminarsitzung habe ich kürzlich 50 Theologiestudierende einer Lehrveranstaltung gefragt, ob Sexualität unrein macht. 49 Studierende haben mit „Nein" geantwortet und ihr Votum zum Teil durch persönliche Zusätze begründet. Etwa: „Sexualität ist was Tolles." – „Ich kann gar nicht genug von Sexualität bekommen." – „Sex ist geil ..." oder ähnliche Statements waren zu lesen. Nur eine Person gab einen Zettel ab, auf dem die schlichte Antwort stand: „Ja, Sexualität verunreinigt." In der darauffolgenden Sitzung habe ich das Ergebnis der Umfrage bekannt gegeben. Die Irritation war gewaltig, allerdings nicht über das eindeutige Mehrheitsverhältnis. Vielmehr fragten sich die Teilnehmerinnen und Teilnehmer verwundert: Wer von uns kann das sein, der/die Sexualität für verunreinigend hält? Und aus welchen Gründen kann ein Mitglied unserer Gruppe zu einer so abwertenden Einschätzung der Sexualität gelangen? Nachdem sich die betroffene Studentin in der nächsten Woche in meiner Sprechstunde zu erkennen gegeben und mir ihre Einschätzung erläutert hatte, erklärte sie sich gleichfalls bereit, darüber auch noch einmal offen in der Lehrveranstaltung zu sprechen. Vor ihren Mitstudierenden erläuterte sie, dass sie erst vor kurzem als Spätaussiedlerin von Polen nach Deutschland gekommen sei. Bis dahin hatte sie in einer ländlichen Gegend mit sehr traditionsreichen religiösen Gebräuchen gelebt. Und dort ist eben bis heute die Auffassung weit verbreitet, dass Sexualität unrein macht.

Damit ist das Thema dieses Kapitels bereits intoniert: Worin zeigt sich und was bedeutet es, wenn Sexualität als kultisch-äußerlich verunreinigend aufgefasst wird? Welche andere Sicht auf die Sexualität konkurriert mit dieser historisch ortho-praktischen Perspektive? Schließlich: Inwieweit hat die Auffassung, dass Sexualität verunreinigt, auch den lateinischen Westen geprägt? Beginnen wir mit einigen aktuellen Facetten zur Thematik, die Zeitungen, Journalen und Online-Medien entnommen sind.

a. „Frauen sind unrein"

In einer Flüchtlingsklasse in Kiel sitzt 2016 der 18-jährige Schüler Murad, den seine Lehrerin als klug bezeichnet. Er ist bereits gut in Deutschland integriert. Im Laufe der Zeit hatte er sich einen Bart wachsen lassen und zunehmend auf die Einhaltung seiner Gebetszeiten auch innerhalb des schulischen Ablaufs bestanden. Der Eklat, der schließlich folgte, lässt sich in der Illustrierten „Stern" nachlesen: „Als seine Lehrerin ihm das Abschlusszeugnis überreichen und gratulieren wollte, verweigerte Murad den Handschlag. Seine Begründung: ‚Ich will mich nicht schmutzig machen.' Keiner im Publikum habe etwas gemerkt, erinnert sie sich. ‚Er sagte es leise, aber unmissverständlich. Danach habe ich es Kollegen erzählt. Sie haben nur den Kopf geschüttelt.' Die Lehrerin, Frau Luttwig, hat es als persönlichen Affront verstanden. ‚Ich hätte das Mikro nehmen sollen, aber ich war so überrascht. Dabei hasse ich Männer, die Frauen schlecht behandeln', sagt sie."[1]

Gegenwärtig ist es umstritten, wie man die Verweigerung des Handschlags von Männern gegenüber Frauen bewerten soll: „Es gibt auch Lehrerinnen, die finden, man müsse wegen eines verweigerten Händedrucks nicht gleich beleidigt sein." Doch Kurt Edler, der Vorsitzende der „Deutschen Gesellschaft für Demokratiepädagogik" und grüner Bildungspolitiker aus Hamburg, hält solche To-

---

[1] Ingrid Eißele, Aufklärungskurs für Flüchtlinge. Lets talk about sex, in: http://www.stern.de/familie/leben/sexualkunde-fuer-junge-fluechtlinge-nachhilfe-im-umgang-mit-frauen- 6679524.html (22.11.2020); ähnlich cvl [Kürzel des Autors], Verweigerter Handschlag, in: FAZ 11.10.2019, No. 236, S. 4: „Ein Soldat auf Zeit, der sich weigerte, Frauen die Hand zu geben, durfte nach einem Urteil des Oberverwaltungsgerichts Koblenz aus dem Dienstverhältnis entfernt werden. Grund der Weigerung seien offenkundig nicht die vorgeschobenen hygienischen Erwägungen, sondern seine konsequente Hinwendung zum Islam. (…) Sein Verhalten sei weder mit der Gleichstellung von Frau und Mann noch mit der demokratisch-freiheitlichen Grundordnung vereinbar und begründe unter anderem die Sorge, dass er bei etwaigen Einsätzen nicht für Soldatinnen einstehen würde." Auch Lory Roebuck, Erst verweigert er ihr den Handschlag, dann versucht er seine Lehrerin zu töten. Der Film ‚Le jeune Ahmed' von Jean-Pierre und Luc Dardenne zeigt: Die Radikalisierung vollzieht sich auch am Körper, in: NZZ 06.12.2019, S. 22.

leranz für unangebracht. Eine Verweigerung mit der Begründung, Frauen seien „unrein", verstoße nun einmal gegen das „Grundrecht der Gleichberechtigung", wie es im „Stern" heißt[2].

Im Sinne einer Erklärung, die freilich für die Abitur-Eklats kaum Geltung beanspruchen kann, lesen wir in „Die Tageszeitung (TAZ)" angesichts der massenhaften sexuellen Übergriffe von Männern auf Frauen in der Kölner Silvesternacht 2015/2016: „Leute wie die, die in Köln übergriffig geworden sind, waren nicht auf Schulen, bei denen schon in der achten Klasse ‚Pro Familia' mit Bananen und Kondomen vorbeikommt. Wenn ein, sagen wir, 12-jähriger Araber, nennen wir ihn ‚Jamal' (der Schöne), den Versuch wagt und seine Mutti fragt: Du, Mama, wie funktioniert Sex? Oder: Sag mal, wie habt ihr mich denn gezeugt?, dann reagiert seine Mutter in der Regel mit Entsetzen. Das Thema ist haram, verboten, tabu. Zu seinem Vater muss Jamal gar nicht erst gehen. Wenn schon seine Mutter keine Worte hat, dann ist sein Vater wahrscheinlich erst recht sprachlos."[3]

Vielfach in die Tabuzone verwiesen sieht auch ein Bericht des „Deutschlandfunk" vom 29. März 2012 die Sexualität unter Muslimen: „Vor allem Töchter in muslimischen Familien mit traditionellen Werten müssen sich an strenge Regeln halten. Absolut verboten sind Beziehungen vor der Ehe – von sexuellen Kontakten gar nicht zu reden. Die Jungfräulichkeit der unverheirateten Frau ist in diesen Strukturen eines der höchsten Güter. Die Männer – vor allem die Väter, aber auch die Söhne – haben die Pflicht, sie zu verteidigen."[4] Allzu leicht drängt sich hier unter deutschen Zeitungslesern ein Eindruck auf, den „Die Welt" am 27. November 2008 als Überschrift wählt: „Junge Muslime denken über Sex wie Deutsche in den Fünfzigern."[5]

---

[2] Eißele, Aufklärungskurs für Flüchtlinge.
[3] Catarina von Wedemeyer – Qusay Amer, Aufklärungskurse für neu Angekommene. Dem Kulturschock offensiv begegnen, in: http://www.taz.de/!5268601/ (22.11.2020).
[4] Jan Kuhlmann, Islam und/oder Sex, in: http://www.deutschlandfunk.de/islam-und-oder-sex.886.de.html?dram:article_id=127788 (21.11.2020).
[5] N. N., Junge Muslime denken über Sex wie Deutsche in den Fünfzigern, in: https://www.welt.de/welt_print/article2788504/Junge-Muslime-denken-ueber-Sex-wie-Deutsche-in-den-Fuenfzigern.html (21.11.2020).

Menschliche Anwege auf das Göttliche

Ohne Frage stellt der Umgang mit der Sexualität eine Herausforderung dar, erst recht, wenn angesichts der vielen Geflüchteten in Deutschland aktuell mehr denn je Menschen mit sehr unterschiedlichen Auffassungen von Sexualität aufeinandertreffen. So mag die Antwort auf diese Lage ein radikales Plädoyer zugunsten eines umfassenden Aufklärungsunterrichtes sein, der die Geflüchteten behutsam an die in unserem Land geltenden Weisen im Umgang mit der Sexualität heranführt. Vorgelagert erfordert allerdings jedweder Dialog mit Menschen fremder Herkunft und je eigenen Umgangsformen, dass nichts unversucht bleibt, um sie in dem zu verstehen, was an ihnen unvertraut oder sogar verstörend erscheinen mag.

Übrigens zeigt der Kinofilm „Kreuzweg", der im Frühjahr 2014 in den deutschen Kinos gelaufen ist, mit religionsübergreifender Perspektive exemplarisch, dass sich die Kombination von sexueller Aktivität und damit in Verbindung gebrachter (kultisch-)äußerlicher Verunreinigung auch in manch aktueller Strömung des Christentums findet: „Das Damoklesschwert der Unkeuschheit schwebt die ganze Zeit über dem Film. (…) Sexualität wird in dieser Glaubenswelt im Grunde nur aus der Perspektive der Angst, Unreinheit und Gefahr betrachtet", wie ein Filmkritiker unterstreicht[6]. Ohne Frage gehört in den Rahmen dieses Weltverstehens grundsätzlich auch die Rede von der Unreinheit der Frau aufgrund ihrer Menstruation, vor der sich Priester in jedem Fall mit Hilfe ihres zölibatären Lebensstils schützen sollen[7].

Nicht allein in der Gegenwart, sondern auch in der Geschichte unserer westlichen Kulturen finden sich deutliche Spuren dessen, was uns heutzutage unter den Geflüchteten oder bei religiösen Fundamentalisten als „Tabu Sexualität" im Alltag begegnen kann. Um solche Traditionen ortho-praktischer Provenienz soll es im Folgenden mit dem Ziel gehen, die unter den genannten Gruppen vielfach anzutreffenden und mit Unreinheit in Verbindung stehenden Posi-

---

[6] Josef Jung, Religiöser Fundamentalismus am Beispiel des Kinofilms „Kreuzweg", in: hinsehen.net. Katholische Wochenzeitung (https://explizitnet.wordpress.com/2014/10/25/religioser-fundamentalismus-kreuzweg/) (20.09.2019).
[7] Dazu s. u.

tionen zum Thema „Sexualität" – wie bereits angedeutet – über den Umweg unserer eigenen Geschichte besser zu verstehen. Vergleichend sind sekundärreligiös-vergeistigte Perspektiven auf das Thema „Sexualität" in den Blick zu nehmen, zumal in unserer Gegenwartsgesellschaft beide Blickrichtungen eine Rolle spielen.

b. Kultische Unreinheit – Zwei religionsgeschichtliche Varianten

Auf die Religionsgeschichte geht die Unterscheidung zwischen einem Verständnis von Sünde im Sinne von äußerer/physischer Befleckung (u. a. Verunreinigung durch Sexualstoffe) einerseits und Sünde als ethisch-gesinnungsorientierter Verstoß (Verunreinigung durch böse Gedanken) andererseits zurück. Beide Verständnisweisen des Fehlverhaltens kommen in der abendländischen Geschichte vor, wurden in unterschiedlichen Epochen unterschiedlich priorisiert – und lassen sich bis in die Gegenwart hinein antreffen. Wichtig ist, dass beide Vorstellungen der Reinheit, von denen im Folgenden die Rede ist, ihrerseits Ausdrucksweisen der „kultischen Reinheit" und damit obligatorische Qualifikationen für die Teilnahme am Kult sind. Denn, so eine religionsgeschichtliche Grundüberzeugung: Unreines und Heiliges dürfen nicht miteinander in Kontakt kommen[8].

„Die kultische Kategorie ‚Rein – Unrein' (…) ist sehr alt und lässt sich bereits in hethitischen Ritualtexten der Mitte des 13. Jahrhunderts v. Chr. nachweisen."[9] Zwar bezieht sich der Kirchenhistoriker Andreas Weckwerth mit dieser Definition grundsätzlich auf die „äußere Reinheit" und die „innere Reinheit" gleichermaßen, doch spezifiziert er hinsichtlich der inneren Reinheit entsprechend der Verstehenskategorie der Achsenzeit: Erst „seit hellenistischer Zeit existieren vermehrt Belege für eine Berücksichtigung moralischer [innerer] Reinheit als Zugangsbedingung zu Heiligtü-

---

[8] Andreas Weckwerth, Art. Reinheit, kultische, in: Reallexikon für Antike und Christentum 28 (2018) Sp. 870–914.
[9] Weckwerth, Art. Reinheit, kultische, Sp. 871.

mern."[10] Anders gesagt: Als die ältesten Vorschriften im Dienste der kultischen Reinheit dürfen die Vorschriften zur äußeren Reinheit gelten.

Inhaltlich ist der Begriff der äußeren – also der physisch-materiell vermittelten – Reinheit dadurch definiert, dass gewisse mehr oder weniger gravierende Störungen des normalen Lebens als „Befleckung" (*miasma*) aufgefasst werden. Derartige Störungen sind vor allem Geschlechtsverkehr, Geburt, Tod und insbesondere Mord. Als „rein" (*hagnos*) im exemplarischen Sinne gilt somit, wer den Kontakt mit Sexualität und Sexualstoffen, mit Blut und Tod vermeidet, wie sich exemplarisch der griechisch-antiken Religionsgeschichte entnehmen lässt. Ähnlich achteten die Menschen in Israel darauf, dass sie allein im Zustand der kultischen Reinheit mit Gott in Beziehung traten. Deshalb spielen Begriffe wie „rein" und „unrein" im Alten Testament eine so große Rolle[11]. Erstrangig berücksichtigen die Reinheitsgesetze im Buch Levitikus[12] besonders jene äußeren Faktoren (Sexualleben und Sexualstoffe, manche Krankheiten und Leichenberührung, Übertretung von Nahrungs- und Liturgievorschriften), durch welche kultische Reinheit verloren geht und geben Maßnahmen zu ihrer Wiederherstellung vor[13].

Angesichts dieses Erkenntnisstandes forderte der Theologe und Philosoph Paul Ricœur um des tieferen Verständnisses heutiger Sexualtabus willen schon vor vielen Jahren mit kulturübergreifender Perspektive: „Wir müssen in ein Bewusstsein auswandern, für welches das Unreine nicht nach der Zurechnung eines verantwortlichen Urhebers, sondern nach der objektiven Verletzung eines Verbots bemessen wird." Derlei gelte besonders für den Umgang mit

---

[10] Weckwerth, Art. Reinheit, kultische, Sp. 879.
[11] Weckwerth, Art. Reinheit, kultische, Sp. 884–896.
[12] Zwar ist dieses Buch im 2. Jahrhundert v. Chr. zusammengestellt worden. Inwieweit hier aber weit älteres Material kompiliert worden ist, ist unter AlttestamentlerInnen aktuell umstritten. Zu Details s. Thomas Hieke, Levitikus (Herders Theologischer Kommentar zum Alten Testament o. No.) 2 Bde., Freiburg 2014, hier 1, S. 65–74.
[13] Karel van der Toorn, Sin and Sanction in Israel and Mesopotamia. A Comparative Study (Studia Semitica Neerlandica 22) The Hague 1985, bes. S. 94–99; auch Burkert, Kulte des Altertums, S. 149–151.

der Sexualität. Und weiter deutet er an: „Wir wundern uns, was da alles Befleckung heißt, unfreiwillige oder unbewusste menschliche Handlungen, tierische Betätigungen und sogar einfache menschliche Vorkommnisse."[14]

Im Unterschied zur älteren Auffassung der äußeren Unreinheit/Reinheit[15] wurzelt die achsenzeitlich-vergeistigte Idee der inneren, also ethisch-gesinnungsorientierten Unreinheit/Reinheit, die unter den griechischen Philosophen ebenso anzutreffen ist wie unter den Propheten Israels oder im Rahmen der Botschaft Jesu, in der Wahrung des reinen Herzens, näherhin: in der innerlich aufrichtigen Verwirklichung der Gottes- und Nächstenliebe, wie noch auszuführen sein wird. Im Blick auf die Unterscheidung der äußeren und der ethisch-gesinnungsorientierten Unreinheit folgt daraus: Die äußere Unreinheit kann sich der Mensch auch absichtslos zuziehen (z. B. durch die nächtliche Pollution des Mannes oder durch die Menstruation der Frau), so dass er damit gewissermaßen zeitlich begrenzt als „infektiös" gilt und seinen „Infekt" während dieser Zeit „automatisch" auf andere Menschen oder die Umgebung überträgt. Davon hebt sich die ethisch-gesinnungsorientierte Unreinheit in mehrfacher Hinsicht ab: Hier verstößt der Mensch mit Bewusstheit gegen die maßgeblichen ethischen Weisungen. Anstelle von rituellen Waschungen muss er sich einer grundlegenden inneren Neuausrichtung unterziehen[16].

Somit ist abschließend zu unterstreichen, dass auch Kapitaldelikte (Mord, Ehebruch etc.) in Zeiten, in denen Menschen dem Primat der kultischen Reinheit/Unreinheit folgen, zugleich eine kulti-

---

[14] Paul Ricœur, Symbolik des Bösen, Bd. 2, Freiburg – München 1971, S. 35.
[15] Jonathan David Lawrence, Washing in Water. Trajectories of Ritual Bathing in the Hebrew Bible and Second Temple Literature (Academia biblica 23) Atlanta – Leiden 2006, S. 23–42 macht darauf aufmerksam, dass Texte der Hebräischen Bibel, die von der rituellen Waschung angesichts von kultischer Befleckung handeln, frühestens in nachexilischer Zeit in die entstehende Tora eingefügt wurden. Bemerkenswert ist auch, dass die ersten archäologisch sicheren Hinweise für eigene Ritualbäder (Mikwe etc.) in Palästina in die Zeit zwischen Mitte und Ende des 2. Jahrhunderts zu datieren sind (ebd. S. 155–183). Auch Hieke, Levitikus 1, S. 123 und S. 548.
[16] Hieke, Levitikus 1, S. 127f.

sche Verunreinigung bedeuten. Nicht zufällig ist für derartige Delikte eine lange Zeit der Buße mit einer Distanz von der (Glaubens-)Gemeinschaft bzw. vom Heiligtum verbunden[17]. Man könnte hier beispielsweise an die Auflage der *peregrinatio* im frühmittelalterlichen Irland denken, die für die Betroffenen bedeutete, dass sie ihre Heimat zwangsweise verlassen mussten, um fortan isoliert auf einer „Gefangeneninsel" zu leben und so jedwede „Kontamination" ihrer Herkunftsgemeinschaft auszuschließen[18].

c. Das Christentum – Von der inneren zur äußeren Unreinheit

Etwa im 6. Jahrhundert v. Chr. verlagerten die israelitischen Propheten die Sorge der Gläubigen um die Wahrung der kultischen Reinheit im Bereich der Sexualität von der äußeren Reinheit/Unreinheit auf den gesinnungsethischen Primat. In ihren Büchern geht es zentral um das ethisch einwandfreie Verhalten im Sinne der Gottes- und Nächstenliebe: „Reine Hände" verstehen sie nicht allein als Ergebnis kultischer Waschungen vor der Berührung mit dem Heiligen, sondern gleichermaßen als Bild für den aufrichtigen Einsatz im Dienst am Mitmenschen sowie für das ehrliche Engagement beim Hören auf das Wort Gottes.

Auf dieser ethisch-gesinnungsorientierten Linie der Propheten ist auch das Reinheitsverständnis Jesu angesiedelt: „Die rituellen Enthaltsamkeits- und Reinheitsgebote des Judentums spielten für Jesus – so zumindest die Bibeltexte – keine besondere Rolle."[19] Die wahrscheinlich sogar als originales Jesus-Wort[20] zu kennzeichnende

---

[17] Weckwerth, Art. Reinheit, kultische, Sp. 880f. und Sp. 893f.
[18] Zustimmend im Blick auf das Buch Levitikus s. Christophe Nihan, Forms and Functions of Purity in Leviticus, in: Christian Frevel – Christophe Nihan (Hrsg.), Purity and the Forming of Religious Traditions in the Ancient Mediterranean World and Ancient Judaism (Dynamics in the History of Religions 3) Leiden – Boston 2012, S. 311–367, S. 350.
[19] Franz X. Eder, Eros, Wollust, Sünde. Sexualität in Europa von der Antike bis in die Frühe Neuzeit, Frankfurt 2018, S. 138.
[20] Peter J. Tomson, Jewish Purity Laws as Viewed by the Church Fathers and by the

Option, dass nicht das Materielle verunreinigt, das der Mensch berührt oder zu sich nimmt, sondern das lebensverachtende Denken, das aus seinem Herzen hervorgeht (Mk 7,14–15.18–20), bringt das ethisch-gesinnungsorientierte Reinheitsverständnis trefflich ins Wort[21]: „Die scharfe Ablehnung Jesu mit Blick auf unmoralische Absichten als Grund für Verunreinigung war sein einzigartiger Beitrag."[22] Indem Jesus allein um die Wahrung persönlicher Aufrichtigkeit besorgt war, ging es ihm nicht um eine grundsätzliche Ablehnung der Kategorien „Reinheit/Unreinheit", sondern vielmehr um deren neue Akzentuierung. Wenn also die neutestamentlichen Autoren auf der Reinheit als einer Grundkategorie christlicher Lebensführung bestehen, dann verstehen sie Reinheit erstrangig im innen-orientierten Sinn: als Reinheit des Herzens, wie sie in einer von Aufrichtigkeit geprägten Lebenshaltung zum Ausdruck kommt.

Der ethisch-gesinnungsorientierte Durchbruch Jesu gemäß den Schriften des Neuen Testaments sollte in der Alten Kirche nicht wirkungslos bleiben: „Der christlichen Auseinandersetzung mit den alttestamentlichen Reinheitsvorschriften kann man entnehmen, dass ein moralisches Verständnis von Reinheit den Primat besitzt. Mit Ausnahme der Bewertung von Menstruations- und Geburtsunreinheit treten Formen eines physisch-materiell konnotierten Reinheitsbegriffs zugunsten moralischer Konzeptionen stark zurück, mögen jene auch etwa in der Beurteilung von Sexualität im Hintergrund weiterwirken."[23] Umso dringlicher stellt sich die Frage, wa-

---

Early Followers of Jesus, in: Marcel J. H. M. Poorthuis – Joshua Schwartz (Hrsg.), Purity and Holiness. The Heritage of Leviticus (Jewish and Christian Perspectives Series 2) Leiden – Boston – Köln 2000, S. 73–91, S. 85.
[21] Zur Forschungskontroverse um dieses biblische Wort s. Weckwerth, Art. Reinheit, kultische, Sp. 909f.
[22] Eric Ottenheijm, Impurity between Intention and Deed. Purity Disputes in the First Century Judaism and in the New Testament, in: Marcel J. H. M. Poorthuis – Joshua Schwarz (Hrsg.), Purity and Holiness. The Heritage of Leviticus (Jewish and Christian Perspectives Series 2) Leiden – Boston – Köln 2000, S. 129–147, S. 146f.
[23] Weckwerth, Art. Reinheit, kultische, Sp. 909. Ebd., Sp. 910: „Die ntl. vorgeprägte Fokussierung auf moralische Reinheit wird altkirchlich weitergeführt, auch Pollution und Geschlechtsverkehr werden nicht primär unter einem physisch-materiellen als vielmehr unter einem moralischen (…) Blickwinkel gesehen." Ergänzend s. Tomson,

rum Jesu Fokus auf das ethisch-gesinnungsorientierte Reinheitsverständnis unter den Christen im Frühmittelalter seinen Einfluss sogar weitestgehend verlor[24]. Wie konnte es dazu kommen, dass die Menschen – und zwar die gebildeten wie die wenig gebildeten Menschen – die äußere Reinheit zur neuerlich entscheidenden Leitkategorie für das Verständnis der Sexualität erhoben?

Prismagleich zeigt sich die Entwicklung vom ethisch zum äußerlich geprägten Reinheitsdenken anhand der Anfrage, die der Angelsachsen-Missionar Augustinus an Papst Gregor I. († 604) in Rom richtete. So fragt Augustinus beim Papst an, ob die Menstruation die Frau von der Kommunion und vom Kirchenzutritt ausschließe, überdies, ob die Pollution dem Mann den Kommunionempfang verbiete bzw. ihm als Priester die Feier der Messe unmöglich mache[25]. Der Gregor I. zugeschriebene und – so die Mehrheitsmeinung unter den Mediävisten – wohl von ihm persönlich verfasste Antwortbrief[26] hält in Fortschreibung des in der Alten Kirche einflussreichen ethischen Reinheitsdenkens fest, dass allein eine der Ethik des Neuen Testaments zuwiderlaufende Lebensführung, nicht aber eine körperliche Ausscheidung vom Zutritt zur Kirche sowie vom Empfang der Kommunion ausschließen könnte[27]. – Während sich

---

Purity Laws, S. 76f.; Dorothea Wendebourg, Die alttestamentlichen Reinheitsgesetze in der frühen Kirche, in: Zeitschrift für Kirchengeschichte 95 (1984) S. 149–174, S. 158.

[24] Rob Meens, „A Relic of Superstition". Bodily Impurity and the Church from Gregory the Great to the Twelfth-Century Decretists, in: Marcel J. H. M. Poorthuis – Joshua Schwarz (Hrsg.), Purity and Holiness. The Heritage of Leviticus (Jewish and Christian Perspectives Series 2) Leiden – Boston –Köln 2000, S. 281–293.

[25] Ausführliche Wiedergabe der Frage bei Bertram Colgrave – R. A. B. Mynors, übers. v. Günter Spitzbart (= Beda Venerabilis, Historia Ecclesiastica Gentis Anglorum I 27. Lat.-Dt.) Darmstadt 1982, S. 92f. und S. 102f.

[26] Rob Meens, Ritual Purity and the Influence of Gregory the Great on the Early Middle Ages, in: Robert Norman Swanson (Hrsg.), Unity and Diversity in the Church (Studies in Church History 32) Oxford 1996, S. 31–43, S. 33.

[27] Ausführliche Wiedergabe der Antwort bei Bertram Colgrave – R. A. B. Mynors, übers. v. Günter Spitzbart (= Beda Venerabilis, Historia Ecclesiastica Gentis Anglorum I 27. Lat.-Dt.) Darmstadt 1982, S. 96–99 (im Blick auf die Menstruation) und S. 102–107 (im Blick auf die männliche Pollution). Weckwerth, Art. Reinheit, kultische, Sp. 902 neigt im Blick auf die Einschätzung der Menstruation in der Alten Kir-

der Papst mit dieser Antwort noch klar zugunsten der ethischen Reinheit positioniert, findet der rezitierte Briefpassus im Frühmittelalter seinen Eingang in manches Bußbuch[28] – in diesen schriftlichen Handreichungen für die „beichtehörenden Priester" freilich oftmals im Kontext ansonsten äußerlich ausgerichteter (kultischer) Reinheitsvorschriften. Insofern machen diese aus ethischem wie aus äußerlichem Reinheitsdenken gleichermaßen gespeisten Vorschriften der Paenitentialien offenkundig, dass sich die alltagskonkrete „Abmischung" (oder gar Anwendung) von ethischen und äußerlichen Reinheitsvorschriften im (Früh-)Mittelalter retrospektiv kaum mehr klar eruieren lässt. Insgesamt aber schlug das Pendel im Bereich der kultischen Reinheit doch deutlich in Richtung eines äußerlich geprägten Reinheits- bzw. Unreinheitsdenkens aus[29].

Im Rückblick lässt sich diese angesprochene Umorientierung als Ergebnis eines tiefgreifenden Inkulturationsprozesses verstehen: Nach dem militärischen und zivilisatorischen Zusammenbruch des Imperium Romanum im Westen, in dessen Gefolge – wie oben bereits ausgeführt – auch die antiken Schulen und Akademien ihren Betrieb aufgeben mussten, gelangten weithin schriftlose Ethnien in diese „aufgelassenen" Regionen und gaben mit ihrer Mentalität fortan den Ton an. In puncto „Kultische Reinheitsvorstellungen" korrespondierten deren Ideale menschlichen Zusammenlebens offenbar weitgehend mit jenen äußerlich-physischen Reinheitsvorstellungen, wie sie in der jüdisch-christlichen Tradition vor allem im alttestamentlichen Heiligkeitsgesetz zusammengefasst und im Buch Levitikus überliefert sind. Dagegen blieb den vielfältigen Migrationskulturen der neu entstehenden Völkerschaften („Völkerwanderung") die neutestamentliche Intentionsethik erst einmal fremd,

---

che der Auffassung zu, dass die Menstruation zwar „keiner moralischen Bewertung unterzogen", sie aber doch als „rituell befleckend" eingestuft werde.
[28] Lutterbach, Sexualität im Mittelalter, S. 88–92. Ausführliche Auflistung der Rezeptionsorte bei Meens, Ritual Purity and the Influence of Gregory the Great, S. 38–40.
[29] Andreas Weckwerth, *Ne polluantur corpora*. Die Furcht vor ritueller Befleckung im Komplethymnus *Te lucis ante terminum*, in: Römische Quartalschrift 111 (2016) S. 50–69, S. 51 und S. 63–65.

war diese doch Ausdruck einer ehedem hochstehenden und philosophisch rückgebundenen Reflexionstheologie. Ohne die zivilisatorischen Voraussetzungen einer schulisch-universitär verankerten Hochkultur ließ sich eine solche auf individuelle Lebenswahrhaftigkeit ausgerichtete Ethik kaum mehr vermitteln. In der Folge sollte es zu einer über anderthalb Jahrtausende hinweg wirksamen Dominanz des äußeren Reinheits- und Unreinheitsverständnisses kommen. Anders gesagt: Während die frühen Christen die ihnen bekannten Vorschriften aus dem Buch Levitikus zum größten Teil nicht wörtlich befolgten, sondern sie unter dem Primat eines ethisch-gesinnungsorientierten Reinheitsverständnisses meist allegorisch interpretierten[30], verlagerte sich der Umgang mit diesen alttestamentlichen Überlieferungen im Frühmittelalter zugunsten eines äußeren Reinheitsverständnisses.

Diese Verlagerung im maßgeblichen Reinheitsverständnis funktionierte so, dass man die neutestamentlich noch ethisch-innerlich gemeinten Bezeichnungen für Sünde (*iniquitas* oder *fornicatio*) nunmehr unter das Vorzeichen der aus dem alttestamentlichen Buch Levitikus entnommenen Leitkategorie der äußeren Verunreinigung (*pollutio*) stellte. Mehr noch führte man diese Umakzentuierung – von der reinen Gesinnung hin zur äußeren Reinheit – im Sinne eines Autoritätsargumentes direkt auf den Apostel Paulus zurück, obgleich dieser so etwas niemals geäußert hatte! So heißt es in einer Beichtanleitung aus dem 9. Jahrhundert: „Der Apostel Paulus sagt: ‚Jede unreine Befleckung (*immunda pollutio*) bedeutet zugleich eine Schuld (*iniquitas*) und wird Unzucht (*fornicatio*) genannt.'"[31] Diese als (vermeintliches) Autoritätsargument legitimierte Maxime scheint im Früh- und Hochmittelalter geographisch weit verbreitet gewesen zu sein: Unter anderem findet sie sich in den Sentenzen des spanischen Theologen Isidor von Sevilla († 633), im Werk des am Oberrhein klostergründend tätig gewordenen Missionars Pirmin († 753), in den Aufzeichnungen des Thomas von Froidmont

---

[30] Weckwerth, *Ne polluantur corpora*, S. 59.
[31] Paenitentiale Pseudo-Theodori 13,1, hrsg. v. F. W. H. Wasserschleben, Die Bussordnungen der abendländischen Kirche, Halle 1851 [ND 1958], S. 598.

(† nach 1225) oder im Rahmen der Predigtlehre des Pariser Philosophen Alanus ab Insulis († 1202).

Im Frühmittelalter wurde die begriffliche Trennlinie immer weiter verwischt, sodass das ursprünglich auf schwere ethische Delikte bezogene Nomen „Unzucht" (*fornicatio*) und der äußerlich ausgerichtete, ehedem hauptsächlich Kleindelikten vorbehaltene Terminus „Befleckung" (*pollutio*) jeweils undifferenziert zur Bezeichnung von sexuellen Klein- wie auch von sexuellen Kapitaldelikten dienten: Unter der Rubrik „Unzucht" (*fornicatio*) ließen sich also nicht allein schwerwiegende moralische Delikte wie Ehebruch, sexuelle Vergewaltigung oder Geschlechtsverkehr mit Kindern, sondern auch Vorkommnisse wie die Masturbation oder die nächtliche Ejakulation fassen. Umgekehrt bezeichnet manche Beichtanleitung sowohl die freiwillige und unfreiwillige Ejakulation als auch die moralisch ungleich schwerer wiegenden Handlungen wie den Geschlechtsverkehr eines Mannes mit einer Nonne oder das sexuelle Zusammengehen eines Ehemannes mit einer fremden Ehefrau als „Befleckung" (*pollutio*)[32].

Die nicht zuletzt durch mittelalterliche Beichtanleitungen popularisierte Bezeichnung von moralisch schwerwiegenden sexuellen Delikten als äußerlich relevante „Befleckung" (*pollutio*)[33] war übrigens von derartiger Prägekraft, dass noch einer lehramtlichen Entscheidung aus dem Jahre 1665 zufolge diejenigen, die Geschlechtsverkehr unter Männern oder mit Tieren gehabt hatten, in der Beichte lediglich summarisch angeben sollten, dass sie sich eine „Befleckung" (*pollutio*) verschafft hätten[34]!

Vor dem Hintergrund, dass sich die Einschätzung und die Ausübung der Sexualität seit dem 6. Jahrhundert unter dem neuerlich primärreligiös beeinflussten Horizont eines vor allem äußerlich geprägten Reinheits- bzw. Unreinheitsdenkens vollzogen haben, galt den Chris-

---

[32] Lutterbach, Sexualität im Mittelalter, S. 70–76.
[33] Dazu s. Eder, Eros, Wollust, Sünde, S. 176–178.
[34] 28 Sätze, verurteilt in den Dekreten des Heiligen Offiziums vom 24. September 1665, ed. Heinrich Denzinger – Peter Hünermann, Enchiridion symbolorum, 37. Aufl., Freiburg 1991, S. 623, Nr. 24.

ten als Leitbild schlechthin ein Leben unter möglichst weitreichendem – idealerweise sogar vollständigem – Verzicht auf jedwede sexuelle Praxis. Das Optimum sah man in einer von Sexualität – wörtlich – „unkorrumpierten" Lebensweise. Wer – so konnte oben gezeigt werden – in seinem irdischen Leben derart „außerirdisch", gewissermaßen „engelgleich-weltabgehoben" gelebt hatte, durfte berechtigt darauf hoffen, dass sein Leib nach dem irdischen Tod nicht verweste.

Auf vielfältige Weise wirkte sich die kultisch bedingte Abwertung der Sexualität alltagskonkret aus. So erstaunlich uns das im Rückblick erscheinen mag, war einem Mann das gemeinsame Bad mit einer Frau[35] ebenso untersagt wie selbst ein Ehemann dem Verbot unterlag, sich gemeinsam mit seiner Ehefrau zu waschen[36]. Ein Klosterbruder darf sich – so eine Beichtanleitung des 7. Jahrhunderts – weder *solus absolute*, d. h. unbeobachtet waschen noch seine Knie und Arme unbedeckt lassen, wenn er in der Wanne sitzt[37]. Denn: Das Betreten heiliger Orte – so gab man sich überzeugt – erforderte nun einmal die Abstinenz von jedweder Sexualität ebenso wie die Vorbereitung auf heilige Zeiten der sexuellen Abstinenz bedurfte. Wer zur Wallfahrt aufbrach oder zu den Kreuzzügen, wer einem christlichen Hochfest entgegenging oder dem Empfang der Kommunion – immer erinnerte die zeitlich befristete Enthaltsamkeit von der Sexualität an jenen Lebenswandel, wie ihn Mönche konsequent und dauerhaft führen sollten[38].

Gewiss stritt man bisweilen – auch kontrovers – darüber, ob ein Mann angesichts einer unfreiwilligen nächtlichen Pollution oder eine Frau angesichts ihrer Menstruation „kommunionfähig" sei. Doch kann kein Zweifel daran bleiben, dass die Notwendigkeit der kultisch-äußerlichen Reinheit grundsätzlich von höchster Bedeu-

---

[35] Panitentiale Hubertense 47, ed. Raymund Kotte, Paenitentialia minora Franciae et Italiae saeculi VIII–IX (Corpus Christianorum. Series Latina 156) Turnhout 1994, S. 113; Paenitentiale Merseburgense b 5, ebd. S. 173.

[36] Burkhard von Worms, Decretum XIX (o. Kap.), hrsg. v. Jacques-Paul Migne (Patrologia Latina 140) Paris 1888, Sp. 969B.

[37] Paenitentiale Columbani B27–28, ed. G. S. M. Walker, Sancti Columbani Opera (Scriptores Latini Hiberniae 2) Dublin 1957, S. 180.

[38] Lutterbach, Sexualität im Mittelalter, S. 76–96.

tung war. Sogar ein derart gebildeter und ansonsten mit theologischem Eifer an den Leitlinien des Neuen Testaments ausgerichteter Philosoph wie Peter Abaelard († 1142) bestand unmissverständlich darauf, dass die Frau unter kultischen Gesichtspunkten als „unreiner Mensch" (*persona impura*) zu gelten hat. Dementsprechend machte sich auch dieser unter anderem an der Universität Paris tätige Gelehrte die Position zu eigen, dass nicht einmal die Nonnen eines Klosters – offenbar aufgrund der ihnen wegen der Menstruation grundsätzlich anhaftenden äußeren Unreinheit – die für die Feier der Eucharistie notwendigen heiligen Geräte berühren dürfen: „Weder die Messnerin noch sonst eine Nonne soll die Reliquien oder die Altargefäße oder die Altardecken berühren dürfen, außer sie sind ihnen zur Reinigung übergeben. (...) Die Messnerin soll die Schränke öffnen, die Mönche werden die heiligen Gefäße aus den Schränken nehmen und sie wieder einstellen."[39]

Kurzum: Die kultischen Vorschriften im Dienste der äußeren Reinheit, deren urtümliche Prägkraft ursächlich übrigens ebenso hinter den im Mittelalter zahlreich anzutreffenden (und in der Kirche der ersten drei Jahrhunderte noch wenig verbreiteten[40]) Liturgie- und Speisetabus steht[41], waren für die Auffassung und die Praxis der Sexualität von erstrangiger Wichtigkeit. Ihr machtvolles Wiederaufleben nach dem Ausdünnen der achsenzeitlich-vergeistigten Errungenschaften zu Beginn des Frühmittelalters, das sich

---

[39] Abaelard, Ep. 8, ed. T. P. McLaughlin, Abelard's Rule for Religious Women, in: Medieval Studies 18 (1956) S. 241–292, S. 260.
[40] Tomson, Purity Laws, S. 74–78 und S. 84–90.
[41] Hubertus Lutterbach, The Holy Mass and Holy Communion in the Medieval Penitentials (600–1200). Liturgical and Religio-Historical Perspectives, in: Charles Caspers – Gerard Lukken (Hrsg.), Bread of Heaven. Customs and Practices Surrounding Holy Communion. Essays in the History of Liturgy and Culture, Kampen (NL) 1995, S. 61–82; Hubertus Lutterbach, Die Speisegesetzgebung in den mittelalterlichen Bußbüchern (600–1200). Religionsgeschichtliche Perspektiven, in: Archiv für Kulturgeschichte 80 (1998) S. 1–37; Hubertus Lutterbach, Die Fastenbuße im Mittelalter, in: Klaus Schreiner (Hrsg.), Frömmigkeit im Mittelalter. Politisch-soziale Kontexte, visuelle Praxis, körperliche Ausdrucksformen, München 2002, S. 399–437. Zu den Liturgietabus und zum Blut(genuss)tabu der Christen in der Alten Kirche s. Markschies, Das antike Christentum, S. 112 und S. 133f.

entgegen den Leitlinien des Neuen Testaments vollziehen und über mehr als anderthalb Jahrtausende durchhalten konnte, hatte gravierende Folgen. Es bereitete der umfassenden Abwertung der Sexualität den Weg und bewirkte maßgeblich die untergeordnete Stellung der Frau gegenüber dem Mann. Nicht zuletzt wurzelt der aktuell umstrittene (Pflicht-)Zölibat der Priester in der verschärften Hinkehr zur kultisch-äußeren Reinheit im 6. Jahrhundert.

d. Der Pflichtzölibat

Anfänglich gab es innerhalb des neutestamentlich-vergeistigten Horizonts für keine soziale Gruppe einen Pflichtzölibat, sondern lediglich einen freiwilligen Zölibat. So kann sich das göttliche Geschenk der eigenen Originalität gemäß dem Neuen Testament in unterschiedlichen Charismen ausdrücken, eben auch in der Gabe der Ehelosigkeit (1 Kor 7,7). Wer demnach in der Urgemeinde und in der Frühen Kirche ehelos lebte, tat dies freiwillig aus der Überzeugung, von Gott mit dieser Begabung beschenkt worden zu sein. Die so gewonnenen Freiräume sollten dem Gebet und der pastoralen Arbeit zugutekommen. Keinesfalls aber lagen sie in einem Verständnis der Sexualität als negativ und verunreinigend begründet.

In dem Maße, wie sich die Christen nach der Akzeptanz durch Kaiser Konstantin († 337) im 4. Jahrhundert von einer kleinen elitären Schar zu einer Massenbewegung ausweiteten, entwickelte sich am Rande des Imperium Romanum – im heutigen Ägypten und Syrien – eine Sonderbewegung von leistungsorientierten „Verzichts-Christen". Als Mönche formierten sie sich zu Gemeinschaften mit einem Abt an der Spitze. Unter anderem aufgrund von damals zunehmenden judaisierenden Einflüssen, die jene in der Welt der Religionen weit verbreiteten kultisch-äußeren Reinheitsvorstellungen auch in das Christentum trugen, erhoben die Mönche den Zölibat in ihren Reihen zur Verpflichtung. Aufgrund dieser Zusatzleistung, die sie um weitere Maßnahmen zugunsten einer äußerlich(-asketisch)en Reinheit ergänzten (Verzicht auf Schlaf zwecks Abwehr sexualitätslastiger Träume; Verzicht auf Nahrung um der Abkehr von kultisch verunreinigenden Speisen willen etc.), beanspruchten sie fortan sogar die „Pole-Position" unter allen Christen[42].

Von Anfang an war die Ehelosigkeit derart selbstverständlich mit dem Mönchtum verbunden, dass kaum eine Klosterregel seit dem 4. Jahrhundert sie ausdrücklich erläutert. Insgesamt charakterisiert der Kirchenhistoriker Wolf-Dieter Hauschild die bereits im frühesten christlichen Mönchtum geforderte Ehelosigkeit als eine „Entweltlichung", welche „als eine neue Form sozialer Praxis konzipiert" wurde[43].

Seit dem 6. Jahrhundert wurde es immer schwerer, zwischen den Mönchen einerseits und den ursprünglich verheirateten Bischöfen, Priestern und Diakonen andererseits zu unterscheiden, da auch der Bischofsklerus im Dienste der kultischen Reinheit zunehmend äußerlich(-asketisch) rein, also ohne die Ausübung der Sexualität sowie unter Verzicht auf die Ehe lebte[44]. So bestanden an den Bischofssitzen fast regelmäßig Klöster, deren Kleriker in Gemeinschaft sexuelle Enthaltsamkeit praktizierten und als vornehmste Aufgabe den Dienst am Heiligtum pflegten. Das Motiv für diese Verbindung von Mönchtum und Priestertum lässt sich bereits in der spätantiken Kirche erkennen: Vermittler des Heils konnte nur sein, wer im Horizont der kultischen Reinheit äußerlich(-asketisch) rein, das heißt sexuell enthaltsam lebt. So glaubte man entsprechend der primärreligiös verwurzelten Logik von menschlicher Leistung und göttlicher Gegenleistung, dass sich die von einem Priester gefeierte Messe durch dessen zusätzlich mönchisch-enthaltsame Lebensweise in ihrer Wirkung für das Diesseits und das Jenseits potenzierte[45].

---

[42] Dazu s. umfänglich Lutterbach, Monachus factus est; auch Hubertus Lutterbach, Der Pflichtzölibat im Christentum. Ausdruck der besonderen Gotteskindschaft?, in: Jahrbuch für biblische Theologie 33 (2020) S. 191–210, hier bes. S. 200–208.

[43] Wolf-Dieter Hauschild, Art. Basilius, in: Theologische Realenzyklopädie 5 (1980) S. 301–313, S. 308.

[44] Zu den altkirchlichen Wurzeln dieser Entwicklung s. Weckwerth, Art. Reinheit, kultische, Sp. 903–905, der im Sinne der inneren Reinheit resümiert: „Sexuelle Begierde und Lust beflecken gleichsam die Seele des Klerikers und behindern ihn in seiner strikten Ausrichtung auf Gott."

[45] Angenendt, Das Frühmittelalter, S. 207f.

Maßgeblich hing die Durchsetzung des Pflichtzölibates im Frühmittelalter auch damit zusammen, dass sich in dieser Zeit die tägliche Messfeier etablierte. Während der Priester zuvor allein in der Nacht zum Sonntag wegen der wöchentlich einmaligen Eucharistiefeier am „Wochenostern" auf die Ausübung der Sexualität innerhalb seiner Ehe verzichtet hatte, sollte er fortan erstens unverheiratet und zweitens zur dauerhaften sexuellen Enthaltsamkeit verpflichtet sein, weil er der Messe täglich vorstand[46].

Tatsächlich prägt die Forderung, mit dem Heiligen ausschließlich im Zustand der sexuell-kultischen Reinheit umgehen zu dürfen, das Verhalten des Liturgie feiernden Klerus wie die Liturgie selber. Sogenannte „Entziehungswunder" veranschaulichten im Mittelalter allen Beteiligten drastisch, dass sich die konsekrierte Hostie, in der man Christus gegenwärtig glaubte, in dem Moment den Händen eines kultisch unreinen Priesters entzog, wenn dieser sie bei der Elevation während der Messe erhob[47]. Mancher Zelebrant klagte sich daraufhin an, dass er aufgrund einer zuvor erlebten nächtlichen sexuellen Pollution so befleckt wie eine Menstruierende sei.

Der Kirchenhistoriker Arnold Angenendt bilanziert die Entwicklungsgeschichte des Zölibats im zunehmend ortho-praktisch beeinflussten frühmittelalterlichen Christentum ebenso knapp wie drastisch: „Das mittelalterliche Motiv für den Zölibat, für das enthaltsame Leben bei allen direkt an der Bereitung der Eucharistie Beteiligten, kann, weil nicht neutestamentlich, nur religionsgeschichtlich sein. Es war das Prinzip der rituellen Reinheit [i. e. der kultisch-äußeren Reinheit]. Für das mittelalterliche Ringen des Christentums mit allgemein-religiösen Vorstellungen steht der Sieg der rituellen Reinheit fest. Dies ist umso bemerkenswerter, als sich diese Reinheitsforderung an ganz zentraler Stelle durchsetzte – bei den Dienern der Eucharistiefeier."[48] Und von dort – so darf man

---

[46] Zur ereignisgeschichtlichen Entwicklung des Zölibats s. Hubert Wolf, Zölibat. 16 Thesen, München 2019.
[47] Peter Browe, Die eucharistischen Wunder des Mittelalters (Breslauer Studien zur historischen Theologie N. F. 4), Breslau 1938, S. 31–36.
[48] Angenendt, Geschichte der Religiosität, S. 461f.

ergänzen – griff sie unterschiedslos über auf alle Christen[49], wie sich anhand der mittelalterlichen Apologien zeigen lässt[50]. Weder die Reformation noch die Bewegung der Aufklärung mit ihrem jeweils erstrangigen Einsatz zugunsten einer inneren, also ethisch-gesinnungsorientierten Reinheit vermochte dieses über Jahrhunderte hinweg geübte Ringen um die äußere Reinheit konsequent zu durchbrechen.

Immerhin könnte man in dem Maße, wie sich die Bewertung der Sexualität aktuell neuerlich am Ringen um die innere Reinheit ausrichtet, den weiterhin aus Gründen der äußeren Reinheit verpflichtenden Zölibat in Frage stellen. Denn Liturgiefeier und sexuelle Aktivität schließen einander gemäß der Überzeugung vieler Gläubiger, Priester und Bischöfe nicht länger aus – und damit entfiele eine wichtige Säule für die bisherige Rechtfertigung des Zölibats. – Ob sich eine solche Abkehr vom Pflichtzölibat womöglich auch auf den aktuell diskutierten Bezug zwischen zölibatärem Lebensstil und sexueller Gewalt gegenüber Kindern durch Kleriker auswirken würde, muss hier offenbleiben. Immerhin könnte die bislang obligatorische Wahrung der äußeren Reinheit in diesem Problembereich eine bislang nicht entschlüsselte Rolle spielen, wenn man nach Erklärungen für die Anwendung sexueller Gewalt von Klerikern gegenüber Kindern sucht[51].

---

[49] So waren über die Mönche und die Priester, Diakone etc. hinaus auch alle anderen Christen zur Beachtung der äußerlich-physischen Reinheit als Ausprägung der kultischen Reinheit angehalten. „Sicherheitshalber" gab der Priester den Laien die Kommunion fortan auf die Zunge statt auf die Hand – die Wurzel der bis heute in Kirchenkreisen kontrovers diskutierten Mundkommunion. In diesem Sinne waren die Laien auch bis zum II. Vaticanum während der 1960er Jahre zur Enthaltsamkeit vor jedem sonntäglichen Kommunionempfang verpflichtet. Bedenkt man die ihnen zusätzlich abgeforderte Enthaltsamkeit während der drei 40-tägigen Fastenzeiten des Jahres (anstelle der heutzutage zwei jährlichen Quadragesen) sowie vor den hohen Feiertagen (im Falle des Kommunionempfangs), dann lebten auch die Laien durchschnittlich an jedem zweiten Tag des Jahres sexuell enthaltsam.

[50] Arnold Angenendt, Offertorium. Das mittelalterliche Messopfer (Liturgiewissenschaftliche Quellen und Forschungen 101) Münster 2013, S. 125f.; auch Sebastian Eck, Die Apologien – Zur Prägekraft einer christlichen Gebetsform für die mittelalterliche Religiosität, in: Das Mittelalter 24 (2019) S. 319–336.

[51] Ein chronologischer Überblick zur Aufdeckung des Skandals bei Wilhelm Damberg, Missbrauch. Die Geschichte eines internationalen Skandals, in: Birgit Aschmann (Hrsg.), Katholische Dunkelräume. Die Kirche und der sexuelle Miss-

e. Äußere Reinheit und sexuelle Gewalt durch Priester

Bis heute ist der zivilisationsprägende Beitrag der Kleriker zu Kinderbildung und Kinderschutz unmittelbar nachvollziehbar. Als Ausdruck einer um Nächstenliebe bemühten neutestamentlichen Ethik setzten sich die Bischöfe und die Priester in der Alten Kirche für die Kinder ein, weil sie in der Gesellschaft zu den Schwächsten zählten und wenig Ansehen hatten[52]. Dagegen wirkt es aktuell irritierend, wenn sich die Mönche und die Priester die Kinder (vor allem: die Knaben) seit dem 4. Jahrhundert aufgrund von deren äußerer Reinheit – ein Widerhall urtümlichen Religionsverständnisses – besonders zum Vorbild nahmen.

Orientierend ist daran zu erinnern, dass innerhalb der Großgemeinschaft der Christen seit dem 4. Jahrhundert (und womöglich bis in die 1970er Jahre) erstrangig zwei Personengruppen das religionsgeschichtliche Verdikt „äußerlich rein" in einzigartiger Exklusivität zugesprochen bekamen: die Priester und die Mönche – wie bereits anhand des Zölibats gezeigt – auf der einen Seite und auf der anderen Seite die Kinder, besonders: die Knaben. Könnte diese Gemeinsamkeit erklären helfen, wie die Ausübung sexueller Gewalt von Klerikern gegenüber Kindern begünstigt wurde? Unter dieser Frageperspektive ist erstens zu erläutern, in welcher Weise sich die Mönche/Priester auf das Kind als Vorbild und Ideal seit dem 4. Jahrhundert und mindestens bis zum Vaticanum II bezogen haben. Zweitens ist kritisch zu erwägen, wie die soziale Umwelt auf dieses Zusammenspiel reagiert (hat)[53].

---

brauch, Paderborn 2022, S. 3–22. Überblicksartig s. gleichfalls Thomas Großbölting, Die schuldigen Hirten. Geschichte des sexuellen Missbrauchs in der katholischen Kirche, Freiburg 2022.

[52] Hubertus Lutterbach, „Was ihr einem dieser Kleinen getan habt, das habt ihr mir getan …" Der historische Beitrag des Christentums zum „Jahrhundert des Kindes", in: Jahrbuch Biblische Theologie 17 (2002) S. 199–223, S. 216.

[53] Dazu s. auch Hubertus Lutterbach, Die kultische Reinheit – Bedingung der Möglichkeit für sexuelle Gewalt von Klerikern gegenüber Kindern?, in: Magnus Striet – Rita Werden (Hrsg.), Unheilige Theologie! Analysen angesichts sexueller Gewalt ge-

Als Jesus auf die Kinder hinwies und sie den Erwachsenen als Vorbild vor Augen stellte, ging es ihm bei dieser Demonstration darum, dass sich die Erwachsenen die Empfangsbereitschaft der Kinder zu eigen machen sollten[54]. Diesem Ideal der Offenheit gegenüber dem göttlichen Wort und den Nöten der Mitmenschen schlossen sich die frühen Taufbewerber an, wenn sie die Zulassung zur Taufe erbaten.

So gelten die Getauften – in der Alten Kirche waren es allzu meist Menschen im Erwachsenenalter – bis heute als Gottes Kinder und als Geschwister untereinander. Diese Kindschaft, gewissermaßen das geistliche „forever young", bleibt ihnen so lange, wie sie ihrem Religionsstifter Jesus in der Lebensführung und in den Grundüberzeugungen die Treue halten. Während der Alten Kirche erhielten die getauften Erwachsenen zum Zeichen für die ihnen zugesprochene geistliche Verjüngung eine „Kinderfrisur", indem man ihnen symbolisch von ihrem Haar einige Locken abschnitt. Zugleich trugen sie für acht Tage ein weißes Gewand mit einer Kapuze, die in der (Spät-)Antike auch im sonstigen Alltag als die besondere Kleidung der Kinder galt[55].

In dem Maße, wie die Sorge um die kultisch-äußere Reinheit als Zutrittsbedingung zur Liturgie ab dem 4. Jahrhundert an Einfluss deutlich zunahm, veränderte sich zugleich das Ideal, das man in den Kindern verkörpert sah. Nicht länger standen sie erstrangig für die Empfangsbereitschaft, sondern aufgrund ihrer von Sexualität unbeeinflussten Existenz veranschaulichten sie fortan die kultisch-äußere Reinheit.

Diese äußere – von Sexualität unkontaminierte – Reinheit der Kinder/Knaben nahmen sich jene Mönche und Priester zum Vorbild, die über ihre erste Taufe aus Wasser und Geist hinaus eine Zweite Taufe erbaten: entweder in der Weise der Mönchwerdung oder – später – in der Gestalt der Diakonen- und der Priesterweihe. Aufgrund ihrer Zweiten Taufe verstanden sich diese „Super-Christen" – anders als die

---

gen Minderjährige durch Priester (Katholizismus im Umbruch 9) Freiburg 2019, S. 175–195.
[54] Hubertus Lutterbach, Gotteskindschaft. Kultur- und Sozialgeschichte eines christlichen Ideals, Freiburg 2003, S. 33–38.
[55] Lutterbach, Gotteskindschaft, S. 39–105.

Weltchristen mit Familie und Kindern – nicht als „einfache Gotteskinder", sondern vielmehr als die „besonderen Gotteskinder". Mit ihrer gleichzeitigen sexuellen Enthaltsamkeit suchten sie die von Sexualität unbefleckten Kinder mittels asketischer Anstrengung nachzuahmen.

Konsequent gestaltete man den Ritus der Mönchwerdung und Diakonen- bzw. Priesterweihe als quasi Zweite Taufe – parallel zum Ritus der ersten Taufe – aus. Dazu gehörte die Erteilung der Tonsur, bei der der Mönch, Diakon oder Priester (unabhängig vom präzisen Haarschnitt) eine „Kinderfrisur" erhielt. Gleichermaßen empfing der Mönch sein bis heute charakteristisches Kapuzengewand, während zur liturgischen Kleidung der Priester das Schultertuch gehört, das nichts anderes ist als eine aufgeschnittene Mönchskapuze[56].

In den Horizont einer als „besonders" in Anspruch genommenen Gottes*kind*schaft fügen sich schließlich auch die seit dem Hochmittelalter sogenannten Evangelischen Räte aus Armut, Ehelosigkeit und Gehorsam nachvollziehbar ein: Der Mönch (und in seiner Spur der Bischof, Priester, Diakon) soll im Sinne der Gütergemeinschaft arm wie ein Kind, sexuell rein wie ein Kind und gehorsam wie ein Kind leben[57]. Wie stark innerhalb dieser leistungsasketisch motivierten Trias die sexuelle Reinheit herausragt, wird anhand zahlreicher Belege – beginnend seit dem 8. Jahrhundert in St. Gallen – auch daran deutlich, dass im Hoch- und Spätmittelalter meist am Festtag des Heiligen Nikolaus (6. Dezember) oder am Fest der Unschuldigen Kinder (28. Dezember) ein mit bischöflichen Insignien ausgestatteter Knabe der Liturgie an der Kathedralkirche (mit Ausnahme der Messfeier) vorstand. Einmal mehr macht diese Tradition der sogenannten Kinderbischöfe das mittelalterliche Ideal anschaulich, wie es Mönch, Bischof, Priester etc. verkörpern sollten: das sexuell reine Kind oder der von Sexualität nicht befleckte Knabe[58].

Also: Aufgrund des ihnen zugebilligten (und aus heutiger Sicht retrospektiv als hochbrisant einzustufenden) Exklusivmerkmals

---

[56] Lutterbach, Gotteskindschaft, S. 106–164.
[57] Dazu s. oben auch die Ausführungen im Kapitel zur Bedeutung der Kinder bei der Wahl des Koptenpapstes.
[58] Lutterbach, Gotteskindschaft, S. 158–163.

„Äußere Reinheit" verbindet beide Gruppen (Mönche/Priester und Knaben), dass sie beachtliche seelsorgerliche Erfolge erzielten – innerhalb wie außerhalb der Klöster – und in der Konsequenz sogar eine Art „Kirche in der Kirche" verkörperten. Ja, die Mönche bzw. Priester setzten die kultische Reinheit – in diesem Fall: die innere und die äußere Reinheit – sogar als das von den in ihre Dienste genommenen Knaben (vermeintlich) ideal veranschaulichte Umerziehungsziel für die Mitchristen, näherhin für die erwachsenen Laien, fest. Obwohl also bis in die 1960er Jahre auch die erwachsenen Laien das Ideal der kultisch-äußeren Reinheit zumindest „auf Zeit" innerhalb des Kirchenjahres (z. B. während der jährlichen 40-tägigen Fastenzeiten) leben sollten, spiegelten ihnen die liturgischen Feiern und das kirchliche Alltagsleben zurück, dass sie mit ihren Anstrengungen hinsichtlich der kultisch-äußeren Reinheit dennoch insgesamt weit hinter den Mönchen/Priestern und den Knaben zurückblieben. So mag dieses Gefühl der Minderwertigkeit, das die Mönche/Priester den erwachsenen Laien in puncto „kultisch-äußere Reinheit" zugeschrieben haben, mit dazu beigetragen haben, dass sich die Mönche/Priester in ihrem Kontakt besonders mit den Knaben der Kontrolle von Laienchristen mit Machtbewusstsein und Stolz entzogen haben[59]. In diesem „Manko" könnte es mit begründet liegen, dass selbst nach der Publikation der zahlreichen „Missbrauchsstudien" manch kirchlicher Hierarch so lange gebraucht hat, bis er anstelle einer kirchlichen – sprich: klerikalen – Selbstreinigung schließlich doch für eine Kontrolle der Kirche von außen optiert hat. Immerhin sind noch längst nicht alle Orden (und Bistümer) dem Beispiel der Jesuiten gefolgt, die als erste kenntnisreichen Laien den kontrollierenden Zugang zu ihrem Orden und seinen Einrichtungen ermöglicht haben[60].

---

[59] Dazu s. umfassend Hubertus Lutterbach, Spiritualität und Missbrauch. Werdet wie die Kinder. Die Vorstellung von der kultischen Reinheit, die Priester und Kinder verbindet, in: Herder Korrespondenz 73 (2019) S. 48–51.
[60] Mit einem Plädoyer für „Kontrollverfahren von außen", denen sich die katholische Kirche aussetzen sollte, s. auch Großbölting, Die schuldigen Hirten, S. 230f.

f. Ringen um Reinheit heute

Während im Christentum seit den 1960er Jahre eine (kirchenoffizielle) Abkehr vom Paradigma der kultisch-äußeren Reinheit festzustellen ist, bleibt dieses Verdikt in anderen Religionen weiterhin einflussreich – so im Judentum und im Islam. Entsprechend begegnen Zeitgenossen in unseren Breiten über diesen Umweg neuerlich einer Tradition, die – wie gezeigt – auch hierzulande lange tonangebend war und sich in ihren Einflüssen noch immer zeigt.

In Deutschland verlief die langsame Abkehr vom Primat der kultisch-äußeren zugunsten der ethisch-gesinnungsorientierten Reinheit in der katholischen Pastoraltheologie parallel zur Ausdünnung der katholischen Mehrheitsgesellschaft seit den 1960er Jahren. Ebenso profitierte diese Wende in Deutschland und seinen Nachbarländern von der zeitgleichen Öffnung des christlichen Lebens gegenüber humanwissenschaftlichen Erkenntnissen aus der Pädagogik oder der Psychologie[61]. Schließlich hatten die Mönche, die im Christentum traditionell die um kultisch-äußere Reinheit bemühte Lebensform par excellence verkörperten, seit dem Zweiten Vatikanischen Konzil Anfang der 1960er Jahre ihre spirituelle Leitstellung verloren. Stattdessen besannen sich die Konzilsväter auf das Neue Testament zurück und erhoben auch in kultischer Hinsicht die ethisch-gesinnungsorientierte Reinheit zum zentralen Referenzpunkt des christlichen Lebens: Allein wer als Christ geistlich aufrichtig und sozial lebenswahrhaftig lebt, darf für sich in Anspruch nehmen, dass er die Jesus-Botschaft im ursprünglichen Sinne verwirklicht und die entscheidenden Zutrittsbedingungen für die Liturgie erfüllt[62].

---

[61] Dazu s. Andreas Rödder, 21.0. Eine kurze Geschichte der Gegenwart, 4. Aufl., München 2016, S. 183–201, S. 130 und S. 198–201.
[62] Lumen Gentium 32, ed. Karl Rahner – Herbert Vorgrimler, Kleines Konzilskompendium (Herderbücherei 270) Freiburg 1966 [ND 1986], S. 162. Dazu s. auch Lutterbach, Gotteskindschaft, S. 416f.

Der Sexualforscher Gunter Schmidt ordnet das Ende der Vorschriften im Dienste der kultisch-äußeren Reinheit sowie die Notwendigkeit veränderter Sexualvorschriften unter dem Vorzeichen der kultisch-inneren Reinheit in den umfassenden Modernisierungsschub ein, wie er sich im Westen seit den 1960er Jahren vollzog: „Die sexuelle Modernisierung der späten 60er und 70er Jahre, die bei aller Begrenzung und ‚Systemimmanenz' Ketten sprengte, war (...) schicht-, generations- und vorliebenübergreifend." Mit Blick auf die Gegenwart spricht der genannte Sexualwissenschaftler von einem „neuen Sexualcode", der die alten Verbote nicht wiederbeleben, sondern den sexuellen Umgang friedlicher, ziviler, ja kommunikativer und herrschaftsfreier gestalten wolle: „Das Ergebnis ist die Verhandlungsmoral. Beurteilte die alte Moral sexuelle Akte – Masturbation, nichtehelichen Sex, Homosexualität usw. – weitgehend unabhängig vom Kontext als ‚böse', so kommt es heute nicht mehr darauf an, *was* zwei (oder auch mehr) erwachsene Partner miteinander machen, sondern *wie* es zustande kommt. Ob hetero, bi- oder homosexuell, oral, zart, ruppig, bieder oder raffiniert, normal oder pervers, von hinten oder von vorne, ist moralisch ohne Belang. Von Belang ist, dass es vereinbart wird." Schmidt rühmt in diesem Zusammenhang den „entmystifizierten, entdramatisierten Sex": „Es scheint, als sei die Sexualität zu Beginn des Jahrhunderts gründlich entrümpelt – vom Katholizismus, vom Patriarchat (...). Das ist nicht wenig für 50 Jahre, fast schon eine Erfolgsgeschichte."[63]

Historisch lässt sich der Kontext noch erweitern, in den die beschriebene Entwicklung der Sexualität zu stellen ist: „Parallel zur Emotionalisierung der Sexualität lässt sich in der Geschichte intimer Beziehungen im 20. Jahrhundert auch eine insgesamt zunehmende Ausrichtung auf Partnerschaftlichkeit und eine Ethik des Aushandelns beobachten."[64] Der Historiker Franz X. Eder spricht

---

[63] Gunter Schmidt, Aus der Zauber? Eine kurze Geschichte der Sexualität in der BRD, in: Gunter Schmidt (Hrsg.), Kinder der sexuellen Revolution. Kontinuität und Wandel studentischer Sexualität 1966–1996. Eine empirische Untersuchung (Beiträge zur Sexualforschung 77) Gießen 2000, S. 9–15, S. 13f. (beide Zitate).

[64] Peter-Paul Bänziger – Magdalena Beljan – Franz X. Eder – Pascal Eitler, Sexuelle

sogar von einem „Imperativ der Partnerschaftlichkeit und Verhandlungsmoral"[65].

Ohne Frage steht die von Gunter Schmidt – stellvertretend für viele andere Wissenschaftlerinnen und Wissenschaftler mit ähnlichen Gedanken – zitierte Position in der Gefahr, all jene Positionen von vornherein gering zu achten, die hier anstelle sexueller Befreiung weiterhin traditionelles Gedankengut im Umgang mit der Sexualität obenan stellen.

Immerhin lässt sich der Zeitschrift „Chrismon" zum Fortwirken des kultischen Reinheitsdenkens mit seiner Wahrung auch der äußeren Reinheit in Judentum und Islam entnehmen: „Nur im Zustand kultischer [i. e. kultisch-äußerer] Reinheit können Juden und Muslime mit Gott in Beziehung treten. Die Reinheitsgesetze geben dem ganzen Leben Ordnung. Seit der ältesten Zeit des Judentums waren diese Gesetze eine wichtige Klammer der Gesellschaft und zwischen Gott und Mensch. Sie hatten also eine soziale und eine religiöse Komponente. Juden müssen ihre Reinheit nach sexuellen Begegnungen oder der Berührung eines Toten wiederherstellen, indem sie sich nach festen Regeln waschen." Im gleichen Sinne setzt „Chrismon" die soeben zitierten Überlegungen zur kultisch-äußeren Reinheit in Richtung Islam fort: „Auch im Islam gelten strenge Reinheitsgesetze: Muslime beziehungsweise Musliminnen

---

Revolution? Zur Sexualitätsgeschichte seit den 1960er Jahren im deutschsprachigen Raum, in: Peter-Paul Bänziger – Magdalena Beljan – Franz X. Eder – Pascal Eitler (Hrsg.), Sexuelle Revolution? Zur Geschichte der Sexualität im deutschsprachigen Raum seit den 1960er Jahren (1800 – 2000. Kulturgeschichten der Moderne) Bielefeld 2015, S. 7–23, S. 15.

[65] Franz X. Eder, Die lange Geschichte der „Sexuellen Revolution" in Westdeutschland (1950er bis 1980er Jahre), in: Peter-Paul Bänziger – Magdalena Beljan – Franz X. Eder – Pascal Eitler (Hrsg.), Sexuelle Revolution? Zur Geschichte der Sexualität im deutschsprachigen Raum seit den 1960er Jahren (1800–2000. Kulturgeschichten der Moderne) Bielefeld 2015, S. 25–59, S. 42. Ähnlich Nina Verheyen, Der ausdiskutierte Orgasmus. Beziehungsgespräche als kommunikative Praxis in der Geschichte des Intimen seit den 1960er Jahren, in: Peter-Paul Bänziger – Magdalena Beljan – Franz X. Eder – Pascal Eitler (Hrsg.), Sexuelle Revolution? Zur Geschichte der Sexualität im deutschsprachigen Raum seit den 1960er Jahren (1800–2000. Kulturgeschichten der Moderne) Bielefeld 2015, S. 181–197, S. 181f. und S. 194f.

reinigen sich nach dem Geschlechtsverkehr, nach Ende der Regelblutungen und nach der Geburt eines Kindes, wenn sie sich auf das Gebet vorbereiten."[66]

Welch eine Hilfe kann es angesichts dieser Lage sein, über die Auswirkungen der kultischen Reinheit innerhalb der eigenen – vornehmlich christlich geprägten – Herkunftskultur informiert zu sein?! Denn auch das Christentum befand sich in diesem Punkt über Jahrhunderte hinweg (und teilweise bis heute) in bester Religions-Ökumene[67]. – Abseits dieser historisch festzuhaltenden Entwicklungswege kann es heutzutage freilich nicht mehr angehen, in unserem Staat und in unseren Kirchen der Logik der äußeren Reinheit weiter zu folgen, wenn damit – und hier schließt sich der Kreis der Argumentation – eine Herabwürdigung von Laien im Allgemeinen und von Frauen im Besonderen verbunden ist.

---

[66] https://chrismon.evangelisch.de/artikel/2007/rein-unrein-was-bedeutet-das-unbeschwert-von-schuld-unbefleckt-koerper-und-seele-nur-so (21.11.19).
[67] Entsprechende Belege finden sich in Hülle und Fülle bei fundamentalisierenden Anbietern religiöser Inhalte auch im Internet (z. B. „kath.net").

5. Materielle Opfer – Kein Leben ohne Geben

„Deine Blutspende verhindert Todesfälle", „Schenke Leben, spende Blut!", „Werde zum Schutzengel. Rette Leben. Mit Deinem Blut!", „Ihre Blutspende rettet Leben.", „Wer Blut spendet, rettet Leben" oder „Ihre Blutspende ist Hilfe, die ankommt." Allein unter diesen Slogans sind Menschen in unseren Breiten davon überzeugt, dass ausfließendes Blut eine lebensförderliche Bedeutung haben kann. Sie spenden ihr Blut beim Roten Kreuz oder in großen Krankenhäusern zugunsten von Menschen, die gesundheitlich in Not geraten sind. Entweder benötigen diese Kranken die Transfusion von Spenderblut aufgrund einer schweren inneren Erkrankung, wegen eines dramatischen Unfalls oder im Zuge eines großen chirurgischen Eingriffs. Wenn Blut ausfließt, weckt das schnell die Assoziation von Leben in Gefahr. So zeigen viele Menschen beim Anblick von Blut die innerlich erlebte Bedrohung dadurch, dass sie weiche Knie bekommen oder von Schwindel, Übelkeit und Ohnmacht befallen werden.

Die Geschichte der Blutspende ist eine noch junge Geschichte, denn die Erforschung des Blutes ist gerade einmal hundert Jahre alt. Zuvor standen den Medizinern die notwendigen Mikroskope und andere unabdingbare Gerätschaften überhaupt nicht zur Verfügung. Erst als es dem Wiener Hämatologen Karl Landsteiner († 1943) zwischen 1901 und 1902 gelang, die Blutgruppen A, B, 0 und AB zu unterscheiden, war der eine Teil des Fundaments für die moderne Transfusionsmedizin gelegt. Der andere Teil bestand in Landsteiners Entdeckung, dass die Bluttransfusion zwischen Personen der gleichen Gruppe keine Zerstörung der Blutzellen bewirkt, wohingegen die Transfusion unter Personen mit verschiedenen Blutgruppen zu einer Verklumpung des Blutes führt[1]. Auf der Basis dieser bahnbrechenden neuen Erkenntnisse fand im Jahre 1907 die erste erfolgreiche Bluttransfusion am Mount Sinai Hospital in New York statt.

---

[1] Axel W. Bauer, Karl Landsteiner. Entdecker der Blutgruppen in Wien – Nobelpreisträger in New York, in: Transfusionsmedizin 8 (2018) S. 164–169.

Materielle Opfer – Kein Leben ohne Geben

Der erste Bluttransfusionsdienst ging im Jahr 1921 in London an den Start. Der Anstoß für seine Gründung war ein spontan aufgetretener Notfall. Das King's College Hospital in London fragte bei der Chamberville Division des Britischen Roten Kreuzes an, ob sie zügig die Blutspende für einen schwerkranken Patienten ermöglichen könnte. Unter denen, die sich zur Verfügung stellten, stimmte die Blutgruppe von einem der spendebereiten Rotkreuzler mit der Blutgruppe des Kranken überein. Beglückt über diesen lebensrettenden Beitrag, entschloss sich der Sekretär der Chamberville Division, Percy Oliver, zur Gründung seines Bluttransfusionsdienstes. Bestmöglich suchte er die Versorgung Notleidender mit Blut zu organisieren. Dabei legte er als die bis heute maßgeblichen Anforderungen an die Spenderinnen und Spender fest, dass sie sich freiwillig und ohne jede Bezahlung zur Verfügung stellen. Die Blutspende sollte ein Ausdruck der Hingabe von Mensch zu Mensch sein.

Während in unseren Breiten wahrscheinlich fast jeder Mensch eine Blutspende von Mensch zu Mensch als materielles „Opfer" im Falle der Not eines Mitmenschen sinnvoll findet, sind an anderen Orten unserer Erde sogar „bluthaltige" Tieropfer, bisweilen auch Menschenopfer an die Welt der Götter ein immer noch selbstverständlicher Teil des alltäglichen Lebens[2]. So sei im Folgenden einleitend beispielhaft erläutert, in welcher Weise diese an die Götter adressierten Blutsopfer heutzutage vorkommen. Als zweites mag eine kulturhistorische Vergewisserung unter Einschluss bisweilen ortho-praktisch ausgerichteter Lebensverhältnisse während des Frühmittelalters helfen, diese Blutsopfer zu verstehen. Drittens ist zu fragen, welch alternatives Verständnis des Opfers auf das neutestamentliche Christentum in der Spur des Judentums zurückgeht und inwieweit diese Auffassung des geistigen Opfers – und darin sahen schon die frühchristlichen Apologeten das dingliche Opfer, bei dem Brot und Wein dargebracht wird, eingeschlossen[3] – unser Leben noch heute bestimmt.

---

[2] Zur Differenzierung zwischen Gabe und Opfer s. Stephan Moebius, Geben, nehmen, erwidern, opfern und anerkennen. Zur Soziologie und Diskussion von Marcel Mauss' *Essai sur le don*, in: Jahrbuch für biblische Theologie 27 (2012) S. 3–21, S. 16–19.

[3] Heid, Altar und Kirche, S. 165. Entsprechend hat beispielsweise Heid, Altar und

Menschliche Anwege auf das Göttliche

a. Tierblut für Lottogewinn und Liebeszauber

Wendet man seinen Blick von den hoch industrialisierten Staaten in Richtung primärkulturell und religiös ortho-praktisch (mit-)geprägter Gesellschaften aus Gegenwart und Vergangenheit, nehmen Menschen das Blut dort gleichfalls als lebensspendende Substanz wahr, allerdings unter ganz anderen Vorzeichen als bei der oben angeführten Blutspende.

Die „Welt am Sonntag" erläutert, wie sich westliche Auftraggeber an Voodoo-Priester im afrikanischen Benin wenden, um mit deren Hilfe zum gewünschten Ziel (Lottogewinne, völlige Gesundheit, reiche Partner, absolute Glückseligkeit, Schuldenerlass etc.) zu gelangen. Dabei legen die Voodoo-Priester die Wunschzettel ihrer Auftraggeber mit dem übermittelten Anliegen in einen Kelch: „Über diesem Kelch tanzen sie in wilder Trance und opfern den Göttern Tiere. Mal ein Huhn, mal ein paar Ochsen, je nach dem, was die Götter wollen." Freilich opfert der Priester nur Tiere, die ihrer Tötung zustimmen: „Das Messer in der Hand, tritt er in vertrauliche Zwiesprache mit dem Opfer und fragt, ob es sich aufschlitzen lassen will. Dann reicht er dem Tier etwas zu essen. Wenn es trotz Todesgefahr davon kostet, will es sterben. Klar. Erst dann wird der Wunschzettel mit ‚Freiwilligen-Blut' bespritzt."[4] Dieser Opfer-Einsatz, mit dem sich der Voodoo-Priester um die Erfüllung des gewünschten Anliegens gegenüber der Gottheit bemüht, lässt sich als eine *do ut des*-basierte Opferpraxis charakterisieren, bei der sich der materielle Einsatz und der göttlich gewährte „Erlös" möglichst entsprechen sollen.

Auch die „Frankfurter Neue Presse" wendet sich Kulten der Voodoo-Religion zu, die sie als Mischreligion aus naturreligiösen und

---

Kirche, S. 27–67 jüngst zu bedenken gegeben, dass die in der historischen Forschung etablierte Rede vom profanen Tisch, der den Christen im 2. Jahrhundert als Altar gedient haben soll, fragwürdig ist und der Abstand zwischen dem heiligen Tisch für den Brot- und Kelchritus unter den Christen sowie dem zeitgenössischen Opferaltar der Kaisertreuen in puncto Sakralität womöglich weitaus kleiner war als bislang angenommen.

[4] Till-R. Stoldt, „Ich wünsche mir Geld" (18.01.2004), in: https://www.welt.de/printwams/article105489/Ich-wuensche-mir-Geld.html (30.05.2021).

christlichen Elementen mit 60 Millionen Anhängern weltweit charakterisiert. Gleichfalls stellt dieser Beitrag unter den möglichen Zauberpraktiken prominent das „Tier-Ritual" vor, das dabei hilft, allein innerweltlich unerfüllbare Anliegen (erstrangig: Liebeszauber) unter Konsultation der Götter doch noch erfolgreich zu realisieren. Eine Vermittlerin religiöser Voodoo-Praktiken erläutert: Beim Tieropfer werden „vor jedem beteiligten Gott Tiere geopfert. Je nach Orakel können das bis zu zwölf Tiere sein. Die Opfertiere müssen unbedingt männlich sein. Oft sind es Hähne, Böcke, Bullen, manchmal auch Hunde oder Tauben. Die Tötung verläuft ganz schnell, die Tiere merken fast nichts. Grundsätzlich ist es so, dass der Orakel-Priester sagt, welche Tiere geopfert werden müssen. Wenn der sagt, opfert einen Elefanten, dann würden sie auch einen Elefanten besorgen." Im Blick auf die Erfolgsquote heißt es, dass mehr als zwei Drittel der religiös in Auftrag gegebenen Anliegen mittels der Tieropfer in Erfüllung gingen[5].

Nicht allein Tieropfer, sondern gleichermaßen Menschenopfer gibt es in einzelnen Teilen der Welt um des *do ut des*-artigen Austauschs zwischen den Menschen und Gott (bzw. Göttern) willen weiterhin. So meldete „ntv" 2010: „Für magische Kräfte und Reichtum. Inder opfern Kinder für Kali." Was war geschehen? Ein indisches Ehepaar im Bundesstaat Chhattisgarh hatte zwei eigene Kinder getötet, um die „Hindu-Göttin Kali gnädig zu stimmen und um selbst magische Kräfte und Reichtum zu erlangen". Der zweijährige Junge und das sechsjährige Mädchen waren im Abstand von einigen Monaten um ihr Leben gebracht worden, wie die Eltern nach den Leichenfunden im Rahmen der polizeilichen Vernehmungen zugaben. Erläuternd heißt es: „Nach hinduistischer Tradition werden Kali, der Göttin des Todes und der Erneuerung, zu bestimmten Anlässen Tiere geopfert. In vergangenen Jahrhunderten waren auch Menschenopfer an der Tagesordnung. Von Einzelfällen wird bis heute berichtet. So war im April in der Nähe eines Kali-Tempels in

---

[5] N. N., Endlich. Voodoo-Rituale für verzweifelte Frankfurter (20.09.2017), in: https://www.fnp.de/frankfurt/endlich-voodoo-rituale-verzweifelte-frankfurter-10486739.html (30.05.2021).

Ostindien die enthauptete Leiche eines Mannes gefunden worden. 2006 hatte im Norden des Landes ein Vater gestanden, seinen Sohn für die Göttin getötet zu haben."[6] Während es im Rahmen hinduistischer Opferrituale über die Opferung von Lebewesen oder Dingen hinaus gewöhnlich vor allem auch auf die innere – geistig-meditative – Beteiligung der Gläubigen bei den Zeremonien ankommt[7], scheint das hier beschriebene Kinderopfer eher im Sinne einer ortho-praktischen Tauschpraxis vollzogen worden zu sein.

Ähnlich meldete der „Berliner Kurier" am 16. Januar 2017 im Blick auf Opferpraktiken in Uganda: „Laut Polizei werden auch Erwachsene für rituelle Zwecke getötet. Kinder sind aber KidsRights zufolge leichtere Opfer. Außerdem würden sie als rein angesehen, sagte der Anthropologe Epajjar Ojulu von der Uganda Christian University in Mukono. Berichte über Kinderopfer gibt es auch aus anderen afrikanischen Staaten wie Botsuana, Südafrika, Simbabwe, Nigeria oder Tansania."[8]

---

[6] N. N., Für magische Kräfte und Reichtum. Inder opfern Kinder für Kali (25.11.2010), in: https://www.n-tv.de/panorama/Inder-opfern-Kinder-fuer-Kali-article2009141.html (29.05.2021).

[7] Siehe dazu beispielsweise N. N., Tieropfer als Flugzeugreparatur (Nachricht vom 6.9.2007. Aktualisiert am 12.02.2012), in: http://www.blick.ch/news/tieropfer-als-flugzeugreparatur-id141330.html (22.02.2017) oder N. N., Tieropfer bei staatlicher pakistanischer Fluggesellschaft nach tödlichem Absturz, in: http://www.zeit.de/news/2016-12/19/pakistan-tieropfer-bei-staatlicher-pakistanischer-fluggesellschaft-nach-toedlichem-absturz-19133606 (22.02.2017).

[8] N. N., Menschenopfer. So werden Kinder in Uganda verstümmelt, in: http://www.berliner-kurier.de/news/panorama/menschenopfer-so-werden-kinder-in-uganda-verstuemmelt-25557884 (22.02.2017). Ähnlich https://www.stern.de/panorama/weltgeschehen/menschenopfer-fuer-magie–wie-kinder-in-uganda-verstuemmelt-werden-7283774.html (18.01.2017, abgerufen am 30.04.2021), wo es heißt: „In drastischen Fällen versprechen die Medizinmänner Hilfe durch Menschenopfer. Körperteile von Menschen gelten als wirksamster Bestandteil in der Magie. (…) Manche Hexendoktoren suchen selbst die Opfer aus, andere verweisen ihre Kunden an Mittelsmänner, die dann die gewünschten Körperteile besorgen, wie Kenner der Szene erklären. (…) Genitalien sollen Impotenz und Unfruchtbarkeit heilen. Eine Zunge solle etwa Feinde zum Schweigen bringen." Und weiter heißt es auch hier – wie schon im „Berliner Kurier": „Kinder sind aber KidsRights zufolge leichtere Opfer. Außerdem würden sie als rein angesehen."

Die „Süddeutsche Zeitung" machte am 11. Mai 2010 darauf aufmerksam, dass ein indischer Bauer seine Enkelin köpfte, um bei seinen Feldfrüchten einen möglichst guten Ertrag zu erzielen: „In der abergläubischen Hoffnung auf eine bessere Ernte hat ein Bauer im ostindischen Bundesstaat Orissa seine zehnjährige Enkelin geköpft. Der Mann habe das Blut des Mädchens mit Pflanzensamen gemischt, um diese an einem nach Hindu-Glauben glücksverheißenden Tag auszusäen, sagte ein Polizeioffizier der Nachrichtenagentur IANS."[9]

Die folgenden Überlegungen, die den blutigen Martyriumstod in der Gegenwart weitestgehend ausklammern[10], zielen darauf hin, sich dem erst einmal unüberwindbar wirkenden Spalt zwischen unserem heutigen Ideal von religiösem Leben und den beschriebenen blutigen Opferpraktiken dadurch anzunähern, dass die materiellen Opfer eine kulturgeschichtliche Einordnung erfahren. Womöglich verlieren diese blutigen Praktiken für Menschen in unseren Breiten nicht zuletzt dadurch etwas von ihrer Fremdheit, dass sie in früheren Zeiten auch in unserer eigenen Kultur vorgekommen sind.

b. Materielle Opfer an die Götter – Ortho-praktisches Religionsleben in der griechisch-römischen Antike

„Blutvergießen" als „Handeln schlechthin" – das entspricht so gar nicht unseren westlich-modernen Idealvorstellungen von einem durch Gebet und Caritas geprägten religiösen Leben in Vergangenheit und Gegenwart. Doch lässt der Altertumsforscher Walter Burkert keinen Zweifel daran, dass der Kult um das ausfließende Blut in das Zentrum der antiken Religions- und Opferkulte gehört. „Dies ist der Akt der Frömmigkeit: Blutvergießen, Schlachten – und Essen. Nicht im

---

[9] N. N., Menschenopfer in Indien. Bauer köpft Enkelin für gute Ernte, in: http://www.sueddeutsche.de/panorama/menschenopfer-in-indien-bauer-koepft-enkelin-fuer-gute-ernte-1.465221 (22.02.2017).

[10] Es liegen inzwischen wissenschaftliche Studien in übergroßer Zahl vor, die das Thema „Martyrium" auch in jüdischer, christlicher und muslimischer Brechung unter Einschluss von Vergangenheit und Gegenwart analysieren, so dass derlei in diesem Kapitel nur beiläufig Berücksichtigung findet.

frommen Lebenswandel, nicht im Gebet, Gesang und Tanz allein wird der Gott am mächtigsten erlebt, sondern im tödlichen Axthieb, im verrinnenden Blut und im Verbrennen der Schenkelstücke. (…) Das Grunderlebnis des Heiligen ist die Opfertötung. Der *homo religiosus* (religiöse Mensch) agiert und wird sich seiner selbst bewusst als *homo necans* (tötender Mensch). Dies ist ja ‚Handeln' schlechthin, *operari* – woraus das Lehnwort ‚Opfer' übernommen ist."[11]

Die durch Walter Burkert vertretene religionsgeschichtliche Rede vom blutigen Opfer beinhaltet erstens, dass sich unter den Menschen im Vorgang des Jagens und Tötens die solidarische Gemeinschaft konstituiert, die genauen Regeln folgt und das Töten der eigenen Artgenossen tabuisiert. Zweitens wird dem Menschen im Jagen und Töten grundlegend bewusst, dass er nicht leben kann, ohne zu töten. Entsprechend lassen sich die (Tier-)Opferriten auch als Ausdruck der Wiedergutmachung sowie als Anerkennung einer Himmel und Erde umfassenden Ordnung verstehen. Dieser in der griechisch-römischen Antike dominanten Weltenordnung gemäß gelten die Tiere als nicht unsterblich und nicht vernunftbegabt; die Menschen als nicht unsterblich und vernunftbegabt; die Götter als unsterblich und vernunftbegabt[12].

„Was ist Religion?", fragt der Historiker Paul Veyne im Blick auf die griechisch-römische Antike, um selbst die Antwort zu geben: „Ein Ensemble von Praktiken. Es geht nicht um bestimmte Überzeugungen und Vorstellungen, sondern darum, seine Religion zu praktizieren."[13] So ist aus der Altertumswissenschaft im orthopraktischen Sinne bekannt, dass in der Antike beinahe jedes Ritual mit einem materiellen Opfer verbunden war. Entsprechend bedeutet das griechische Nomen „thysia" bei Homer nichts anderes als

---

[11] Walter Burkert, Homo necans, Berlin – New York 1972, S. 9f. Zur Typologie des Opfers s. Walter Burkert, Opfertypen und antike Gesellschaftsstruktur, in: Gunther Stephenson (Hrsg.), Der Religionswandel unserer Zeit im Spiegel der Religionswissenschaft, Darmstadt 1976, S. 168–187, S. 172–176.
[12] Paul Veyne, Die griechisch-römische Religion. Kult, Frömmigkeit und Moral, Stuttgart 2008, S. 14f.
[13] Veyne, Die griechisch-römische Religion, S. 35.

Materielle Opfer – Kein Leben ohne Geben

„für die Götter verbrennen". In klassischer Zeit bezeichnete man mit „thysia" den Opferritus und das anschließende Festmahl mit dem Verzehr des Opferfleisches[14]. Derartige Opfer wurden fast immer an einem Altar dargebracht[15], einerlei ob dieser mehrere Meter breit und aus Stein gehauen war, ob er kleiner und preiswerter wie die Altäre im häuslichen Bereich ausfiel oder ob es sich um einen tragbaren Altar handelte[16]. – Wie muss man sich ein solches Opferfest im Detail vorstellen?

Ein Homer-Text lässt erkennen, wie die Darbringung und der Verzehr eines Opfertieres am Hof eines Aristokraten im antiken Griechenland vor sich gingen. Und da mit dieser Beschreibung ein idealtypischer Anspruch verbunden war, deutet vieles darauf hin, dass sich zahlreiche Opferfeiern während des 5. bis 1. Jahrhunderts v. Chr.

---

[14] Veit Rosenberger, Religion in der Antike (Geschichte kompakt o. No.) Darmstadt 2012, S. 56f.

[15] Burkhard Gladigow, Opfer und komplexe Kulturen, in: Bernd Janowski – Michael Welker (Hrsg.), Opfer. Theologische und kulturelle Kontexte (Suhrkamp TB Wissenschaft 1454) Frankfurt 2000, S. 86–107, S. 96f. differenziert zwischen zwei lose miteinander verbundenen Opfersystemen, nämlich 1. dem „Opfersystem im Tempel" mit einem Kultbild des jeweiligen Gottes, das versorgt werden muss; 2. dem „Opfersystem außerhalb des Tempels", das auf einen Altar fokussiert ist und ohne Kultbild stattfindet.

[16] Zum Opfer für Artemis Laphria liest man bei Pausanias, Reisen in Griechenland. Gesamtausgabe (Die Bibliothek der Alten Welt. Griechische Reihe o. No.) 3 Bde., aufgrund der kommentierten Übersetzung von Ernst Meyer hrsg. von Felix Eckstein. 3., nunmehr vollständige Ausgabe, Zürich – München 1987 (vollständige deutsche Übersetzung), hier 7,18,8–7,18,13, Bd. 2, S. 191–193: „Zuerst machen sie einen prunkvollen Umzug für Artemis, und die jungfräuliche Priesterin fährt am Schluss des Umzuges auf einem von Hirschen gezogenen Wagen. Am folgenden Tag veranstalten sie dann das Opfer, und sowohl die Stadt öffentlich wie auch die einzelnen Bürger nicht minder sind um das Fest eifrig bemüht. Sie werfen nämlich lebend die essbaren Vögel und gleicherweise alle Opfertiere auf den Altar und dazu Wildschweine und Hirsche und Rehe, manche auch Junge von Wölfen und Bären und manche sogar die ausgewachsenen Tiere; auf den Altar legen sie auch die Frucht der Obstbäume. Dann legen sie Feuer an das Holz. Dabei habe ich wohl auch einen Bären oder ein anderes Tier gesehen, die teils bei dem ersten Aufflammen des Feuers nach draußen drängten und teils auch wirklich mit Gewalt ausbrachen; diese bringen diejenigen, die sie hineingeworfen haben, wieder auf den Scheiterhaufen zurück. Noch niemand soll von den Tieren verletzt worden sein."

Menschliche Anwege auf das Göttliche

nach diesem Vorbild richteten. Als erstes wurde das Tier mit Wasser besprengt. Die reflexartige Reaktion, bei der das Tier den Kopf senkt, galt als sein Einverständnis, sich töten zu lassen. Zu diesem Voropfer konnte es zudem gehören, dass man dem Tier einige Haare abschnitt und sie mit Gerste verbrannte, um die Göttin durch diesen guten Geruch schon einmal auf den folgenden Opferakt aufmerksam zu machen. Als zweites schlug man das Tier mit einer Axt bewusstlos, bevor es aufgrund eines Messerschnitts in die Halsschlagader verblutete. Diesen Vorgang begleiteten die umstehenden Menschen mit Opfergeschrei. Als drittes zerlegten und verteilten die Opfernden das Opfertier: die Haut für den Priester und den Tempel, die Schenkelknochen, das Blut und das Fett zusammen mit Wein als Gabe an die Götter, das Fleisch und die Innereien als Speise für die Menschen[17].

Grundsätzlich galt beinahe jedes Tier als geeignet, um es den griechischen Göttern zu opfern. In der Rangliste der wertvollsten Opfertiere rangierte das Rind ganz oben. Es folgten Schweine, Schafe und Ziegen. Als weniger beliebt und wertvoll galten Gänse, Wachteln, Maulwürfe, Fische und zahlreiche weitere Tiere. Doch brachte man den Göttern zumindest in Notzeiten mangels Alternative auch diese (Klein-)Tiere dar. Knochenanalysen belegen jedenfalls zweifelsfrei, dass sie als Opfertiere dienten. Im Übrigen gilt, dass die Tiere, die man einem Gott opferte, exakt jener Wertigkeit entsprachen, die man auch mit dem jeweiligen Gott verband. So zeigte sich anhand der jeweils ausgewählten Opfertiere zugleich etwas von der Hierarchie innerhalb des griechischen Pantheons: „Offenbar spiegelte die Auswahl der Opfertiere die göttliche ‚Hackordnung' wider, ja verstärkte sie sogar."[18]

Die im antiken Griechenland regelmäßig begangenen Opferfeste bestanden aus Tänzen, musikalischen und sportlichen Wettkämpfen, Gebeten und Hymnen sowie Prozessionen. Doch unter allen

---

[17] Homer, Odyssee 3,418–472, übertr. v. Anton Weiher (gr.-dt. Ausgabe), 6. unveränd. Aufl., München 1980, S. 76–79.
[18] Jan N. Bremmer, Götter, Mythen und Heiligtümer im antiken Griechenland, Darmstadt 1996, S. 47.

Elementen war das Tieropfer als „Dreh- und Angelpunkt des griechischen Rituals" am wichtigsten[19].

Auch im antiken Rom drehte sich das öffentliche und das private Leben um den öffentlich wie um den privat betriebenen Tieropferkult: „Das materielle Opfer war das Herzstück der allermeisten Frömmigkeitsakte."[20] Alles Leben bezog von dort seine Kraft. Entweder vor dem Tempel oder im Atrium des Hauses stellte man den Altar auf, wenn er dort nicht dauerhaft installiert war. Im einen Fall amtierte ein Priester, im anderen der Hausvater als derjenige, der das Opfer mit Unterstützung von freien jungen Männern darbrachte, nachdem sie alle sich zuvor gebadet und somit kultisch gereinigt hatten. Die Opfertiere wurden gleichfalls gewaschen, zudem mit Bändern geschmückt und an ihren Hörnern vergoldet.

Im römischen Kult brachte man den männlichen Göttern kastrierte männliche Tiere dar, den weiblichen Göttern weibliche Tiere. Zugleich erhielten die hochstehenden Götter weiße Tiere als Opfer. Die in der Hierarchie niederen Götter ehrte man mit dunklen Tieren[21].

Die Tieropferung im antiken Rom stimmte mit dem oben für das antike Griechenland vorgestellten dreistufigen Opferritus sowohl in der Handlungsabfolge als auch in der Grundbedeutung weitestgehend überein: „Grundsätzlich bedeutete das Opfern von Tieren ein gemeinsames Mahl der Menschen mit den Göttern. Der Opferakt folgte dem für antike Gesellschaften so prägenden Prinzip der Gegenseitigkeit."[22] Pointiert: „Die Beziehung zur Gottheit ist die eines Käufers zu einem mehr oder weniger verlässlichen Lieferanten."[23] Dabei besteht die Frömmigkeit darin, dass die Menschen die Götter in Wort und Tat anerkennen; und allein dann, wenn sie „die

---

[19] Bremmer, Götter, Mythen und Heiligtümer, S. 46.
[20] John Scheid, Sacrifices for Gods and Ancestors, in: Jörg Rüpke (Hrsg.), A Companion to Roman Religion, Oxford 2007, S. 263–271, S. 263.
[21] Robert Muth, Einführung in die griechische und römische Religion, 2. durchges. u. erw. Aufl., Darmstadt 2010, S. 306f.
[22] Scheid, Sacrifices for Gods and Ancestors, S. 270.
[23] Veyne, Die griechisch-römische Religion, S. 20.

kultischen Vorschriften peinlich genau einhalten, leben sie im Frieden mit den Göttern" und können sich des göttlichen Wohlwollens gewiss sein[24]. Tatsächlich bestand der harte Kern der paganen Religiosität in der Verpflichtung, die Götter in festen Formen zu verehren.

Der Grundlogik der Gegenseitigkeit zwischen Menschen und Göttern dienten nicht zuletzt die Menschenopfer. Als das radikalste aller Opfer blieb es keinesfalls auf die Mythologie begrenzt, sondern fand seinen – allerdings nur vereinzelten – Weg auch in den Alltag von Menschen in der Antike[25]. Entsprechend steht auf dem Hintergrund umfassender Studien für die griechische Antike fest, dass „Menschenopfer ein Randphänomen in der griechischen Stadt" waren[26]. Der französische Religionshistoriker John Scheid hält Menschenopfer auch im römischen Kulturkreis für eine marginale Erscheinung[27], die schon in der imperialen Periode als Perversion der grundsätzlich erlaubten Tieropfer gegolten hätten[28]. In diesem Sinne verbot ein römischer Senatsbeschluss von 97 v. Chr. für das antike Rom schließlich sogar die Menschenopfer ausdrücklich. Damit zeigt sich immerhin indirekt erstens, dass es offenbar zu Menschenopfern gekommen war und zweitens, dass diese Praxis unbedingt eingestellt werden sollte. Dem römischen Geschichtsschreiber Titus Livius († 17 n. Chr.) zufolge galten Menschenopfer sogar als ein im Tiefsten unrömisches Ritual[29].

---

[24] Veyne, Die griechisch-römische Religion, S. 19.
[25] Dazu s. überblicksartig Michaela Bauks, Menschenopfer in den Mittelmeerkulturen, in: Verkündigung und Forschung 56 (2011) S. 33–44; Walter Burkert, Anthropologie des religiösen Opfers. Die Sakralisierung der Gewalt (Carl Friedrich von Siemens Stiftung. Themen 40) München-Nymphenburg 1984, S. 17f.
[26] Pierre Bonnechere, Le sacrifice humain en Grèce ancienne (Kernos. Supplement 3) Lüttich 1994, S. 311.
[27] Scheid, Sacrifices for Gods and Ancestors, S. 269.
[28] Mary Beard – John North – Simon Price, Religions of Rome 1 („A History"), Cambridge 1998, S. 233f.
[29] Titus Livius, Ab urbe condita 22,57,6, ed. John Briscoe, Titi Livi „Ab urbe condita", Oxford 2016, S. 147f.: ... *minime Romano sacro* ...

c. Das Selbstopfer – Ein religionsgeschichtlicher Durchbruch

Wie einleitend ausgeführt, gehört es bis heute zu den erstaunlichen Phänomenen der Universalgeschichte, dass sich zwischen 800 und 200 v. Chr. ein menschheitsgeschichtlicher Durchbruch ersten Ranges vollzog, der in unterschiedlichen Kulturen (Persien, China, Griechenland, Israel) zeitgleich vonstattenging und von dem wir bis heute zehren. Grundlegend besteht dieser Zugewinn darin, dass sich das Gottesbild vergeistigte und das Menschenbild ethisierte. Konkret erhob sich beispielsweise mit der aufkommenden Philosophie im alten Griechenland die Kritik an den materiellen (Bluts-)Opfern. Das Wirklichkeitsverständnis zumindest der Philosophen hatte sich geändert, insofern sie nicht länger glaubten, dass Opfer *ex opere operato* von Gott etwas Lebensdienliches erzwingen können[30], sondern dass es erstrangig auf die sittliche Gutheit des Opfernden ankomme, wie es beispielsweise der vorsokratische Philosoph Heraklit († 460 v. Chr.) in Abgrenzung zu einem (ohne innere Beteiligung dargebrachten) Blutsopfer unterstreicht: Im Blick auf die Opfer sind ihm zufolge zwei Arten zu unterscheiden. Die einen werden dargebracht von innerlich vollständig gereinigten Menschen. Die anderen Opfer sind materieller Natur[31]. Der Althistoriker Paul Veyne unterstreicht: „Als die Götter im Zuge der Reformbestrebungen einiger Philosophen zu metaphysischen Wesen und damit zu Modellen der Tugenden wurden, kam dies einer Revolution in der Religion der griechischen Elite gleich."[32] In diesem Zusammenhang lassen sich durchaus Stimmen von Philosophen oder Dichtern wie Porphyrios († zwischen 301 und 305 n. Chr.) oder Ovid († 17 n. Chr.) ausfindig machen, die von den

---

[30] Klaus-Peter Jörns, Religiöse Unverzichtbarkeit des Opfergedankens? Zugleich eine kritische Relecture der kirchlichen Deutung des Todes Jesu, in: Bernd Janowski – Michael Welker (Hrsg.), Opfer. Theologische und kulturelle Kontexte (Suhrkamp TB Wissenschaft 1454) Frankfurt 2000, S. 304–338, S. 318f.
[31] Dazu s. ausführlich Jacob Bernays, Theophrastos' Schrift über Frömmigkeit. Mit Bemerkungen zu Porphyrios' Schrift über Enthaltsamkeit, Berlin 1866 [ND Hildesheim – New York 1979], S. 129–131.
[32] Veyne, Die griechisch-römische Religion, S. 15.

Opfernden fordern, sowohl kultisch-äußerlich rein als auch mit reinem Herzen die heilige Handlung zu vollziehen[33]. Freilich blieb es auch innerhalb dieses philosophischen Horizonts dabei, dass die pagane Religion jene Liebe eines liebenden Gottes weiterhin nicht kannte, von der die Psalmen im Sinne einer wechselseitigen leidenschaftlichen Beziehung zwischen Gott und den Menschen künden.

Auch in Israel gab man sich ab dem 7. Jahrhundert v. Chr. unter den Propheten davon überzeugt, dass Gott keine seelenlos dargebrachten Opfer wünschte, die allein im kultischen Verbrennungsakt („in Rauch aufgehen lassen") realisiert werden[34]. Stattdessen ginge es ihm um das Opfer des reinen Herzens, wie es sich – als „Antwort auf die vorgängige göttliche Gabe" der Liebe[35] – in der menschlichen Hörsamkeit und im Dank gegenüber Gott sowie im geschwisterlichen Sozialdienst zugunsten der Mitmenschen zu erkennen gibt. Gemäß dem israelitischen Jahwe-Glauben gehen diese Ausdrucksweisen einer vergeistigten Lebenspraxis oftmals mit dem materiellen (Lob- und Dank-)Opfer einher[36]. Die unter den Propheten und ihren Anhängern sprichwörtliche Kritik an seelenlosen Opfern für die Götter ist an Drastik kaum zu überbieten:

---

[33] Veyne, Die griechisch-römische Religion, S. 43; auch ebd. S. 88–92 und S. 92–96. Auch Guy G. Stroumsa, Das Ende des Opferkults. Die religiösen Mutationen der Spätantike, Berlin 2011, S. 91f.

[34] Ina Willi-Plein, Ein Blick auf die neuere Forschung zu Opfer und Kult im Alten Testament, in: Verkündigung und Forschung 56 (2011) S. 16–33, S. 32; Christian Eberhart, Das Opfer als Gabe. Perspektiven des Alten Testaments, in: Jahrbuch für biblische Theologie 27 (2012) S. 93–120, S. S. 116–118.

[35] Veronika Hoffmann, Die Opfergabe Jesu Christi, in: Jahrbuch für biblische Theologie 27 (2012) S. 295–320, S. 305.

[36] Zum Ineinander von dankbarem Gotteslob und Dankopfer s. Bernd Janowski, Dankbarkeit. Ein anthropologischer Grundbegriff im Spiegel der Toda-Psalmen, in: Bernd Janowski, Der Gott des Lebens (Beiträge zur Theologie des Alten Testaments 3) Neukirchen-Vluyn 2003, S. 267–312, bes. S. 267f. und S. 273f. Zur vegetabilen Opfermaterie s. Eberhart, Das Opfer als Gabe, S. 99–103. Auch Christian Eberhart, Opfer und Kult in kulturanthropologischer Perspektive, in: Verkündigung und Forschung 56 (2011) S. 4–16, S. 15.

Materielle Opfer – Kein Leben ohne Geben

„Liebe will ich, nicht Schlachtopfer,
Gotteserkenntnis statt Brandopfer." (Hos 6,6)
„Bring Gott als Opfer dein Lob,
und erfülle dem Höchsten deine Gelübde." (Ps 50,14)

Während bei der „Kultkritik der Propheten" die „innere Haltung des Opfergebers nur indirekt zum Ausdruck kommt", schärft eine rabbinische Vorschrift (m.Zeb 4,6) „sechs Dinge" ein, die „bei jeder Opferdarbringung gewissermaßen Glied für Glied zu meditieren" sind: das Opfer, der Opfernde, Gott, das Altarfeuer, der Geruch und das Wohlgefallen[37].

Zugleich lenkt die Hinkehr zum beherzt vollzogenen (Selbst-)Opfer der Gottes- und der Nächstenliebe (Gebet, Almosen, Fasten, mitmenschliches Engagement, Lob- und Dankopfer etc.) den Blick darauf, dass es Menschen gab, die aufgrund ihrer religiös überzeugten Lebensführung durch gegnerische Gewalteinwirkung und Verfolgung den Tod erlitten. In der Folge brachten ihnen ihre Mitmenschen eine besondere Wertschätzung entgegen: Denn erstens hatten diese brutal zu Tode gekommenen „Gewaltopfer" das geistige Opfer und das blutige Sterben miteinander verbunden. Und zweitens erachtete man diese „doppelte" Lebenshingabe vor Gott als derart wertvoll, dass man dadurch nicht allein die zuvor begangenen Sünden des Gewaltopfers für ausgeglichen hielt, sondern man die darüber hinaus reichende überschüssige Opferkraft („Sühne") sogar anderen zugutekommen sah. Somit konnte, das war der Glaube der israelitischen Propheten, der gewaltsam zu Tode gekommene Gläubige mit seinem Sterben in einem ansonsten unerreichbaren Maße – stellvertretend – Gutes für seine Mitmenschen bewirken. Die Gestalt des alttestamentlichen Gottesknechts, wie sie das vierte Gottesknecht-Lied durchklingt, mag diesen blu-

---

[37] Christian Eberhart, Studien zur Bedeutung der Opfer im Alten Testament. Die Signifikanz von Blut- und Verbrennungsriten im kultischen Rahmen (Wissenschaftliche Monographien zum Alten und Neuen Testament 94) Neukirchen-Vluyn 2002, S. 337.

tig-unblutigen Zusammenhang mit dem „Lebens-Gewinn" für die anderen veranschaulichen[38]:

> „Aber er hat unsere Krankheit getragen
> Und unsere Schmerzen auf sich geladen.
> Wir meinten, er sei von Gott geschlagen,
> von ihm getroffen und gebeugt.
> Doch er wurde durchbohrt wegen unserer Verbrechen,
> wegen unserer Sünden zermalmt.
> Zu unserem Heil lag die Strafe auf ihm,
> durch seine Wunden sind wir geheilt. (…)
> Wie ein Lamm, das man zum Schlachten führt,
> und wie ein Schaf angesichts seiner Scherer.
> Mein Knecht, der gerechte,
> macht die vielen gerecht.
> Er lädt die Schuld auf sich." (Jes 53,4.5.7.11b)

Bemerkenswerterweise deuten die Christen seit ihren Anfängen den Tod Jesu unter anderem in der Spur des sich geistig bis zur blutigen Lebenshingabe opfernden Gottesknechts, wenn sie ihn in der Pascha-Tradition als „Lamm Gottes" titulieren. Die neutestamentliche Referenzstelle findet sich im Johannes-Evangelium (1,29): „Am Tag, nachdem Jesus aus der Wüste an den Jordan zurückgekehrt war, sah ihn der Täufer Johannes auf sich zukommen und sagte: Seht, das Lamm Gottes, das die Sünde der Welt hinweg nimmt."[39]

Ikonenmaler bringen die rezitierte biblische Szene seit Jahrhunderten ins Bild, indem sie den Täufer Johannes mit einem beson-

---

[38] Zu den zahlreichen exegetischen Forschungskontroversen im Blick auf Jes 53 s. Ernst Haag, Art. Knecht Gottes, in: Lexikon für Theologie und Kirche 6 (1997) Sp. 154–156, bes. Sp. 155.

[39] Christian Eberhart, Der Opferbegriff im antiken Christentum. Zur Entwicklung und christologischen Applikation einer zentralen Kultkategorie, in: Berliner theologische Zeitschrift 33 (2016) S. 11–38, S. 32 optiert dafür, Joh 1,29 in Verbindung einerseits mit dem vierten Gottesknechtslied und andererseits in Anknüpfung an die Passah-Tradition zu interpretieren, wohingegen er eine Anspielung von Joh 1,29 auf den Opferkult für „unwahrscheinlich" hält.

ders langen Zeigefinger darstellen, wie er von sich weg- und auf Jesus als das Lamm Gottes hinweist. Sein Aufmerksam-Machen auf Jesus als göttliches Lamm gilt seit biblischer Zeit so sehr als Marker für die Nähe der beiden Personen zueinander, dass der Täufer Johannes ikonographisch bis heute meist mit dem Lamm Gottes als Logo verbildlicht wird[40].

Ebenso wie den Gottesknechten hielten die Anhänger Jesu auch ihm zugute, dass er in seinem gewaltsamen Tod die blutige Lebenshingabe mit dem für achsenzeitliche Religionen charakteristischen (lebenslänglichen) Selbstopfer der Anerkenntnis Gottes und der Hingabe für die Mitmenschen verbunden hatte. Dabei ging die Sühnestiftung von Gott selbst aus, denn der hatte – so der zugrundeliegende Glaube – seinen Sohn als Sühnung für die Sünden der Gemeinde gesandt[41]. In Abgrenzung von den alttestamentlich besungenen Gottesknechten fassten die Christen ihren Gottesknecht Jesus allerdings als den alle überragenden Gottesknecht auf (Hebr 7,27; 9,12)[42]. Sie vertrauten darauf, dass Jesu Erfüllung von Gottes Willen bis zu seinem gewaltsamen Tod, den er trotz seiner Sündlosigkeit erlitt, so viel Kraft und Leben in sich trug bzw. fortan freisetzen würde, dass er auf immer die Sünden aller Menschen ausgleicht und diese in Zeit und Ewigkeit errettet[43].

---

[40] E. Weis, Art. Johannes der Täufer, in: Lexikon der christlichen Ikonographie 7 (1968) Sp. 164–190, Sp. 166f.
[41] Cilliers Breytenbach, Gnädigstimmen und opferkultische Sühne im Urchristentum und seiner Umwelt, in: Bernd Janowski – Michael Welker (Hrsg.), Opfer. Theologische und kulturelle Kontexte (Suhrkamp TB Wissenschaft 1454) Frankfurt 2000, S. 217–243, S. 236f.
[42] Zur Deutung von Hebr 9,12 vor dem Hintergrund von Lev 4 und 16 s. Hieke, Levitikus 1, S. 292f. sowie Hieke, Levitikus 2, S. 609f. Auch Eberhart, Der Opferbegriff, S. 37.
[43] Als besondere Referenz diente bereits in der Alten Kirche der Hebräer-Brief 10,5–10. Dazu s. Sigrid Brandt, Hat es sachlich und theologisch Sinn, von „Opfer" zu reden?, in: Bernd Janowski – Michael Welker (Hrsg.), Opfer. Theologische und kulturelle Kontexte (Suhrkamp TB Wissenschaft 1454) Frankfurt 2000, S. 247–281, S. 269–272. Zu den Interpretationen des Todes Jesu s. umfassend auch Bauks, Menschenopfer in den Mittelmeerkulturen, S. 43.

Menschliche Anwege auf das Göttliche

In der Konsequenz des Lebenszeugnisses Jesu meint das griechische Wort „martys" im Neuen Testament eben nicht das blutige Lebensopfer („Blutsmartyrium"), sondern bezeichnet vielmehr den Wortzeugen. In der Spur Jesu sollen seine Anhängerinnen und Anhänger ein geistiges Opfer bringen, das in der Hörsamkeit gegenüber Gottes Wort, in der Freude an der (Opfer-)Feier des Brot- und Kelchritus (1 Kor 11,22.34), im Eifer für die Weitergabe der Jesus-Botschaft sowie in der sozial-caritativen Umsetzung des Evangeliums besteht[44]. Der Kirchenhistoriker Arnold Angenendt unterstreicht: „Die Christen hoben ihre Opfergesinnung konsequent ins Ethische und Soziale."[45]

In warmem und markantem Ton entfaltet Augustinus († 430), der im nordafrikanischen Hippo als Bischof mit internationaler Fernwirkung amtierte, das geistige Opfer in seinen vielfältigen Ausprägungen als das ultimative Ziel des christlichen Lebens. Einleitend unterstreicht er Gottes Bedürfnislosigkeit: „Gott bedarf weder des Viehs noch sonstiger vergänglicher irdischer Dinge (…), und der ganze rechte Gottesdienst nützt nur den Menschen, nicht Gott."[46] Statt geschlachteter Tiere erhoffe sich Gott allein das Opfer des bescheidenen und lebenswahrhaftigen Herzens[47]. Darum mussten die Blutsopfer „zu gelegener, festgesetzter Zeit abgeschafft wer-

---

[44] Heid, Altar und Kirche, S. 197 erläutert prägnant: „Für die Christen ist das eucharistische Opfer ein Gebet, sogar das Gebet schlechthin."
[45] Arnold Angenendt, Die Revolution des geistigen Opfers. Blut – Sündenbock – Eucharistie, Freiburg 2011, S. 44. Stroumsa, Das Ende des Opferkults, S. 93 unterstreicht die jüdischen Wurzeln dieser Entwicklung, die er mit dem Ende des Tieropferkults vor dem Ende des 1. Jahrhunderts n. Chr. manifestiert sieht: „Tatsächlich handelt es sich bei dieser Verlagerung des Schwerpunktes hin zur Verinnerlichung und zur Privatisierung des Gottesdienstes um eine Modernisierung der Religion. Bei den Juden wie auch in anderen Gemeinschaften trat an die Stelle des Opfers vor allem das Gebet." So ist es kein Zufall, dass (im rabbinischen Judentum) „das liturgische Gebet an die Stelle der Opfer trat", insofern es „den täglichen Opferrhythmus morgens und abends, einschließlich der zusätzlichen Opfer am Sabbat und an Feiertagen reproduzierte". (Zitat S. 99f.)
[46] Augustinus, De civitate Dei 10,5, hrsg. v. Wilhelm Thimme, Aurelius Augustinus, Vom Gottesstaat (De civitate Dei), 2 Bde., München 1977, hier 1, S. 471.
[47] Augustinus, De civitate Dei 10,5, S. 472.

den"⁴⁸, darunter die Tieropfer des Alten Testaments, „von denen das Gottesvolk jetzt nur noch liest, ohne sie zu wiederholen"⁴⁹.

Als das entscheidende Opfer versteht Augustinus das Selbstopfer: „Darum ist auch der Mensch selber, welcher, geheiligt durch Gottes Namen und Gott geweiht, der Welt stirbt, um für Gott zu leben, ein Opfer."⁵⁰ Konkret werde das Selbstopfer – so sieht es Augustinus – unter anderem in der Übung der Selbstzügelung: „Wenn wir unseren Leib durch Mäßigkeit in Zucht halten und, wie wir sollen, es um Gottes willen tun, so dass wir (…) unsere Glieder als Waffen der Gerechtigkeit in den Dienst Gottes stellen, ist es ein Opfer."⁵¹ Schließlich akzentuiert Augustinus die caritativen Engagements als Ausdrucksweisen des Selbstopfers: „Diese sind nichts anderes (…) als Werke der Barmherzigkeit, an uns selber oder an den Nächsten geübt und auf Gott bezogen."⁵² Denn – so konturiert es Paul Veyne grundsätzlich heraus – der christliche Gott „erhob den Anspruch, die nationalen [paganen] Götter zu ersetzen"; und zu eben dieser „Internationalität" seien auch die Christen aufgerufen⁵³.

Gemäß dem Neuen Testament hätte das blutige Selbstopfer im Christentum mit dem Leben und Sterben Jesu eigentlich auf Dauer und zur Gänze erledigt sein müssen. Doch blieb es trotz des rezitierten Zeugnisses von Augustinus und vieler vergleichbarer Statements aus dem ersten Jahrtausend der christlichen Zeitrechnung noch lange bei einer gewissen Konkurrenz von blutigem und unblutigem Lebensopfer unter den Anhängern Jesu. Besonders angesichts der Verfolgung von Christen durch die römischen Kaiser kam es zu Blutomartyrien, die in den Christengemeinden so viel Aufmerksamkeit auf sich zogen, dass man beinahe selbstverständlich davon ausging, auch Gott schätze die Kombination aus Wort- und Blutzeugnis höher als ein „einfaches Wortzeugnis"; er werte die zusätzliche

---

48 Augustinus, De civitate Dei 10,5, S. 472.
49 Augustinus, De civitate Dei 10,5, S 471.
50 Augustinus, De civitate Dei 10,6, S. 473.
51 Augustinus, De civitate Dei 10,6, S. 474.
52 Augustinus, De civitate Dei 10,6, S. 474.
53 Veyne, Die griechisch-römische Religion, S. 68.

Hingabe des Blutes gewichtiger als allein das reine Herz: „Das Blut allein ist der Schlüssel zum Paradies", wie bereits der Kirchenvater Tertullian († 220) hervorhob[54].

Im Blick auf Christus selbst gerieten seine Seitenwunde und überhaupt sein verwundeter Leib während der Jahrhunderte der christlichen Zeitrechnung immer mehr in den Vordergrund und in das Zentrum der Verehrung, weil man an seiner beherzt erfolgten Blutshingabe möglichst „handgreiflich" und immer umfassender Anteil zu bekommen wünschte: „Die Geschichte der Bildwürdigkeit der Wunde [i. e. Seitenwunde Christi] von der Spätantike bis zur Reformation gestaltete sich als eine Geschichte der zunehmenden Verwundung des Christus-Körpers."[55] Und hinsichtlich der wegen ihres Christusglaubens gewaltsam Getöteten lässt sich gleichfalls eine Intensivierung festhalten: „Das Mittelalter steigerte in seiner Verehrung der Märtyrer die Grausamkeit, bewunderte die Tapferkeit und suchte im Letzten doch nur das eine – das Märtyrerblut. (...) Das Blut stellte, weil es religionsgeschichtlich gesehen der Lebensträger war, die heiligste Verdichtung dar und stand darum im Mittelpunkt der Anteilhabe."[56]

Freilich behielten inmitten dieser Tendenzen zugunsten des blutigen (Selbst-)Opfers die Befürworter des geistig-unblutigen Opfers neutestamentlicher Prägung schlussendlich die Oberhand: „Der Christ fühlt sich mit den sozial Schwachen solidarisch; er stellt sich sogar innerlich oder spirituell tiefer als sie."[57] Besonders den Bedürftigen – darunter den Kindern, den Alten und den Kranken –

---

[54] Tertullian, De anima 55, ed. August Reifferscheid – Georg Wissowa (Corpus Scriptorum Ecclesiasticorum Latinorum 20) Prag – Wien – Leipzig 1890, S. 389, Z. 3. Dazu s. exemplarisch Hubertus Lutterbach, Keine Sühne ohne Blut? Das Martyrium des Hl. Ansgar, in: Studien und Mitteilungen zur Geschichte des Benediktinerordens 106 (1995) S. 79–99.
[55] Thomas Lentes, Der Blick auf den Durchbohrten. Die Wunden Christi im späten Mittelalter, in: Reinhard Hoeps – Richard Hoppe-Sailer (Hrsg.), Deine Wunden. Passionsimaginationen in christlicher Bildtradition und Bildkonzepte in der Kunst der Moderne, Bielefeld 2014, S. 43–61, S. 45.
[56] Angenendt, Heilige und Reliquien, S. 64.
[57] Klaus Thraede, Art. Gleichheit, in: Reallexikon für Antike und Christentum 11 (1981) Sp. 122–164, Sp. 150.

gebührt die Hochachtung, verstanden als Zeichen des allen Menschen gemeinsamen Menschseins, ja als grundsätzliches Zeichen der Gleichstellung aller im sozialen, physischen und emotionalen Sinn[58]. Tatsächlich lässt sich kaum bestreiten, dass das Christentum die Sozialverantwortung im Anschluss an das Judentum auf neuartige Weise intensivierte.

Im Kern müsste eine Geschichte des Christentums als eine Geschichte des geistigen Opfers (*thysia logikä*) geschrieben werden. Dabei käme es darauf an, auch das Ineinander von Brot- und Kelchritus auf der einen Seite und die Sorge um die Bedürftigen auf der anderen Seite zu würdigen. Immerhin reicht dieser Bezug bereits bis in die Alte Kirche zurück: Damals brachten Christen – so ist es beispielsweise für Rom überliefert – als Gegenleistung für göttlicherseits erfüllte Gelübde und als Zeichen ihrer Dankbarkeit Lebensmittelspenden zur Eucharistiefeier mit, die im Anschluss an Bedürftige verteilt wurden – womöglich die Wurzel der Gabenprozessionen, deren „Erlös" gleichfalls nach der Eucharistiefeier armen Menschen zur Verfügung gestellt wurde[59]. – Kein Zweifel: Eine Geschichte des Christentums als eine Geschichte des geistigen Opfers würde wichtige Grundlinien christlicher Lebensführung alltagskonkret heraus konturieren: Keine christlichen Heiligen, die nicht durch den zwischenzeitlichen Rückzug in das Gebet oder durch die (Mit-)Feier des Brot- und Kelchritus von sich reden gemacht hätten! Keine christlichen Heiligen, denen nicht die Sorge um die Benachteiligten nachgerühmt wird! Keine christliche Heiligsprechung, ohne dass die betreffende Person die Gottes- und die Nächstenliebe als die beiden zentralen Dimensionen des geistigen Opfers verwirklicht hätte!

Hinweisen ließe sich auch auf den Soziologen Max Weber († 1920), der in seiner historischen Rückschau das – ortho-praktisch zu verstehende – materiale Opfer ohne innere Beteiligung als „magisches Opfer" klassifiziert, um die Götter zu ihrem Wohlwollen „durch das Opfer [zu] zwingen" oder als Option, um mit Hilfe

---

[58] Dazu s. umfassend Lutterbach, So prägt Religion.
[59] Heid, Gelübde (vota) in der frühchristlichen Religionspraxis, S. 235–238.

der blutigen Tieropfer „Tischgemeinschaft zwischen den Opfernden und Gott her[zu]stellen"[60]. Für die Zeit etwa ab dem 7. Jahrhundert v. Chr. konstatiert Max Weber eine Veränderung in der Vorstellung von der Macht Gottes, woraus sich eine Dominanz der „nicht-magischen Motive" entwickelt hätte[61]. So folgten auf die (Kult-)Priester die Propheten, denen es um eine religiöse Ethik mit Menschen- und Gottesliebe (Nächstenliebe, Lob- und Dankopfer etc.) gegangen sei und die auf die Innenorientierung des Individuums gesetzt hätten: „Verstoß gegen den Willen Gottes wird jetzt eine ethische ‚Sünde'."[62] Max Weber fasst die Umwandlung des blutigen Opfers (ohne geistige Präsenz des Opfernden) in das (unblutige) ethische Opfer als Ausdruck der innerweltlichen Askese auf. Diese manifestierte sich seiner Meinung nach unübertroffen bei den christlichen Mönchen seit dem 4. Jahrhundert. Ihm zufolge übten sich diese *christiani perfecti* täglich neu in ihren leiblichen Verzicht ein und verfolgten dabei das Ziel, sich immer tiefer dem Gotteswort und dem Dienst an der Gemeinschaft zuzuwenden. Wenn Max Weber in der Folge die Klosterbewohner mit ihrem „Mönchsrationalismus", das heißt mit ihrer methodisierten Lebensweise, aus der Klosterzelle heraustreten sieht[63], um die Gesellschaft mit ihrer berufungsbasierten Berufs- und Dienstauffassung zu prägen, liegt für ihn hier die Basis jener Genauigkeit, ohne die heutige High Tech-Betriebsabläufe gar nicht möglich wären[64]. Somit integriert Max Weber auch die moderne – von einem inneren Ringen um Genauigkeit und Hingabe geprägte – Berufstätigkeit in sein Verständnis des geistigen Opfers, wie es sekundärreligiös charakteristisch ist.

---

[60] Max Weber, Wirtschaft und Gesellschaft. Grundriss der verstehenden Soziologie, hrsg. v. Johannes Winckelmann, 5. Aufl., Tübingen 1976, S. 258.
[61] Max Weber, Wirtschaft und Gesellschaft, S. 258.
[62] Max Weber, Wirtschaft und Gesellschaft, S. 267.
[63] Max Weber, Wirtschaft und Gesellschaft, S. 333 und S. 311.
[64] Bernhard Schlink, Das Opfer des Lebens, in: Berliner theologische Zeitschrift 33 (2016) S. 55–68, S. 58f. und S. 67 verweist in diesem Zusammenhang auch auf die Soldaten im Rahmen von Auslandseinsätzen der Bundeswehr und in der Abwehr des Terrorismus.

d. Neptuns Pfannkuchen

In Primärkulturen gilt auch heute noch vielfach die Plausibilität des materiellen Opfers, das die „Neue Zürcher Zeitung" am 20. Juli 2014 in der ihm zugrundeliegenden *do ut des*-Logik eindrucksvoll erläutert hat: „In der traditionellen afrikanischen Medizin spielen Opfer, Fetische und Amulette, sogenannte Gris-Gris, eine wichtige Rolle. Dabei werden pflanzliche und tierische Ingredienzen verwendet. Gemeinhin geht man davon aus, dass die dargebotenen Opfer umso grösser ausfallen müssen, je gewichtiger das Anliegen ist." Angesichts einer hartnäckigen Erkältung reiche es vielleicht, im Namen Gottes oder eines Geistes ein Huhn zu opfern. Stehe eine Firmengründung oder eine Hochzeit bevor, müsse es schon ein Schaf oder sogar ein Rind sein. Wolle jemand allerdings Minister werden, gebe es bestimmt Leute in seinem Umfeld, die zur Opferung eines Kindes raten. Dabei würden dem Körper Organe entnommen, die als besonders zaubermächtig gelten: Zunge, Augen, Genitalien. ‚Pièces détachées' – Ersatzteile – heißt in Gabon der schreckliche Ausdruck dafür. Hinter diesen Ritualen stehe ein Glaubenssystem, das man in vielen traditionellen Gesellschaften finde: „Es ist eine Art existenzielle Nullsummenlogik: Will einer mehr Macht oder Reichtum, muss ein anderer Macht oder Reichtum verlieren. Einer muss – im doppelten Sinne des Wortes – geopfert werden."[65]

Freilich werden vor Jahrtausenden dargebrachte Materialopfer ortho-praktischer Provenienz auch in unseren Breiten – abseits aller Dominanz der vergeistigten Opfer – angesichts ihrer als fortdauernd veranschlagten Wirkung bisweilen weiterhin wertgeschätzt: So inseriert der Archäologe Timo Ibsen aktuell Führungen zu primärreligiös verwurzelten Opferstätten, denen er mit Hilfe moderner Technik auf die Spur gekommen ist. Erstaunlicherweise gelten heutigen Menschen (!) diese von ihm entdeckten Orte, an denen ehedem beispielsweise Menschenopfer dargebracht wurden, auch heute noch als „Kraftorte": „Zu allen Zeiten haben die Menschen

---

[65] David Signer, Ein Kind opfern, um Minister zu werden, in: https://www.nzz.ch/international/ein-kind-opfern-um-minister-zu-werden-1.18346521 (22.02.2021).

höheren Wesen Opfer dargebracht (…). Man gab Geschenke und erwartete eine Gegenleistung. (…) Viele der uralten heiligen Stätten werden auch heute wieder als ‚Kraftorte' aufgesucht: von den Opfermooren Norddeutschlands zu den Felsturm-Heiligtümern des Altmühltals, von den Kannibalenhöhlen des Kyffhäusergebirges bis zu den heiligen Quellen der Kelten und Römer in der Pfalz und in den Vogesen."[66]

Mit einem Materialopfer unter einem eher unklaren Vorzeichen machte vor einiger Zeit ein niederländisches Mädchen auf sich aufmerksam, das als jüngster Mensch überhaupt „solo um die Welt" gesegelt ist. Der Tagebucheintrag von Laura Dekker für den 24. April handelt von der Passage des Äquators auf ihrem Seeweg von Las Perlas nach Galapagos: „Um zwei Uhr nachts backe ich schon Pfannkuchen. Ich esse zwei und krieche dann wieder zufrieden in mein Bett. (…) Ich erwarte, zwischen morgen Abend und übermorgen den Äquator zu passieren. Es ist guter Seemannsbrauch, Neptun dann etwas zu opfern. Über Funk mit Yachten in der Nähe entstehen angeregte Ideen darüber, was wir Neptun geben werden. Einen selbst gefangenen Fisch, Rum, Bananen, eine Taucherbrille. Nichts ist zu verrückt, um Neptun, den Gott des Meeres, wohlwollend zu stimmen." Die junge Seglerin Laura Decker opfert einen ihrer Pfannkuchen, den sie an Neptun adressiert und mit ihrem Segelschiffsnamen kenntlich macht: „To Neptun from Guppy"[67]. Und auf ihrem Weg von Kapstadt nach Sint Maarten, dem Ziel ihrer Weltumseglung, notiert sie in ihr Tagebuch – diesmal glasklar im Sinne eines geistig-beherzten Opfers: „Gegen Mittag passieren Gupp und ich den Äquator. Dieses Mal gibt es für Neptun keine Pfannkuchen, aber ich halte ihm eine schöne Ansprache und bedanke mich bei ihm, dass er Guppy auf meiner großen Reise unter seinen Schutz genommen hat."[68]

---

[66] N. N., Magisches Deutschland, in: https://www.3sat.de/wissen/terra-x/magisches-deutschland-vor-und-fruehgeschichtliche-100.html (21.02.2022). Abgerufen am 31.05.2022.
[67] Laura Dekker, Solo um die Welt. Ein Mädchen, ein Traum, 3. Aufl., Bielefeld 2013, S. 149 und S. 128.
[68] Dekker, Solo um die Welt, S. 310.

6. Die korrekte Form – Wodurch wirkt ein Ritual?

Als der argentinische Kardinal Jorge Mario Bergoglio am Abend des 13. März 2013 zum Nachfolger von Papst Benedikt XVI. und damit in das höchste katholische Kirchenamt gewählt worden war, sorgte ein präzises Protokoll dafür, dass jedes choreographische Detail dem in dieser Situation genau vorgeschriebenen und immer gleichen Ritual folgte. Alle Beteiligten wussten genau, was sie zu tun hatten – allein der neu Neugewählte womöglich nicht. Immer wieder schaute er sich auf der Loggia des Petersdomes hilfesuchend um, um zu erfahren, was das Protokoll als Nächstes für den Ablauf seiner Vorstellung gegenüber den zahlreich versammelten Menschen vorsah.

Selbstverständlich unterwarf sich Papst Franziskus dem vorgegebenen Ritual, durchbrach es allerdings mit seiner Spontaneität bereits zum ersten Mal in dem Moment, als er sich der Menge unter dem römischen Nachthimmel direkt zuwandte. „Fratelli e sorelle", so brach es als Erstes aus ihm heraus, und dann, mancher Kleriker wird bereits in Unruhe geraten sein, sprach er: „Buona sera." Freilich blieb es im Rahmen dieses wohl ungewöhnlichsten Auftritts eines frisch gewählten Papstes nicht bei diesen als warmherzig und aufrichtig empfundenen Eingangsworten. Denn – wenige Sätze weiter – stellte er sich den Römern nicht als Papst, sondern entsprechend seinem Selbstverständnis als der neue Bischof von Rom (!) vor, den die Kardinalsversammlung vom anderen Ende der Erde an den Tiber bestellt habe.

Im Anschluss an diese kurzen Sätze folgten erst einmal Gebete und der päpstliche Segen – fast so, wie sie das Protokoll vorsah. Die Musikkapelle spielte. Und alsbald wandte sich der Klerus, der mit dem Papst auf dem Balkon versammelt war, zum Gehen. Doch da überraschte der Papst neuerlich und erbat das Mikrofon, in das er hineinsprach: „Pregate per me!" – „Betet für mich!" Und anschließend sagte er, was die Verantwortlichen wohl vollends in Verwunderung gestürzt haben dürfte: „Buona notte e buon riposo."

Im Rückblick bestand der Zauber dieses Abends in Rom nicht erstrangig in den schlichten und vom Protokoll nicht vorgesehenen päpstlichen Worten an die Menschen. Vielmehr konnte sich der

Zauber allein im Hin und Her von strengem Ritual und abwechselnd verschmitzter, bewegender und zuletzt ergreifender Abweichung davon entfalten.

Während in diesem Fall die Vorstellung des frisch gewählten Papstes die Herzen der Menschen erreichte, weil die präzise Befolgung des Rituals sowie die beherzt-authentische Abweichung davon einander zwanglos ablösten, gibt es andere Ritualvorgaben, deren formstrenge Einhaltung präzise gewährleistet sein muss, weil man glaubt, die Wirkung des Rituals hänge allein von dieser Exaktheit ab. Tatsächlich gehen zahlreiche ortho-praktisch ausgerichtete Kulturen davon aus, dass es um der erwünschten Wirkung einer Handlung in den Bereichen von Recht und Religion willen entscheidend auf die minutiöse Einhaltung der Handlungsvorgaben ankommt, wohingegen achsenzeitlich-vergeistigt orientierte Kulturen dem inneren Verständnis vom Sinn und Zweck einer Norm im Bereich von Recht und Liturgie die entscheidende Bedeutung zusprechen.

a. Obamas Präsidentschaft in Gefahr

Rituale begegnen einem alltäglich und höchst wirkungsvoll – auch heute noch und nicht allein im Vatikan. Das folgende Beispiel aus der jüngeren Vergangenheit veranschaulicht diese Behauptung, allerdings auf eine eher überraschende oder gar irritierende Weise[1].

Am 20. Januar 2009 legte Barack Obama vor der Öffentlichkeit Washingtons und der ganzen Welt seinen Amtseid als 44. Präsident der Vereinigten Staaten ab. Seine rechte Hand ruhte auf der Bibel Abraham Lincolns, als er die Worte wiederholte, die der Vorsitzende Richter des Obersten Gerichtshofs John Roberts ihm vorsprach: „I, Barack Hussein Obama, do solemnly swear that I will execute the Office of President of the United States faithfully, and will to the best of my ability preserve, protect and defend the Constitution of the United States. So help me God." Durch das von innerer Beteiligung ge-

---

[1] Diesen Hinweis verdanke ich Barbara Stollberg-Rillinger, Rituale (Historische Einführungen o. No.) Frankfurt 2013, S. 7f.

Die korrekte Form – Wodurch wirkt ein Ritual?

tragene Nachsprechen dieser Formel war aus Barack Obama der neue Präsident der Vereinigten Staaten geworden – so sollte man meinen.

Doch manche in den USA bezweifelten genau dies, denn Richter Roberts hatte den exakten Wortlaut des Eides, so wie er in der Verfassung niedergelegt ist, aus Versehen verändert, wie man rückblickend einräumen musste.[2] Das Adverb „faithfully" stand an der falschen Stelle und Obama hatte es ihm genau so nachgesprochen, ohne dass dadurch allerdings der Sinn des Satzes auch nur im Geringsten verändert worden wäre. Nichtsdestoweniger hielten die Verantwortlichen eine Debatte in der amerikanischen Öffentlichkeit, ob Obama nun tatsächlich Präsident ist (oder nicht), für den Fall für möglich, dass der kleine Formfehler ans Licht käme. Aus diesem Grunde wollte die Administration vollkommen sicher gehen und ausschließen, dass irgendein Gegner des ersten farbigen US-Präsidenten den kleinen Ritualfehler zum Anlass nehmen könnte, die Gültigkeit des gesamten Aktes in Zweifel zu ziehen. Daher ließ Richter Roberts Obama das Ritual am folgenden Tag wiederholen – diesmal mit der korrekten Positionierung des Adverbs „faithfully" in der Eidesformel. Jetzt war Obama zweifelsfrei Präsident der Vereinigten Staaten von Amerika.

Natürlich erscheint es in unserer empirisch-rational durchprägten Gegenwartskultur verblüffend und befremdlich, dass ein solch scheinbar primitiver Glaube an die Notwendigkeit der korrekten äußerlichen Form eine derartig große Rolle spielen soll. Und selbstverständlich darf die zitierte Episode als ein Grenzfall gelten, zumal Obama vermutlich von der großen Mehrheit der Amerikaner auch dann als Präsident akzeptiert worden wäre, wenn er die im ersten Anlauf gesprochene Eidesformel nicht korrigiert hätte. Doch machen besonders Grenzfälle offenkundig, was im Normalfall im Hinter-

---

[2] Jeff Mason, Obama Takes Oath Again After Inauguration Mistake, in: https://www.reuters.com/article/us-obama-oath-idUSTRE50L09A20090122 (Nachricht vom 21.01.2009, abgerufen am 04.02.2020); auch Samuel P. Jacobs, After Fumbled Oath, Roberts and Obama Leave Little to Chance …, in: https://www.reuters.com/article/us-usa-inauguration-roberts-idUSBRE90H16L20130118 (Nachricht vom 18.01.2013, abgerufen am 04.02.2020).

grund bleibt: dass die symbolische äußere Form im Rahmen eines Rituals eine wesentliche Rolle spielt. Zugleich ist die geschilderte Begebenheit ein Indiz dafür, welche Wirkmacht Ritualen und ihren Gesetzen auch heute noch grundlegend zukommt. Überdies ist sie geeignet als Hinweis auf die übergeordneten Fragen: Was sind Rituale? Wie funktionieren sie und worin besteht ihre Wirkung?

Die beschriebene Ablegung des Amtseides ist durch jene fünf Charakteristika geprägt, die das Ritual grundsätzlich als eine „menschliche Handlungsabfolge" kennzeichnen: Erstens muss die äußere Form – hier die Textvorlage, die Dramaturgie des Vor- und Nachsprechens sowie die Schwurgeste – standardisiert, erwartbar und wiedererkennbar sein. Zweitens wird ein Ritual oftmals wiederholt – in diesem Fall jedes Mal, wenn ein neuer Präsident in das Amt eingeführt wird. Drittens gehört zum Ritual der Aufführungscharakter mit dem Hauptakteur/den Hauptakteuren und den anwesenden Zuschauern oder Zeugen, eine bestimmte Örtlichkeit oder auch eine festgelegte Kleidung. In diesem Fall ist der Ort der Handlung das zuvor wochenlang auf den Festakt hin gestaltete Kapitol in Washington. Darüber hinaus gibt es vielfältige protokollarische Vorgaben, an die sich die Beteiligten während der Zeremonie zu halten haben. Viertens verändert das Ritual, indem man es in Worten und Taten vollzieht, die Wirklichkeit grundlegend: Was das Ritual *dar*stellt – hier: die Amtseinführung –, stellt es zugleich *her*. Im vorgelegten Fall wird der US-Bürger Obama durch das Sprechen der Formel zum Präsidenten. Für ihn wirkt das Ritual ebenso verpflichtungstiftend wie für seine zukünftigen Untergebenen: Während er die Präsidentschaft übernimmt, müssen die Amerikaner ihn mit seinen Kompetenzen und Entscheidungen als ihren Präsidenten anerkennen. Fünftens ist das Ritual geprägt durch seinen integrativen Symbolcharakter: Die wenigen Gesten und Worte, die für das Land, seine Traditionen und seine Werte stehen und die Barack Obama in seine erste Rede als Präsident integrierte, bekräftigten den Zusammenhalt der gesamten Nation[3].

---

[3] Stollberg-Rillinger, Rituale, S. 9–14; auch Bernhard Lang, Art. Ritual/Ritus B.

Die korrekte Form – Wodurch wirkt ein Ritual?

Während es uns heutzutage eher seltsam anmutet, dass man Barack Obama die Amtseidformel ein zweites Mal sprechen ließ, damit er sie wirklich hundertprozentig korrekt über die Lippen brachte, ist das Augenmerk auf dem korrekten Ablauf des Ritus in der Geschichte von Recht und Religion ein bestens bekanntes und in vielen religiös ortho-praktisch (mit-)geprägten Gesellschaften sogar allgemein verbreitetes Phänomen. Grundlegend ist hier die „Textpflege"[4]: die genaue Bewahrung der Textgestalt im Wortlaut, wie sie im Bereich magischer und ritueller Texte notwendig ist, wenn von der korrekten Rezitation des Textes besondere Wirkungen abhängen. So vollzieht sich die elementarste und früheste Art, Rechtsinhalte – oder auch Ritualinhalte – zu bestimmen, ausschließlich oder jedenfalls erstrangig in konkreten, hörbaren und sichtbaren Formen. Deren präzise Einhaltung entscheidet über die Wirksamkeit des Rechts- oder Ritualaktes. Bei der *ursprünglichen* Rechtsfindung und Rechtsprechung, wie sie in primärreligiösen und orthopraktisch geprägten Kulturen üblich ist, geht es also weniger um die Intention der Beteiligten, sondern erstrangig um die korrekte Überlieferung und den korrekten Vollzug hörbarer Formeln und sichtbarer Gesten. Der Rechtshistoriker Hans Hattenhauer unterstreicht grundsätzlich: „Das archaische Recht ist Form und allein Form."[5] Als unabdingbar gilt die formelle Richtigkeit des inszenierten Rituselementes, um den Zorn der Götter nicht heraufzubeschwören: „Eine falsche Geste erzürnt die Götter, ein falsches Wort verwandelt Recht in Unrecht."[6] Denn – wie gesagt – die gewünschten Rechts- oder Heilswirkungen einer rechts- oder liturgierelevanten Handlung sieht man als vom korrekten Vollzug vorgegebener Formen abhängig an.

Das Augenmerk auf der formstrengen Ausführung eines Rituals darf in der Welt primärer Religionen als Gemeingut gelten. Nicht

---

(Phänomenologie), in: Handbuch religionswissenschaftlicher Grundbegriffe 4 (1998) S. 445–452.
[4] Jan Assmann, Exodus. Die Revolution der Alten Welt, München 2015, S. 83.
[5] Hattenhauer, Europäische Rechtsgeschichte, S. 43
[6] Niklas Luhmann, Rechtssoziologie 2 Bde., Reinbek b. Hamburg 1972, hier 1, S. 160.

zuletzt finden sich derlei Spuren im Recht und in der Liturgie des Mittelalters, das das Nebeneinander von Formalismus auf der einen Seite sowie Begriff und Intention auf der anderen Seite gekannt hat. Womöglich können diese epochenübergreifenden Verstehensbrücken zugleich die Augen für die (zumindest noch partiell) erkennbaren Signaturen einer ortho-praktisch durchprägten Denkweise in nach-aufgeklärter Zeit öffnen. Nicht weniger sensibilisieren sie für den als achsenzeitlich-vergeistigt zu charakterisierenden Gegenpol zur Formstrenge: die gewisse Freiheit im Umgang mit vorgegebenen Formen im Bereich des Rechts und der Liturgie als Ausdruck der „Sinnpflege"[7] sowie die erstrangige Betonung der rechten Intention bei den Akteuren.

b. Formstrenge im Dienste der Rechtssicherheit

Die Fokussierung auf den korrekt ausgeführten Rechts- oder Ritualakt, der seinerseits korrekt überliefert sein muss, bedeutet in vielen ortho-praktisch durchprägten Kulturen eine Absicherung gegen Willkür und Ungerechtigkeit. Tatsächlich, so lässt sich im Blick auf die Geschichte sagen, entbehren die gerichtlichen und liturgischen Formen einer Funktion größtenteils gerade nicht. Beispielsweise sorgte ein derart formgebundenes Beweisverfahren im Recht oder ein derart formgebundener Ritualablauf in der Religion für Berechenbarkeit, insofern beide Varianten die Begrenzung von Herrschaft – beispielsweise der Richter oder der kirchlichen Amtsträger – zur Folge hatten.

Entsprechend verhinderte die gemeinschaftliche Entscheidungsfindung einsame Urteile hinter verschlossenen Türen. Und die minutiöse Einhaltung der rechten Form schloss willkürliche Rechtssprüche aus, indem sie die Entscheidung vorwegnahm: „Nicht Argumente, Tatzeugen, Urkunden und Indizien entschieden im Prozess, sondern der richtige Vortrag von Formeln und Gebärden."[8]

---

[7] Assmann, Exodus, S. 83.
[8] Hattenhauer, Europäische Rechtsgeschichte, S. 43.

Die korrekte Form – Wodurch wirkt ein Ritual?

Die korrekte – oder eben nicht-korrekte – Einhaltung der Form in Recht und Liturgie wirkte „mit magischer Automatik"[9]. Denn, so schwer das heutzutage verstehbar sein mag: „Das Recht war Form, und die Form war Recht."[10]

Vielfach galt der Eid, das wichtigste Beweismittel im europäischen Mittelalter, als das gefährlichste aller Elemente im Rahmen eines mittelalterlichen Prozesses. Über seine Abweichung von der Eidesformel hinaus, die der „Souffleur" sprach, konnte für den Schwörer auch ein zögerliches Sprechen oder mangelnde Klarheit in der Stimme rechtliche Nachteile nach sich ziehen. Ähnliche Defizite kamen durch eine stockende oder eine ungewöhnliche Aussprache, einen seltsamen Klang der Stimme oder durch einen fremden Dialekt zustande.

Nicht weniger relevant für den Erfolg des Schwures – im Mittelalter auf Gott und seine Heiligen! – war die richtige Körperhaltung beim Schwur, also die Haltung der Schwurhand, insbesondere der Schwurfinger.

Auch für die Erhebung der Klage war die Einhaltung der Formstrenge vielfach erforderlich. So sieht das Freiberger Recht hochmittelalterlicher Provenienz vor, dass der Kläger den vermeintlichen Täter förmlich begrüßen muss. Dafür gab es Formeln, denen zwar Wörter hinzugefügt werden durften; doch war es nicht erlaubt, vorgegebene Worte auszulassen. Der Beklagte durfte den Gerichtsboten bitten, dass er die Klageerhebung überwacht und ihr Gelingen bestätigt. Für den Fall, dass der Kläger bei seiner Anklage dreimal an den formstrengen Vorgaben scheiterte, blieb für ihn kein weiterer Weg der Klage mehr[11].

---

[9] Hattenhauer, Europäische Rechtsgeschichte, S. 43.
[10] Alexander Ignor, Indiz und Integrität. Anmerkungen zum Gerichtsverfahren des Sachsenspiegels, in: Ruth Schmidt-Wiegand (Hrsg.), Text – Bild – Interpretation. Untersuchungen zu den Bilderhandschriften des Sachsenspiegels (Münstersche Mittelalter-Schriften 55,1–2) 2 Bde., München 1986, hier Bd. 1, S. 77–91, S. 88.
[11] Tim Meyer, Gefahr vor Gericht. Die Formstrenge im sächsisch-magdeburgischen Recht (Forschungen zur deutschen Rechtsgeschichte 26) Köln – Weimar – Wien 2009, S. 65.

Mit der Formstrenge verbunden war vielfach auch die exakte Wiederholung des Zetergeschreis vor Gericht (Gerüfte), also jenes Geschreis, das der Klagende ursprünglich erhoben hatte, als der Täter ihn geschädigt hatte. Darüber hinaus hatte er die Vorgabe formstreng einzuhalten, den gefesselten Beklagten samt Tatwaffe oder Beute zur Veranschaulichung des Deliktes vor Gericht zu präsentieren, wenn er seiner Privilegien gegenüber dem Beklagten vor Gericht nicht verlustig gehen wollte[12].

Fragt man nach dem zeitlichen Höhepunkt der Formstrenge und ihrer Zurückdrängung im Recht, zeigt sich der Chor der Fachhistoriker mehrstimmig. Während die hohe Bedeutung der (rechtsbezogenen) Formstrenge im europäischen Frühmittelalter noch als gemeinsam getragene Forschungsüberzeugung gelten darf, bleibt es umstritten, ob die Relativierung der Formstrenge im Recht bereits während des Hochmittelalters oder eher während des Spätmittelalters begann[13]. Jedenfalls gelten eindeutig die Städte als die Ausgangspunkte, die den Wandel zu einer größeren Formfreiheit initiierten, wohingegen der Formstrenge im Land- und Lehensrecht wohl eine längere Wirksamkeit beschieden war.

Und was im Recht als ursächlich für die Bedeutsamkeit der Formstrenge gilt, lässt sich auch auf den Bereich der zeitgenössischen Rituale und Liturgien beziehen – die Vermittlung von Sicherheit und Festigkeit: „In einer Zeit ohne staatliche Gewalt, geschweige denn ohne Gewaltmonopol, wenn Entscheidungen gegen den Willen der Beteiligten weder gefunden noch durchgesetzt werden können, kann die Beachtung von Formen den Konsens über das Bestehen von Rechten begründen und/oder festigen."[14] Insofern spricht vieles dafür, dass die Formstrenge im frühmittelalterlichen

---

[12] Meyer, Gefahr vor Gericht, S. 89.
[13] Meyer, Gefahr vor Gericht, S. 5.
[14] Peter Oestmann, Die Zwillingsschwester der Freiheit. Die Form im Recht als Problem der Rechtsgeschichte, in: Peter Oestmann (Hrsg.), Zwischen Formstrenge und Billigkeit. Forschungen zum vormodernen Zivilprozess (Quellen und Forschungen zur höchsten Gerichtsbarkeit im Alten Reich 56) Köln – Weimar – Wien 2009, S. 1–54, S. 27 und S. 35.

Die korrekte Form – Wodurch wirkt ein Ritual?

Recht eine höhere Bedeutung hatte als im spätmittelalterlichen Recht: „Der Wandel von einer formgebundenen zu einer formfreien Zeit, den die Rechtsgeschichte für den Übergang vom Mittelalter zur Neuzeit konstatiert"[15], darf auch mit dem Blick auf das Religionsleben als plausibel gelten.

c. Ritualsicherheit braucht Formstrenge

Die heutzutage so schwer verständliche Tendenz, Form und Ablauf des Rechtsprozesses zum allentscheidenden Kriterium zu erheben, also sie höher zu bewerten als die Einsicht in die Rechtsargumente und in die Absichten der Beteiligten, findet sich auch im Bereich der Liturgie: „Nur das ‚richtige' Wort und die ‚richtige' Handlung rufen die erwünschte Reaktion der als Machtträger überlegenen (…) Gottheit hervor, während verkehrtes Verhalten nicht nur das Ziel, mit der Gottheit Verbindung aufzunehmen, verfehlt, sondern darüber hinaus den Beter in Gefahr bringen kann."[16]

Ebenso wie die griechischen und römischen Dichter des Altertums in ihrer Unterstützung der Formstrenge übereinstimmten, spiegelte sich diese ortho-praktisch geprägte Orientierung auch im Bereich der antiken Kulte wider[17]: „In der Religion der Römer kam es erstrangig auf die genau vollzogene zeremonielle Handlung an." Dagegen war die „innere Anteilnahme des einzelnen (…) nicht ent-

---

[15] Oestmann, Die Zwillingsschwester der Freiheit, S. 53.

[16] Emmanuel von Severus, Art. Gebet I., in: Reallexikon für Antike und Christentum 8 (1972) Sp. 1134–1158, Sp. 1136.

[17] So gilt für das antike Griechentum: „Eine innere Anteilnahme an den kultischen Ereignissen in andächtiger Stimmung war für die Hellenen möglich, aber nicht nötig." Es genügte, so ließe sich ergänzen, die Einhaltung der Formstrenge bei der Durchführung des Ritus. Ähnlich ist im Blick auf den griechischen Kult in archaischer und klassischer Zeit herauszustellen: „Für die korrekte Durchführung der Kulte und die Tempelaufsicht hatten mit der nötigen Kenntnis der technischen Bedingungen vertraute altertümlich gekleidete, nebenberufliche priesterliche Kultbeamte zu sorgen." Muth, Einführung in die griechische und römische Religion, S. 26 und S. 146f. (Zitate).

scheidend, noch weniger eine inbrünstige Hingabe oder gar Liebe zur Gottheit. Nicht einmal bei den Staatspriestern wurde nach der Gesinnung gefragt." Grundsätzlich gingen die Römer davon aus, dass auch alle anderen Völker ihre Götter mit Hilfe dieser formstrengen Exaktheit gnädig zu stimmen suchten. Gemäß ihrem Sendungsbewusstsein unterschieden sich die Römer von den übrigen Völkern ihrer Zeit hier nicht prinzipiell, sondern allein graduell[18].

Zur Veranschaulichung ritueller Formstrenge ließe sich aus der Vielfalt der antiken Kulte auf die römische Pontifikalreligion verweisen, wo eine heilige Handlung bereits aufgrund eines geringen Verstoßes für ungültig erklärt wurde. Es genügte, dass eine Unterbrechung im Spiel oder in der Flötenbegleitung eintrat, der Wagenlenker im Spiel die Zügel verlor, der spielgebende Beamte mit einem Wort oder einer Geste von dem Ritual abwich, um die Erneuerung des gesamten Spiels notwendig zu machen[19]. Um die formalistischen Vorgaben nach Kräften zu erfüllen, zeichnete man *sollemnia verba* schriftlich auf und sprach sie dem agierenden Priesterliturgen vor, auf dass dieser sie fehlerfrei und damit wirksam inszenieren konnte[20].

Und wie verhielten sich die Christen zur Formstrenge? Als erstes ist festzuhalten, dass ihre lateinisch-sprachigen liturgischen Texte „in direkter Tradition zur spätantik-lateinischen Rhetorik" standen[21]. Überdies wirkten Eigenarten der paganen Sakralsprache sowie klassisch-poetisches Vokabular auf die Liturgiesprache der

---

[18] Muth, Einführung in die griechische und römische Religion, S. 218–221, Zitat S. 218f.; Christoph Auffarth, Religiöses Denken und sakrales Handeln. Grundlegendes zum Verständnis antiker Religion, in: Imperium der Götter. Isis – Mithras – Christus. Kulte und Religionen im Römischen Reich, hrsg. v. Badischen Landesmuseum Karlsruhe, Darmstadt 2013, S. 15–19, S. 15.
[19] Kurt Latte, Römische Religionsgeschichte, 2. Aufl. (Handbuch der Altertumswissenschaft, Abt. 5, Teil 4) München 1967, S. 211.
[20] Latte, Römische Religionsgeschichte, S. 62.
[21] Andreas Weckwerth, Was hat Cicero mit der Liturgie zu schaffen? Zur Bedeutung der Rhetorik in der spätantiken lateinisch-christlichen Gebetssprache, in: Uta Heil (Hrsg.), Das Christentum im frühen Europa. Diskurse – Tendenzen – Entscheidungen (Millennium-Studien zur Kultur und Geschichte des ersten Jahrtausends n. Chr. 75) Berlin – Boston 2020, S. 433–457, S. 451.

Christen ein. Insofern ist die Gebetssprache der spätantiken Christen ein aussagekräftiges Beispiel dafür, dass die Christen auf Elemente zurückgriffen, die in der sie umgebenden spätantiken Kultur vorhanden waren und die ihnen für ihr eigenes Tun hilfreich erschienen: „Die Verfasser der spätantiken Orationen, Präfationen u. a. gebrauchen in der paganen Antike entwickelte rhetorische Modelle und Figuren und umkleiden mit diesen ihre an Gott gerichteten Bitten sowie den Lobpreis seiner *maiestas* und seiner Heilstaten gleichsam wie mit einem edlen, aus kostbaren Stoffen kunstvoll gewebten Gewand."[22] Keine Frage, dass die lateinischen Gebetsformeln, die durch diesen Transformationsprozess im 4. und 5. Jahrhundert entstanden sind, im Mittelalter und darüber hinaus ihre Prägekraft behielten.

Während seiner Anfänge zeichnete das Christentum – und damit befand es sich in Spannung zu den vielfach formstreng einzuhaltenden paganen Ritualen der griechisch-römischen Antike – im Bereich der Liturgie bis zum ausgehenden 3. Jahrhundert erst einmal eine große Beweglichkeit aus. In dieser Zeit hatten die Christen keine Bücher mit vorgegebenen Liturgien zur Hand. So fehlen Hinweise aus den ersten drei Jahrhunderten, dass schriftlich fixierte Weisen des eucharistischen Gebets allgemein in Gebrauch waren. Zwar vollzog man die Liturgie entsprechend einem geregelten Modus, der auch eine Reihe festgefügter Ritenelemente einschloss[23]; doch waren die zentralen Liturgien längst nicht in allen Einzelheiten festgeschrieben, denn man wollte der Innerlichkeit so viel Raum wie möglich geben. Derlei galt selbst für das Herzstück der eucharistischen Liturgie, die Abendmahlsworte, die bereits das Neue Testament in verschiedenen Varianten tradiert. Auf dieser Überlieferungsbasis hält der Liturgie-

---

[22] Weckwerth, Was hat Cicero mit der Liturgie zu schaffen?, S. 451.
[23] Achim Budde, Improvisation im Eucharistiegebet. Zur Technik freien Betens in der Alten Kirche, in: Jahrbuch für Antike und Christentum 44 (2001) S. 127–141, S. 137f. und S. 141. Ebd. auch der wichtige Hinweis im Blick auf die heutige Feier der Liturgie: „Die christliche Antike könnte nicht nur für das bloße Faktum freien Betens Vorbild sein, sondern auch für seine technische Einübung, durch die eine schlüssig konstruierte, theologisch hochwertige und sprachlich geschmeidige Spontaneität erst möglich wird."

historiker Josef Andreas Jungmann fest, dass „sich der Wortlaut des Einsetzungsberichtes weder in der römischen noch in einer anderen Liturgie jemals genau mit einem biblischen Wortlaut desselben deckt"[24]. Erhellend wirkt hier eine Aussage aus der Traditio Apostolica, einer römischen Kirchenordnung des 2. oder 3. Jahrhunderts, zum Hochgebet der Messe: „Es ist keineswegs nötig, dass der Bischof bei der Danksagung [i. e. Eucharistie] dieselben Worte verwendet (...), so als hätte er sie auswendig gelernt. Vielmehr soll jeder seinen Fähigkeiten entsprechend beten."[25]

Der Gebetstext der Traditio Apostolica wie auch viele ähnliche Texte der ersten christlichen Jahrhunderte dienten den Liturgen als Modelltexte, keinesfalls aber als Normtexte. Auf der Basis der festgelegten Grundstruktur des Hochgebetes sollte der Zelebrant die Texte frei formulieren und frei sprechen. Sogar die Abendmahlsworte, die man für unübertrefflich heilig hielt, überlieferten die verschiedenen Liturgien in unterschiedlichem Wortlaut.

Statt auf die Formstrenge konzentrierten sich die Christen in der (eucharistischen) Liturgiefeier darauf, dass sie das gemeinsame Teilen des Gotteswortes sowie die Feier des Brot- und Kelchritus mit einer umso großzügigeren und über den Gottesdienst hinausgreifenden Praxis der Gottes- und Nächstenliebe fortsetzten. So gerieten „(Form-)Fehler" im Rahmen der Liturgiefeier durch beherztes caritatives Tun in den Hintergrund. Denn selbstverständlich bekamen die Bedürftigen nach dem Gottesdienst von jenen Opfergaben ausgeteilt, die die Gläubigen zur Feier des Gottesdienstes mitgebracht hatten. So formuliert der seelsorgerlich überaus erfahrene Bischof Augustinus von Hippo († 430) aus seiner altkirchlich basierten Grundüberzeugung, dass die aufrichtige Intention des Beters sowie der große Reichtum der Evangelientexte mögliche Fehler bei der rituellen Feier ausgleichen: „Meistens überwindet die gute Gesinnung des Betenden den Fehler im Gebet, und sicherlich haben

---

[24] Josef Andreas Jungmann, Der Gottesdienst der Kirche. Auf dem Hintergrund seiner Geschichte kurz erläutert, Innsbruck u. a. 1955, S. 149.
[25] Traditio Apostolica 9, hrsg. v. Wilhelm Geerlings (Fontes Christiani 1) Freiburg 1991, S. 238, Z. 16.

die Worte des Evangeliums so viel Kraft, dass durch sie alles, was in einem fehlerhaften Gebetstext gegen die Glaubensregel verstößt, bedeutungslos wird."²⁶

Es ist daran zu erinnern, dass die schriftliche Fixierung liturgischer Einzelelemente wohl bereits im 3. Jahrhundert eingesetzt hatte. So hält es der Kirchenhistoriker Wolfram Kinzig aufgrund seiner Beobachtungen zur Übergabe des Glaubensbekenntnisses im Rahmen der altkirchlichen Taufliturgie für naheliegend, „dass es dort schon früh weniger auf das Verstehen dogmatischer Inhalte als auf korrektes Repetieren eines heiligen Textes ankam"²⁷. Damit war der Formstrenge in einem Zentralbereich der spätantiken Taufliturgie der Raum geöffnet²⁸.

Grundlegend lässt sich dieser Prozess der Abkehr von der Intuition und der Hinkehr zur Fixierung von Texten bei der christlichen Feier der Liturgie mit der knappen Formel „From freedom to formula" pointiert zusammenfassen²⁹: „Seit der Spätantike gerann die Liturgie zum festen Ritus. Sie wurde verschriftlicht und erhielt Buchform."³⁰ Während es ursprünglich sogar zu den Weihevoraussetzungen für einen Priester gehört hatte, dass er ein Hochgebet aus dem Stegreif formulieren konnte, orientierten sich die Geweihten ab dem 5. Jahrhundert zunehmend an vorformulierten Texten. Diese Stabilisierung mag zum einen einem „Grundgesetz der Religion" entsprechen³¹. Zum anderen waren die Geweihten ab dem

---

²⁶ Augustinus, De baptismo VI 25 (47), ed. M. Petschenig (Corpus Scriptorum Ecclesiasticorum Latinorum 51) Leipzig – Wien 1908, S. 323, Z. 10.
²⁷ Wolfram Kinzig, Formation des Glaubens. Didaktische und liturgische Aspekte der Rezeption altkirchlicher Symbole in der lateinischen Kirche der Spätantike und des Frühmittelalters, in: Uta Heil (Hrsg.), Das Christentum im frühen Europa. Diskurse – Tendenzen – Entscheidungen (Millennium-Studien zur Kultur und Geschichte des ersten Jahrtausends n. Chr. 75) Berlin – Boston 2020, S. 389–431, S. 419f. (Zitat) und S. 394f.
²⁸ Christoph Markschies, Das antike Christentum, S. 80.
²⁹ Allan Bouley, From Freedom to Formula. The Evolution of the Eucharistic Prayer from Oral Improvisation to Written Texts (Studies in Christian Antiquity 21) Washington 1981, bes. S. 217–253.
³⁰ Angenendt, Offertorium, S. 73.
³¹ Sigmund Mowinckel, Religion und Kultus, Göttingen 1953, S. 8.

5. Jahrhundert immer weniger gebildet, um die bis dahin übliche freie Gestaltung aus dem Stand vornehmen zu können. Um diesem Missstand abzuhelfen, entstanden nach und nach Messbücher für das ganze Jahr, überdies Sakramentare und weitere Liturgiebücher: „Mit der ‚Verbuchung' in Wort und Ritus war die Liturgie nicht nur ‚vorgeschrieben', sondern wurde nun zusätzlich vom Postulat des ‚richtigen' und ‚ewigen' Ritus bestimmt."[32]

Seit dem Frühmittelalter nahm die Formstrenge bei der Feier des christlichen Rituals im Okzident eine immer wichtigere Rolle ein[33]. So galten beispielsweise für den liturgischen Text vielfältige Regeln, die dessen „richtigen Vortrag" sichern sollten: Erstens durfte nicht irgendein Text zugrunde gelegt werden, sondern es musste der als einzig richtig eingeschätzte und deshalb offiziell vorgeschriebene Text vermeintlich römischer Herkunft sein. In Rom sah man den Apostel Petrus, dem man die (real verstandenen) himmlischen Schlüssel für die Öffnung der Paradiesespforte zuschrieb, in seinem Grab beheimatet. So galten die Texte, die mit diesem in Rom ruhenden „Spitzenapostel" in Verbindung gebracht wurden, als „exklusiv römisch". Zweitens musste der als maßgeblich eingestufte Text fehlerfrei vorliegen – also ohne Abschreibfehler. Drittens musste dieser Text korrekt gesprochen werden: „Nur wenn Gott das richtig gesprochene Wort hört, öffnet sich sein Ohr"[34], so die maßgebliche Vorstellung. Viertens schließlich sollte das Leben der an Vortrag und Ritus beteiligten Menschen makellos sein. War auch nur eine einzige dieser Voraussetzungen nicht gegeben, gingen die Christen davon aus, dass Gott diesen Text nicht als einen an ihn adressierten Text erkennen würde. Schlimmstenfalls sah man sich

---

[32] Angenendt, Offertorium, S. 73.
[33] Gegenläufige Einzelbeobachtungen bei Els Rose, *Plebs sancta ideo meminere debet. The Role of the People in the Early Medieval Liturgy of Mass*, in: Uta Heil (Hrsg.), Das Christentum im frühen Europa. Diskurse – Tendenzen – Entscheidungen (Millennium-Studien 75) Berlin – Boston 2020, S. 459–476.
[34] Percy Ernst Schramm, Karl der Große. Denkart und Grundauffassungen. Die von ihm bewirkte ‚correctio' (nicht ‚Renaissance'), in: Percy Ernst Schramm, Kaiser, Könige, Päpste. Gesammelte Aufsätze zur Geschichte des Mittelalters 1, Stuttgart 1968, S. 302–341, S. 329.

angesichts der Missachtung der Formstrenge in der Liturgie sogar dem unerbittlichen Zorn Gottes ausgeliefert[35].

Konkret: Während die weitgehend achsenzeitlich orientierten Christen der ersten fünf Jahrhunderte noch von einem in liturgischen Angelegenheiten weitherzigen Gott ausgingen, der auf das Herz der Feiernden sieht, sind aus dem Mittelalter und darüber hinaus zahlreiche Zeugnisse überliefert, dass sich die Menschen einem auf Formstrenge festgelegten Gott gegenüber sahen. Nicht zufällig nannte man das ehedem frei formulierte Hochgebet im Frühmittelalter *oratio periculosa* – gefährliches Gebet. Wenn bei diesem als zentral geltenden Gebet ein Verstoß gegen die als absolut eingestufte Form unterlief – also Rezitation des „falschen" Textes, Abschreibfehler im „richtigen" Text, Fehler bei der Rezitation des „richtigen" Textes, Fehlerhaftigkeit in der Lebensführung des Rezitierenden oder der Mitfeiernden –, glaubte man sich um das göttliche Entgegenkommen gebracht. Bestenfalls blieben die erhofften Messfrüchte aus; schlimmstenfalls sah sich die Gemeinde dem göttlichen Gerichtshandeln unmittelbar ausgesetzt.

Aus heutiger Perspektive gleichfalls kaum nachvollziehbar wirkt die im Frühmittelalter omnipräsente Überzeugung, dass der liturgische Verstoß gegen die als absolut eingestuften rituellen Vorschriften nicht allein dann als gravierend galt, wenn er einem Beteiligten aus Böswilligkeit oder mangelnder Vorbereitung unterlief. Vielmehr ahndete man auch jene Übertretungen der liturgischen Regeln drastisch, die den Beteiligten unabsichtlich oder zufällig widerfuhren: Verschütten des Kelches beim Sprechen der Wandlungsworte, Husten bei der Rezitation des Hochgebetes, Stottern oder Versprecher bei der Artikulation der heiligen Texte[36].

Die Einstufung des Hochgebetes als „gefährliches Gebet" hatte ihren Ausgangspunkt im frühmittelalterlichen Irland zwischen dem

---

[35] Arnold Angenendt, Libelli bene correcti. Der „richtige Kult" als ein Motiv der karolingischen Reform, in: Peter Ganz (Hrsg.), Das Buch als magisches und als Repräsentationsobjekt (Wolfenbütteler Mittelalter-Studien 5) Wiesbaden 1992, S. 117–135, S. 129–131.

[36] Dazu s. umfassend Lutterbach, The Holy Mass and Holy Communion, S. 61–82.

6. bis 9. Jahrhundert und fand von dort aus ihre Verbreitung auf dem Kontinent. Für Priester, die sich bei diesem Gebet nachlässig zeigten, waren Stockschläge als Strafe vorgesehen: in einigen Überlieferungen 50, in anderen Fällen 100 an der Zahl[37]. Mehr noch hat sich die Charakterisierung des Hochgebets durch das Adjektiv „gefährlich" später auf dem Festland nicht allein auf den gesamten Kanon, sondern sogar auf die gesamte Textwelt der Messe ausgedehnt. Rückblickend spricht der Liturgiehistoriker Balthasar Fischer hier von einem „tausendjährigen Fortdauern der im Grunde angstvollen irischen Grundeinstellung" – sowohl im Blick auf das Messgeschehen als auch hinsichtlich der priesterlichen Zelebration[38].

Kaiser Karl der Große († 814), eine der bedeutendsten und prägendsten Herrschergestalten des Mittelalters, hat als tiefstes Anliegen seiner Regentschaft sein Mühen um die korrekte Einhaltung der liturgischen Vorgaben – darunter zentral die Wahrung der Formstrenge im Blick auf die *oratio periculosa* – herausgestellt: „Das Irrige berichtigen, das Überflüssige beschneiden, das Richtige erzwingen", wie sich sein Ideal angesichts von Klerikern zusammenfassen lässt, die lediglich als „Ritenverwalter" fungierten und „mit der Unterweisung der ihnen anvertrauten Gemeinde überfordert waren"[39].

Es ist überaus bemerkenswert: Karl der Große, der selber kaum schreiben und lesen konnte, ließ alle verfügbaren Bücher zusammentragen und setzte die besten Gelehrten seines Großreiches daran, die zentralen christlichen Texte auf Fehler hin durchzumustern. Natürlich ging es ihm nicht um eine humanistisch-philologische Textkritik, als er anordnete, die Texte der Heiligen Schrift und der Liturgie zu verbessern. Stattdessen ließ er die Rechtschreibung und

---

[37] Raymund Kottje, Oratio periculosa. Eine frühmittelalterliche Bezeichnung des Kanons, in: Archiv für Liturgiewissenschaft 10 (1967) S. 165–168.
[38] Balthasar Fischer, „Oratio periculosa". Eine altirische Bezeichnung für die Einsetzungsworte in der Messe, in: Albert Gerhards – Heinzgerd Brakmann – Martin Klöckener (Hrsg.), Prex Eucharistica 3,1 (Spicilegium Friburgense 42) Fribourg 2005, S. 237–241, S. 239.
[39] Kinzig, Formation des Glaubens, S. 408 und S. 419f.

die Satzzeichen korrigieren sowie die größten Barbarismen tilgen[40]. Bei all dem war er bestrebt, dass der von ihm verehrte christliche Gott seinem Reich das Gelingen und die Wohlfahrt schenkte, weil ihm die Christen ihre Verehrung erwiesen, indem sie die von Karl als authentisch eingeschätzten christlichen Schlüsseltexte bis ins Letzte präzise rezitierten[41]. Anders gesagt: Wenn sich Karl der Große 300 Jahre nach dem Ende des Imperium Romanum im Westen und der damit verbundenen zivilisatorischen Transformation (Schließung von Schulen und Akademien, Eröffnung von Klöstern als „Schulen im Herrendienst" etc.) zum ersten Mal wieder um eine buchgestützte Reform bemühte, unternahm er dieses Ringen zugunsten der „richtigen" Texte und deren genauer Rezitation, weil ihm die Wahrung liturgischer Präzision – der rituellen Formstrenge – vor Gott als höchster Herrscherauftrag galt[42]. Freilich ist bei dieser Akzentuierung der Formstrenge mit zu bedenken, dass es in einem Schreiben, das der Theologe Alkuin († 804) am Hofe von Karl dem Großen († 814) nach 784 verfasst hat und in dem es um die theologische Einordnung der Formstrenge geht, heißt: Wer vor Gott recht zu leben sich bemühe, der müsse auch korrekt zu lesen wissen[43]. Demnach wird die rechte Lebensweise, das Ethos, hier der Formstrenge vorgeordnet. Wie dieses Ineinander im Alltagsleben umgesetzt wurde, muss an dieser Stelle offen bleiben.

---

[40] Angenendt, Das Frühmittelalter, S. 310–313.
[41] Johannes Fried, Karl der Große. Gewalt und Glaube. Eine Biographie, 4. Aufl., München 2014, S. 274–283 und S. 348–354. Zum Ergebnis dieser Korrektur-Tätigkeit s. Els Rose, *Emendatio* and *effectus* in Frankish Prayer Traditions, in: Rob Meens – Dorine van Espelo (Hrsg.), Religious Franks. Religion and Power in the Frankish Kingdoms. Studies in Honour of Mayke de Jong, Manchester 2016, S. 128–147.
[42] Admonitio generalis Karls des Großen (a. 789), hrsg. v. Hubert Mordek – Klaus Zechiel-Eckes – Michael Glatthaar (Monumenta Germaniae historica. Leges 8; Fontes iuris Germanici antiqui in usum scholarum separatim editi 16) Wiesbaden 2013. Auch Epistola de litteris colendis, in: Urkundenbuch des Klosters Fulda 1, bearb. v. Edmund E. Stengel (Veröffentlichungen der Historischen Kommission für Hessen und Waldeck 10,1) Marburg 1958, Nr. 166. S. 246–254.
[43] Epistola de litteris colendis, bearb. v. Stengel, S. 251, Z. 36.

Zwei Langzeiteffekte, die das Ringen um die Formstrenge nach sich gezogen hat, verdienen eine exemplarische Hervorhebung: zum einen die Furcht des ehedem noch katholischen Martin Luther († 1546) vor der Feier seiner ersten Heiligen Messe als Priester, weil er übergroße Unsicherheit verspürte, ob er der liturgischen Formstrenge gewachsen war; zum anderen der in unseren Tagen virulente Streit um das Für und Wider der sogenannten „tridentinischen" Liturgie, also des vermeintlich bis in die römischen Anfänge zurückreichenden eucharistischen Ritus.

Wie stark sich die Einhaltung der Formstrenge urtümlicher Provenienz auswirken kann, mag ein Beispiel erläutern, das von Kindern handelt, die unbedarft miteinander „Messe spielen" und dabei die dafür relevanten Texte „richtig" sprechen – die göttliche Reaktion lässt nicht auf sich warten! Tatsächlich war im Spätmittelalter die Legende weit verbreitet, dass einmal Hirtenkinder die Messe spielten, dabei Brot und Wein auf einen Stein legten, ein Junge in der Rolle des Priesters die Konsekrationsworte korrekt darüber sprach und gar plötzlich Feuer vom Himmel fiel, das das Brot und den Wein verzehrte und die Kinder wie tot niederfallen ließ[44]. So beschreibt diese Geschichte die eucharistische Wandlung als ein Geschehen, das kraft der Worte, die in rechter Weise gesprochen wurden, eintrat, obgleich der beteiligte Junge weder Priester war noch die Absicht hatte, zu konsekrieren.

Ebenso wie andere Priester im Spätmittelalter bezeugte auch Martin Luther seine Angst vor den Konsekrationsworten in einer Tischrede[45]: „Mitt den verbis consecrationis machten sie ettlichen so pange, sonderlich welche frum waren vnd dem es ein ernst war, das sie

---

[44] Zur Tradition dieser Legende bis in das Spätmittelalter s. Adolph Franz, Die Messe im deutschen Mittelalter. Beiträge zur Geschichte der Liturgie und des religiösen Volkslebens, Freiburg 1902, S. 627–630.

[45] Hans Bernhard Meyer, Luther und die Messe. Eine liturgiewissenschaftliche Untersuchung über das Verhältnis Luthers zum Meßwesen des späten Mittelalters (Konfessionskundliche und kontroverstheologische Studien 11) Paderborn 1965, S. 207 weist maßgeblich darauf hin, dass die Angst Luthers auch deshalb so groß war, weil er die spätmittelalterliche Auffassung vertrat, als Priester die Mittlerschaft zwischen Gott und den Menschen übernehmen zu müssen, wohingegen der neutestamentlich

ganz und gar zitterten, wenn sie die wort sagten: Hoc est corpus meum etc. Denn die mußt man pronuncirn sine ulla haesitatione; wer da stamert oder ein wort aussen lies, der hatt ein grose sunde gethan. Da must er die wort lesen one alle frembde gedancken vnd also, das ers allein höret vnd die vmbher nicht. Ich bin auch ein solcher frumer munch gewesen in die 15 jar, Gott vorgebe mirs!"[46]

Eindrucksvoll liest man in der renommierten Luther-Biographie des Reformationshistorikers Martin Brecht, dass Martin Luther bei der Feier seiner ersten heiligen Messe nach der Priesterweihe beim Hochgebet „vom Altar weglaufen" wollte, was allein die Intervention des assistierenden Mitpriesters verhinderte[47]. Offenbar kam eine derartige Scheu bei den Priestern im Spätmittelalter angesichts jener mit der *oratio periculosa* verbundenen Formstrenge häufiger vor: „Der Vorgang, dass ein Priester während der ersten Messfeier vom Altar weglaufen wollte, war nicht ganz einmalig."[48] So sei hier erinnert an den Erfurter Augustiner Jordan von Sachsen († 1370/80), der eine ähnliche Geschichte berichtet[49]. Auch der bedeutende Humanist Konrad Mutian (auch Muth genannt) († 1526), der übrigens jahrelang seine erste Messe aufschob, erwähnte 1513 ein vergleichbares Vorkommnis[50].

Ob man in der Rückschau auf das „gefährliche Gebet" von einer „Pathologie irregeleiteter eucharistischer Frömmigkeit" sprechen sollte[51], erscheint aus einer historischen Perspektive, die religions-

---

noch einzige Mittler – Jesus Christus – über ihn, den messefeiernden Luther, während dessen Zelebration als strenger Richter zur Rechten des göttlichen Vaters citat.

[46] Martin Luther, Tischreden Nr. 5589 („Elevatio sacramenti"), in: Weimarer Ausgabe, Tischreden 5, Weimar 1919, S. 265f.; auch Martin Luther, Tischreden Nr. 4998 („Canon"), in: Weimarer Ausgabe, Tischreden 4, Weimar 1916, S. 606f.

[47] Martin Brecht, Martin Luther, 3 Bde., 3. Aufl., Stuttgart 1990, hier Bd. 1 („Sein Weg zur Reformation 1483–1521"), S. 79.

[48] Brecht, Martin Luther 1, S. 79.

[49] Jordan von Sachsen, Liber Vitasfratrum. Cassiciacum II 18, ed. Rudolph Arbesmann – Winfried Hümpfer, New York 1943, S. 199f.

[50] Brief des Mutianus Rufus an Urban (7. August 1513), hrsg. v. Carl Krause, Der Briefwechsel des Mutianus Rufus, in: Zeitschrift des Vereins für hessische Geschichte und Landeskunde NF 9 Supplement, Kassel 1885, Nr. 286, S. 349f.

[51] Fischer, „Oratio Periculosa", S. 240.

vergleichend vorgeht, eher fraglich. Freilich fällt die Diskrepanz zwischen den neutestamentlichen Vorgaben, die das reine Herz der Beteiligten wünschen und der mittelalterlichen – auf Formstrenge ausgerichteten – Entwicklung überdeutlich aus. Inmitten dieses Spannungsfeldes erheben die Piusbrüder, eine streng konservativ gesonnene Gruppe innerhalb der römisch-katholischen Kirche, aktuell das, was andere als lebensfeindliche Kasuistik empfinden, um der Einhaltung von Formstrenge willen zur alles überbietenden Norm.

d. Von der „tridentinischen" Messe zur Kür des US-Präsidenten

Die Piusbrüder erklären die römische Messe in ihrer ursprünglichen Gestalt, wie sie das Trienter Konzil im 16. Jahrhundert vermeintlich wieder freigelegt und von allen mittelalterlichen Zuwächsen befreit hätte, zur absoluten und unumstößlichen liturgischen Regel[52]. Allein wer diesen Ritus, wie er im Messbuch von 1570 festgeschrieben ist, auch heute in seiner ursprünglichen Gestalt formstreng feiere, dürfe als wirklicher Christ gelten, weil er mit dem einzigartigen heilig-liturgischen Anfang der westlichen Christenheit in Rom auf unübertreffliche Weise verbunden sei. Nur er feiere gemäß der allein selig machenden Formstrenge „die Messe aller Zeiten"[53].

Einige Anhänger der kirchlich-traditionalistischen Kreise, deren Treiben der renommierte Theologe Peter Hünermann treffend als „Ergebnis eines Erstarrungsprozesses" charakterisiert[54], sprechen sogar im überbietenden Sinne von der bis zu Jesu Praxis zurückrei-

---

[52] Wilhelm Damberg, Die Priesterbruderschaft St. Pius X. (FSSPX) und ihr politisch-geistlicher Hintergrund, in: Peter Hünermann (Hrsg.), Exkommunikation oder Kommunikation? Der Weg der Kirche nach dem II. Vatikanum und die Pius-Brüder (Quaestiones Disputatae 236) Freiburg 2009, S. 69–122.

[53] Gelungene Darstellung und vorwärtsweisende Diskussion dieser Positionen bei Michael Kunzler, Die „Tridentinische" Messe. Aufbruch oder Rückschritt?, Paderborn 2008, S. 20–23, S. 69–77 und S. 78–85.

[54] Peter Hünermann, Ein persönliches Schlusswort, in: Peter Hünermann (Hrsg.), Exkommunikation oder Kommunikation? Der Weg der Kirche nach dem II. Vatika-

Die korrekte Form – Wodurch wirkt ein Ritual?

chenden „Messe aller Zeiten" und fordern deshalb nochmals forciert die Formstrenge im Umgang mit dieser Vorlage ein. In Übereinstimmung mit frommen Bildern des 19. und frühen 20. Jahrhunderts glauben sie, dass Jesus, der eine Stola und ein barockes Messgewand getragen hätte, am Abend des Gründonnerstags mit den zwölf Aposteln eine lateinisch-sprachige Messe gefeiert hätte und dabei eben jenen Ritus beachtete, wie er erst sehr viel später detailliert im Römischen Messbuch von 1570 festgelegt wurde[55].

Historisch ernsthaft lässt sich eine solche Position aus heutiger Perspektive nicht vertreten. Mit guten Gründen erheben sich jene Gegenstimmen, die anstelle der Formstrenge darauf pochen, dass es bei der Feier der christlichen Liturgie im achsenzeitlich-vergeistigten Sinne erstrangig auf die rechte Intention und das reine, gottes- und menschenliebende Herz der Beteiligten ankomme. So unterstreicht der Liturgie- und Kirchenhistoriker Arnold Angenendt gegenüber den Verfechtern der liturgischen Formstrenge bei der Messfeier im Allgemeinen sowie beim Hochgebet im Besonderen mit Blick auf die ersten fünf Jahrhunderte zwei achsenzeitlich-vergeistigt rückgebundene Leitvorstellungen. Erstens: „In der Urchristenheit ist diese Art von Wortgenauigkeit nicht angestrebt worden."[56] Und zweitens: „Wie die römische Liturgie am Anfang aussah, wissen wir nicht. (...) Freilich ist sehr früh ein Rhythmus da gewesen, eine Grundstruktur. Ich gehöre zu den Leuten, die sagen, ,Die Grundstruktur muss es geben, sie muss erkennbar sein ...' Daneben gibt es die Variabilität je nachdem."[57] In der Konsequenz –

---

num und die Pius-Brüder (Quaestiones Disputatae 236) Freiburg 2009, S. 206–208, S. 208.
[55] Siehe dazu perspektivreich Matthias Gaudron, Die Messe aller Zeiten. Ritus und Theologie des heiligen Messopfers, 3. Aufl., Stuttgart 2012, S. 31–34, S. 212–214 und S. 228.
[56] Motu proprio „Summorum Pontificum". Dokumentation der Podiumsdiskussion über eine Intervention Benedikts XVI., in: Eckhard Nordhofen (Hrsg.), Tridentinische Messe. Ein Streitfall. Arnold Angenendt, Daniel Deckers, Albert Gerhards, Martin Mosebach und Robert Spaemann im Gespräch, Kevelaer 2008, S. 37–107, S. 92.
[57] Motu proprio „Summorum Pontificum". Dokumentation der Podiumsdiskussion, S. 87f.

es sei nochmals wiederholt – kam es in der Alten Kirche eben nicht darauf an, Wortfolgen präzise auswendig zu lernen. Es ging auch nicht um Worte, die so und nicht anders ausgesprochen werden durften. So sehr das heutigen Anhängern der Formstrenge ein Dorn im Auge sein mag: Die Bischöfe und Priester der ersten fünf Jahrhunderte *durften* nicht nur, sondern *sollten* sogar das Hochgebet frei formulieren. Entgegen anderslautenden Behauptungen war Formstrenge in den Anfängen des Christentums nämlich ein Fremdwort.

Aber nicht nur das Phänomen der Formstrenge markiert eine Parallele zwischen einer ortho-praktisch geprägten Religiosität und jener Unklarheit über die Gültigkeit des ersten Amtseides von Barack Obama, sondern auch die Rolle eines Souffleurs findet sich damals wie heute. Denn der Vorsprecher, der Barack Obama 2009 im ersten Anlauf die falsche Eidesformel soufflierte, ruft mit seinem Tun die bis heute virulente und weit über die Religionsgemeinschaften hinausreichende Bedeutung der Formstrenge unfreiwillig ins Gedächtnis, ja, gibt ihr sogar ein institutionalisiertes Gesicht.

Bemerkenswerterweise – es sei wiederholt – bestand die ursprüngliche Aufgabe eines Vorsprechers, wie man ihn im Mittelalter einsetzte, gerade nicht darin, dass er die Formel – vergleichbar einem Souffleur im Theater – für vergessliche Hauptakteure vorsprach und der Hauptakteur ihm den Text Satz für Satz nachsprach. Vielmehr führte man den Vorsprecher als zusätzliche Hilfe für den bestmöglichen Umgang mit der Vorgabe der als ortho-praktisch zu charakterisierenden Formstrenge ein. So sprach er die Formel stellvertretend (!) für die betroffene Partei und ohne deren Risiko gewissermaßen auf Probe vor. Wenn er dies erfolgreich hinter sich gebracht hatte und die Partei die Aussage des Vorsprechers als die ihre ratifiziert hatte, erlangte sie Rechtswirkung. Für den Fall, dass dem Vorsprecher ein Fehler unterlaufen war, blieb der betroffenen Partei ja noch die „zweite Chance", den Text selbst fehlerfrei aufzusagen.

Dass – wie im Falle von Barack Obama – ein Vorsprecher der betroffenen Partei die Formel Satz für Satz vorspricht und diese ihm den Text nachspricht, war ursprünglich jedenfalls nicht die Aufgabe des Vorsprechers. Wenn nämlich der Vorsprecher einen

Fehler gemacht hätte und die betroffene Partei ihm in diesem Fehler gefolgt wäre, hätten sich sozusagen beide Akteure irreversibel um die positive, automatisch eintretende Heilkraft des Rituals gebracht. Zumindest dieses Szenario blieb Barack Obama erspart. Ebenso wie der Vorsprecher die Formel ein zweites Mal korrekt vorsprechen durfte, war Barack Obama aufgefordert, es ihm ein zweites Mal nachzutun. Somit hielt man zwar an der urtümlichen Formstrenge fest. Beide Betroffene durften allerdings eine zweite Chance wahrnehmen, um der Formstrenge schließlich doch gerecht zu werden.

Was auf den ersten Blick also wie eine heutzutage seltsam anmutende Episode aussieht, erweist die religionshistorische Vergewisserung als ein in der Geschichte weithin übliches Verfahren orthopraktischer Provenienz: das Mühen um die Formstrenge in Recht und Liturgie, um mit Hilfe der rechten Form eine auch von anderen nicht weiter bezweifelbare Rechts- oder Glaubenswirklichkeit zu schaffen.

7. Jungen machen Päpste – Was kindliche Weltdistanz bewirkt

„Gebt den Kindern das Kommando,
Sie berechnen nicht, was sie tun.
Die Welt gehört in Kinderhände.
Dem Trübsinn ein Ende!
Wir werden in Grund und Boden gelacht.
Kinder an die Macht!"

Der Liedermacher Herbert Grönemeyer hat dieses Lied, dessen zum Ohrwurm aufgestiegener Schlussappell zugleich den Song betitelt, 1986 geschrieben – noch drei Jahre vor der Abfassung der UN-Kinderrechtskonvention von 1989. Inzwischen ist dieses völkerrechtliche Dokument, das neben den Kinderschutzrechten und den Kinderförderrechten vor allem die Kinderpartizipationsrechte festschreibt, von fast allen Staaten der Erde ratifiziert worden. Unter anderem zielt die darin festgeschriebene Selbstverpflichtung der Vertragsstaaten darauf hin, die „volle Beteiligung des Kindes am kulturellen und künstlerischen Leben" zu gewährleisten (Art. 31). Wie sehr dieses Anliegen bereits seit den beginnenden 1980er Jahren gesellschaftlich in der Luft lag, spiegelt der Liedermacher Herbert Grönemeyer mit seinen eingangs zitierten Liedzeilen wider[1].

Womöglich ist den Vertragsparteien in den Jahren seit 1989 gar nicht bewusst geworden, dass Kinder bereits Jahrhunderte vor der Festschreibung von Kinderrechten in einem Maße an Entscheidungsfindungen beteiligt waren, das uns heutzutage staunen lässt. Diese Einschätzung betrifft unter anderem die traditionsreiche Wahl des „Kopten-Papstes" unter der maßgeblichen Beteiligung eines Kindes. Im Unterschied zum Appell von Herbert Grönemeyer, Kindern im Rahmen eines demokratischen Gemeinwesens eigene

---

[1] Hubertus Lutterbach, Kinder und Christentum. Kulturgeschichtliche Perspektiven auf Schutz, Bildung und Partizipation von Kindern zwischen Antike und Gegenwart, Stuttgart 2010, S. 28–31 und S. 99–110.

Partizipationsmöglichkeiten einzuräumen, folgt die Mitwirkung der Kinder bei der Findung des „Koptenpapstes" allerdings uralten Verstehensmustern – darunter das per Losentscheid vollzogene Gottesurteil und die besondere Rolle des Kindes als Transmitter des göttlichen Willens aufgrund der ihm zugeschriebenen Reinheit von aller Sexualität.

a. Kinderentscheid über den Koptenpapst

Die Christengemeinschaft der Kopten vollzieht die Wahl des „Kopten-Papstes" immer dann, wenn nach dem Tod ihres geistlichen Oberhauptes ein Nachfolger zu bestimmen ist. Zuletzt war das im Jahr 2012 der Fall. Tatsächlich lag das abschließende Votum auch diesmal in den Händen eines neunjährigen Knaben. Gemäß dem religiösen Ideal soll er von allen weltlichen Einflüssen (Bildung, Sexualität etc.) möglichst wenig berührt sein und seine Augen verbunden bekommen, damit er sich in seinem Handeln für den Willen Gottes umso durchlässiger und empfänglicher zeigt.

Die Kopten nennen ihr Oberhaupt, das auf derart bemerkenswerte Weise ins Amt kommt, ebenso wie die römischen Katholiken gleichfalls Papst. Während die Kopten diese Bezeichnung allerdings schon seit dem 3. Jahrhundert verwenden, lässt sich dieser Brauch im römischen Patriarchat erst hundert Jahre später nachweisen. Der Vorsteher der größten Kirche im Nahen Osten, der seinen Sitz in Kairo hat und den Titel „Patriarch von Alexandrien" führt, versteht sich als Nachfolger des Evangelisten Markus. Dieser soll um das Jahr 60 den christlichen Glauben nach Ägypten gebracht haben und wenige Jahre später in Alexandria als blutiger Märtyrer gestorben sein.

Über die ganze Welt verteilt gibt es aktuell etwa elf Millionen Kopten. In ihrem Stammland Ägypten machen sie zwischen sechs und zehn Prozent der Gesamtbevölkerung aus. Etwa 1,5 Millionen Kopten leben außerhalb Ägyptens, circa 6.000 davon in Deutschland.

Im Einklang mit der Tradition war die wahrlich langwierige Vorbereitung des abschließenden Kinderentscheides zuletzt auch im Jahr 2012 auf viele Schultern verteilt. Im Einzelnen kombiniert die Papstwahl bei den Kopten demokratisch wirkende Elemente mit dem abschließenden, geradezu urtümlich anmutenden Votum durch ein Kind. Im Einzelnen: Nachdem 2012 ein Wahlausschuss mit 2.412 Personen (zusammengesetzt aus bis zu 150 Bischöfen, einem „Millet-Rat" genannten Laiengremium sowie vom ägyptischen Präsidenten ausgewählten Persönlichkeiten) aus einer Fünferliste drei Kandidaten für die Endauswahl mehrheitlich festgelegt hatte, oblag die abschließende Entscheidung über den künftigen Papst einem Kind. Mit verbundenen Augen zog der neunjährige Junge aus den drei Loskugeln, die in einem großen gläsernen Kelch lagen, die eine Loskugel mit dem Namen des zukünftigen Papstes. In diesem Fall: Tawadros II. Wie die anderen Kandidaten, die nicht zum Zuge kamen, musste auch er zum Zeitpunkt der Wahl das 40. Lebensjahr vollendet und mindestens 15 Jahre im Kloster gelebt haben.

Die beschriebene Prozedur erläuterte der Münsteraner Ostkirchenkundler Thomas Bremer als Interviewgast in einem Beitrag des Radio-Senders „Deutschlandradio Kultur" am 23. März 2012 unter dem Titel „Warum die Kopten ihren Papst auslosen". Im Vorausblick auf die damals noch anstehende Bestimmung des neuen Koptenpapstes führte er aus: „... und dann wird tatsächlich unter diesen drei Kandidaten gelost. Das heißt, ein Kind wird mit verbundenen Augen aus drei Umschlägen einen ziehen, und der Name, der darauf oder der darin steht, das ist dann der neue Patriarch und Papst. Das heißt, man schließt in einem gewissen Maße dadurch politische Einflussnahme und so etwas wie Wahlkampf oder so etwas aus, weil es dann ja doch, jetzt kann man sagen, Zufall oder Gottes Wille ist, der am Schluss bestimmt wird." Die eher ungläubige Rückfrage des Moderators an Thomas Bremer lautete: „Das hört sich aber eher nach Ratespiel an oder nach Lotterie. Ich meine, was ist das für ein Motiv, ein gewissermaßen blindes Kind Schicksal spielen zu lassen?" Darauf antwortete der Theologe: „Man schließt damit aus, dass man zum Beispiel ein Wahlgremium, egal, wer das ist, die Bischöfe oder wenn Laien beteiligt wären oder so, dass man ein Wahlgremium versucht zu bestechen oder Stimmen zu kaufen oder so etwas wie Wahlkampf zu machen, weil es ja sowieso keine Sicherheit hat, sondern am Schluss entscheidet eben etwas, das nicht menschlich kontrolliert ist."[2]

Tatsächlich lautete die Eilmeldung auf „Spiegel online" nach der erfolgten Wahl des neuen Koptenpapstes am 4. November 2012: „Neuer Patriarch. Ägyptische Kopten küren Kirchenoberhaupt". Daran schloss sich dieser Text an: „Tausende christliche Kopten hatten sich am Sonntagmorgen in der ägyptischen Hauptstadt Kairo zu einem Gottesdienst in der Markus-Kathedrale versammelt, um die Kür ihres neuen Patriarchen zu erleben. Die letzte Entscheidung lag in der Hand eines Kindes. Mit verbundenen Augen zog ein kleiner Junge aus einer gläsernen, mit rotem Wachs versiegelten Urne den Zettel mit dem Namen des neuen 118. Oberhauptes der christlichen Gemeinde. Es ist Bischof Tawadros. Mit dieser Zeremonie wird nach Brauch der Kopten ‚Gottes Wille' berücksichtigt."[3] Eben diese Erläuterung zum Losentscheid durch ein Kind bieten auch die „euronews" am 4. November 2012: „Auf diese Art wird traditionell auch Gottes Wille in das Wahlverfahren eingebunden."[4]

Die linksliberale Wochenzeitung „Der Freitag" bietet in ihrem Online-Portal am 8. November 2012 nicht nur ein Foto des Jungen, wie er in weißem Gewand und mit verbundenen Augen aus dem gläsernen Kelch das entscheidende Los zieht (Bildunterschrift: „The winner is …"), sondern widmet sich unter dem Titel „Mehr Los wagen" gleich noch naheliegenden Einwänden heutiger Zeitgenossen gegen diesen Losentscheid: „Als die ägyptischen Kopten vergangenen Sonntag ihren neuen Papst bestimmten, sorgte der Weg

---

[2] Thomas Bremer – Joachim Scholl, Warum die Kopten ihren Papst auslosen. Ein Gespräch über die Suche nach einem neuen Patriarchen in Ägypten, in: http://www.deutschlandradiokultur.de/warum-die-kopten-ihren-papst-auslosen.954.de.html?dram:article_id=147108 (27.11.2019).

[3] N. N., Neuer Patriarch. Ägyptische Christen küren Kirchenoberhaupt, in: http://www.spiegel.de/panorama/neuer-patriarch-aegyptische-kopten-kueren-kirchenoberhaupt-a-865186.html (27.11.2018).

[4] N. N., Tawadros neuer Papst der Kopten, in: http://de.euronews.com/2012/11/18/tawadros-neuer-papst-der-kopten (27.11.2016).

der Entscheidung bei vielen Außenstehenden für irritiertes Kopfschütteln oder gar Belustigung. Und das nur, weil die christliche Minderheit ein uraltes Verfahren anwandte, das zielsicher zum gewünschten Ergebnis führte: das Losen. Hierzulande vor allem aus der ‚Sportschau' als Maßnahme bei der Suche nach Pokalspielgegnern bekannt, warfen die Kopten drei Kugeln mit dem Namen der Papst-Kandidaten in einen gläsernen Kelch und ließen einen Jungen mit verbundenen Augen eine ziehen. Tawadros II. wurde so zum Oberhaupt gekürt. – Was Atheisten schnöde als Zufall bezeichnen mögen", so setzt „Der Freitag" fort, „ist für die Kopten ‚Gottes Wille'. Bevor man nun aber mit aufklärerischer Verve gegen irrationale Rituale wettert, sollte man kurz innehalten und sich fragen: Warum sollte das Los eigentlich ein schlechteres Verfahren sein als jene, mit denen in unserer Gesellschaft sonst Entscheidungen herbeigeführt werden?" Mit einem gewissen provokativen Unterton fragt Jan Pfaff als Autor des Artikels an, ob eine Losentscheidung im Blick auf ein Verkehrs-Großprojekt wie „Stuttgart 21" eigentlich weniger rational gewesen wäre als der tatsächlich beschrittene demokratische Entscheidungsweg?! Mit ähnlicher Attitüde regt er eine „atomare Endlagersuche mit der Lostrommel" an – immer unter dem Vorzeichen, dass auch demokratische Entscheidungsfindungen nicht ohne den Faktor Zufall auskommen[5]. Freilich – so könnte man mit der „Neue Zürcher Zeitung" einschränkend entgegnen – würde sich der Rückgriff auf das Losverfahren mit einem Kind als Glücksbringer in unserer modernen Gesellschaft nicht wie im Falle des Koptenbischofs bis auf die Heilige Schrift mit ihrer gleichfalls per Los entschiedenen Wahl des Evangelisten Markus zurückführen lassen[6].

Anders gesagt und nochmals nachgehakt: Während heutigen Zeitgenossen das Losverfahren als Weg zur Entscheidungsfindung bekannt ist und erstrangig bei der Auslosung sportlicher Wettkampfkombinationen oder bei der wöchentlichen Ziehung der Lot-

---

[5] Jan Pfaff, Mehr Los wagen, in: https://www.freitag.de/autoren/jan-pfaff/mehr-los-wagen-wie-man-auch-entscheiden-kann (27.11.2019).
[6] Patrick Huser, Die christlichen Erben der Pharaonen, in: http://www.nzz.ch/die-christlichen-erben-der-pharaonen-1.17726656 (27.11.2019).

tozahlen (diese ursprünglich durch zwei Waisenmädchen![7]) zur Anwendung kommt, wirkt es gleichwohl umso befremdlicher, dass die religiös verwurzelte Losentscheidung bei den Kopten unbedingt ein Kind vornimmt. Immerhin: Im Rahmen von Auslosungen im Bereich des Sports oder des Glücksspiels, die sich klar in den profanen Alltag einordnen, wirken zumeist Frauen in der Rolle der „Glücksfee" oder sonstwie prominente Erwachsene aus dem öffentlichen Leben als Glücksbringer.

Wenn sich also die Frage stellt, warum die Kopten bei ihrer abschließenden Kandidatenfindung ausgerechnet auf einen Knaben vertrauen und ihn das Los ziehen lassen, bietet es sich als Orientierung an, nach möglichen gemeinreligiös verwurzelten Antwortperspektiven (unter Mitberücksichtigung auch von christlichen Traditionen unseres eigenen Kulturraums, besonders aus mittelalterlicher Zeit) zu suchen. So sei der Blick als erstes auf Kinder als Übermittler des göttlichen Willens und als zweites auf die geschichtliche Rolle des Loses als Mittel der Entscheidungsfindung gerichtet.

b. Kinder als Übermittler des göttlichen Willens

Religionsgeschichtlich ist es bemerkenswert, wenn Kinder in der Tradition der Kopten bereits mehr als 100 Mal daran beteiligt waren, das Oberhaupt der Kopten zu bestimmen; denn Papst Tawadros II. gilt – wie oben bereits angeklungen – als der 118. Papst dieser Glaubensgemeinschaft. Dass Kinder im Christentum eine derart einflussreiche Funktion erlangen konnten, wirkt umso erstaunlicher, je klarer man sich die soziale Stellung der Kinder in der antikpaganen Welt in Erinnerung ruft, innerhalb derer sich das Christentum ursprünglich zu behaupten hatte.

---

[7] Philipp Schulte, Vor sechzig Jahren, in: FAZ Magazin, September 2018 („Mode Spezial") notiert: „Monat für Monat wechselte damals der Ort der Austragung. Sie tourte durch die ganze Bundesrepublik. 1955 fand die erste Ziehung überhaupt statt, in Hamburg. Im Hotel ‚Mau' zogen im Oktober zwei Waisenmädchen abwechselnd die Zahlen."

In der Umwelt des frühen Christentums galten Kinder als gesellschaftlich marginalisiert. Zwar waren diese alten Kulturen in der Regel kinderreich und vom Altersdurchschnitt her gesehen sehr junge Gesellschaften; doch sucht man in den Überlieferungen der griechisch-römischen Antike nach einer uneingeschränkten Wertschätzung der Kinder vergebens, wie der britische Althistoriker Thomas Wiedemann herausstellt: „Die Alte Welt verwies Kinder, gemeinsam mit Frauen, alten Menschen und Sklaven an die Ränder des gesellschaftlichen Lebens."[8] Nachdrücklicher noch: „Je jünger das Kind, umso mehr wurde es als randständig (marginal) angesehen."[9] Der amerikanische Althistoriker Marc Kleijwegt sekundiert im Blick auf die Rolle von Kindern in der griechisch-römischen Antike: „Rechte des Kindes waren begrenzt, und Eingriffe in sie wurden kaum geahndet."[10]

Im Unterschied zu den Gepflogenheiten in ihrer Umgebung setzten sich die Christen seit urgemeindlicher Zeit für eine bis dahin unbekannte Wertschätzung der Kinder ein: in der Spur des Judentums sowie in Anknüpfung an Jesus, der die Kinder umarmt, sie gesegnet und ihnen die Hände aufgelegt hatte. Auf diese Weise sprach er ihnen göttliche Divinität zu und präsentierte sie aufgrund der ihnen eigenen Empfangsbereitschaft den Erwachsenen sogar als Haltungsvorbild[11]: „Wenn ihr nicht umkehrt und werdet wie die Kinder, könnt ihr nicht in das Himmelreich kommen", lässt das Matthäus-Evangelium (18,3) Jesus ausrichten.

Bereits in der Alten Kirche deuten zahlreiche Traditionen die von Jesus ins Zentrum gerückte Empfangsbereitschaft der Kinder mit zunehmend primärreligiöser Tendenz so, als ob die Kleinen erstens für Gottes Willen in besonderer Weise sensibel sind und ihn zweitens mit ihren reinen – von Sexualität und Stimmbruch noch

---

[8] Thomas Wiedemann, Adults and Children in the Roman Empire, London 1989, S. 176.
[9] Wiedemann, Adults and Children, S. 179.
[10] Marc Kleijwegt, Art. Kind A. (Griechisch-Römisch), in: Reallexikon für Antike und Christentum 20 (2004) Sp. 865–893, Sp. 874.
[11] Lutterbach, Kinder und Christentum, S. 41–44.

unberührten – Kinderstimmen auch optimal vernehmlich machen. Am bekanntesten ist wahrscheinlich die für Augustinus' Bekehrung schlüsselhafte Szene in einem mailändischen Garten. Dieser prominente nordafrikanische Bischof, der 430 nach einem rastlosen Leben als Menschenfreund, Theologe und politischer Berater für viele Ratsuchende starb, beschreibt das Ereignis in seiner Autobiographie: „Ich weinte in bitterster Zerknirschung meines Herzens. Und siehe, da höre ich vom Nachbarhause her in singendem Tonfall, ich weiß nicht, ob eines Knaben oder eines Mädchens Stimme, die immer wieder sagt: ‚Nimm und lies, nimm und lies.' Sogleich wandelte sich meine Miene, und angestrengt dachte ich nach, ob wohl Kinder bei irgendeinem Spiel so zu singen pflegen, doch konnte ich mich nicht entsinnen, dergleichen je vernommen zu haben. Da ward der Tränen Fluss zurückgedrängt, ich stand auf und konnte mir es nicht anders erklären, als dass ich den göttlichen Befehl empfangen habe, die Schrift aufzuschlagen und die erste Stelle zu lesen, auf die meine Blicke träfen."[12]

Auch Gregor von Tours († 594), auf den zahlreiche historische Aufzeichnungen zurückgehen und der als Bischof einflussreich war, berichtet im 6. Jahrhundert davon, wie man die Worte eines Kindes als Ausdruck des göttlichen Willens deutete. So war dem Bischof Brictius von Clermont vorgeworfen worden, ein Kind gezeugt und damit gegen das von ihm übernommene Zölibat verstoßen zu haben. Um diesen schwerwiegenden und von dem Beschuldigten als haltlos erachteten Vorwurf zu entkräften, bat er das Volk, ihn dem fraglichen Kind gegenüberzustellen. So trugen die Menschen seines Bistums den 30 Tage alten Säugling herbei. Der Bischof beschwor ihn im Namen Jesu Christi, ihm zu sagen, ob er der gesuchte Vater sei oder nicht. Darauf antwortete der Kleine in offenbar bestem, allein aufgrund himmlischen Beistands fließendem Latein: „Du bist nicht mein Vater – *Non tu es pater meus*."[13]

---

[12] Augustinus von Hippo, Confessiones VIII 12,29, ed. Pius Knöll (Corpus Scriptorum Ecclesiasticorum Latinorum 33) Prag – Wien – Leipzig 1896, S. 194.
[13] Gregor von Tours, Historia Francorum, ed. Bruno Krusch – Rudolf Buchner, 2

Menschliche Anwege auf das Göttliche

Sobald es um die rechte Auswahl eines Bischofskandidaten ging oder Heilige auf ihren Wegen durch göttliche Visionen geleitet wurden: Immer wieder trifft man in den kirchengeschichtlichen Zeugnissen (meist) seit dem 5. Jahrhundert auf Kinder und reine Kinderstimmen als Übermittler des göttlichen Willens.

Wenn sich Gott eines Kindes bedient, um den Glauben der Menschen zu stärken, kann er seine Nähe zu diesem Kind – so glaubte man – auch dadurch zeigen, dass es sich aufgrund des himmlischen Einwirkens nicht auf alterstypische Weise kindgerecht benimmt. Stattdessen legt es Verhaltensweisen an den Tag, die ansonsten allein lang erprobten Asketen möglich sind. Beispielsweise erinnerte man sich im Mittelalter mit größter Hochachtung an den Heiligen Nikolaus († 326?), der schon im Säuglingsalter wie ein Asket gelebt haben soll, indem er zweimal wöchentlich die Mutterbrust verweigerte, um zu fasten[14]. Eine entsprechende Darstellung zeigt den gewickelten Säugling auf dem Schoß seiner Mutter: Die Mutterbrust ist entblößt, weil die Mutter im Begriff ist, ihren kleinen Sohn zu stillen. Doch Nikolaus wendet seinen Kopf von der Mutter weg, um zu fasten, wie er es der Überlieferung nach an den traditionellen Fasttagen Mittwoch und Freitag stets getan haben soll[15].

In der christlichen Hagiographie klingt das Motiv des Kindes, auf das göttliche Kräfte einwirken, so dass es die Menschen als Vermittler der göttlichen Nähe wahrnahmen, vielfältig und toposartig an. So heißt es in der angelsächsischen Hagiographie des 8. Jahrhunderts im Blick auf den Heiligen Guthlac († 714): „Weder ahmte er Streiche anderer Knaben nach, noch das Geschwätz des ungebildeten Volkes, (…) noch, wie es dieses Alter ansonsten zu tun pflegt, die verschiedenen Vogelrufe. Vielmehr besaß er überragenden

---

Bde. (Ausgewählte Quellen zur deutschen Geschichte im Mittelalter. Freiherr vom Stein-Gedächtnisausgabe 1) Berlin 1955–1956, hier HF 2,1, Bd. 1, S. 58.

[14] Dazu s. umfassend Theodor Erbe – Johannes Mirkus (Hrsg.), Festial. A Collection of Homilies (Early English Text Society. Extra Series 96) London 1905, S. 12.

[15] Die Darstellung aus dem zweiten Drittel des 13. Jahrhunderts befindet sich in der Capella di Sant' Eldrado von Novalesa. Dazu s. Otto Demus, Romanische Wandmalerei, München 1968, Tafel XXXVI.

Scharfsinn, ja zeigte stets ein heiteres und ausgeglichenes Wesen."[16] Ähnliches teilt ein Biograph im Blick auf die sechsjährige Katharina von Siena († 1380) mit. Auch sie zeigte sich der Öffentlichkeit, als ob Gott unmittelbar auf sie einwirkte: „Von Stund an begann das kleine Mädchen, alt zu werden in der Reife ihrer Tugenden und ihrer Haltung, in der Wahrnehmung von Wunderbarem, so dass ihr Verhalten weder kindlich noch jugendlich erschien, sondern als das des ehrwürdigen Alters."[17]

Die markante Bedeutung von Kindern als göttliche Offenbarungsträger hat noch in der Neuzeit reiche Spuren hinterlassen, als man sich katholischerseits mehrheitlich von der aufklärerischen Bewegung absetzte und sich an vielfach gemeinreligiös-bildungsfernen Ausdrucksweisen des Mittelalters orientierte. So gehen fast alle Orte, an denen sich im 19. Jahrhundert Marienerscheinungen zutrugen, auf das Zeugnis von Kindern zurück, die zuvor mit himmlischen Botschaften bedacht worden waren. Tatsächlich waren zumeist Kinder die Empfänger der Diesseits und Jenseits verbindenden Wendezeitprophezeiungen, näherhin Mädchen ganz ohne oder mit nur geringer schulischer Bildung. Sie galten als erstklassige Garantinnen dafür, dass sie ihre vom Himmel empfangenen Botschaften umso klarer weitersagten, weil sie eben zuvor von aufklärerischer Intellektualität unbeeinflusst geblieben waren.

Durchmustert man die Typologie der Marienerscheinungen, die sich irdischen Erklärungsmustern entziehen, zeigt sich immer wieder ein ähnliches Schema. Beispielsweise verband Maria ihr Erscheinen gegenüber zwei Hirtenkindern in La Salette (Dép. Isère) im Jahre 1846 mit einer langen Ansprache. Wie eine Mutter sei Maria auf die Kinder zugegangen, bevor sie die Kinder gebeten hätte, die Menschen in der Umgebung zu einer sofortigen moralischen Umkehr in ihrem Leben aufzurufen, damit sie der himmlischen Strafe entgingen. Gleich mehrfach schärfte Maria den Kindern ein, dass

---

[16] Vita Sancti Guthlaci auctore Felice 12, ed. Bertram Colgrave, Felix's Life of Saint Guthlac, Cambridge 1956, S. 78.
[17] Vita Catharinai Senensis, ed. Joh. Bapt. Albrizii – Sebastian Coletti (Acta Sanctorum April III) Venedig 1738, S. 861B.

sie das Gehörte und Gesehene dem gesamten Volk unverzüglich mitteilen sollten[18]. – Bekanntermaßen führt sich auch der noch heute sehr bekannte und an der spanischen Grenze gelegene französische Wallfahrtsort Lourdes (Dép. Hautes-Pyrénées) auf himmlische Erscheinungen zurück, die Kindern zuteil geworden sein sollen. Gemäß der Tradition zeigte sich Maria in Lourdes unter anderem der 14-jährigen Bernadette Soubirous († 1879) insgesamt 18 Mal[19].

Also: Eindrucksvoll verdeutlichen die hier dem Christentum entnommenen Zeugnisse, dass Menschen immer wieder davon sprechen, wie sich Gott und seine Heiligen der Empfangsbereitschaft von Kindern bedienen, um ihre Botschaft durch kindliche Vermittlung unter die Leute zu bringen. Um der biblischen Legitimation willen berufen sich die Christen dafür auf Psalm 8,3: „Aus dem Mund der Kinder und Säuglinge verschaffst du dir Lob, o Herr." Beispielsweise kam diesem Vers eine Schlüsselrolle zu, als die Christengemeinde von Tours ihren asketisch ambitionierten Mitbruder Martin († 397) bereits zum Bischof ihrer Stadt gewählt hatte. Nachdem sich allerdings Widersacher gegen diese Wahl erhoben hatten, sollen die Getreuen Martins zum Schriftorakel gegriffen haben, wenn man der Vita des Heiligen Martin glauben darf. Und das fand so statt: „Einer der Umstehenden ergriff das Psalmenbuch und begann mit dem nächsten besten Vers, auf den sein Auge fiel. Der Vers lautete: Aus dem Munde von Kindern und Säuglingen hast du das Lob bereitet wegen deiner Feinde, um diese zu beschämen. (…) Man war davon überzeugt, dass dieser Psalm auf Antrieb Gottes gelesen worden war, damit die Gegner Martins ein Urteil (…) zu hören bekämen."[20] Insofern sich diese Zusage, die man als himm-

---

[18] Rudolf Graber, Marienerscheinungen, 2. Aufl., Würzburg 1986, S. 20–22.
[19] Georg Söll, Die Marienerscheinungen im 19. und 20. Jahrhundert und ihre Bedeutung für die Marienverehrung, in: Anton Ziegenaus (Hrsg.), Marienerscheinungen. Ihre Echtheit und Bedeutung im Leben der Kirche (Mariologische Studien 10) Regensburg 1995, S. 13–28, S. 18–20.
[20] Sulpicius Severus, Vita Martini 9,5–7 ed. Jacques Fontaine, Sulpice Sévère. Vie de Saint Martin, Bd. 1 (Sources Chrétiennes 133) Paris 1967, S. 272f.

lisch legitimiert einstufte, auf die an Alter jungen Kinder bezieht, unterstreicht der Verweis auf diesen Psalmvers die Überzeugung, dass sich Gott bei seiner Wahl Martins (auf nicht näher bezeichnete Art) derer bedient hat, die gerade nicht durch besonderes (theologisches) Wissen oder als Repräsentanten einer Reflexionstheologie glänzen, sondern die sich kindergleich durch eine besondere Offenheit für den Willen Gottes sowie durch ein Höchstmaß an sexueller Reinheit auszeichnen. Damit ist die Parallele zwischen derartigen Episoden vornehmlich aus der mittelalterlichen Christentumsgeschichte und der bis heute maßgeblichen Rolle des Knaben bei der Papstwahl der Kopten unübersehbar.

c. „Kindergebet dringt durch die Wolken"

Die besondere Sensibilität, die manche gemeinreligiöse Strömung Gott und den als sexuell rein hochgeschätzten Kindern füreinander zuschreibt, kann sich auch so ausdrücken, dass Kinder den geglaubten Gott durch ihre bloße Präsenz oder durch ihr gezieltes Gebet auf die Situation von hilfsbedürftigen Menschen aufmerksam machen.

Der Ausgangspunkt dafür, dass im Christentum dem Bitten und dem Flehen der Kinder vor Gott eine hervorragende Wirkung zugesprochen wird, liegt in einem weisheitlich geprägten und in das Alte Testament eingeordneten Vers, der um 180 v. Chr. in das Buch Sirach (35,21) eingegangen ist: „Das Gebet eines Menschen, der sich klein macht/sich demütigt, durchdringt Wolken." Innerhalb der Anweisungen zum rechten Gebet ermutigt der Vers – hier ganz einem achsenzeitlich-vergeistigten Horizont verpflichtet – ursprünglich den *erwachsenen* Beter, sich seiner Wenigkeit angesichts der Größe Gottes bewusst zu sein. Auch den Christen in der Alten Kirche – so überliefern es zahlreiche Belege – diente er dazu, sich die eigene Begrenztheit angesichts der Größe Gottes in Erinnerung zu rufen[21].

---

[21] Dazu s. mit religionsgeschichtlicher Einordnung Hubertus Lutterbach, „Kindergebet dringt durch die Wolken." Zum Zusammenhang von Askese, kindlichen Stim-

Menschliche Anwege auf das Göttliche

Obwohl es also beim Ideal des „wolkendurchdringenden" Gebetes anfänglich allein auf die Haltung des Herzens, nicht aber darauf ankam, dass der Beter möglichst jung an Jahren ist, sollte sich diese veränderte Interpretation schon in der Alten Kirche durchsetzen: Als den idealen Beter sah man fortan das Kind an, weil es – anders als ein Erwachsener – sexuell noch unberührt ist und somit eine kultisch-äußere Reinheit aufweist, die Gott in Kombination mit der noch hellen Stimme als besonders angenehm gilt, so die zugrundeliegende Überzeugung[22]. Aus dem ursprünglich metaphorisch-vergeistigten Verständnis der Schriftstelle entwickelte sich ein „dinglich-reales", wie es in (frühmittelalterlichen) Zeiten reduzierter Bildung auch in anderen Bereichen des christlichen Lebens zu beobachten ist[23].

Indem man seit altkirchlicher Zeit zudem die Idee von der Wirkmächtigkeit des stellvertretenden Gebetes hochschätzte[24], ergaben sich für das von reinen (Kinder-)Stimmen vorgetragene Bitten vielfältige Einsatzmöglichkeiten. So kann es angesichts dieser religionsgeschichtlichen Hintergrundkonstellation nicht verwundern, dass der Kinderschola – zumeist der Knabenschola – während der Liturgie oftmals der Antwortgesang „Kyrie eleison" aufgetragen war. Besonders bei Dürre und Missernten waren es den Clementinischen

---

men, kirchlicher Liturgie und karitativer Wirkung, in: Werner Röcke – Julia Weitbrecht (Hrsg.), Askese und Identität in Spätantike, Mittelalter und Früher Neuzeit (Transformationen der Antike 14) Berlin – New York 2010, S. 81–104.

[22] Noch heute nennen die Italiener den Knabensopran vor dem Stimmbruch „weiße Stimme(n)", dazu s. Manuel Brug, Weiße Stimmen, schwarze Konten, in: Oliver Meiler, Engelschor und Himmelskörper. Wie die Sänger des Papstes in einen Skandal geschlittert sind, in: https://www.welt.de/print/die_welt/kultur/article196904933/Weisse-Stimmen-schwarze-Konten.html (vom 16.07.2019, abgerufen am 20.06.2020).

[23] Hubertus Lutterbach, Bonifatius – Mit Axt und Evangelium. Eine Biographie in Briefen, 2. Aufl., Freiburg 2005, S. 65–67 und S. 267f.; Angenendt, Das Frühmittelalter, S. 223–226, bes. S. 226; P. Réfice, Le chiavi del Regno, in: Arte medievale, 2. Ser. 4/2 (1990) S. 59–64.

[24] Zu den biblischen Grundlagen des Stellvertretungsgedankens in der christlichen Frömmigkeit s. Karl-Heinz Menke, Art. Stellvertretung II. (Biblisch-theologisch) und IV. (Spirituell), in: Lexikon für Theologie und Kirche 9 (2000) Sp. 952f. und Sp. 955f.

Recognitiones zufolge in der Mitte des 3. Jahrhunderts Kinder, die zur Anrufung Gottes um Regen vorgeschickt wurden[25]. Johannes Chrysostomus († 407) bringt den Grund für die hohe Wirkkraft des kindlichen „Kyrie eleison"-Gebetes klar zum Ausdruck: „In diesem Gebet treten die unschuldigen Kinder wie ein Schutzschild vor die Gemeinde, um Gott zum Erbarmen zu bewegen. (...) Für uns [bitten] die Kinder, denen wir in ihrer Einfalt nachfolgen sollen, um das Himmelreich zu erwerben. Diese symbolische Handlung zeigt uns, dass diejenigen, die in ihrer kindlichen Gesinnung und Einfalt den Kindern gleichen, am meisten die Macht besitzen, für die Sünder zu beten."[26]

Im Spätmittelalter – um das Fortwirken dieser gemeinreligiösen Überzeugung noch am Beispiel einer anderen Epoche zu zeigen – manifestierte sich die Überzeugung, dass Kinder mit ihrem Eintreten für ihre Mitmenschen vor Gott als ausgesprochen wirkmächtig gelten, im Rahmen des Kultes um die sog. „Vierzehn Nothelfer". Diese Tradition der besonderen Fürsprecher reicht bis in das 14. Jahrhundert zurück. Dem Sohn des Klosterschäfers von Kloster Langheim in Frankental bei Bamberg waren 14 Kinder erschienen, die sich ihm als Nothelfer vorstellten: „Die Bedeutung der vierzehn heiligen [Kinder] ergibt sich auch daraus, dass in der zweiten Hälfte des 20. Jahrhunderts allein in Deutschland mehr als 830 spezifische Kultstätten bestehen."[27] Mit der Anrufung der heiligen Kindergruppe bzw. einzelner Heiliger aus dieser himmlischen Kinderschar verband man die Zuversicht, dass Kinder in den schwersten menschlichen Nöten gewiss die wirkungsvollsten Fürsprecher bei Gott wären[28].

---

[25] Clement, Recognitiones 5,30, hier zit. nach Franz-Joseph Dölger, Sol salutis. Gebet und Gesang im christlichen Altertum (Liturgiewissenschaftliche Quellen und Forschungen 16/17) Münster 1925 (3. Aufl. 1972), S. 88.

[26] Johannes Chrysostomus, In Matthaeum homilia 71,4, hrsg. v. Jacques-Paul Migne (Patrologia Graeca 58) Paris 1862, Sp. 699.

[27] Manfred Becker-Huberti, Lexikon der Bräuche und Feste, Freiburg 2000, S. 411.

[28] Genauerhin handelte es sich bei den 14 Kindern, die sich in der o. g. Vision als Nothelfer vorstellten, um Achatius, Ägidius, Barbara, Blasius, Christophorus, Cyriakus, Dionysius, Erasmus, Georg, Katharina von Alexandrien, Margaretha von Antio-

Die genannte Überzeugung von der Wirkmächtigkeit des Kindergebetes motivierte auch die vornehmlich für die Jahre zwischen 1456 und 1459 bezeugten Kinderwallfahrten zum Mont-Saint-Michel. Den Kindern oblag die Aufgabe, himmlische Hilfe angesichts der Türken herbei zu flehen, durch die sich die Christen damals bedroht sahen: „Das Aufkommen der Kinderwallfahrt ist mit dem Bewusstsein der Türkengefahr verbunden."[29] Die Fürbitte der Kleinen und Schwachen sollte den irdischen Sieg mit der „Unterstützung von oben" bewirken: „Die Wallfahrt der Unmündigen erschien als das geeignete Mittel, den Erzengel zur Hilfe zu bewegen."[30] – Übertragen auf die Wahl des Koptenpapstes durch ein Kind, lässt sich von den einbezogenen religiösen Traditionen christentumsgeschichtlicher Provenienz ableiten, dass die Mitwirkung des sexuell reinen Knaben bei dieser wichtigen Wahl also nicht allein dessen besondere Offenheit für den Willen Gottes veranschaulicht. Vielmehr steht sein Mittun zugleich für die Hoffnung der Menschen gegenüber Gott, dass dieser mit Hilfe des (weltlich noch unbeeinflussten) Kindes tatsächlich ‚seinen' Kandidaten für das Koptenpapstamt zum Zuge kommen lassen möge. Die Menschen erhofften von Gott in der entscheidenden Personalfrage nichts weniger als seinen himmlischen Entscheid: sein Gottesurteil.

---

cheia, Pantaleon und Vitus. Einige Lokaltraditionen sehen auch Nikolaus von Myra unter den Nothelfern.

[29] Ulrich Gäbler, Die Kinderwallfahrten aus Deutschland und der Schweiz zum Mont-Saint-Michel 1456–1459, in: Zeitschrift für schweizerische Kirchengeschichte 63 (1969) S. 221–331, S. 323.

[30] Gäbler, Die Kinderwallfahrten, S. 320. – Nicht weiter eingegangen werden kann hier auf das Kastratentum, das seine Faszination gleichfalls wesentlich aus der kinder- (bzw. engel-)gleichen Stimme (*vox clara*) bezieht. So waren es die Kastraten, die vor allem in den Opern, darüber hinaus in Oratorien, Messen und Passionen seit der (Früh-)Neuzeit die Stimme Gottes sowie die Stimmen der Engel und Heiligen intonierten. Dazu s. Johanna E. Blume, Verstümmelte Körper? Lebenswelten und soziale Praktiken von Kastratensängern in Mitteleuropa 1712–1844 (Veröffentlichungen des Instituts für Europäische Geschichte Mainz 257) Göttingen 2019, S. 60f. und S. 155f.

d. Gottesurteil und Menschenwelt

Ohne Frage gilt Gott bei der Findung des Koptenpapstes als der Herr des Verfahrens, wohingegen sich die vielen Menschen, die an der Sichtung der möglichen Kandidaten beteiligt sind, allesamt allein als Gottes Werkzeuge verstehen. In einem letzten Schritt (von vielen vorgängigen, gleichfalls als gotteswirkt angesehenen Schritten) artikuliert sich das Gottesurteil – auch Ordal genannt – hinein in die Menschenwelt, wenn der Junge mit verbundenen Augen an den Kelch tritt und die Kugel mit dem Namen des zukünftigen Oberhauptes der Kopten aus den verbliebenen drei Losoptionen herauszieht. Die Beteiligten sind davon überzeugt, dass Gott selber auf diese Weise sein Urteil mitten in der Welt der Menschen durchsetzt.

„Ordale finden sich in allen archaischen Rechtskulturen, so dass die Frage nach dem Herkommen der europäischen Gottesurteile sinnlos ist. Archaisches Denken ist auf solche Techniken (…) angewiesen und kennt sie bis in unsere Gegenwart." Weiter unterstreicht der Rechtshistoriker Hans Hattenhauer, dass die „Hartnäckigkeit des im Gottesurteil enthaltenen Denkens [daran zu] erkennen" ist, dass „auch das moderne Recht auf das Los zurückgreift, wenn die Vernunft keine Antwort weiß"[31].

Im historischen Rückblick zeigt sich, dass das urtümlich wirkende Mittel des Gottesurteils die Entscheidung in unterschiedlichen Lebenslagen erbringen konnte – keineswegs allein dann, wenn der „richtige" Kandidat im Rahmen der Besetzung eines wichtigen Amtes gefunden werden musste. So griffen die Menschen auf das Gottesurteil gleichfalls im Kontext der Verbrechensaufklärung zurück, also wenn Unklarheiten bestanden, ob ein Mensch zu Recht oder zu Unrecht eines schweren Delikts bezichtigt wurde: Hatte er den Diebstahl begangen, den Mitmenschen gegen ihn vorbrachten? Konnte ihm der Mord zur Last gelegt werden, dessen er beschuldigt wurde? Hatte er sich an der Gemeinschaft versündigt,

---

[31] Hattenhauer, Europäische Rechtsgeschichte, S. 41 mit Verweis auf § § 659, 752, 2042 BGB. Zur Begriffsbestimmung von „Ordal" s. Karl Hoheisel, Art. Ordal, in: Handbuch religionswissenschaftlicher Grundbegriffe 4 (1998) S. 285–290 S. 285f.

wie man ihm vorhielt? Lastete der Verdacht zu Recht auf ihm, auch gegen religiös entscheidende Normen verstoßen zu haben, wie Mitmenschen gegen ihn behaupteten? In diesen und ähnlichen Fällen bedienten sich die Menschen des Gottesurteils, wenn anders keine Klarheit in dem wogenden Meinungsgemenge zu erzielen war.

Für die Ausführung des Gottesurteils standen unterschiedliche Möglichkeiten zur Verfügung. Insgesamt macht die Fülle überlieferter Formulare und Techniken solcher Gottesurteile – beispielsweise aus mittelalterlicher Zeit – die alltagsprägende Bedeutung dieses Verfahrens offensichtlich.

Gottesurteile geschahen im Mittelalter beispielsweise durch „Elementenproben". Dazu zählte man unter anderem den sogenannten „Kesselfang", bei dem der Beschuldigte einen Gegenstand aus einem Topf kochenden Wassers mit der bloßen Hand herausholen musste. Entzündete sich die Hand, galt er als überführt; blieb sie unversehrt, bedeutete dies seine Unschuld. Im Rahmen des „Pflugscharengangs" hatte der Beschuldigte barfuß über glühende Pflugscharen hinwegzuschreiten. Zeigte er an seinen Füßen Verbrennungen, wies das auf seine Schuld hin; hingegen bedeutete eine unverletzte Haut seine Unschuld. Bei der Eisenprobe musste der mögliche Delinquent ein glühendes Eisen in der Hand festhalten. In der Folge eintretende Verbrennungen standen für seine Täterschaft, körperliche Unversehrtheit veranschaulichte die Haltlosigkeit der vorgebrachten Beschuldigung. Wer den Probanden schließlich einer „Wasserprobe" unterzog, warf ihn gefesselt in ein Gewässer, um darauf zu warten, ob er unterging oder ob er an der Wasseroberfläche verblieb. Bei Eintritt der ersten Möglichkeit folgerte man, dass die Elemente des Kosmos den Beschuldigten aufnahmen und er deshalb als unschuldig zu gelten hatte; trat dagegen die zweite Möglichkeit ein, sah man ihn als Täter des fraglichen Delikts an, weil das Element Wasser ihn „abwies". Kurzum: In den meisten Versionen des Gottesurteils durch „Elementenproben" entschied der Verlauf des Heilungsprozesses darüber, ob Mitmenschen einen Beschuldigten zu Recht oder zu Unrecht als Täter ansahen.

Als gleichfalls „magischen Ursprungs" bewerten Religionshistoriker schließlich die Überzeugung, dass sich das Gottesurteil selbst an Verstorbenen vollziehen lässt, insofern sich Menschen davon überzeugt geben, dass die Leiche eines gewaltsam Getöteten zu bluten anfängt, sobald sich ihr der Mörder nähert[32].

Intensiv hat sich der Mediävist Peter Dinzelbacher mit den Gottesurteilen im Mittelalter befasst, wenn er als ihr zentrales Grundmoment herausstellt: „Der Körper [des Beschuldigten] offenbarte die Wahrheit durch das Ordal."[33] So sehr diese Aussage auf das Gottesurteil im Sinne einer rechtsrelevanten Entscheidung gegenüber Delinquenten bezogen sein mag, lässt sie sich gleichermaßen auf den leibhaftig gegenwärtigen Jungen anwenden, durch den sich Gott im koptischen Findungsritual ausspricht, wenn er die Losentscheidung über den zukünftigen Koptenpapst in seinem Sinne herbeiführt[34].

e. Losentscheid statt Konklave

Über die prominente Beteiligung eines Jungen beim Gottesurteil hinaus bedarf auch das Zustandekommen des Gottesurteils per Los einer historischen Revision. Was uns heutzutage als seltsam erscheinen mag, weil es sich nicht als Ergebnis eines Reflexionsprozesses zu erkennen gibt, kann jedenfalls eine Jahrtausende umgreifende Tradition und damit eine historisch bedeutsame Plausibilität für sich reklamieren. Das Losverfahren löste die willkürliche Rechtsprechung mit der Konsequenz ab, dass alle Beteiligten bzw. alle Anwärter auf diese Weise gleich behandelt werden.

Tatsächlich: Das Losverfahren ist „im privaten, öffentlichen und religiösen Leben der antiken Welt weit verbreitet" gewesen[35]. Dabei

---

[32] Hoheisel, Art. Ordal, S. 287 (Zitat). Ebd. auch der Hinweis, dass das IV. Laterankonzil 1215 die Gottesurteile lehramtlich verbot.
[33] Peter Dinzelbacher, Das fremde Mittelalter. Gottesurteil und Tierprozess, Essen 2006, S. 53.
[34] Dinzelbacher, Das fremde Mittelalter, S. 52.
[35] Andreas Hoffmann, Art. Los, in: Reallexikon für Antike und Christentum 23 (2010) Sp. 471–510, Sp. 472.

konnte es grundsätzlich in drei Bereichen zur Anwendung kommen: bei der Aufteilung von Gütern und Funktionen, bei der Enthüllung von Schicksal und göttlichem Willen sowie beim Glücksspiel[36]. Besonders in den beiden zuerst genannten Bereichen verstand man den Losentscheid auch als Artikulation himmlischer Präferenzen: „Da nach verbreiteter antiker Auffassung der Zufall Ausdruck göttlichen Willens oder eigenständige göttliche Kraft ist, dient das Los auch zur Ermittlung dessen, was dem göttlichen Willen entspricht und somit gut, richtig, Erfolg versprechend ist oder sich zukünftig ereignen wird."[37]

Schon gemäß den homerischen Dichtungen wurden militärisch relevante Entscheidungen per Los gefällt. Selbstverständlich gehörte bereits zu dieser Zeit ein Gebet zum Losvorgang, denn es sollte kein Zweifel bleiben, dass der Ausgang nicht als blinder Zufall, sondern als göttliche Fügung anzusehen ist[38].

Für Athen lässt sich die Auslosung öffentlicher Funktionsträger historisch bis in das Jahr 486 v. Chr. zurückverfolgen. Grundsätzlich galt diese Weise der Ämtervergabe dort als „prägendes Kennzeichen des öffentlichen Lebens und Wesensmerkmal der demokratischen Ordnung"[39]. Bis auf wenige religiöse Ämter sowie Posten, für die fachliches Knowhow notwendig war (Militär, Finanzverwaltung etc.), wurden alle anderen Ämter im jährlichen Turnus unter den Vollbürgern der Stadt verlost. So mussten damals in der Region Attika mit der Polis Athen jährlich bis zu 7 000 Amtsinhaber per Los gefunden werden. Hinter dieser Praxis stand die Überzeugung, dass grundsätzlich jeder Vollbürger zur Übernahme eines Amtes befähigt ist und seine Amtszeit zugleich begrenzt sein soll. Auch jene Priesterämter, die weder erblich noch käuflich waren, vergab man per Los. Entsprechend sollte auch im Idealstaat Platons das Los darüber entscheiden, wer das Priesteramt erhielt, auf dass eben jene Person

---

[36] Yves Sintomer, Das demokratische Experiment. Geschichte des Losverfahrens in der Politik von Athen bis heute, Wiesbaden 2016, S. 32f.
[37] Hoffmann, Art. Los, Sp. 472.
[38] Hoffmann, Art. Los, Sp. 473.
[39] Hoffmann, Art. Los, Sp. 474.

damit betraut wurde, von der man glaubte, dass hinter ihr eindeutig der göttliche Wille stand. Im Sinne einer Sicherheitsmaßnahme unterzog man den Kandidaten, auf den das Los gefallen war, freilich vor dem Amtsantritt noch einer ultimativen menschlichen Prüfung auf seine Eignung und Würdigkeit[40]. – Noch in der Kaiserzeit kam dem Losvorgang im öffentlichen Leben eine zwar zurückgehende, aber weiterhin einflussreiche Rolle zu, wenn es um die Zuteilung von Ämtern ging. Am meisten gelangte der Losentscheid fortan allerdings im Bereich des Sports und der Spiele zur Anwendung – und zwar bis in die Spätantike hinein.

Der Losentscheid ging meist so vonstatten, dass mit Namen beschriftete Holzkugeln in einen Kessel mit Wasser geworfen wurden. Diesen schwenkte man so lange, bis eine Kugel auftauchte oder beim Ausgießen zum Vorschein kam. Alternativ gab man unterschiedlich gefärbte Kugeln in eine Amphore, die an einem Gestell befestigt war. Man drehte sie und hielt sie ruckartig an. Die Partei, deren Kugel als erste durch den schmalen Hals gefallen war, hatte den Losentscheid gewonnen.

Unabhängig davon, ob der Losentscheid in der beschriebenen oder in einer anderen Weise „technisch" durchgeführt wurde[41], spielte dabei ein in sexueller Hinsicht noch kultisch reines Kind oft die entscheidende Rolle; und damit zeigt sich wie nebenbei die gemeinreligiöse Durchdringung einer Entscheidungsprozedur mit Rationalitätspotential: „Die Intervention eines Kindes oder eines noch unschuldigen Jugendlichen (*puer*), der den Auftrag hat, das Los zu ziehen, ist das in der Geschichte am häufigsten genannte Element von Zufallsauswahlverfahren."[42]

Auch im alten Israel griff man auf das Los zurück, wenn strittige Fragen schnell, einfach und unparteiisch zu entscheiden waren. Per

---

[40] Platon, Gesetze 6,759a-c, ed. Klaus Schöpsdau, Platon. Gesetze (Buch 1–6) (Platon. Werke in acht Bänden, hrsg. v. Gunther Eigler, hier Bd. 8,1) Darmstadt 1977, S. 363f.
[41] Zu weiteren Weisen der Durchführung des Losentscheids s. Sintomer, Das demokratische Experiment, S. 33.
[42] Sintomer, Das demokratische Experiment, S. 274–276, Zitat S. 274.

Los verteilte man beispielsweise bestimmte Dienste am Tempel (Sänger, Musiker etc.) (1 Chron 25,8–31), teilte Priesterklassen und Leviten ein (1 Chron 24,6–18.31) oder organisierte die Bewachung der Tempeltore (1 Chron 26,13–16). – Gemäß dem alttestamentlichen Buch Nehemia entschied man bei der Rückkehr aus dem Exil mit Hilfe des Loses, wer sich aus dem Volk Israel in Jerusalem niederlassen durfte (Neh 11,1) oder wer von den Priestern, Leviten und den einzelnen Familien in den verschiedenen Zeiten des Jahres für das Brennholz im Tempel zu sorgen hatte (Neh 10,35)[43].

Selbst wenn es bereits im Judentum eine an achsenzeitlich-vergeistigte Plausibilitäten erinnernde Kritik am Losverfahren gab, indem beispielsweise der Philosoph und Theologe Philo von Alexandrien († nach 40 n. Chr.) anstelle der Unberechenbarkeit einer Losentscheidung[44] für die persönliche *Eignung* als Schlüsselkriterium bei der Vergabe einer Aufgabe bzw. eines Amtes votierte[45], zeigen sich auch im Neuen Testament noch dünne Spuren einer Losentscheidung. Über die Verlosung der Kleider Jesu hinaus (Mk 15,24 par.) beschreibt die Apostelgeschichte die durch das Los vollzogene Nachwahl, die fällig wurde, nachdem Judas aus dem Apostelkollegium ausgeschieden war. Die Entscheidung zwischen Josef und Matthias (Apg 1,26) ergab sich zugunsten des Letztgenannten. Das geschah, indem zuvor die beiden namentlich gekennzeichneten Lose wahrscheinlich in ein Gefäß gegeben worden waren, bis durch Schütteln dasjenige von Matthias als erstes hinausfiel[46]. Ausdrücklich wird dieser Entscheid als Ausdruck des göttlichen Willens gewürdigt (Apg 1,24b), so dass allen am Losvorgang beteiligten Menschen die ehrenvolle Rolle von „Werkzeugen" der göttlichen

---

[43] Hoffmann, Art. Los, Sp. 488–497.
[44] Philon, De specialibus legibus 4,151.153.156, ed. Leopold Cohn, Philonis Alexandrini opera quae supersunt, Bd. 5, Berlin 1906, S. 243f.
[45] Philon, De specialibus legibus 4,151, ed. Leopold Cohn, Philonis Alexandrini opera quae supersunt, Bd. 5, Berlin 1906, S. 243.
[46] Rudolf Pesch, Die Apostelgeschichte, Teilband 1 (Evangelisch-Katholischer Kommentar zum Neuen Testament 5,1) Zürich 1986, S. 91.

Willensbekundung zufiel. Die Beschreibung dieser Prozedur verdient umso höhere Aufmerksamkeit, da man unter Bibelwissenschaftlern inzwischen von der Historizität der Darstellung ausgeht[47].

In all den genannten Fällen – und auch für das Mittelalter oder die (Frühe) Neuzeit sind zahlreiche vergleichbare Geschehnisse belegt – lässt sich das Los als organisierter Zufall im Sinne einer absichtsvoll hervorgerufenen Unverfügbarkeit charakterisieren. Vor allem bedeutet der Losentscheid, dass die Beteiligten auf ein reflektiertes Abwägen der zur Verfügung stehenden Optionen verzichten.

Damit ein Losentscheid zum Ziel führen kann – das lässt sich an den Beispielen aus der Geschichte ebenso wie an der letzten Wahl des Koptenpapstes erkennen – müssen einige grundlegende Bedingungen erfüllt sein. Erstens ist eine klare Fragestellung vonnöten. Als zweites bedarf es einer Einigung unter den Beteiligten über das genaue Prozedere, mit dem man die zur Debatte stehende Frage einer Lösung zuführen will. Also: Soll die offene Situation durch einen Würfelwurf, durch die Ziehung einer Kugel oder auf eine andere Weise geklärt werden? Als drittes müssen sich die an dem Losverfahren Beteiligten im Voraus darauf festlegen, dass sie den Losentscheid unabhängig von seinem Ergebnis akzeptieren werden.

Die Historikerin Barbara Stollberg-Rillinger unterstreicht, dass sich das Loselement historisch besonders bei Ämterwahlen immer wieder bewährt habe. Und was sie im Blick auf die frühneuzeitliche Zusammensetzung von Stadträten zu den Vorzügen des Losverfahrens herausstellt, ist auch für die Wahl des Koptenpapstes bis hinein in unsere Tage zu erwägen: Unter anderem erschwert der Losentscheid die Dominanz der Mehrheitspartei. Überdies erleidet der unterlegene Kandidat keinen (menschengemachten) Reputationsver-

---

[47] Francis Schmidt, Élection et tirage au sort, in: Revue d'histoire et de philosophie religieuses 80 (2000) S. 105–117, hier S. 112–115. Zur biblischen Relevanz von Losentscheidungen s. Johann Gamberoni, Art. Los II. (Biblisch 1. Altes Testament), in: Lexikon für Theologie und Kirche 6 (1997) Sp. 1059 (insges.); auch Alfons Weiser, Art. Los II. (Biblisch 2. Neues Testament), in: Lexikon für Theologie und Kirche 6 (1997) Sp. 1059 (insges.).

lust, da das Ergebnis ja als menschlich unbeeinflusst gilt: „Wenn man die jeweilige konkrete Verteilung der Plätze an einem Tisch, in einer Prozession, in der Kirche etc. mit Hilfe des Loses zu einer Sache des Zufalls machte, entlastete man diese Plätze ja davon, die soziale Rangordnung abzubilden. So jedenfalls dachten sich das die Juristen und Zeremonialexperten."[48]

Übrigens: Ebenso wie die Kopten den Losentscheid, den ein Knabe herbeiführt, als Willen Gottes verstehen, fassen auch die römischen Katholiken das Ergebnis ihrer Papstwahl als Ausdruck des göttlichen Willens auf. Freilich verzichten sie dabei bis einschließlich zum letzten Schritt der Kandidatenkür gerade *nicht* auf das rationale Abwägen der Optionen, wenn sie ihr Wirken als Teil eines Gottesurteils verstehen; vielmehr lassen sie entsprechend dem Papstwahldekret von 1059 ausgewählte Vertreter – die Kardinäle der römischen Kirche – zur Bestimmung des bestmöglich geeigneten Kandidaten zusammen kommen und argumentativ miteinander ringen[49]. Wie es seit 1274 geregelt ist, findet die Wahl des zukünftigen Papstes als Ort der Manifestation des göttlichen Willens in der von allen weltlichen Einflüssen abgeriegelten Abgeschlossenheit des sogenannten Konklaves – in einem mit Schlüsseln zugesperrten Raum – statt. So spricht gemäß der Wahlordnung von 1996 jeder Kardinal, wenn er in der Sixtinischen Kapelle unter dem Gemälde des Jüngsten Gerichts von Michelangelo im Anschluss an die jeweilige Beratungsphase seinen Stimmzettel in den dafür bereitstehenden Kelch wirft, mit lauter Stimme die Worte: „Ich rufe Christus, der mein Richter sein wird, zum Zeugen an, dass ich den

---

[48] Barbara Stollberg-Rillinger, Entscheidung durch das Los. Vom praktischen Umgang mit Unverfügbarkeit in der Frühen Neuzeit, in: André Brodocz (Hrsg.), Die Verfassung des Politischen. FS Hans Vorländer, Wiesbaden 2014, S. 63–84, hier S. 72, S. 75 und S. 77 (Zitat).

[49] Dazu s. grundlegend Jörg Peltzer, Idoneität. Eine Ordnungskategorie oder eine Frage des Rangs?, in: Cristina Andenna – Gert Melville (Hrsg.), Idoneität, Genealogie, Legitimation. Begründung und Akzeptanz von dynastischer Herrschaft im Mittelalter (Norm und Struktur 43) Köln – Weimar – Wien 2015, S. 23–28, bes. S. 23. Auch Hubert Wolf, Konklave. Die Geheimnisse der Papstwahl, Darmstadt 2017, S. 39f.

gewählt habe, von dem ich glaube, dass er nach Gottes Willen gewählt werden sollte."⁵⁰

f. „Gehen Sie über Los!"

„Der Rückgriff auf Lotterien gewinnt in den vergangenen Jahrzehnten weltweit an Attraktivität."⁵¹ Wenn ein renommierter Politikwissenschaftler aktuell zu einer solchen Einsicht kommt, bezieht er sich damit nicht auf die Zunahme von Glücksspielen und Glücksspielern, wie sie für die vergangenen Jahrzehnte in den Industrieländern unstrittig ist. Auch die Wahl des Koptenpapstes bleibt in seiner Feststellung unberücksichtigt. Nichtsdestoweniger hat sich der aktuelle Kontext bei der Wahl des Koptenpapstes verändert, insofern sie weniger aus dem Rahmen des Gewöhnlichen fällt als zuvor, wenn eben die Lotterie heutzutage gesellschaftlich insgesamt einen höheren Stellenwert erreicht hat.

Tatsächlich kommt das Los aktuell längst sehr viel häufiger bei ernsthaften Entscheidungen von großer Tragweite zum Einsatz, als uns das in unserer um Reflexion bemühten Gegenwartsgesellschaft bewusst sein mag. So werden Vorkaufsrechte bei der Erstemission von Aktien heute per Los zugeteilt oder Stichproben von Steuerklärungsprüfungen, Dopingtests, Hygienechecks oder Nahrungsmittelüberprüfungen, zuletzt sogar Medikamentenzuteilungen⁵² nach dem Zufallsprinzip bestimmt. Im Gesamt aller gesellschaftlich relevanten Entscheidungen nehmen diese Lotterieentscheidungen zwar noch immer einen geringen Stellenwert ein; doch ist – wie gesagt –

---

50 Johannes Paul II., Constitutio Apostolica „Universi Dominici gregis" de Sede Apostolica Vacante deque Romani Pontificis electione, in: Sede Apostolica Vacante. Eventi e celebrazioni, Aprile 2005, S. 518–573, hier Nr. 66, S. 558.
51 Hubertus Buchstein, Gehen Sie über Los. Das Zufallsprinzip als demokratisches Lebenselixier, in: Polar. Politik – Theorie – Alltag 7 (2009) S. 41–44. Online: http://www.polar-zeitschrift.de/polar_07.php?id=317#317.
52 N. N., Das Los entscheidet über Leben und Tod. Novartis verteilt ein teures, knappes Medikament per Zufallsprinzip gratis an Kinder. Ist das gerecht?, in: FAZ 06.02.2020, No. 31, S. 17.

das Lotterieprinzip in unterschiedlichen Bereichen des Alltags in modernen Gesellschaften „zunehmend präsent und mittlerweile auch zunehmend akzeptiert"[53].

Während viele Menschen den Losentscheid im Vergleich zu einer Entscheidung auf der Basis vorheriger argumentativer Abwägungen als irrational charakterisieren würden, optieren heutzutage sogar Wissenschaftler für eine „faire Würdigung des *Rationalitäts*potenzials von Lotterien". So hilft das Los aus Patt-Situationen heraus. Es wirkt mit seinen Unsicherheiten als „Anti-Korruptivum". Für den Fall, dass jede/r Beteiligte genau ein Los erhält, stellt ein Lotterieentscheid eine Egalität unter allen Beteiligten her (bei der Zuteilung von Kita- oder Studienplätzen, ebenso bei der Vergabe von Sozialwohnungen), die ansonsten schwer zu erzielen ist[54].

Angesichts der Herausforderung, dass das Europäische Parlament in vielen EU-Mitgliedsstaaten in einem schlechten Ruf steht, kommt sogar die Überlegung auf, eine zweite Kammer des EU-Parlaments einzuführen, deren Sitze allein durch das Los unter allen Einwohnerinnen und Einwohnern der EU vergeben werden könnten[55].

Auch ein zunehmender Einfluss von Losentscheidungen im Rahmen der deutschen Politik steht aktuell zur Diskussion – und zwar nicht als Alternative zu politischen Wahlen, die mit einem argumentativen Wahlkampf nachvollziehbar vorbereitet werden, sondern im Sinne einer gegenseitigen Ergänzung beider Verfahren: „Lostrommel *und* Wahlurne!" könnte der Slogan für diese Bereicherung demokratischer Legitimierung lauten[56].

---

[53] Buchstein, Gehen Sie über Los, in: http://www.polar-zeitschrift.de/polar_07.php?id=317#317 (02.01.2020).

[54] Buchstein, Gehen Sie über Los, in: http://www.polar-zeitschrift.de/polar_07.php?id=317#317 (02.01.2020).

[55] Hubertus Buchstein, Randomizing Europe. The Lottery as a Decision-Making Procedure for Policy Creation in the EU, in: Critical Policy Studies 3 (2009) Heft 1, S. 29–57 (online unter: http://www.tandfonline.com/doi/abs/10.1080/19460170903158081).

[56] Hubertus Buchstein, Lostrommel und Wahlurne. Losverfahren in der parlamentarischen Demokratie, in: Zeitschrift für Parlamentsfragen 44 (2013) Heft 2, S. 384–403, S. 384.

Politiker und Politikwissenschaftler, die nach Entwicklungsmöglichkeiten unseres demokratisch-parlamentarischen Systems suchen, machen sich also – auf der Basis der Erfahrungen im alten Griechenland – auch Gedanken darüber, ob und gegebenenfalls auf welche Weise zufallsgeleitete Entscheidungsmechanismen in unserer Demokratie mehr Gewicht bekommen können. Vorrangig geht es hier um Gremien, in denen sich ausgeloste Bürger beratend und mit einem konkreten Entscheidungsauftrag in zeitlich begrenzter Weise einbringen können[57]. So ließen sich immer dann, wenn die gewählten Politiker befangen sind, per Los zusammengesetzte Gremien („Loskammern") mit Entscheidungsbefugnis installieren: beispielsweise für die Reform des Wahlrechtes, für die Erhöhung von Politikerbezügen oder für die Festlegung von Wahlkampfbudgets[58].

Somit muss man im Blick auf die Wahl des Koptenpapstes, die ein Knabe mittels eines Losentscheids vornimmt, festhalten, dass das Lotterieverfahren (auch) innerhalb achsenzeitlich-vergeistigt rückgebundener Gesellschaftsformen immer wieder eine wichtige Rolle gespielt hat und weiterhin spielen kann. Umso mehr lässt sich jeweils fragen: Ist das Lotterieverfahren Teil einer demokratischen Entscheidungsfindung oder dient es der Herbeiführung eines Gottesurteils? Eindeutig weist dagegen die Vorstellung, dass ein Knabe die Entscheidung ermöglicht, der von Sexualität und Weltlichkeit noch möglichst wenig berührt ist, Ähnlichkeiten mit orthopraktisch fundierten Überzeugungen auf.

---

[57] James Fishkin – Robert C. Luskin, Experimenting with a Democratic Ideal. Deliberative Polling and Public Opinion, in: Acta Politica 40 (2005) Heft 3, S. 284–298.
[58] Buchstein, Lostrommel und Wahlurne, S. 399. Dazu s. kritisch Roland Lhotta, Gehen Sie nicht über Los. Eine Erwiderung auf Hubertus Buchstein, in: Zeitschrift für Parlamentsfragen 44 (2013) Heft 2, S. 404–418.

8. Die Beschneidung von Jungen – Eine religiöse Körpermarkierung

Beschneidungen von Jungen und männlichen Säuglingen finden seit langem und bis in die Gegenwart in vielen Kulturen zuhauf statt[1]. Ihre Anfänge liegen weit zurück: „Die Beschneidung ist die wahrscheinlich älteste Operation der Welt", die „mindestens bis ins frühe 3. Jahrtausend v. C." zurückgeht und für die man womöglich sogar ein „steinzeitliches Alter" annehmen darf[2]. Vergegenwärtigt man sich alle Rituale, mit denen Völker, Kulturen und Religionen seit Jahrtausenden den Eintritt der männlichen Pubertät begangen haben, kommen „am häufigsten Operationen am männlichen Geschlechtsteil vor"[3].

Der Religionsgeschichte ist zu entnehmen, dass die vollständige Entfernung der Vorhaut des männlichen Gliedes noch eine vergleichsweise milde Form der Körpermarkierung ist, wenn man bedenkt, dass als Initiationsriten – beispielsweise in Indonesien oder auf den Pazifikinseln – gleichermaßen eine Spaltung der Harnröhre oder die Entfernung eines Hodens zur Anwendung kam. Während die allermeisten dieser Rituale „inzwischen ausgestorben" sind, lässt sich die Beschneidung an Jungen bis heute vielfältig antreffen[4]. Bekanntlich entstammt sie nicht den Kulturen Europas, sondern ist als

---

[1] Ausgeklammert bleibt in diesem Kapitel die weibliche Genitalverstümmelung, weil es sich hierbei um eine eigenständige Thematik handelt. Siehe dazu Norbert Finzsch, Der widerspenstigen Verstümmelung. Eine Geschichte der Kliteridektomie im „Westen", 1500–2000 (Gender, Diversity and Culture in History and Politics 1) Bielefeld 2021; Inga Steffen, Der Kampf gegen weibliche Genitalverstümmelung. Zerstörung einer langjährigen Tradition oder das Recht auf körperliche Unversehrtheit, Kiel 2018; Maria von Welser, Wo Frauen nichts wert sind. Vom weltweiten Terror gegen Mädchen und Frauen, München 2016; Romy Klimke, Das heimliche Ritual. Weibliche Genitalverstümmelung in Europa (Beiträge zum Europa- und Völkerrecht 11) Halle 2015.
[2] Andreas Blaschke, Beschneidung. Zeugnisse der Bibel und verwandter Texte (Texte und Arbeiten zum neutestamentlichen Zeitalter 28) Tübingen – Basel 1998, S. 18.
[3] Josef Tutsch, Heilige Körperverletzungen. Die Beschneidung im Kreis der Geburts- und Pubertätsriten der Völker, Kulturen und Religionen, in: Matthias Franz (Hrsg.), Die Beschneidung von Jungen. Ein trauriges Vermächtnis, Göttingen 2014, S. 20–51, S. 20.
[4] Tutsch, Heilige Körperverletzungen, S. 21.

ein Erbe des Vorderen Orients anzusehen. Aktuell sind zwischen 25 und 33 Prozent der männlichen Weltbevölkerung beschnitten, die meisten davon – so überraschend das anmuten mag – aus religiösen oder kulturellen, nicht aber aus medizinischen Gründen. Dieser Proporz mag Grund genug sein, auch die Beschneidung im Spannungsfeld von Phänomenen zu reflektieren, die sich ortho-praktisch oder vergeistigt situieren lassen.

a. Streit um eine Beschneidung in Köln

Vor wenigen Jahren hat die Beschneidung eines Knaben die Öffentlichkeit in unserem Land aufgerüttelt und sogar dazu geführt, dass sich in einem ersten Schritt die Gerichte und in einem zweiten Schritt der Deutsche Bundestag mit der Frage der Einschätzung eines solch traditionsreichen und primärreligiös verwurzelten Eingriffs an kleinen Jungen aus religiösen Gründen – und allein darum soll es in diesem Kapitel gehen – befassen mussten[5].

Konkret: Ein frommer Muslim, der als Arzt tätig ist und für seine Arbeit geschätzt wird, hatte an einem vierjährigen Jungen eine Beschneidung vorgenommen. Um diesen Eingriff, den der Doktor auf fachlich einwandfreie Weise durchführte, hatten ihn die Eltern des Kleinen gebeten, ohne dass eine medizinische Indikation vorgelegen hätte. Zwei Tage nach der Operation kam es zu Nachblutungen, wie es bei Beschneidungen nicht selten der Fall ist. Die Mutter brachte ihren Sohn in die Kindernotaufnahme der Universitätsklinik zu Köln, wo es schnell gelang, die Blutungen vollständig zu stillen[6].

---

[5] Zu den Vorstellungen von „den Juden" bzw. „dem Judentum" innerhalb der Debatte um die Beschneidung s. Dana Ionescu, Judenbilder in der deutschen Beschneidungskontroverse (Interdisziplinäre Antisemitismusforschung 9) Baden-Baden 2018.
[6] Reiner Burger, Eine dauerhafte und irreparable Veränderung, in: https://www.faz.net/aktuell/politik/inland/beschneidung-eine-dauerhafte-und-irreparable-veraenderung-11799975.html (aktualisiert am 26.06.2012, abgerufen am 19.01.2022).

Von diesem Eingriff, wie er auf dieser Welt alltäglich tausendfach vorgenommen wird, erhielt die Staatsanwaltschaft Kenntnis und klagte den Arzt wegen Körperverletzung an. In einem ersten Schritt blieb diese Anklage ohne Erfolg; denn das mit dem Fall befasste Amtsgericht Köln sprach den Arzt frei, weil er den Eingriff vorgenommen hatte, um den religiös motivierten Willen der Eltern zu erfüllen und weil diese der Operation ausdrücklich zugestimmt hatten. Somit entschied sich das Gericht zugunsten der Fortsetzung der altehrwürdigen Beschneidung aus religiösen Gründen[7].

Aufgrund der Berufung gegen dieses Urteil seitens der Staatsanwaltschaft musste sich alsbald das Kölner Landgericht ausführlich mit dem juristischen Diskussionsstand zur Beschneidung auseinandersetzen. Anders als ihre Kollegen vom Amtsgericht hielten die Richter im Ergebnis diesmal fest, dass der medizinische Eingriff den Tatbestand der Körperverletzung erfülle und die lange Tradition der Beschneidung von männlichen Säuglingen aus religiösen Gründen nicht weiter fortgesetzt werden dürfe. Gemäß den Kölner Richtern rechtfertige auch die elterliche Einwilligung den medizinischen Eingriff nicht, weil er dem Kindeswohl zuwiderlaufe. Zudem wiesen sie das Argument zurück, dass die Eltern mit der Beschneidung ausschließen wollten, dass ihr Kind zukünftig sozial ausgegrenzt werde. Jedenfalls wiege dieser Aspekt längst nicht so schwer wie die irreversible Beeinträchtigung der körperlichen Unversehrtheit des Kindes[8].

Wörtlich formulieren die Richter in ihrem stark medizinisch begründeten Urteil vom 7. Mai 2012: „Eine religiös motivierte Beschneidung der Vorhaut eines männlichen Säuglings ist auch mit Zustimmung der Kindeseltern eine Körperverletzung gem. § 223 Abs. 1 StGB."

---

[7] N. N., Gericht verurteilt Beschneidung als Körperverletzung, in: https://www.welt.de/regionales/koeln/article107270788/Gericht-verurteilt-Beschneidung-als-Koerperverletzung.html (22.01.2021).
[8] N. N., Urteil des Landgerichts Köln. Religiöse Beschneidungen sind strafbar, in: https://rp-online.de/panorama/deutschland/religioese-beschneidungen-sind-strafbar_aid-14199475 (21.01.2021).

Die Beschneidung von Jungen – Eine religiöse Körpermarkierung

Allein der Vollständigkeit halber sei angemerkt, dass die Richter den Arzt freisprachen. Zwar stuften sie sein Verhalten als rechtswidrig ein, hielten ihm aber zugute, dass er aus der Überzeugung gehandelt hätte, ihm sei die Beschneidung aus religiösen Gründen erlaubt gewesen[9].

Es verdient Beachtung, dass das angesprochene Gerichtsurteil noch keineswegs der Schlusspunkt in der Debatte um die Legitimität der Beschneidung von Jungen aus religiösen Gründen in Deutschland war. Denn wenige Monate nach dem Kölner Landgerichtsurteil kam es am 12. Dezember 2012 zu einer Regelung durch den Gesetzgeber. So hatte die damalige Bundesjustizministerin Sabine Leutheusser-Schnarrenberger dem Bundestag ein Gesetz zur Beschlussfassung unterbreitet, das die Beschneidung von jungen Juden und Muslimen aus religiösen Gründen erlaubt. Es wurde von der Mehrheit der Mitglieder des Deutschen Bundestages angenommen. Das Gesetz schreibt die Erlaubtheit einer Beschneidung aus religiösen Gründen auf Wunsch der Eltern fest. Voraussetzung ist, dass der Eingriff nach den geltenden medizinischen Standards vorgenommen wird, die Betroffenen im Vorhinein umfassend aufgeklärt werden und eine Gefährdung des Kindeswohls nicht vorliegt[10].

Trotz allem: Die Frage nach der Legitimität der männlichen Beschneidung bleibt in Deutschland – ungeachtet des Bundestagsbeschlusses – ein öffentlich kontrovers diskutiertes Thema. Religiöse, medizinische und rechtliche Argumente stehen sich in dieser Auseinandersetzung weiterhin schroff gegenüber, wie unten noch weiter auszuführen sein wird.

Ebenfalls im Jahr 2012 gipfelte in Nordamerika eine jahrzehntelang kontrovers geführte Debatte über den Nutzen der männlichen Beschneidung auf. Geführt wurde sie jenseits des Atlantiks in der „American Academy of Pediatrics", einer Standesorganisation, der

---

[9] Zu den rechtsrelevanten Details der beiden Gerichtsurteile s. maßgeblich Helmut Wolf, Beschneidung und Recht, in: Martin Langanke – Andreas Ruwe – Henning Theißen (Hrsg.), Rituelle Beschneidung von Jungen. Interdisziplinäre Perspektiven (Greifswalder theologische Forschungen 23) Leipzig 2014, S. 237–256, S. 239–243.
[10] Wolf, Beschneidung und Recht, S. 252–255.

in den USA fast alle dort tätigen Kinderärzte angehören. Während sie sich noch 1971 darauf festgelegt hatten, dass es „keine triftigen medizinischen Indikationen für eine Beschneidung von Neugeborenen" gebe[11], verlor diese Position 1999 an Selbstverständlichkeit[12]. Im August 2012 verschob sich das Mehrheitsvotum der Kinderärzte schließlich sogar zugunsten einer klaren Empfehlung der männlichen Beschneidung – freilich allein aus medizinischen Gründen[13]. Der amerikanische Historiker Sander L. Gilman pointiert die Positionsverschiebung: „... in weniger als 50 Jahren von keinem Gesundheitsnutzen zu hinreichendem Gesundheitsnutzen, von religiösem Brauch zu medizinischem Eingriff, vom Abraten zum Zuraten."[14] Selbst wenn sich also aktuell die meisten amerikanischen Kinderärzte zugunsten der Beschneidung von männlichen Säuglingen aussprechen, spielt diese Position zwar den Befürwortern der Beschneidung aus religiösen Gründen in die Hände, ist aber zutiefst allein medizinisch motiviert.

Sowohl das Kölner Landgerichtsurteil und der Beschluss des Deutschen Bundestages als auch die Position der „American Academy of Pediatrics" werfen keineswegs allein juristische und medizinische Fragen auf. Vor allem versinnbildlichen diese Positionen die Veränderungen im Verständnis von Körperzeichen und deren Legitimation. So soll es in diesem Buchkapitel um eine Vergegenwärtigung verschiedener religiöser Bedeutungen gehen, die man mit der Beschneidung von männlichen Säuglingen verband. Dieser

---

[11] American Academy of Pediatrics Committee on Fetus and Newborn. Standards and Recommendation for Hospital Care of Newborn Infants, American Academy of Pediatrics o. O. 1971. Dazu siehe http://www.cirp.org/library/statements/aap/#1971 (20.06.2018).

[12] American Academy of Pediatrics Task Force on Circumcision. Circumcision Policy Statement, in: Pediatrics 130 (2012) S. 585f. Dazu siehe http://pediatrics.aappublications.org/content/103/3/686.full (20.06.2018).

[13] American Academy of Pediatrics. Circumcision Policy Statement. Task Force on Circumcision, in: http://pediatrics.aappublications.org/content/103/3/686.short (13.07.2018).

[14] Sander L. Gilman, Gesundheit, Krankheit und Glaube. Der Streit um die Beschneidung, in: Felicitas Heimann-Jelinek (Hrsg.), Haut ab! Haltungen zur rituellen Beschneidung, Göttingen 2014, S. 119–126, S. 120.

historische Rekurs, der auf die Beschneidung im Judentum und unter Muslimen eingeht, insofern beide Religionen ein primärreligiös verwurzeltes Zeichen in ihre achsenzeitlich-vergeistigte Konzeption integrieren, berücksichtigt zugleich die mittelalterlich-christliche Sicht auf die Beschneidung. Dieser Perspektivenfächer soll dabei helfen, die aktuellen gesellschaftlichen Auseinandersetzungen um die Beschneidung aus ihren positivistisch-juristischen wie medizinisch-fachwissenschaftlichen Verengungen weiter zu befreien und Resonanzräume für Verstehensmuster im Spannungsfeld von primär- und sekundärreligiös, von ortho-praktisch und vergeistigt situierbaren Phänomenen zu schaffen.

b. Das Religionsleben Israels – Beschneidung von Penis, Herz und Ohr

Aktuellen Forschungen zufolge – es sei wiederholt – reicht die Sitte der Beschneidung bis in das frühe 3. Jahrtausend v. Chr. zurück und ist wahrscheinlich an mehreren Orten gleichzeitig aufgekommen[15]. Vieles spricht dafür, dass die Beschneidung in den Kulturen des Alten Orients ursprünglich ein Initiationsritus für Jungen am Übergang zur Mannbarkeit war, für den es damals unterschiedliche Ausdeutungen gab. Eher unklar bleibt, ob man die Beschneidung im öffentlichen oder eher im familiären Rahmen vornahm[16]. Im

---

[15] Für das Alte Ägypten reichen die frühesten Zeugnisse sogar „bis etwa 4000 v. C. zurück", wie Joachim Friedrich Quack, Zur Beschneidung im Alten Ägypten, in: Angelika Berlejung – Jan Dietrich – Joachim Friedrich Quack (Hrsg.), Menschenbilder und Körperkonzepte im Alten Israel, in Ägypten und im Alten Orient (Orientalische Religionen in der Antike 9) Tübingen 2012, S. 561–651, hier S. 562 und S. 628 ausführt. Auch David Gollaher, Das verletzte Geschlecht. Die Geschichte der Beschneidung, Berlin 2002, S. 15.

[16] Andreas Ruwe, Aspekte von Beschneidung im Alten Orient und das Motiv der „Herzensbeschneidung" im Alten Testament, in: Martin Langanke – Andreas Ruwe – Henning Theißen (Hrsg.), Rituelle Beschneidung von Jungen. Interdisziplinäre Perspektiven (Greifswalder theologische Forschungen 23) Leipzig 2014, S. 83–98, S. 86f. Auch Jan-Heiner Tück, Beschneidung Jesu. Ein Zeichen gegen die latente Israelvergessenheit der Kirche, in: Jan-Heiner Tück (Hrsg.), Die Beschneidung Jesu. Was sie Juden und Christen heute bedeutet, Freiburg 2020, S. 27–60, S. 32f.

Unterschied zu den Nachbarvölkern finden diese Fragen für das vom Gott Jahwe auserwählte Volk Israel in den Schriften des Alten Testaments klare Antworten[17].

Eine religionsgeschichtlich fassbare Bedeutungszuschreibung erhielt die Beschneidung im Kontext jüdischen Lebens erst dadurch, dass sie im Buch Genesis als unbedingt notwendiges Zeichen der Zugehörigkeit zum Bundesvolk Israel erhoben wurde, mit dem Jahwe einen Bund geschlossen und die Beschneidung als körpermarkierendes Bundeskennzeichen bestimmt und eingefordert hat. Die Pflicht bleibt allerdings auf die männlichen Mitglieder des Volkes eingegrenzt[18]. – Bemerkenswerterweise findet sich die Beschneidung nicht in den gesetzlichen Teilen der Tora erwähnt, sondern vielmehr in einer erzählenden Passage. So ist in Gen 17 die Rede davon, dass Gott mit Abraham und dessen Nachkommen einen ewigen Bund schließt und er an Abraham in diesem Rahmen eine deutliche Mahnung adressiert. Wörtlich heißt es in der alttestamentlichen Perikope Gen 17,10–14, die mutmaßlich aus exilischer Zeit stammt und seitdem für die Legitimierung der Beschneidung von männlichen Säuglingen unter Juden grundlegend ist[19]:

„Das ist mein Bund zwischen mir und euch samt deinen Nachkommen, den ihr halten sollt. Alles, was männlich ist unter euch, muss beschnitten werden. Am Fleisch eurer Vorhaut müsst ihr euch beschneiden lassen. Das soll geschehen zum Zeichen des Bundes zwischen mir und euch. Alle männlichen Kinder bei euch müssen, sobald sie acht Tage alt sind, beschnitten werden in jeder eurer Generationen, seien sie im Haus geboren oder

---

[17] Andreas Ruwe, Beschneidung als interkultureller Brauch und Friedenszeichen Israels. Religionsgeschichtliche Überlegungen zu Genesis 17, Genesis 34, Exodus 4 und Josua 5, in: Theologische Zeitschrift 64 (2008) S. 309–342, S. 312f. erläutert ergänzend: „Kein einziger alttestamentlicher Beleg bindet die Beschneidung an religiöse Institutionen wie Priesteramt oder Heiligtum; kein einziger Beleg lässt den Ritus durch religiöse Sprechakte (Gebet, Anrufung, Bekenntnis usw.) begleitet sein."
[18] F. Stummer, Art. Beschneidung, in: Reallexikon für Antike und Christentum 2 (1954) Sp. 159–169, Sp. 160.
[19] Blaschke, Beschneidung, S. 104.

Die Beschneidung von Jungen – Eine religiöse Körpermarkierung

um Geld von irgendeinem Fremden erworben, der nicht von dir abstammt. Beschnitten muss sein der in deinem Haus Geborene und der um Geld Erworbene. So soll mein Bund, dessen Zeichen ihr an eurem Fleisch tragt, ein ewiger Bund sein. Ein Unbeschnittener, eine männliche Person, die am Fleisch ihrer Vorhaut nicht beschnitten ist, soll aus ihrem Stammesverband ausgemerzt werden. Er hat meinen Bund gebrochen."

Ohne Frage legt Gen 17 eine Formel zugrunde, die sich prägnant in diese Worte fassen lässt: Jude-Sein bedeutet unbedingt beschnittensein. Im Horizont der Bundeskonzeption von Gen 17 veranschaulicht die Irreversibilität der Beschneidung die Unverbrüchlichkeit des Gottesbundes. Anders gesagt: Die Beschneidung inszeniert die Wirksamkeit des Abrahambundes in der Kontinuität der Generationen[20]. Somit greift es bei weitem zu kurz, die Beschneidung der Juden als ein einfaches religiöses Zeichen zu verstehen oder als einen Übergangsritus (rite de passage), der den Statuswechsel eines „weltanschaulich nicht zugeordneten Säuglings" zum Mitglied einer Religionsgemeinschaft markieren soll. Nicht weniger verkürzt wäre es, die Beschneidung, mit der traditionell die Namensgebung verbunden ist, einfachhin als einen „Benennungsritus" zu apostrophieren.

Keine Frage, dass die genannten Dimensionen der Beschneidung im jüdischen Lebenskontext selbstverständlich sind; doch erschöpft sich die Bedeutung des Beschneidungsritus darin keineswegs. Vielmehr kompensiert die Beschneidung als religiöses und nationales Zeichen für das Volk Israel während dessen Zeit im babylonischen Exil den erlittenen Verlust der bis dahin identitätsstiftenden Institutionen Tempel, Land und Königtum[21]. Eine Körpermarkierung mit

---

[20] Georg Braulik, Die Beschneidung an Vorhaut und Herz. Zu Gebot und Gnade des Bundeszeichens im Alten Testament, in: Jan-Heiner Tück (Hrsg.), Die Beschneidung Jesu. Was sie Juden und Christen heute bedeutet, Freiburg 2020, S. 63–95, S. 76.
[21] Blaschke, Beschneidung, S. 92, S. 104 und S. 318. Ebd. S. 320 stellt Blaschke heraus, dass die Bedeutung der Beschneidung gleichfalls anstieg angesichts der antijüdischen Gesetzgebung unter Antiochus IV. Epiphanes (vor 167 v. Chr.), der Zerstörung des Jerusalemer Tempels (70 n. Chr.) und des Scheiterns des Bar-Kochba-Aufstandes (132–135 n. Chr.). Ruwe, Beschneidung als interkultureller Brauch, S. 341 hebt hervor, dass die

uralter Tradition wird zum entscheidenden Identitätsmarker des Judentums, so ließe sich die skizzierte Entwicklung knapp zusammenfassen.

Tatsächlich kann man es nicht oft genug betonen, dass der Satz „Die Beschneidung soll das Zeichen des Bundes zwischen mir und euch sein" auf die für jüdische Menschen fundamentale Bedeutung der Beschneidung hinweist – weniger als Unterscheidungsmerkmal denn als Identitäts- und vor allem als Bekenntniszeichen: „Die Beschneidung ist der Ritus der Aufnahme in das Judentum, doch in der Deutung der Bibel ist die Beschneidung nichts weniger als der Gründungsakt überhaupt dieser Religion. Der Einschnitt ins Fleisch eröffnet und dokumentiert den Bund Gottes mit seinem Volk. (…) Der Körper wird dabei zur Urkunde – Dokument der Erinnerung an diesen Bundesschluss, aber auch Ort, an dem der Bundesschluss von Generation zu Generation weitergegeben wird", wie der Historiker und Theologe Thomas Lentes weitsichtig herausstellt[22]. Nicht weniger als an der Weitergabe der Schrift hängt die Überlieferung der Religion an der Praxis der Beschneidung.

Yigal Blumenberg, eine Kennerin jüdischer Auslegungstraditionen, stellt die in den Blick genommene Perikope Gen 17,10–14 in einen unmittelbaren Zusammenhang mit Gen 17,1 und kommt auf diesem Weg zu einer bis heute spannenden Perspektive: „Als aber Abraham 99 Jahre alt war, ließ der Herr sich von Abraham sehen und sprach zu ihm: Ich bin Gott, der Allmächtige. Geh einher vor meinem Angesicht! Sei ganz!" Der Preis für dieses Ganz-Sein – wie Buber/Rosenzweig übersetzen – sei der Empfang der Beschneidung, von der im Buch Genesis neun Verse später die Rede ist. Entsprechend heißt es im Midrasch Tanchuma aus dem Ende des 4. Jahrhunderts n. Chr.: „So sprach der Heilige zu Abraham: Du bist vollkommen und keine Verminderung wegen eines Mangels ist an dir

---

Beschneidung in Israel durchaus schon in vorexilischer Zeit gepflegt wurde, auch wenn vorerst offenbleiben muss, welche konzeptionellen Hintergründe hierbei leitend waren.
[22] Thomas Lentes, Zwischen Kulturmarke und Säkularisierung. Ein Gast-Betrag zur Beschneidungs-Debatte, in: http://www.fr.de/politik/meinung/gastbeitrag-zur-beschneidungs-debatte-zwischen-kulturmarke-und-saekularisierung-a-822038 (22.06.2018).

außer der Vorhaut. Er entfernte sie und war vollkommen."[23] Und Raschi († 1105), der bedeutende Kommentator der Bibel und des Talmud, kommentiert den Zusammenhang von Gen 17,1 und Gen 17,10 so: „Solange die Vorhaut an dir ist, bist du vor mir mit einem Fehler behaftet – werde vollkommen!" So ist das primärreligiös verwurzelte Zeichen der Beschneidung als Ausdruck einer – auch körperlichen – Vervollkommnung des Menschen ebenso wie dessen Bundestreue ein Teil seines responsorischen Verhaltens gegenüber Gott angesichts des von ihm geschenkten Bundes[24].

Ohne Frage legte also auch das nachbiblische Judentum größten Wert auf die Beschneidung an den männlichen Säuglingen. Zwar förderte dieser Brauch die Ablehnung der Juden in der griechisch-römischen Welt bis hin zur Judensteuer, die unter Kaiser Vespasian († 79 n. Chr.) eingeführt und unter seinen Nachfolgern weiter eingezogen wurde und für deren Erhebung die Beschneidung der entscheidende Anhaltspunkt war; doch entwickelte sich im Gegenzug in den gesetzestreuen jüdischen Kreisen eine „geradezu an Inbrunst grenzende Hochschätzung der Beschneidung. Sie wird als Israels höchste Ehre und Auszeichnung erklärt."[25] Immerhin sind die drei Grundzüge des heute noch gültigen Beschneidungsritus bereits in der talmudischen Zeit maßgeblich: erstens das Abschneiden vom oberen Teil der Vorhaut, zweitens die Freilegung der Eichel durch das Zurückschlagen der Haut, drittens das Absaugen des Blutes, wie es gemäß der streng orthodoxen Schule sogar mit dem Mund geschehen soll[26]. So lässt sich mit der jüdischen Rabbinerin und Medizinerin Antje Yael Deusel epochenübergreifend bilanzieren:

---

[23] Zu Gen 17,1 s. Hans Bietenhard (Hrsg.), R. Tanhuma über die Tora, genannt Midrasch Jelammedenu, 2 Bde. (Judaica et Christiana 5–6) Bern – Frankfurt – Las Vegas 1980, hier Bd.1, § 21, S. 81f.
[24] Yigal Blumenberg, Wie kann aus der Begrenzung die Vollständigkeit entspringen?, in: Christina von Braun – Christoph Wulf (Hrsg.), Mythen des Blutes. Psychoanalytische Überlegungen zur Beschneidung in der jüdischen Tradition, Frankfurt – New York 2007, S. 227–242, S. 227f.
[25] F. Stummer, Art. Beschneidung, Sp. 163.
[26] F. Stummer, Art. Beschneidung, Sp. 163.

„Untrennbar sind Beschneidung und Judentum miteinander verbunden, von den Ursprüngen bis in die Gegenwart."[27]

Die basale Bedeutung der körperlichen Beschneidung für die jüdische Religion hallt auch darin wider, dass man die Rede von der Beschneidung unter den Jahwe-Gläubigen schließlich sogar im vergeistigten Sinn auf innere Vorgänge bezog. So ist im Zuge der Massierung alttestamentlicher Beschneidungstexte zwischen dem 6. und dem 4. Jahrhundert v. Chr. eine Ausdehnung der ursprünglichen Beschneidungsrede festzustellen, insofern nun von der Beschneidung des Herzens die Rede ist[28]. So heißt es beispielsweise in Dtn 30,6: „Jahwe, dein Gott, beschneidet dein Herz und das Herz deiner Nachkommenschaft, auf dass du Jahwe, deinen Gott, lieb habest aus deinem ganzen Herzen und aus deiner ganzen Seele, auf dass du lebst." In Dtn 10,16 begegnet die Forderung, „die Vorhaut des Herzens zu beschneiden", in einem Parallelismus mit dem anderen Gebot, „den Nacken nicht weiter hart zu machen". In ähnlichem Sinne verlangt Jer 4,4: „Beschneidet euch für Jahwe und entfernt die Vorhaut eures Herzens."

Die ethisch zugespitzte Rede von der Beschneidung des Herzens zielt auf die Ermöglichung der menschlichen Hörbereitschaft. Der Mensch, dessen Herz beschnitten ist, so legen es die alttestamentlichen Texte den Gläubigen nahe, ist offen und erfüllungsbereit im Blick auf die Weisungen des Herrn. Umgekehrt ist der Jahwe-Gläubige mit einem unbeschnittenen Herz ebenso wenig empfangsbereit für die göttlichen Forderungen wie jene, die sich wegen ihrer „unbeschnittenen Ohren" Kritik gefallen lassen müssen (Jer 6,10). Konsequent lässt sich mit dem Alttestamentler Andreas Ruwe festhalten: „Die ‚Herzensvorhaut' [als quasi-anthropologische Disposition des Volkes Israel] verhindert, dass göttliche Worte und Wei-

---

[27] Antje Yael Deusel, Mein Bund, den ihr bewahren sollt. Religionsgesetzliche und medizinische Aspekte der Beschneidung, Freiburg 2012, S. 152. Ebd. S. 47–94 findet sich ein längsschnittartiger Überblick über die Entwicklung des jüdischen Beschneidungsritus.

[28] Ruwe, Aspekte von Beschneidung, S. 88f.; zur forschungsgeschichtlichen Auseinandersetzung um die Auffassung des beschnittenen Herzens, s. Braulik, Die Beschneidung an Vorhaut und Herz, S. 85.

sungen im Herzen der Israeliten/der Menschen ankommen und dort, im Verstandeszentrum, Aufnahme finden."²⁹ Entsprechend muss die religiöse „Schwerhörigkeit" durch die Beschneidung des Herzens beseitigt werden (Jer 6,10; Dtn 30,10), auf dass die Menschen zur Offenheit für Gott und seine Gebote finden – zum Hören seines Wortes und zur Praxis gelebter Geschwisterlichkeit.

Freilich darf die Rede von der Herzensbeschneidung nicht so verstanden werden, als ob sie die genitale Beschneidung ersetzte. Vielmehr erachtete man die körperliche Beschneidung und die davon abgeleitete, bildlich gemeinte Rede von der Herzensbeschneidung gleichermaßen als aufeinander bezogene Ausdrucksformen der gläubigen Orientierung auf Gott hin: „Durch Bindung an die Genitalbeschneidung wird die ethisch ausgerichtete Forderung von Herzensbeschneidung im Körper und seinem Gedächtnis verankert und bekommt auf diese Weise den Doppelstatus einer leiblichen Realität und zugleich bleibenden Aufgabe."³⁰ Oder in den Worten des Wiener Alttestamentlers Markus Tiwald: „An keiner Stelle wird gesagt, dass mit der ‚Beschneidung des Herzens' die konkrete Beschneidung des Leibes ersetzt oder abgegolten wäre. Es wird jedoch eine Wertung vorgenommen: Ohne Beschneidung des Herzens ist auch die Beschneidung des Leibes sinnlos."³¹

Kurzum: Während es die Beschneidung von Jungen als orthopraktisch verwurzelte Körpermarkierung in den jüdischen Traditionen zu höchster Bedeutung gebracht hatte, fand dieser Akt später seine weitere Entfaltung – diesmal für Männer und Frauen gleichermaßen – durch die vergeistigte, eben metaphorisch geprägte Rede von der Beschneidung des Herzens und der Ohren. Übrigens reicht die Rede von der Beschneidung des Herzens wirkungsgeschichtlich bis hin zum Apostel Paulus. Allerdings konnten

---

²⁹ Ruwe, Aspekte von Beschneidung, S. 90.
³⁰ Ruwe, Aspekte von Beschneidung, S. 94.
³¹ Markus Tiwald, Beschneidung und Taufe als Identity Markers in Frühjudentum und beginnendem Christentum, in: Ute E. Eisen – Heidrun E. Mader (Hrsg.), Talking God in Society. Multidisciplinary (Re)constructions of Ancient (Con)texts. FS Peter Lampe, 2 Bde., Göttingen 2020, hier Bd. 1, S. 223–240, S. 233.

Menschliche Anwege auf das Göttliche

sich bei ihm die körperliche und die innere Beschneidung durchaus gegenseitig ausschließen (Röm 2,25–29), wie noch zu zeigen sein wird.

c. Die Beschneidung bei Muslimen und Christen

Ebenso wie unter den Juden ist die Beschneidung auch unter den Muslimen bis heute lebendige Wirklichkeit. Geht man von der einen Milliarde Männer und Jungen auf der Welt aus, die beschnitten sind, handelt es sich bei den Beschnittenen in der Mehrzahl um Menschen islamischen Glaubens: „Die Beschneidung von Jungen ist bis heute in der islamischen Welt unumstritten."[32]

Tatsächlich ist einzuräumen, dass die Beschneidung im Koran keine unmittelbare Erwähnung findet. Vielmehr geht sie auf die Forderung zurück, dem Weg des Propheten Abraham zu folgen (Koran 3,95). Bisweilen wird auf dieser Basis gemutmaßt, die Beschneidung sei, weil sie auf keinem göttlichen Gebot fußt, den fünf „Säulen" islamischer Frömmigkeit (Bekenntnis zu Allah; rituelles Gebet; Almosensteuer; Fasten und Pilgerfahrt nach Mekka) nachgeordnet. Doch gemäß der Hadith-Literatur, die das Leben Mohammeds mit seinen Worten und seinen Taten überliefert, zählt die Beschneidung zu den fünf Reinheitsgeboten, die ein Mensch und Muslim zu befolgen hat[33]: „Die Beschneidung gehört zwingend zur rituellen Reinheit der Männer und Jungen." Mehr noch: „Mohammed selbst wurde alter Überlieferung zufolge auf wunderbare Weise ohne Vorhaut geboren; sich beschneiden zu lassen, bedeutet daher, dem Vorbild des Propheten zu folgen."[34]

Im Unterschied zum Judentum ist der Zeitpunkt der Beschneidung bei den Muslimen nicht festgelegt. Er kann zwischen dem sie-

---

[32] Necla Kelek, Die unheilige Familie. Wie die islamische Tradition Frauen und Kinder entrechtet, München 2019, S. 152.
[33] Die anderen vier Vorschriften: Abrasieren der Schamhaare, Schneiden der Finger- und Fußnägel, Rasieren der Achselhaare, Kurzschneiden des Schnurrbartes.
[34] Tutsch, Heilige Körperverletzungen, S. 28.

Die Beschneidung von Jungen – Eine religiöse Körpermarkierung

benten Tag nach der Geburt und dem Beginn der Pubertät liegen. Bei der Wahl des rechten Termins darf man sich nach den örtlichen Gepflogenheiten richten[35].

Unter den Muslimen ist die Beschneidung mit dem Beschneidungsfest verbunden. Gemäß der osmanischen Tradition feiern es die Muslime in der Türkei – und in der Folge aktuell vielfach auch die zahlreichen türkisch-stämmigen Muslime in der Bundesrepublik Deutschland.

Wie bei der christlichen Taufe erhält der Junge bei seiner Beschneidung gleichfalls einen Paten. Dieser sogenannte Sünnet-Pate sollte stets eine männliche Person sein, keine Frau. Zwischen dem Knaben und dem Paten sollte ein vertrauensvoller Kontakt bestehen. Möglichst hilft er den leiblichen Eltern dabei, den Knaben auf den Beschneidungsakt vorzubereiten und ihn auch im Anschluss so zu unterstützen, wie es seine Lebensumstände erfordern.

Heutzutage tragen die Knaben während der Beschneidungsfeier sowie nach der Beschneidung eine besondere Kleidung. Die Kostüme, bestehend aus Hose, Hemd, Weste, Krawatte, Umhang und Kopfbedeckung, sind meist in der Farbe „Weiß" gehalten; denn diese Farbe gilt den Muslimen als Ausdruck der von aller Sexualität unbeeinträchtigten äußerlichen Reinheit, die im Islam – wie oben bereits angesprochen – insgesamt eine prominente Rolle spielt. Ein Band, das man dem Kind um die Schulter hängt, trägt die in arabischer Sprache gehaltene Aufschrift: „Gott möge Dich beschützen."[36]

Lenkt man den Blick in puncto „Beschneidung" abschließend auf das Christentum, gilt Jesus den Christen selbstverständlich als ein von Hause aus jüdisch-gläubiger Junge, der am 8. Tag beschnitten wurde (Lk 2,21). Und selbst wenn er sich im Rahmen seines späteren Wirkens gegenüber den Menschen gemäß den Evangelien nur zu einigen Weisungen der Tora und zu ausgewählten Praktiken der symbolischen Ordnung seiner Gesellschaft geäußert hat, heißt

---

[35] Gollaher, Das verletzte Geschlecht, S. 66–78.
[36] Ulrich Rebstock, Art. Beschneidung, Abschnitt Islam, in: Hans Dieter Betz u. a. (Hrsg.) Religion in Geschichte und Gegenwart. Handwörterbuch für Theologie und Religionswissenschaft, 4. Aufl., Tübingen 1998, S. 1358 (insges.).

das noch lange nicht, dass die von ihm nicht angesprochenen Weisungen und Sitten seines Volkes für ihn nebensächlich gewesen wären oder für ihn überhaupt keine Geltung gehabt hätten. Diese Feststellung gilt selbstverständlich auch für die Beschneidung, die er als Teil der symbolischen Ordnung in der ihm vertrauten judäischen Kultur und Gesellschaft erlebt haben wird[37].

Der (seinerseits beschnittene) Apostel Paulus lehnte die körperliche Beschneidung im Anschluss an seine Bekehrung zur Jesus-Botschaft als Forderung an Nicht-Juden, die Teil der Jesus-Bewegung werden wollten, ab. Damit kam er den nicht-jüdischen Befindlichkeiten potentieller Jesusanhänger „aus den Völkern" entgegen[38], galten Beschneidung und die durch die Beschneidung freiliegende Eichel in der griechisch-römischen Welt, deren Schönheitsideal ein spitz zulaufendes männliches Glied war, doch als kulturell verpöntes Zeichen einer „Dauergeilheit".

Zwar untersagte Paulus die Beschneidung für Judenchristen nicht. Im Gegenteil: Er forderte sogar eine kultisch-rituelle Rücksichtnahme der Heidenchristen gegenüber den Judenchristen (Röm 2,25; Röm 3,1f.)[39]. Doch änderte diese Obacht für ihn nichts an seinem Schlüsselargument, dass Christus für *alle* Menschen gestorben ist und das geistige Opfer seiner – im Blutsmartyrium geendeten – Wortverkündigung *allen* Menschen neues Leben eröff-

---

[37] Michael Theobald, „Christus – Diener der Beschnittenen" (Röm 15,8). Der Streit um die Beschneidung nach dem Neuen Testament, in: Jan-Heiner Tück (Hrsg.), Die Beschneidung Jesu. Was sie Juden und Christen heute bedeutet, Freiburg 2020, S. 96–144, S. 102f.; Wolfgang Stegemann, Jesus und seine Zeit (Biblische Enzyklopädie 10) Stuttgart 2010, S. 403.

[38] Mit weiteren Differenzierungen s. Blaschke, Beschneidung, S. 360, Anm. 1473.

[39] An die Tradition der Judenchristen knüpfen die koptischen Christen bis heute an, wenn sie die Beschneidung als eine Rückerinnerung an den Bund Gottes mit seinem Volk sowie als einen Typus der Taufe wertschätzen. Die koptischen Christen sehen die Beschneidung durch den Übergang zum Neuen Bund nicht als anachronistisch an; vielmehr gilt sie ihnen mit der Taufe als eine Einheit. Dazu s. Eberhard Schockenhoff, Testfall für die Toleranzfähigkeit des demokratischen Rechtsstaats? Zur Debatte um die religiös motivierte Beschneidung von Knaben, in: Klaus Viertbauer – Florian Wegscheider (Hrsg.), Christliches Europa? Religiöser Pluralismus als theologische Herausforderung, Freiburg 2017, S. 207–231.

net. In der Konsequenz kann die achsenzeitlich zu verortende Antwort der Jesus-Anhänger für Paulus in nichts anderem bestehen als im geistigen Opfer der Hörsamkeit gegenüber dem Gotteswort und der geschwisterlichen Liebe untereinander[40].

Paulus geht es bei seiner Argumentation gegen die Einforderung der Beschneidung als zwingende Voraussetzung für das Christ-Sein also im Kern nicht um die Erlaubtheit dieses oder jenes Ritus, sondern vielmehr grundsätzlich darum, dass für einen Christen das tiefe Vertrauen in den stellvertretenden Tod Jesu Christi allein heilsentscheidend ist. Er wehrt sich damit gegen eine Interpretation der Beschneidung als unmittelbar heilsrelevantes Zeichen[41]. So formuliert er im Brief an die Galater, dass bei Christus weder die Beschneidung noch die Unbeschnittenheit von Bedeutung sei – beides gilt ihm als ein allein äußerliches Zeichen –, sondern vielmehr der Glaube, der sich in Taten der Liebe auswirkt (Gal 5,2). Eben dies steht dem Apostel Paulus vor Augen, wenn er in langer Tradition von der – oben bereits kurz genannten und geistig zu verstehenden – „Beschneidung des Herzens" spricht (Röm 2,25–29)[42].

Selbst wenn die Option zugunsten eines beschneidungsfreien Lebens für Proselyten, die sich zum Judentum hinkehren, bereits im Frühjudentum vereinzelt geäußert wurde[43], darf die Einführung der beschneidungsfreien Mission von Nichtjuden durch den Apostel Paulus wohl noch immer als das insgesamt „gravierendste Ereignis in der Theologiegeschichte des 1. Jahrhunderts n. Chr." gelten[44].

---

[40] Blaschke, Beschneidung, S. 487–489.
[41] Apg 15,1 kennt Vertreter einer solchen Option, die den unbeschnittenen Mitgliedern der Christengemeinde von Antiochia Heilsangst machen, gerade weil diese nicht beschnitten sind.
[42] Michael Wolter, Der Brief an die Römer (Teilband 1: Röm 1–8) (Evangelisch-Katholischer Kommentar zum Neuen Testament 6,1) Neukirchen-Vluyn 2014, S. 199–209, bes., S. 207–209. Auch Rudolf Pesch, Römerbrief (Die Neue Echter Bibel. Kommentar zum NT mit der Einheitsübersetzung) Würzburg 1983, S. 36: „Überraschend deutet Paulus an, dass es für den Juden wie für den Heiden einen neuen Weg der Rechtfertigung gibt – den der Beschneidung des Herzens durch den Geist im Glauben an Jesus Christus und in der Taufe."
[43] Tiwald, Beschneidung und Taufe, S. 224–233.
[44] Berger, Theologiegeschichte des Urchristentums, S. 254. Ähnlich Gollaher, Das

Menschliche Anwege auf das Göttliche

In eben diesem Sinne charakterisiert der Exeget Rudolf Schnackenburg die Beschneidung sowie die dazu von Paulus bezogene Position nicht minder drastisch als „Sprengstoff der Urchristenheit"[45]. Ähnlich entschieden wertet der Neutestamentler Martin Hengel: „Der Kampf des Paulus gegen die Beschneidung und das Gesetz war (…) in den Augen seiner judaistischen Gegner ein ‚Verrat am Judentum'."[46] In der Folge hätten – so der Bibelwissenschaftler Philipp Vielhauer – die Juden den Apostel als „vergleichbar mit den Apostaten in Jerusalem unter Antiochos IV." diffamiert[47].

Auch von den Zeugnissen, die zeitlich unmittelbar nach den neutestamentlichen Schriften abgefasst worden sind, sind „die meisten radikal heidenchristlich orientiert", indem sie die Beschneidung für diejenigen ablehnen, die sich zum Christentum hinkehren. Mehr noch: „Eine Marginalisierung des Judenchristentums (…) zeichnet sich ab", denn die Beschneidung – so die damals zunehmend geteilte Auffassung – taugt für die rechte Gottesverehrung der Christen nicht[48].

Obgleich das Christentum die körperliche Beschneidung eben nicht als religiöses Aufnahmeritual kennt, erstaunt es umso mehr, dass die Beschneidung in der christlichen Ikonographie oder in der theologischen Auseinandersetzung besonders seit dem Hoch-

---

verletzte Geschlecht, S. 55: „Der von der frühen Kirche vollzogene Verzicht auf die Beschneidung war der entscheidende Schritt in der Entwicklung des Christentums von einer jüdischen Sekte zu einer Gemeinde mit eigener religiöser Identität."

[45] Rudolf Schnackenburg, Das Urchristentum, in: Johann Maier – Josef Schreiner (Hrsg.), Literatur und Religion des Frühjudentums. Eine Einführung, Würzburg – Gütersloh 1973, S. 284–309, S. 303.

[46] Martin Hengel, Judentum und Christentum. Studien zu ihrer Begegnung unter besonderer Berücksichtigung Palästinas bis zur Mitte des 2. Jh.s v. Chr. (Wissenschaftliche Untersuchungen zum Neuen Testament 10) 2. durchges. u. erg. Aufl., Tübingen 1973, S. 561 mit Anm. 284.

[47] Philipp Vielhauer, Geschichte der urchristlichen Literatur. Einleitung in das Neue Testament, die Apokryphen und die apostolischen Väter, Berlin 1985, S. 110.

[48] Blaschke, Beschneidung, S. 490. Vorsichtiger und mit hilfreichen Differenzierungen s. Markus Tiwald, Das Frühjudentum und die Anfänge des Christentums. Ein Studienbuch (Beiträge zur Wissenschaft vom Alten und Neuen Testament Heft 208 = 11. Folge, Heft 8) Stuttgart 2016, S. 37–43.

mittelalter einen ausgesprochen hohen Stellenwert einnehmen konnte. Zum einen wirkte sich im Hintergrund nun doch auch wieder die urtümliche Überzeugung aus, dass die Hingabe des Blutes als das Opfer mit einer schlechthin unüberbietbaren Sühne- und Reinigungskraft gilt. Zum anderen wertschätzen die Christen die Beschneidung Jesu als Vorzeichen für seine Lebenshingabe aufgrund des von ihm erbrachten geistigen Opfers in Gestalt seiner religiösen Verkündigung. So zählt in einigen christlichen Denominationen entsprechend der biblischen Vorgabe (Lk 2,21), dass die Beschneidung Jesu auf den 8. Tag nach seiner Geburt fällt, bis heute der 1. Januar als liturgischer Gedenktag der Beschneidung Jesu. Beispielsweise ist aktuell sogar in lutherischen Feiertagskalendern der 1. Januar noch immer als „Tag der Beschneidung und Namensgebung Jesu" vermerkt. Grundlegender nennen Kalenderexperten die Rechnung, ein neues Jahr am 1. Januar beginnen zu lassen (und nicht etwa an Ostern, Weihnachten oder am 1. März wie bei den alten Römern), deshalb auch „Circumcisionsstil"[49].

Das Fest der Beschneidung Christi, das seinen Ursprung in der Alten Kirche hat, war bereits im 11. Jahrhundert zu einem christlichen Hochfest aufgestiegen. Historisch spiegelt es sich in seiner Bedeutung nicht zuletzt darin wider, dass beinahe jeder bedeutende Theologe des Mittelalters zu diesem Fest am 1. Januar eine Predigt hinterlassen hat. Theologisch bringen diese Ansprachen oftmals eine Verbindung zwischen der Beschneidung und dem blutigen Kreuzestod Jesu zum Ausdruck, wobei sein geistiges Opfer der Verkündigung eher im Hintergrund bleibt: Das Blut, das der Heiland am Kreuz zur Erlösung der Menschen gegeben hat, beginnt – so könnte man den zugrundeliegenden Gedanken paraphrasieren – gewissermaßen bereits mit seiner Beschneidung im Säuglingsalter zu fließen[50].

---

[49] Dazu s. Harald Buchinger, Die Feier der Beschneidung des Herrn am Oktavtag von Weihnachten. Liturgische Entwicklung und Entfaltung im ersten Jahrtausend, in: Jan-Heiner Tück (Hrsg.), Die Beschneidung Jesu. Was sie Juden und Christen heute bedeutet, Freiburg 2020, S. 147–185.
[50] John W. O'Malley, Praise and Blame in Renaissance Rome. Rhetoric, Doctrine and

In der Konsequenz kommen in den spätmittelalterlichen Bildern der Beschneidung Christi die willig erduldeten Schmerzen des Knaben zur Ansicht, der bisweilen gegenüber dem Beschneider sogar die Beine spreizt, um ihm die Arbeit zu erleichtern. Das Auffangen des Beschneidungsblutes gehört zu den selbstverständlichen Details dieser Darstellungen, ebenso die sorgsame Handhabung der Vorhaut Christi, von der es im 14. bis 16. Jahrhundert etwa 20 Exemplare gab. Ein besonders auffälliges Detail mancher Beschneidungsbilder ist das oftmals riesenhafte Messer, mit dem das Christuskind beschnitten wird[51].

Auf dieser Verstehenslinie zählte man seit dem Hochmittelalter – beispielsweise im Passional der Äbtissin Kunigunde, Prag um 1320 – auch das Beschneidungsmesser zu den sogenannten Leidenswerkzeugen Jesu[52]. Konsequent finden sich diese Leidenswerkzeuge (inklusive Beschneidungsmesser) auf mancher Kreuzesdarstellung des Hohen und Späten Mittelalters. Allesamt dienten sie der persönlichen Meditation der Betenden wie der gemeinschaftlichen liturgischen Feier gleichermaßen.

In Übereinstimmung mit den ikonographischen Präsentationen[53] bringt die Mystikerin Katharina von Siena († 1380) als eine Stimme unter vielen den Bezug zwischen dem Beschneidungs- und dem Passionsblut Christi ins Wort – und damit auch die Verbindung zwischen dem geistig zu verstehenden Verkündigungsopfer und dem sich daraus ergebenden Blutsopfer des Herrn: „Ein Mensch kann die ganze Welt besitzen und doch nicht gerechtfertigt sein, bis Blut ihn rechtfertigt. Denn allein das Blut ist mit dem

---

Reform in the Sacred Orators of the Papal Court (c. 1450–1521), Durham 1979, S. 138.

[51] Christine Göttler, Betrachtung der Beschneidungswunde, in: Christoph Geissmar-Brandi – Eleonora Louis (Hrsg.), Glaube Hoffnung Liebe Tod (Ausstellungskatalog), Wien 1995, S. 306–307 (insges.).

[52] Angabe aus Christine Göttler, Betrachtung der Beschneidungswunde, S. 307.

[53] Bodo Brinkmann, Beschneidung Christi in der Kunst des Mittelalters und der Renaissance. Ambivalenz und Metamorphose, in: Jan-Heiner Tück (Hrsg.), Die Beschneidung Jesu. Was sie Juden Christen heute bedeutet, Freiburg 2020, S. 237–277, S. 243–245.

Die Beschneidung von Jungen – Eine religiöse Körpermarkierung

Himmel verbunden. Acht Tage nach seiner Geburt gab Christus ein klein wenig von seinem Blut anlässlich seiner Beschneidung. Aber diese Menge reichte nicht, um die Menschheit zu retten. Erst später öffnete die Lanze sein Herz und er vergoss weitaus mehr Blut."[54] Im ausgehenden Mittelalter schließlich erzählten sich die Menschen die Lebensgeschichte Jesu als „eine einzige Wunden-Biografie". Beispielsweise beschreiben Darstellungen der sogenannten „Sieben Blutflüsse Christi", die um der Meditation willen festgehalten wurden, sein Leben als „einen einzigen Kreislauf der Verwundung", einsetzend mit der Beschneidung im Anschluss an seine Geburt bis zur Öffnung der Seitenwunde im Anschluss an seinen Tod[55].

Im 15. und 16. Jahrhundert wurde die Hingabe des Blutes Jesu bei seiner Beschneidung als Sieg über den Teufel gepriesen, wie der Kunsthistoriker Leo Steinberg die Inhalte der zeitgenössischen Predigten paraphrasiert: „Durch das freiwillige Geschenk seines Blutes, so wird den Gläubigen gesagt, hat sich Christus über den Teufel erhoben. Und der Beter gratuliert ihm – Christus – als dem Sieger, dessen Triumph mit den militärischen Triumphen des alten Roms verglichen wird. Beim Fest der Beschneidung Christi wird jener Tag gefeiert, an dem unser Sieger – Christus – uns die ersten Erinnerungszeichen des Sieges über unseren dauerhaften Feind zurückbringt."[56] Exemplarisch sei aus einer Predigt von Giovanni Antonio Campano zitiert, die er am Fest der Beschneidung Christi 1460 hielt: „Heute begann Christus, für uns – seine Gläubigen – die Tür zu öffnen und uns den Zugang zum [ewigen] Leben zu ermöglichen. Das geschah in dem Moment, als der Säugling beschnitten wurde. Die Kampfmittel zugunsten unserer Erlösung erschienen zum ersten Mal mit dem Blut dieses Kindes."[57]

---

[54] Katharina von Siena, Briefe, ed. Le lettere de S. Caterina da Siena, ridotte a miglior lezione e in ordine nuovo disposte con note di Niccolò Tommaseo a cura di Piero Misciattelli, 6 Bde., Siena, 1913–22, hier ep. 87, Bd. 2, S. 90–92; ep. 329, Bd. 5, S. 106f.
[55] Lentes, Der Blick auf den Durchbohrten, S. 50.
[56] Leo Steinberg, The Sexuality of Christ in Renaissance Art and in Modern Oblivion, 2. überarb. u. erw. Aufl., Chicago 1996, S. 61.
[57] Giovanni Antonio Campano, De circumcisione, zit. nach Steinberg, The Sexuality of Christ, S. 61.

Nicht zuletzt sah man die theologisch spitzfindigen Lehrstreitigkeiten um die menschliche Natur Jesu durch den Verweis auf das primärreligiös verwurzelte Zeichen der von ihm erlebten Beschneidung und sein damit verbundenes Leiden als erledigt an. Wie kann Jesus allein von himmlischer oder geistiger, jedenfalls nicht-menschlicher Natur sein, wenn er doch schon als Säugling menschliches Blut – gewissermaßen die ersten Tropfen seines Märtyrerblutes – vergossen hat?! Wie können gnostisch ausgerichtete Lehrer – Valentinus († nach 160), Mani († 274), Apollinaris von Laodicaea († 390) – angesichts der Beschneidung des Christuskindes das Menschsein des Gottessohnes einschränken oder gar zur Gänze verleugnen?! So ließe sich der Schlüsselgedanke zusammenfassen, den viele Theologen zwischen altkirchlicher und spätmittelalterlicher Zeit von der Beschneidung Jesu ableiteten. Hören wir kurz in die Predigt des spanischen Kardinals Bernardino Carvajal († 1523) herein, der 1484 gegenüber Papst Sixtus IV. († 1484) unterstrich: „Durch die Beschneidung zeigte Jesus, dass er wahrhaft menschliches Fleisch angenommen hatte. Dagegen fuhren Mani, Apollinaris von Laodicaea und Valentinus mit ihren Häresien fort: Mani, indem er Christus einen fantastischen Leib zuschreibt; Apollinaris, indem er Christus in einem heiligen Leib sieht; Valentinus, indem er sich Christus in einem himmlischen Leib vorstellt. All diese Vorstellungen schließen klar aus, dass unser Herr natürliche Schmerzen in seinem beschnittenen Fleisch erlitten hat. Aber es ist doch ganz klar: Wenn er geblutet hat, dann hat er auch Schmerzen in seinem kindlichen Leib ertragen müssen. Deshalb ist es ganz und gar klar, dass das menschliche Fleisch Christi bei seiner Beschneidung auf einzigartige Weise zum Vorschein gekommen ist."[58]

Ohne Frage zog die Vorhaut Jesu im Hoch- und Spätmittelalter eine reiche Verehrung auf sich[59]. So sehr mit diesen Relikten urtümliche Implikationen verbunden gewesen sein mögen, könnten sie

---

[58] Bernardino Carvajal, Oratio in die circumcisionis, zit. nach Steinberg, The Sexuality of Christi, S. 63.
[59] Brinkmann, Beschneidung Christi, S. 252–258; Otto Clemen, Eine seltsame Christusreliquie, in: Archiv für Kulturgeschichte 7 (1909) S. 137–144, S. 138.

gleichermaßen als Anknüpfungspunkte für eine verinnerlichte Spiritualität im Sinne der Wortverkündigung und Lebenshingabe Jesu gedient haben.

Tatsächlich verstanden (spät-)mittelalterliche Christen die Begegnung mit der „Vorhaut-Christi-Reliquie" – hier ganz im Sinne einer weithin achsenzeitlich-vergeistigt zu verortenden Innerlichkeit – als Begegnung mit Christus selbst. Dabei ging es ihnen um das Einssein mit ihrem göttlich-menschlichen Herrn, nicht aber um Erotik im heutigen Sinne, wie maßgeblich die Mediävistin Caroline W. Bynum herausstellt[60]. Als beispielsweise Katharina von Siena († 1373) in einer Vision die Vorhaut Christi aus dessen Händen selbst in Empfang nahm und sie als einen Hochzeitsring aufsetzte, verband sie dieses Stück blutenden Fleisches mit der eucharistischen Hostie und erlebte sich selber mit den Schmerzen des Christuskindes vereinigt[61]. Ähnlich heißt es von der Mystikerin Agnes Blannbekin († 1315), dass sie ihrem namentlich nicht bekannten Beichtvater erzählte, wie unmittelbar sie die Vorhaut Christi erlebt hätte, wenn sie die konsekrierte Hostie empfing: „Mitleidend und weinend", so schreibt der Beichtvater, „begann sie [bei der Kommunion] über die Vorhaut des Herrn nachzudenken. (...) Und siehe, alsbald spürte sie auf der Zunge ein kleines Häutchen nach Art eines Eihäutchens mit allergrößter Süße, das sie verschluckte. Nachdem sie es verschluckt hatte, spürte sie wiederum das Häutchen auf der Zunge mit Süße, wie vorher, und verschluckte es wiederum. Und dies geschah ihr wohl hundert Mal. (...) So groß war die Süße beim Kosten dieses Häutchens, dass sie in allen Gliedern und Teilen der Glieder eine süße Veränderung spürte."[62]

---

[60] Caroline Walker Bynum, The Body of Christ in the Later Middle Ages. A Reply to Leo Steinberg, in: Renaissance Quarterly 39 (1986) S. 399–439, bes. S. 405–407.
[61] Katharina von Siena, Briefe, ed. Le lettere di S. Caterina da Siena, ridotte a miglior lezione e in ordine nuovo disposte con note di Niccolò Tommaseo a cura di Piero Misciattelli, 6 Bde., Siena, 1913–22, hier ep. 221, Bd. 3, S. 337; ep. 50, Bd. 1, S. 236; ep. 143, Bd. 2, S. 337–38.
[62] Agnes Blannbekin, Vita et Revelationes, hrsg. v. Peter Dinzelbacher – Renate Vogeler, Leben und Offenbarungen der Wiener Begine Agnes Blannbekin († 1315) (Göppinger Arbeiten zur Germanistik 419) Göppingen 1994, S. 117–119. Detailreich-an-

Insgesamt sahen die Christen in Jesu Beschneidung – also in einer Körpermarkierung mit uralter Tradition – auf der einen Seite einen Ausweis seiner Treue gegenüber seiner Ursprungsreligion sowie ein Schlüsselindiz für den Zusammenhalt von hebräischer und christlicher Bibel: „Die Beschneidung Christi galt dabei als rituelles Scharnier und Übergang vom Alten zum Neuen Testament."[63] Auf der anderen Seite erachteten die Christen die Beschneidung als Zeichen der Unterscheidung: Erstens trennte sie das Judentum als auserwähltes Volk von den Heiden. Zweitens markierte sie die Grenze zwischen Judentum und Christentum, insofern sich unter den Christen (ungeachtet ihrer Interpretation von Jesu Beschneidung als sühnendes Blutvergießen) eine tendenziell vergeistigte Interpretation der Beschneidung durchsetzen sollte. Diese Differenzen zwischen Judentum und Christentum wirkten sich weitreichend aus: „Die Beschneidung konnte – bis in die Moderne – in polemischen Situationen immer wieder als Argument der Aus- und Abgrenzung zur Diffamierung gegnerischer Positionen ins Feld geführt werden."[64]

d. Beschneidung macht „ganz"

Erst seit der aufklärerischen Bewegung im 18. Jahrhundert werden kultisch-religiös motivierte Beschneidungen an männlichen Säuglingen, Kindern und Jugendlichen aufgrund eines gewandelten Körperverständnisses zunehmend in Zweifel gezogen oder sogar abgelehnt[65]. Aus eben dieser Denktradition speist sich bis heute die

---

schaulich s. auch Paola Tartakoff, Conversion, Circumcision, and Ritual Murder in Medieval Europe (The Middle Ages Series o. No.) Philadelphia 2020, S. 148–154.
[63] Thomas Lentes, Der hermeneutische Schnitt. Die Beschneidung im Christentum, in: Felicitas Heimann-Jelinek (Hrsg.), Haut ab! Haltungen zur rituellen Beschneidung, Göttingen 2014, S. 105–113, S. 107.
[64] Lentes, Der hermeneutische Schnitt, S. 112. Dazu s. auch Daniel Krochmalnik, Mila und Shoah, in: Jan-Heiner Tück (Hrsg.), Die Beschneidung Jesu. Was sie Juden und Christen heute bedeutet, Freiburg 2020, S. 278–288, S. 285–287.
[65] Alfred Bodenheimer, Haut ab! Die Juden in der Beschneidungsdebatte, Göttingen 2012, S. 36 („Beschnittensein und Moderne").

Die Beschneidung von Jungen – Eine religiöse Körpermarkierung

Fülle jener Stimmen, die die rituelle Beschneidung (im despektierlichen Sinne) als ein ortho-praktisches Zeichen und eine nicht weiter ernst zu nehmende Handlung abwerten oder sie sogar in einer unlösbaren Spannung zu den individuellen Selbstbestimmungsrechten des Kindes sehen[66].

Im Unterschied dazu gilt der Eingriff in den Körper – wie hier anhand der Beschneidung aufgezeigt – kulturübergreifend schon seit Jahrtausenden als ein wichtiger Akt zur (religiösen) Perfektionierung des Körpers. Beispielsweise verteidigten einige Rabbis die Beschneidung von Knaben mit dem Argument, dass die Vorhaut ein Nachteil des Körpers wäre, den man überwinden müsse, um den Körper perfekt zu gestalten. „‚Nimmt man die Feige, so wird sie durch den Stengel entstellt'", lehrte ein angesehener Rabbi. „Bricht man den Stengel ab, ist die Feige perfekt. Also gebot der Allmächtige gegenüber Abraham: ‚Dein einziger Nachteil ist die Vorhaut. Entferne sie und der Nachteil ist überwunden. Wandle vor mir als ein perfekter Mensch.'"[67]

In vergleichbarem Sinne hält auch der Anthropologe Claude Lévi-Strauss fest, dass von Menschenhand vorgenommene Veränderungen am menschlichen Körper einfach deshalb notwendig seien, „um ein Mensch zu sein". Als Begründung führt er an, dass „derjenige, der im Naturzustand verharrte, sich in nichts vom Tier unterschied"[68]. Und ob sich das, was der Wissenschaftler im Blick auf

---

[66] Leonard B. Glick, Marked in Your Flesh. Circumcision from Ancient Judea to Modern America, Oxford 2005, S. 280–281 („Culture, Custom, and Religion versus Individual Rights"). Der Moraltheologe Schockenhoff, Testfall für die Toleranzfähigkeit des demokratischen Rechtsstaats, S. 221 spricht im Blick auf die Beschneidung von einer notwendigen „Güterabwägung zwischen der Religionsfreiheit, dem Sorgerecht der Eltern, den Rechten des Kindes und der Schutzpflicht des Staates". Kelek, Die unheilige Familie, S. 152–165 votiert strikt gegen die Beschneidung von (muslimischen) Jungen, die sie als unvereinbar mit den modernen Menschenrechten ansieht. Ionescu, Judenbilder, S. 145–388 führt eine Fülle „wiederkehrender Motive" an, die sich innerhalb der Argumentation gegen die Beschneidung in der öffentlichen Debatte wiederholen.

[67] Zitiert nach Lewis M. Barth, Berit Mila in Midrash and Agada, in: Lewis M. Barth (Hrsg.), Berit Mila in the Reform Context, Cincinnati (Ohio) 1990, S. 104–112.

[68] Claude Lévi-Strauss, Traurige Tropen, 2. Aufl., Frankfurt 1989, S. 179.

Körperbemalungen hervorhebt, nicht auch auf das Verständnis der Beschneidung übertragen lässt? Er unterstreicht: „Die Gesichtsmalereien verleihen zunächst dem Individuum seine Menschenwürde. Sie vollziehen den Übergang von der Natur zur Kultur, vom ‚stumpfsinnigen' Tier zum zivilisierten Menschen."[69]

Kulturgeschichtlich kennt die religiöse Perfektionierung des menschlichen Körpers zahlreiche Ausdrucksweisen[70]. Auch dem Christentum waren bzw. sind solche Körpermarkierungen vertraut. Man denke allein an die Salbung bei der Taufe, die an biographischen Schlüsselstellen im Leben eines Christen jeweils aktualisiert wird, um das bei der Taufe versprochene geistige Lebensopfer neuerlich in den Mittelpunkt zu rücken: als Salbung bei der Firmung, als Salbung bei der Priester- und der Bischofsweihe oder als Salbung angesichts schwerer Krankheit. Nicht zuletzt geht in christlich geprägten Kulturen die Königssalbung von Anfang an auf die Taufsalbung zurück. Beispielsweise ist die Salbung des Königs mit Chrisam in England bis heute ein fester Bestandteil des Krönungsrituals[71].

Wenn Menschen heutzutage ihren Körper aus medizinischen oder ästhetischen Gründen perfektionieren, indem sie etwas davon wegnehmen oder verändern, drängt dieses Handeln die Perfektionierung des Körpers aus religiösen Gründen an den Rand. Während sich Impfungen oder Schönheitsoperationen, Piercings oder Täto-

---

[69] Lévi-Strauss, Traurige Tropen, S. 185.

[70] Erinnern lässt sich an das Füßebinden, ein in China für mehr als ein Jahrtausend bis in das 20. Jahrhundert hinein verbreiteter Brauch der Körpermodifikation. Ebenso bekannt sind die absichtlich vorgenommenen Schädeldeformationen, von denen schon Hippokrates im 5. Jahrhundert v. Chr. spricht. Gleichfalls waren sie zwischen dem 5. bis 7. Jahrhundert zwischen Mitteleuropa und Zentralasien verbreitet, in lateinamerikanischen wie in afrikanischen Kulturen anzutreffen und haben noch im neuzeitlichen Frankreich ihre Spuren hinterlassen.

[71] Übrigens: Während wir heute in nach-aufgeklärter Zeit davon ausgehen, dass eine Körpersalbung im Unterschied zu einer Beschneidung keine „bleibende" Körpermarkierung oder -modifizierung darstellt, sahen die Menschen im Mittelalter derlei rundweg anders. Sie verstanden eine Salbung als „bleibend", was man exemplarisch daran erkennen kann, dass einem Priester die Haut der bei seiner Priesterweihe gesalbten Hände mit einem Messer abgeschabt wurde, wenn er sein Priesteramt aufgab. Nichts sollte ihm vom Salbungsritus bleiben.

wierungen, Brandings oder Cuttings (künstliche Erzeugung von Narben durch Brennen oder Schneiden), Haarmodifikationen oder subdermale Implantate (Motive wie Sterne oder Herzen aus Titan oder Implantatstahl) großen Zuspruchs erfreuen[72], ja sogar der „Somatisierung von Sex-Appeal" dienen können[73], werden die religiös motivierten Körpermarkierungen lediglich skeptisch beäugt. So haben das Judentum und der Islam angesichts ihrer Beschneidungspraktiken in unserer Gesellschaft aktuell mit einem scharfen Gegenwind zu kämpfen.

Was also besagt die in unserer aufgeklärten Gesellschaft so offenkundige Skepsis gegenüber der Beschneidung aus religiösen Gründen[74]? Der Theologe Klaus-Dieter Kaiser sieht hier „eine allgemeine Religionskritik in einem vermeintlich aufklärerischen Gewand" am Werk: „‚Religion ist barbarisch' war das Hauptargument und in der Verstümmelung von Kindern zeige sich das wahre Gesicht einer Religion."[75] Alfred Bodenheimer, ein ausgewiesener Kenner der Religionsgeschichte und der Literatur des Judentums, hält fest: „Der säkulare Staat stellt die Position des Individuums innerhalb seiner Herkunftsgruppe in den Mittelpunkt und berücksichtigt einen Anspruch der Gruppe (bzw. der Eltern als deren Mitglieder), Identität

---

[72] Gunhild Häusle-Paulmichl, Der tätowierte Leib. Einschreibungen in menschliche Körper zwischen Identitätssehnsucht, Therapie und Kunst, Wiesbaden 2018, S. 95–101 („Alternierende Phänomene der Bodymodifikation").
[73] Otto Penz, Die Somatisierung von Sex-Appeal, in: Peter-Paul Bänziger – Magdalena Beljan – Franz X. Eder – Pascal Eitler (Hrsg.), Sexuelle Revolution? Zur Geschichte der Sexualität im deutschsprachigen Raum seit den 1960er Jahren (1800–2000. Kulturgeschichten der Moderne 9) Bielefeld 2015, S. 285–302, S. 298.
[74] Gollaher, Das verletzte Geschlecht, S. 45f. weist darauf hin, dass sich auch schon im Reformjudentum des 19. Jahrhunderts vereinzelte Stimmen finden lassen, die die Autorität des Talmud ablehnen und sich gegen die Beschneidung aussprechen: „Die Berit Mila, so sagten die Reformer, war nicht eine Mizwah – ein von Gott gefordertes Ritual –, sondern eine überkommene Praxis aus den frühen Tagen des Volkes Israel, ein überflüssiges Relikt aus der Zeit eines primitiven Religionsverständnisses."
[75] Klaus-Dieter Kaiser, Zur Streitkultur in der Diskussion um die Beschneidung, in: Martin Langanke – Andreas Ruwe – Henning Theißen (Hrsg.), Rituelle Beschneidung von Jungen. Interdisziplinäre Perspektiven (Greifswalder theologische Forschungen 23) Leipzig 2014, S. 171–191, S. 183.

zu vermitteln, nicht. Damit wird implizit die Religionsfreiheit des Einzelnen gegenüber der Religionsfreiheit von Gruppen aufgerechnet."[76] Der jüdische Historiker Michael Brenner bilanziert hinsichtlich der kindlichen Beschneidung im Rückblick auf die vergangenen Jahre ähnlich: „Warum also die Empörung? Zum einen war es wohl mit der Kenntnis um andere Kulturen doch nicht so weit bestellt, wie mancher vermutet hat. In den jüngsten Diskussionen wird klar, wie weit eigentlich das Unwissen über andere Religionen (und allzu oft auch über die eigene) reicht. Zum anderen sucht ein kultureller Wandel seinen Eingang ins Rechtssystem. Eine bisher an der Oberfläche vorherrschende Toleranz gegenüber religiöser Praxis macht einer oftmals dogmatischen antireligiösen Haltung Platz. (…) In dieser Debatte setzt sich ein Bild der Juden und Muslime als die anderen durch, die barbarischen Bräuchen anhängen und es in Kauf nehmen, das Kindswohl zu verletzen."[77] Mit ähnlicher Aussageabsicht ließe sich die Position von Thomas Lentes anführen, der als Kenner der Christentumsgeschichte zur gesellschaftlich dominanten Ablehnung der religiösen Beschneidung festhält: „Letztlich wird man die Geschichte der Legitimierung und Delegitimierung der Beschneidung kaum anders lesen können als Teil einer Geschichte der Säkularisierung in der europäischen und nordamerikanischen Welt."[78]

Angesichts des beschriebenen Hintergrundes kann man zu der Überzeugung gelangen, dass es aktuell mehr denn je einer Relativierung von vermeintlich selbstevidenten Plausibilitäten bedarf, die letztlich auch zeitbedingtes Erbe der Aufklärung sind. So wäre es heutzutage wünschenswert, die Beschneidung, die auch in unserer christlich-mittelalterlichen Geschichte einen hohen Stellenwert ein-

---

[76] Bodenheimer, Haut ab!, S. 50.
[77] Michael Brenner, Vermeintliche Barbaren, in: www://suedeutsche.de/wissen/streit-um-die-religioese-beschneidung-vermeintliche-barbaren–1.1454038 vom 17.07.2012 (13.07.2018).
[78] Thomas Lentes, Zwischen Kulturmarke und Säkularisierung. Ein Gast-Beitrag zur Beschneidungs-Debatte, in: http://www.fr.de/politik/meinung/gastbeitrag-zur-beschneidungs-debatte-zwischen-kulturmarke-und-saekularisierung-a-822038 (01.07.2018).

Die Beschneidung von Jungen – Eine religiöse Körpermarkierung

nahm, nicht eindimensional durch eine aufklärerische Brille zu betrachten, sondern dieses Phänomen differenziert zu reflektieren – beispielsweise gebrochen im Prisma von vor-achsenzeitlichen und achsenzeitlichen, von ortho-praktischen und vergeistigten Dimensionen. Eine solche Multiperspektivität mag die Offenheit für ehrlichen Respekt gegenüber anderen Religionen unterstützen.

Jenseits des Wissens um die kulturell-zeitliche Bedingtheit auch heutiger Kritik lässt sich ein weiterer Einwand – diesmal ein genuin inhaltlicher – gegen die voreilige Kritik an der Beschneidung formulieren. Angesichts der Ablehnung einer körperlichen Markierung müssen sich die Gegner der Beschneidung die Frage gefallen lassen, ob ihre Kritik nicht auf der impliziten Annahme beruht, dass die natürliche Unverändertheit des Leibes für ihr (Ideal-)Bild des Leibes steht. Erschwerend kommt hinzu, dass ein solches Idealbild der Natürlichkeit ein Phantom ist, dem nachzujagen müßig ist, denn einen Leib außerhalb aller kulturellen und symbolischen Zusammenhänge und Leistungen bekommt man nicht zu greifen. Diese Kritikpunkte sind jedenfalls intensiv mit zu bedenken, wenn man die (religiös begründete) Modifikation des kindlichen Leibes heutzutage im Spannungsfeld von Kinderrechten und Religionsfreiheit, von ethischen Vorgaben und medizinischen Notwendigkeiten diskutiert.

9. „Rent a Pilgrim" – Die Mietpilgerschaft

Gewöhnlich verbinden Menschen das Stichwort „Miete" mit der Überlassung eines Zimmers, einer Wohnung oder eines Hauses gegen eine vertraglich vereinbarte Geldsumme, die der Mieter monatlich an seinen Vermieter zahlt. Mietgegenstand kann auch ein Grundstück, ein Auto oder eine Maschine sein. Ebenso selbstverständlich kann sich die Mietzahlung auf eine Dienstleistung beziehen: beispielsweise im Bereich des Handwerks oder des gastronomischen Service. So ist es vielerorts üblich, dass man Menschen im Bedarfsfall gegen Bezahlung für sich arbeiten lässt: als Reinigungskraft, als Installateur, als Mechatroniker, als Catering-Unternehmer etc.

Während die Erbringung einer solchen profanen Leistung gegen das profane Zahlungsmittel Geld als Teil des Alltags unstrittig ist, reagieren Menschen heutzutage empfindlich, wenn religiöse Institutionen und deren Vertreter eine Rechnung ausstellen für religiöse Leistungen, die sie erbracht haben. Ein Tausch „Materielles gegen Geistliches" oder „Profanes gegen Heiliges" weckt auf dem freien Markt eher Misstrauen als Zutrauen. Bisweilen fühlen sich Menschen in unserem Kulturkreis dann an den „Ablass" erinnert, den sie damit verbinden, dass sich eine religiöse Institution durch religiöse Leistungen, die sie anbietet, materiell bereichert[1]. Umso erstaunlicher wirkt es, dass sich heutzutage im Internet zahlreiche Menschen auch in Deutschland als Mietpilger anbieten – also als Dienstleister, die stellvertretend für andere Menschen eine Pilgerreise übernehmen und sich dafür bezahlen lassen.

Während die Mietpilgerschaft im Mittelalter oftmals als eine Bußleistung galt, bei der ein Büßer einen anderen Menschen gegen Geld einspannte, um den Weg zu einem Heiligtum stellvertretend zu übernehmen, weil es ihm erstrangig auf die *äußerliche* Erbrin-

---

[1] Dazu s. religions- und sozialgeschichtlich fundiert Thomas Lentes, Nikolaus Paulus (1853–1930) und die „Geschichte des Ablasses im Mittelalter", in: Thomas Lentes (Hrsg.), Nikolaus Paulus. Geschichte des Ablasses im Mittelalter, 2. Aufl., 3 Bde., Darmstadt 2000, hier Bd. 1, S. XXIV–XXXIX.

gung der Bußleistung ankam, verstehen sich heutige Mietpilger in unseren Breiten offenbar erstrangig als Epigonen einer vergeistigten Frömmigkeit: Sie bemühen sich im Rahmen ihrer übernommenen Pilgerschaft auch um den inneren Kontakt mit ihrem Auftraggeber. Darüber hinaus gilt: Wer heutzutage als Pilgerwilliger nicht pilgerfähig ist, doch seinen Pilgerweg ohne das Engagement eines Mietpilgers hinter sich bringen will, kann dafür im Sinne einer dritten Option auf die Tradition des „inneren Pilgerns" zurückgreifen, die christlicherseits bereits im Spätmittelalter eine große Blütezeit hatte.

Wie gesagt: Die Tradition des Mietpilgertums, die in unseren Breiten auf eine fast anderthalb Jahrtausende alte Tradition zurückblicken kann, bündelt verschiedene Religionsphänomene, von denen einige als ortho-praktisch zu bezeichnen sind und auch deshalb einen Blick in die Geschichte lohnen – nicht zuletzt, um die aktuell beliebte Mietpilgerschaft auf der Skala zwischen ortho-praktischer Religiosität und vergeistigter Religiosität umso präziser einordnen zu können.

a. Traumberuf Mietpilger

„Wenn es einen Traumberuf gibt, dann habe ich ihn, sagt Carlos Gil und lächelt dazu wie einer, der ein fröhliches Herz hat. Der 44 Jahre alte Portugiese mit dem Salz- und Pfeffer-Bart ist ein Auftragspilger. So verbindet er Berufung mit Teilzeitberuf. Er nennt sich selbst einen ‚pagador de promessas'. Das ist ein Vertrauensmann, der als Stellvertreter zu Fuß nach Fátima geht oder auch zu Pferd nach Santiago de Compostela reitet. Er tut das für Alte und Kranke, Gebrechliche und Träge, Überarbeitete oder Unabkömmliche. Für sie macht er sich mit frommem Ernst auf den Weg. Wenn er dann am ‚Altar der Welt', wie er Fátima nennt, angekommen ist, löst er dort fremde Gelübde ein, dankt für erhörte Gebete, zündet Kerzen an und spricht Fürbitten aus."

Was die „Frankfurter Allgemeine Zeitung" 2009 unter dem Titel „Er ist dann mal weg – für dich. Ein Portugiese pilgert gegen Honorar nach Fátima und anderswohin" präsentiert[2], hat sich inzwischen zu einem religiösen Trend entwickelt. Der lässt sich unter Suchworten wie „Rent a pilgrim", „Auftragspilger" oder „Leihpilger" auch im Internet mit jeweils zahlreichen Angeboten national und international, konfessions- und religionsübergreifend abrufen.

Einen der wenigen Einblicke in die persönliche Geschichte und Motivationslage eines Auftragspilgers bietet Georg Rejam[3]. Er pilgert seit Jahren für andere Menschen. Bereits mehr als 100 Mal ist er nach Santiago de Compostela gewandert: „Ich pilgere für andere den Jakobsweg. Auf Bestellung."

Nachdem Georg Rejam den Camino ein erstes Mal für sich allein gewandert war, meldete sich bei ihm sein griechischer Freund Niko. Dieser bat ihn aufgrund seiner knapp bemessenen Freizeit, ob er – Rejam – den Pilgerweg wohl stellvertretend für ihn – Niko – gehen könne. Zuerst einmal winkte Georg Rejam ab, doch nach einer Lebenskrise mit Jobverlust und Trennung von seiner Frau erinnerte er sich an den Vorschlag und fragte seinen Freund, ob er weiterhin Interesse an einer Auftragspilgerschaft hätte. Schnell wurden die beiden handelseinig, sowohl im Blick auf die Details der etwa 4000 Kilometer langen Strecke als auch bei der Entlohnung von 30 Euro pro Tag, die sie zu einem Pauschalbetrag und Freundschaftspreis von 7000 Euro inklusive aller Spenden in Kirchen und Klöstern zusammenrechneten. Zudem verständigte sich der Mietpilger mit seinem Auftraggeber darauf, die Stempel aller Tagesetappen zu sammeln und täglich eine SMS mit einer kurzen Beschreibung des Weges und der aktuellen Pilgersituation zu senden.

Schon bald wanderte Georg Rejam vom Heimatort des Auftraggebers auf Kreta im äußersten Süden von Europa – unterbrochen von der Schiffspassage nach Piräus – über Griechenland, den Bal-

---

[2] Leo Wieland, Er ist dann mal weg – für dich. Ein Portugiese pilgert gegen Honorar nach Fátima und anderswohin, in: FAZ 05.02.2009, No. 30, S. 9; ähnlich ein Beitrag vom 22.11.2016 unter dem Link https://mk-online.de/meldung/ich-gehe-den-weg-fuer-dich.html (06.11.2020).

[3] Zum Folgenden s. Georg Rejam, Der Auftragspilger, in: http://majer-rejam.com/wp-content/uploads/2016/09/Leseprobe_einfach_drauflos.pdf (07.02.2017).

kan, Österreich, die Schweiz und Frankreich bis zum äußersten Westen der Alten Welt.

Das stellvertretende Handeln für einen anderen Menschen darf tatsächlich als das Leitmotiv der Auftragspilgerschaft gelten. Dabei gestalten die beiden Vertragspartner die Nähe zueinander unterschiedlich aus: Eine alte Dame, für die Georg Rejam pilgerte, wünschte eine tägliche SMS, eine Kurzbeschreibung des Pilgertages sowie ein Bild der Landschaft oder einer schönen Kirche. Auch auf einem kurzen Telefonat an jedem zweiten oder dritten Tag bestand sie, wie Georg Rejam herausstellt: „Sie wollte meine Stimme hören und so das Gefühl haben, quasi live dabei zu sein." – Für einen vornehmen Herrn, der im Krieg sein Bein verloren hatte, übernahm Georg Rejam eine Pilgerschaft unter der Bedingung des Auftraggebers, dass er wie der amputierte Mann den Weg mit einem versteiften Bein absolvieren musste. Immerhin ließ ihm der Auftraggeber die Freiheit, sein „Geh-Bein" zu wechseln, so oft er es für nötig hielt. Zudem vergütete er die ungewöhnlich lang andauernde Pilgerschaft überaus großzügig. Wichtig war ihm allein, dass seine Stellvertretung ihm bis hinein in die Physis und den Bewegungsablauf so nah wie möglich kam.

Der inneren Nähe zwischen Georg Rejam und seinem jeweiligen Auftraggeber dienen auch zwei unterschiedlich komplexe Technik-Pakete, zwischen denen der Auftraggeber für seinen Kontakt zum Mietpilger während der Pilgerschaft wählen kann: In der Minimalausführung umfasst das „New Communication Package" ein Handy ohne Grundgebühr für die Dauer der Pilgerschaft. In der Luxusvariante kann der Auftraggeber auch bestimmte Plätze entlang des Camino über Webcams ansehen und mit seinem Mietpilger via Video Conference in Kontakt treten.

Immer wieder berichten Mietpilger davon, dass ihre Auftraggeber die von ihrem Mietpilger absolvierten Etappen zeitgleich auf einer Landkarte festhalten. So verfolgen sie die zurückgelegte Etappe jeden Tag mit. Viele geben ihren Mietpilgern auch Gebete und Fürbitten mit auf den Weg, die sie dann in Santiago deponieren sollen. Am Zielort zünden die Mietpilger Kerzen an oder legen Botschaften ab, die sie als Geschenke des Auftraggebers an den Heiligen Jakob mit sich geführt haben.

Wie oben bereits angedeutet, findet sich die stellvertretende Pilgerschaft auch in anderen Religionen. So berichtet „Die Presse" am 3. März 2008 unter der Überschrift „‚Miet-Pilger' in Mekka werden immer beliebter" detailliert über diesen neuen Trend: „Immer mehr ‚Miet-Pilger' treten die Haddsch, die Reise an die heiligen Stätten des Islams in Mekka, an. Diese Miet-Pilger treten an die Stelle von Muslimen, die etwa krankheitsbedingt nicht in der Lage sind, eine kleine Wallfahrt in Mekka (Umrah) zu machen."[4]

Die vorgetragenen Statements zur Mietpilgerschaft lassen fragen, worin das religiös Besondere bei dieser Weise des Pilgerns besteht und warum das stellvertretende Pilgern noch heute auf so starke Resonanz trifft. Als Antwort seien im Folgenden als erstes die Grundzüge des (christlichen) Pilgerns erläutert, um vor diesem Hintergrund zweitens die Charakteristika des Mietpilgerns im Spannungsfeld von ortho-praktischen und vergeistigten Ausdrucksweisen religiösen Lebens umso prägnanter verständlich machen zu können. Drittens sollen um eines religionsphänomenologischen Vergleichs willen aktuelle Ausdrucksweisen des Pilgerns, die eindeutig vergeistigte Strukturparallelen aufweisen, in den Blick genommen werden.

b. Das Pilgern – Zu Besuch an heiligen Orten

Das Pilgern gilt aktuell als eine Aktivität, die hoch im Kurs steht. Die in Buch- und Filmbeiträgen dokumentierten Erfahrungen von Menschen, die bereits gepilgert sind, stoßen auf vielfältiges Interesse. Auch nach der weithin überstandenen Corona-Pandemie wünschen sich viele Menschen, dass sie sich ebenso wie Hape Kerkeling mit dem Ziel einer vertieften Selbstfindung auf die Pilgerschaft begeben und unter diesem Vorzeichen von sich sagen können: „Ich bin dann mal weg."[5]

---

[4] http://diepresse.com/home/ausland/aussenpolitik/351382/Ab-90-Euro_MietPilger-in-Mekka-werden-immer-beliebter (14.02.2017).

[5] Hubertus Lutterbach, Vom Jakobsweg zum Tierfriedhof. Wie Religion heute leben-

„Rent a Pilgrim" – Die Mietpilgerschaft

Vergleicht man die Anfänge des Christentums mit den Anfängen des Islams, so reichen die heiligen Orte im Islam bis in dessen Anfänge zurück. Umso mehr verdient es vor diesem Hintergrund unser Augenmerk, dass das Pilgern und Wallfahren zu heiligen Orten unter den Christen erst seit dem vierten Jahrhundert aufkam, als eine auf heilige Stätten bezogene Frömmigkeit – ihrerseits Ausdruck einer urtümlichen Religiosität – im Christentum um sich zu greifen begann.

Tatsächlich überliefert das Neue Testament – in mancherlei Abgrenzung vom Alten Testament – eine ortsunabhängige, eben vergeistigte Vorstellung von Sakralität. Heiligkeit manifestiert sich diesem Verständnis zufolge erstrangig in der beherzten Begegnung zwischen Gott und den Menschen ebenso wie im zwischenmenschlichen Kontakt: „Wo zwei oder drei in meinem Namen versammelt sind, da bin ich mitten unter ihnen (Mt 18,20)."

So machte das Christentum anfänglich auch liturgisch als eine mobile Religion auf sich aufmerksam. Schon unter den frühen Christen dominierten die leicht transportierbaren Bücher (*codices*) und nicht die in der griechisch-römischen Welt ansonsten üblichen Schriftrollen[6]. Mehr als dass sich die Christen zu einem Haus Gottes – im Sinne einer Immobilie – aufmachten, vertrauten sie darauf, dass Gott zu ihnen in ihre Mitte kommt[7]: „In jedem Raum durfte und konnte sich die Gemeinde zur Eucharistie und zum Gebet

---

dig ist, Kevelaer 2014, S. 21–46 („Zwischen Selbstfindung und Gebeinverehrung – Pilgerschaft heute"), hier S. 27–36.

[6] Vor dem 3. Jahrhundert hielten die Griechen – im Vergleich mit anderen Speichermedien – ca. 10 Prozent in Büchern fest, im Laufe des 3. Jahrhunderts etwa 20 Prozent und zu Beginn des 4. Jahrhunderts etwa 50 Prozent. Während die Juden bei der Tradition ihrer Schriftrollen blieben, ist das erhaltene christliche Schrifttum im Vergleichszeitraum fast ausschließlich in Büchern überliefert. Dazu s. Guy G. Stroumsa, Early Christianity – A Religion of the Book?, in: Margalit Finkelberg – Guy G. Stroumsa (Hrsg.), Homer, the Bible, and Beyond (Jerusalem Studies in Religion and Culture 2) Leiden – Boston 2003, S. 153–173, S. 167–169. Auch Harry Y. Gamble, Books and Readers in the Early Church. A History of Christian Texts, New Haven – London 1995, S. 42–81.

[7] Heid, Altar und Kirche, S. 358 macht auf das interessante Phänomen aufmerksam, dass die Kirchenbaumeister von Kaiser Konstantin († 337) die Kirchbauten so angelegt haben, damit „die Christen dann doch wie im Freien beten" können.

versammeln."[8] Diese „christliche Ortlosigkeit"[9], von der einleitend schon die Rede war, wurzelte in der Überzeugung von Gottes „Allanwesenheit"[10] und hätte eigentlich jedwedes auf heilige Orte angewiesenes Wallfahrtswesen auf Dauer überflüssig machen können.

Doch schon seit dem 2. Jahrhundert zeigte das sekundärreligiös einschlägige christliche Anfangsplädoyer zugunsten der Ortlosigkeit erste Risse. Tatsächlich erhielt die Wertschätzung des Heiligengrabes während der folgenden Jahrhunderte ihren größten Schub durch die Verehrung von Märtyrern, die für ihre christlichen Überzeugungen sogar den gewaltsamen Tod auf sich genommen hatten. Aufgrund ihrer als radikal-entschieden erlebten Christlichkeit als Vorzeichen vor ihrer Blutshingabe galten sie auch über ihren Tod hinaus als erstrangige heilende „Orte" göttlicher Präsenz. Wohlgemerkt: Der *Leib* des Heiligen in seinem Grab galt als heiliger Ort; die Heiligkeit kam dem Ort also nicht an sich zu.

Wie stellten sich die Christen die Anwesenheit Gottes im begrabenen Märtyrer und Heiligen genau vor? Maßgeblich war die oben bereits angesprochene und bis weit über das Mittelalter hinaus leitende Vorstellung einer „Doppelexistenz des Heiligen im Himmel und auf Erden". Der zufolge sieht man den begrabenen Leib und die in den Himmel aufgefahrene Seele in einem „bleibenden Verbund"[11]. So gelten die Heiligen in ihren Gräbern als äußerst gotterfüllt und wirkmächtig, theologisch gesprochen: als „realpräsent"[12]. Die Annäherung an den heiligen Leib – mehr noch: die

---

[8] Friedrich-Wilhelm Deichmann, Vom Tempel zur Kirche, in: Alfred Stuiber – Alfred Hermann (Hrsg.), Mullus. Festschrift Theodor Klauser (Jahrbuch für Antike und Christentum. Ergänzungsband 1) Münster 1964, S. 52–59, S. 56.
[9] Angenendt, Christliche Ortlosigkeit, S. 349–360.
[10] Andreas Hartmann, Zwischen Relikt und Reliquie. Objektbezogene Erinnerungspraktiken in antiken Gesellschaften (Studien zur Alten Geschichte 11) Berlin 2010, S. 628–632.
[11] Angenendt, Heilige und Reliquien, S. 102 und S. 111f.
[12] Peter Dinzelbacher, Die ‚Realpräsenz' der Heiligen in ihren Reliquiaren und Gräbern nach mittelalterlichen Quellen, in: Peter Dinzelbacher – Dieter R. Bauer (Hrsg.), Heiligenverehrung in Geschichte und Gegenwart, Ostfildern 1990, S. 115–174, bes. S. 124–134.

Berührung der Gebeine – vermittelt dem Menschen göttliche Kraft. Diese quasi-automatische Weise der Übertragung von himmlischer Energie, die sich unabhängig von der inneren Zustimmung der Verehrer mittels eines physischen Kontakts vollziehen kann, entspricht urtümlichen Vorstellungen.

Auf die Dauer sollte sich im Christentum die beschriebene Mischung aus personaler Heiligkeit und grab- bzw. ortsbezogener Heiligkeit immer selbstverständlicher durchsetzen. Genau genommen, beruhen die zunehmende Beliebtheit und Verbreitung der Pilger- oder Wallfahrtsorte darauf, dass man sich den in seinem Grab ruhenden Heiligen als einen weiterhin lebendigen und wunderwirkenden Menschen vorstellte. In seinen als „himmlisch garantiert" angesehenen Aktionsmöglichkeiten und im Angebot der unmittelbaren Begegnung mit dem Heiligen an seiner Grabstätte liegt der Ursprung all jener Wallfahrtorte, die auf die Pilger bis heute ihre Anziehungskraft ausüben. Diese Faszination reicht seit fast anderthalb Jahrtausenden so weit, dass Christen, die an einer von ihnen gewünschten Pilgerreise gehindert sind, ihre Pilgerschaft in Auftrag geben und dafür im Sinne der durchaus primärreligiös verwurzelten *do ut des*-artigen Entsprechung von Gabe und Gegengabe eine monetäre Vergütung mit dem Mietpilger vereinbaren.

c. Stellvertretendes Pilgern gegen Entgelt

Damals wie heute handelt ein Miet- oder Auftragspilger in Stellvertretung eines Menschen, der die Pilgerschaft nicht persönlich unternehmen kann oder will. – Grundsätzlich finden sich Kontakte zwischen einem Auftraggeber und einem Auftragnehmer gerade in unserer arbeitsteiligen Gegenwartsgesellschaft häufig. Eine solche Stellvertretung kann unterschiedliche Dimensionen haben: Wenn ein Mensch einen anderen „vertritt", macht er ihn dort präsent, wo er persönlich gerade nicht dabei sein kann. Das geschieht, indem er beispielsweise an seiner Stelle das Wort ergreift oder eine Entscheidung trifft, so dass er damit Ziele oder Möglichkeiten des zukünftigen Handelns für den anderen Menschen festlegt. Grundsätzlich mag dieses „stellvertretende Handeln für" physischer, soziopsychischer oder transzendenter Art sein[13].

Die beschriebenen Dimensionen treffen auch auf einen Auftragspilger zu, insofern seine Stellvertretung des Auftraggebers auf dem Pilgerweg und am Pilgerziel erstens eine körperliche Dimension aufweist. Zweitens umfasst sie eine soziopsychische Dimension, sind Auftraggeber und Auftragspilger doch während der Pilgerschaft im Sinne von Leistung und Gegenleistung miteinander verbunden. Schließlich kennzeichnet die Verbindung zwischen den beiden eine transzendente Dimension, insofern beide auf ein Ziel hin ausgerichtet sind, das über die irdische Welt hinausweist.

In den unterschiedlichsten Variationen erzählt auch die Geschichte des Christentums davon, dass sich Stellvertretung als *solidarischer Beistand* manifestiert. Doch so sehr all die möglichen Variationen solidarischer Stellvertretung selbst heutzutage noch als Ausdruck verlässlichen Miteinanders beeindrucken können, gerät jedes Verständnis – wie oben bereits angesprochen – in schwerste Bedrängnis, wenn sich Menschen ihr stellvertretendes frommes Handeln mit Geld bezahlen lassen. Dieses Unverständnis spiegelt auch mancher Diskussionsbeitrag zum Mietpilgertum in den Internet-Pilgerforen wider. So gruppieren sich unter der abwertenden Überschrift „Pilgern für Stinkreiche" zahlreiche Beiträge mit verächtlichem Tenor. Ein User, der sich als „echter Pilger" zu erkennen gibt, postet mit ironischem Unterton: „Eine gute Geschäftsidee, die sich für den Veranstalter lohnen könnte." Nicht weniger geringschätzig klingt das folgende Statement, das die Überzeugung vieler ähnlicher Beiträge zum Ausdruck bringt, die aus einer Perspektive diesseits der Aufklärung fremd anmutende Phänomene aus der Zeit jenseits der Aufklärung beurteilen (oder besser: verurteilen): „Die Kommerzialisierung des Pilgerns treibt immer neue Blüten und diese – die Mietpilgerschaft – ist besonders abstoßend."

---

[13] Johannes Weiß, Stellvertretung. Überlegungen zu einer vernachlässigten soziologischen Kategorie, in: Kölner Zeitschrift für Soziologie und Sozialpsychologie 36 (1984) S. 43–55, S. 46f.

Dabei reichen die religions- und sozialgeschichtlichen Wurzeln für den Kontrakt „Stellvertretende Pilgerschaft gegen Geld" bis in das Frühmittelalter zurück. Nicht allein das oben ausgeführte biblisch-solidarische Handeln aus reiner Menschenfreundlichkeit, sondern auch das gleichfalls bereits beschriebene urtümliche Ausgleichsdenken begann damals auf das Mietpilgertum überzugreifen.

Die im Hintergrund religionsgeschichtlich maßgebliche Vorstellung vom kosmischen Gleichgewicht bedeutet, dass jede schlechte Tat die Äquivalenz zwischen Himmel und Erde zum Negativen, jede gute Tat sie dagegen zum Positiven beeinflusst. Innerhalb dieses Verstehenshorizonts stehen Sünde und Buße ebenso wie Leben und Lohn in genauer quantitativer Entsprechung zueinander. Konkret: Angesichts der Sünde spielte es im Frühmittelalter – ein Zeitalter vielfach ohne Bewusstsein für die Individualität des einzelnen Menschen – eine untergeordnete Rolle, aus welcher Absicht sich jemand falsch verhalten hatte; von vergleichbar geringer Bedeutung war es, mit welcher Gesinnung er die entsprechende Gegenhandlung ausführte. Entscheidend für die Wiederherstellung des kosmischen Gleichgewichts war vor allem die quantitative Äquivalenz zwischen dem angerichteten Schaden und dem fälligen Ausgleich[14].

Wie die im Vergleich zum spätantiken Bußverständnis verminderte Wertschätzung der subjektiven Beteiligung beim eigenen Beitrag zur Wiederherstellung des kosmischen Gleichgewichts zeigt, diente ein Bußmittel zwischen dem 6. und 10. Jahrhundert nicht länger vorrangig der Besserung des Täters, sondern erstrangig dem Ausgleich des angerichteten Schadens[15]. In der Konsequenz lassen

---

[14] Albrecht Dihle, Die goldene Regel. Eine Einführung in die Geschichte der antiken und frühchristlichen Vulgärethik (Studienhefte zur Altertumswissenschaft 7) Göttingen 1962, S. 11f.; im Blick auf das Äquivalenzdenken im Frühmittelalter s. Arnold Angenendt, Deus, qui nullum peccatum impunitum dimittit. Ein „Grundsatz" der mittelalterlichen Bußgeschichte, in: Matthias Lutz-Bachmann (Hrsg.), Und dennoch ist von Gott zu reden. FS Herbert Vorgrimler, Freiburg 1994, S. 142–156.

[15] Hubertus Lutterbach, Intentions- oder Tathaftung?. Zum Bußverständnis in den frühmittelalterlichen Bußbüchern, in: Frühmittelalterliche Studien 29 (1995) S. 120–143, S. 127–143. Kritisch dazu Rob Meens, Penance in Medieval Europe 600–1200, Cambridge 2014, S. 3 und S. 216.

sich Bußauflagen erstens gegeneinander austauschen, gewissermaßen von einer Bußwährung in eine andere konvertieren. Zweitens lässt sich eine Bußauflage gegen eine entsprechende Gegenleistung auch stellvertretend durch eine andere Person verrichten[16].

Tatsächlich finden sich im frühmittelalterlichen Bußwesen die beiden beschriebenen Weisen des Umgangs mit den Bußauflagen vielfältig dokumentiert. So konnte man nach vorgegebenen Umrechnungsschlüsseln beispielsweise eine priesterlich ausgesprochene Bußauflage aus Fastentagen in eine entsprechende Geldzahlung umrechnen. Auch gewann unter vermögenden Menschen der Brauch an Beliebtheit, die auferlegte Bußleistung gegen eine Geldzahlung an einen Stellvertreter zu „verkaufen". Der Reiche war seine Verpflichtung auf diese Weise ohne besondere Anstrengung los; der Stellvertreter verdiente gutes Geld für den übernommenen Auftrag, trug damit allerdings für dessen Einlösung zugleich die bis in das Jenseits reichende Verantwortung. Beide handelten im Dienste der Wiederherstellung des kosmischen Gleichgewichts und taten auf diese Weise alles Menschenmögliche, damit der Himmel den fälligen Ausgleich nicht „automatisch" einzog. Damit war die Dreiecksbeziehung aus Pilgerschaft, Stellvertretung und Geldzahlung grundgelegt, wie sie bis heute im Mietpilgertum fortlebt. Denn die vom Beichtvater ausgesprochene Bußauflage ließ sich in eine Pilgerfahrt umrechnen und diese wiederum gegen Geld an einen Stellvertreter weitervergeben.

Im Sinne eines Damals-Heute-Vergleichs bleibt vertiefend zu fragen, worin der oberste Zweck einer gegen Geldzahlung vergebenen Pilgerschaft für den Auftraggeber besteht. Vor allem im Frühmittelalter unterschied sich der Sinn einer persönlich übernommenen im Vergleich zu einer gegen Geld in Auftrag gegebenen Pilgerschaft nicht (oder vorsichtiger: Der Sinn zwischen beiden musste sich nicht unterscheiden). Vorrangig ging es bei den drei maßgeblichen Zielperspektiven jedenfalls jeweils um einen objektiven Beitrag zur Wiederherstellung (oder sogar „Übererfüllung") des

---

[16] Hubertus Lutterbach, Die mittelalterlichen Bußbücher – Trägermedien von Einfachreligiosität?, in: Zeitschrift für Kirchengeschichte 114 (2003) S. 227–244.

kosmischen Gleichgewichts: Erstens erhofften sich die Auftraggeber einer Pilgerfahrt im Mittelalter, dass sie auf diese Weise ihre Bußauflage erfüllten. So ließ sich eine Haftstrafe durch eine Wallfahrt zu den großen Heiligtümern substituieren[17]. Zweitens erbaten sich die Auftraggeber einer Pilgerschaft durch ihren Auftragspilger ein am heiligen Zielort für sie vermitteltes Wunder – oft die Heilung eines körperlichen Gebrechens. Schließlich gingen Pilger – einerlei ob sie die Pilgerschaft persönlich übernahmen oder sie in Auftrag gaben – davon aus, dass das am heiligen Ort in Empfang genommene Pilgerzeichen (kleine Plakette oder Medaille, die man während der Pilgerfahrt an der Kleidung trug) im ewigen Gericht zu ihren Gunsten in die Waagschale fallen werde.

Viele zeitgenössische Gerichtsdarstellungen veranschaulichen diesen Zusammenhang von Diesseitsinvestition und entsprechender späterer Jenseitsvergütung, dessen Ursprung der Ägyptologe Jan Assmann im alten Ägypten sieht[18]. So übereignete der Auftragspilger seinem Auftraggeber das Pilgerzeichen nach seiner Rückkehr von der Pilgerschaft. Im Falle seines Todes gab man es ihm mit ins Grab, damit er sich im ewigen Gericht als (Jakobs-)Pilger ausweisen konnte und als Lohn für seine Pilgerschaft dem ewigen Leben näher kam[19].

Im Vergleich zur (früh-)mittelalterlichen Pilgerschaft bleibt heutzutage unklar, ob es unter den Pilgern auf der einen Seite und den Auftraggebern der Mietpilger auf der anderen Seite allein um die Erreichung diesseitiger oder auch um die Erlangung jenseitiger Ziele geht. Immerhin fällt auf, dass die Werbeinserate der Mietpilger die geschäftliche Seite ihres Tuns weit in den Hintergrund drängen. Stattdessen bieten sie sich als „Vertrauensmenschen" an, die

---

[17] Louis Carlen, Wallfahrt und Recht im Abendland (Freiburger Veröffentlichungen aus dem Gebiete von Kirche und Staat 23) Fribourg 1987, S. 70–114.

[18] Jan Assmann, Altägypten und Christentum, in: Marlis Gielen – Joachim Kügler (Hrsg.), Liebe, Macht und Religion. Interdisziplinäre Studien zu Grunddimensionen menschlicher Existenz, Stuttgart 2003, S. 31–42, S. 38–42.

[19] Marcell Restle, Art. Pilgerandenken, Pilgerzeichen, in: Lexikon des Mittelalters 6 (1993) Sp. 2154–2156, Sp. 2154.

sich mit Haut und Haar, mit Riten und Zeichen für ihre Auftraggeber engagieren. Tatsächlich inszenieren sie sich eher als religiöse Virtuosen und kaum als Geschäftsleute. In den Vordergrund ihrer Profession stellen sie die Begegnung zwischen dem Auftraggeber, dem Pilgerweg und dem heiligen Ort, die sie als Mietpilger ermöglichen. Diese Vernetzung fördert ein Mietpilger auch dadurch, dass er sich von Unterwegs regelmäßig bei seinem Auftraggeber meldet, dessen persönliche Gegenstände zum heiligen Ort trägt oder ihm Devotionalien – inklusive der Pilgerzeichen und -urkunde – vom heiligen Ort mitbringt. Somit verstehen heutige Pilger ebenso wie die Auftraggeber einer Pilgerschaft diese Wanderschaft in Relativierung der frühmittelalterlichen, oftmals urtümlich rückgebundenen Tradition nicht länger erstrangig als eine objektive (Ausgleichs-) Leistung im Dienste des diesseitigen und des jenseitigen Heils; stattdessen betonen sie die subjektiv-erlebnisorientierte Dimension des Unterwegsseins und die damit verbundenen Begegnungen.

d. Mietpilgern – Oder: Pilgern durch Imagination

Das seit Jahrhunderten reich belegte Mietpilgertum steht auch heute noch hoch im Kurs. Diese stellvertretende, ursprünglich aus rein religiösen Motiven gespeiste Wanderschaft, die besonders im Frühmittelalter gewisse Parallelen zu primärreligiösen Ausdrucksformen aufweist, bleibt ungeachtet aller heutigen Wissenschaftsgläubigkeit weiterhin beliebt. Zwar hat sich der maßgebliche Bezugspunkt dieser Praxis geändert, insofern sie nicht länger vorrangig der Wiederherstellung des kosmischen Gleichgewichts dient. Doch bleibt das Mietpilgertum in dem Maße eine Alternative zur persönlichen Pilgerschaft, wie es aktuell die Sinnsuche des Auftraggebers sowie die Suche nach zwischenmenschlichen Begegnungen unterwegs ebenso wie die göttlich-menschliche Begegnung am heiligen Ort erlebbar integriert. Entsprechend betonen die Mietpilger, dass sie die Mietpilgerschaft als ihren Beruf im ursprünglichen Sinne einer Berufung ansehen. In dieser Weise von manchem Geschäftlichen „bereinigt", steht die Mietpilgerschaft für das Fortleben einer ursprünglich Diesseits und Jenseits verbindenden Frömmigkeitspraxis in inzwischen weitgehend „diesseitsreligiösen" Zeiten.

Vorerst offen bleiben muss die Frage, warum sich die Mietpilgerschaft trotz der gesellschaftlichen Kritik behauptet, dass sie im Kern doch nichts als ein Tauschgeschäft „Materielles gegen Geistliches" oder „Profanes gegen Heiliges" sei. Womöglich rührt das Interesse oder zumindest die Aufgeschlossenheit gegenüber dieser religiösen Dienstleistung auch daher, dass hier der religiöse Anbieter und der religiöse Dienstleistungsnehmer als freie Individuen zu einem „Deal" gelangen, den sie bedürfnisorientiert miteinander aushandeln und füreinander als eine Win-Win-Situation ausgestalten. Dieses individuelle Gepräge wird auch noch dadurch unterstrichen, dass jedwede (kirchliche) Institution unbeteiligt bleibt. Ja, es gibt kirchlicherseits noch nicht einmal Stellungnahmen zum Phänomen der Mietpilgerschaft.

Wer übrigens heutzutage pilgern und dabei nicht allein von der Institution Kirche, sondern auch noch von einem angeheuerten Mietpilger unabhängig sein will, könnte auf das vergeistigte Vorbild der imaginierten Pilgerschaft zurückgreifen. Ähnlich wie Menschen, die nicht mehr reisen können, sich mittels ihrer Phantasie wie in einem Gesellschaftsspiel auf eine imaginäre Reise „ohne Koffer" an ihren Wunschort begeben (und das allein mithilfe ihrer Vorstellungskraft und einiger unterstützender Requisiten), können auch Pilger sich auf eine imaginäre Reise begeben, quasi als *„Pilgern* ohne Koffer": Äußerlich bleiben die Menschen zu Hause, innerlich begeben sie sich auf die Pilgerschaft zu dem von ihnen gewünschten heiligen Ort – wie gesagt: ohne jeden Rückgriff auf einen von ihnen beauftragten Mietpilger. Somit eröffneten (und eröffnen) geistig-geistliche Pilgerfahrten eine neue Dimension christlicher Frömmigkeit[20].

Im Christentum reichen die geistig-geistlichen Pilgerfahrten als Ausdruck eines im Hoch- und Spätmittelalter zunehmend verinnerlichten Pilgerwesens bis in die Mystik des 13. Jahrhunderts zurück.

---

[20] Guy G. Stroumsa, Mystical Jerusalems, in: Guy G. Stroumsa (Hrsg.), Barbarian Philosophy. The Religious Revolution of Early Christianity (Wissenschaftliche Untersuchungen zum Neuen Testament 112) Tübingen 1999, S. 294–314, S. 313f.

Anknüpfen konnten die Menschen, die sich auf eine innere Reise zu einem Pilgerort ihrer Wahl (Jerusalem, Rom etc.) aufmachten, zur Verstärkung ihrer Imagination an Texte der Heiligen Schrift und an Pilgerberichte, an architektonische Nachbauten fernab des ursprünglichen Heiligtums (Heilig Grab-Kapellen etc.) oder an Primär- und Sekundärreliquien von den heiligen Orten, die den „geistig Pilgernden" aus ihren Pfarrkirchen vertraut waren[21].

Vor allem für Nonnen war es im Mittelalter fast unmöglich, persönlich an die christlichen Wallfahrtsstätten zu reisen. Entweder war eine weite Reise für sie als Frauen zu gefährlich oder die Leiterin des Klosters verbot ihnen dieses Unterwegssein. So verschriftlichten reisende Priester oder Mönche die Erfahrungen ihrer eigenen Wallfahrten und trugen sie den Nonnen daheim als Anleitung für eine innere Wallfahrt vor. Dabei kombinierten sie konkrete ortsbezogene Reiseeindrücke mit geistlichen Deutungsangeboten.

Der Dominikaner Felix Fabri († 1502) war einer dieser geistlichen Reiseschriftsteller. Mit seinem Werk „Die Sionpilger" inspirierte er die Dominikanerinnen im Kloster Ulm zu einer inneren Wallfahrt. Als Jerusalempilger las er den Nonnen aus seinen Aufzeichnungen vor, damit sie innerlich leicht nachvollziehbare Orientierungen für ihre eigene Pilgerfahrt im Geiste an die Hand bekamen. Zwanzig Regeln gehen auf ihn zurück, mit denen er den Dominikanerinnen in Schwaben erklärte, worin der Unterschied zwischen leiblichem und geistig-geistlichem Pilgern besteht. In diesem Rahmen bezieht er sich über seine Pilgerschaft nach Jerusalem hinaus auch auf seine Reisen zu den Wallfahrtsorten Rom und Santiago de Compostela. Um den Schwestern eine geistig-geistliche Pilgerschaft zu ermöglichen, die engstens an die leibliche Pilgerfahrt angelehnt ist, präsentiert er seine Reiseerzählungen und seine jeweils hinzugefügten Gebete in Tagesabschnitten. Diese sind nicht allein geografisch gegliedert, sondern zugleich so, dass Raum und Zeit miteinander verknüpft werden. So teilt er die Tagesreisen insgesamt in etwa 360 Abschnitte ein, auf dass die Leserin im Laufe

---

[21] Klaus Herbers, Jakobsweg. Geschichte und Kultur einer Pilgerfahrt (Beck TB Wissen 2394) München 2006, S. 82–84.

eines (Liturgischen) Jahres erstens an alle drei wichtigen Pilgerziele (Jerusalem, Rom, Santiago) gelangt und zweitens vielen Heiligen am Rande dieser Hauptwege begegnet[22].

Mit noch mehr Resonanz als Felix Fabri präsentierte der spätmittelalterliche Theologe Johannes Geiler von Kaysersberg († 1550) seine Anregungen für die geistig-geistliche Pilgerschaft. Als der seit 1478 in Straßburg amtierende Münsterprediger hielt er im Jahr 1488 einen Predigtzyklus in Augsburg, den er im Anschluss unter dem Titel „Peregrinus. Der bilger mit seinen eygenschaften" publizierte[23]. Unter Berufung auf den Apostel Paulus legte er in dieser Schrift den Akzent darauf, dass das Pilgern zu heiligen Orten zwar sinnvoll und hilfreich sein könne, aber das irdische Leben des Menschen zuletzt nicht auf ein irdisches Pilgerziel, sondern auf die ewige Heimat ausgerichtet sei. Jeweils geht er von den Ausrüstungsgegenständen für eine Pilgerfahrt aus, die er im geistigen Sinne interpretiert: Den Pilgerhut deutet Johannes Geiler von Kaysersberg als Hut der Geduld, den Pilgermantel als Mantel der Liebe, den Pilgerstab als Zeichen der Hoffnung und so fort. Nicht weniger interpretiert er das alltagskonkrete Handeln des Pilgers im übertragen-geistigen Sinne: Wie der Pilger seine Familie hinter sich lasse, so möge sich jeder Christ von seinen Lastern trennen. Wie der Pilger auf eine gute Gesellschaft unter den Mitpilgernden angewiesen sei, so bedürfe jeder Christ der Gesellschaft Christi und der Gemeinschaft der Christus-Gläubigen etc.

Keine Frage, dass diese traditionsreichen Weisen der geistig-geistlichen Pilgerschaft die Seele fordern und den Körper schonen. Genau dieses haben sie mit den heutigen *virtuellen* Pilgerschaften gemein. Unter dem Titel „Virtuelle Pilgerreise nach Santiago de Compostela. 790 km auf der Couch" heißt es in einem aktuellen Internet-Inserat: „Wer nach Santiago de Compostela pilgern will,

---

[22] Felix Fabri, Die Sionpilger, hrsg. v. Wieland Carls (Texte des späten Mittelalters und der frühen Neuzeit 39) Berlin 1999, S. 77–395. Erläuternd s. dazu auch Hamm, Spielräume, S. 110f.
[23] Johannes Geiler von Kaysersberg, Peregrinus. Der bilger mit seinen eygenschaften (1494) ist bislang nicht in einer edierten Ausgabe zugänglich.

aber nicht so gut zu Fuß ist, kann den Jakobsweg jetzt auch virtuell absolvieren. Die VR-Anwendung ‚Camino de Santiago 360 Grad' verspricht ein spirituelles Erlebnis – ganz ohne schmerzende Füße."[24] Auch „Online-Pilgerfahrten" – unter anderem Mitte Juli 2020 nach Lourdes – finden sich inzwischen im christlichen Katalog spiritueller Angebote[25].

Allein der Vollständigkeit halber sei hier angemerkt, dass dieses virtuelle Pilgern inzwischen auch im Islam seine Anhänger gefunden hat[26]. So ergänzen sich heutzutage erstens das primärreligiös verwurzelte und ortho-praktisch geprägte Mietpilgern, zweitens das geistig-geistliche, insofern achsenzeitlich zu verortende Pilgern sowie drittens das neuestens daran anknüpfende virtuelle Pilgern auf bemerkenswerte, geradezu epochenüberspannende Weise.

---

[24] http://www.crn.de/software-services/artikel-110277.html (19.02.2020).
[25] N. N., Lourdes United – Online Pilgerfahrt. Etwas, das die Menschen vereint und verbindet und zusammenführt, in: https://www.domradio.de/themen/weltkirche/ 2020-07-15/etwas-das-die-menschen-vereint-und-verbindet-und-zusammenfuehrt-lourdes-united-online-pilgerfahrt (15.07.2020).
[26] https://www.youtube.com/watch?v=BOzgcau6y7c (11.12.2020).

10. Vergeltung und Rache – Zum Umgang mit Konflikten

Wie schwierig mochte es im Münsterland noch bis in das 18. Jahrhundert hinein gewesen sein, zu verhindern, dass Kirchenbesucher, die miteinander in Streit lebten, aber dennoch am Sonntag ihre Kirchenbankplätze nebeneinander hatten, nicht bei der kleinsten Zwistigkeit im Gotteshaus aufeinander losgingen?! Denn genau von derart ungebremst ausgetragenen Konflikten sprechen noch die Überlieferungen des 16. und 17. Jahrhunderts. Als Ausdruck ihrer Verhaltensänderung im Sinne der zwischenzeitlich erfolgreichen Interventionen von kirchlicher und weltlicher Obrigkeit (u. a. regelmäßige Abhaltung des bischöflichen Sendgerichts) verlagerten die Streithähne im 18. Jahrhundert die Auseinandersetzung zunehmend aus dem Raum der Kirche an die profanen Orte des Dorfes. Oder sie hielten sich zurück, bis die besonderen liturgischen Zeiten (Fastenzeiten, Hochfeste etc.) vorüber waren und trugen ihre Kontroversen allein in den weniger feierlichen liturgischen Zeiten des Kirchenjahres aus. So vermieden sie es, dass sie die als heilig eingestuften Örtlichkeiten und die als heilig klassifizierten Zeiten mit ihren profanen Raufereien störten. Erst in einem weiteren Schritt sollte es gelingen, dass solche Tumulte als Ausdruck der Selbstjustiz gänzlich unterblieben und man sich damit den dafür eigens eingesetzten Autoritäten uneingeschränkt unterstellte[1].

Tatsächlich ist die Gewalt als Ausdruck der Selbstjustiz zumindest in unseren Breiten heutzutage weitestgehend zurückgedrängt. Wer sich ihrer bedient, wird dafür zur Rechenschaft gezogen. Um derlei von vornherein zu vermeiden, nehmen viele Menschen große Anstrengungen auf sich. Schulen bilden unter ihren Schülerinnen und Schülern eigens Streitschlichter aus. Sie haben gelernt, wie Konflikte entstehen und sind in der Lage, zwischen konfliktverschärfendem und deeskalierendem Verhalten zu unterscheiden. In-

---

[1] Andreas Holzem, Religion und Lebensformen. Katholische Konfessionalisierung im Sendgericht des Fürstbistums Münster 1570–1800 (Forschungen zur Regionalgeschichte 33) Paderborn 2000, S. 246f.

dem sie in ihrer Kommunikations- und Konfliktfähigkeit geschult sind, helfen sie ihren Mitschülerinnen und Mitschülern in konkreten Konfliktsituationen, selbständig Basis-Regeln für ein gewaltfreies Miteinander zu erarbeiten[2]. Nicht weniger bedeutsam ist es in Altenheimen oder Behinderteneinrichtungen, dass die betreuenden Personen im Umgang mit jenen Aggressionen geübt sind, die ihnen alte oder kranke Menschen entgegenbringen. Sie sind gefordert, ein friedvolles Miteinander auch gegenüber wehrlosen Personen kompromisslos in die Tat umzusetzen.

Trotz der beschriebenen Errungenschaften müssen sich alle Menschen, die gegenwärtig ein friedlich geprägtes gesellschaftliches Klima ohne Ausübung der Selbstjustiz erleben, dennoch letztlich eingestehen, wie fragil diese Weise des Miteinanders ist: „Gewalt ist nie besiegt. Sie schlummert nur."[3] Dass Gewalt, die auf dem Wunsch nach Vergeltung beruht, nie gänzlich überwunden ist, zeigt das aktuelle Beispiel aus dem Iran, von dem gleich die Rede sein wird und das danach verlangt, religionsgeschichtlich eingeordnet zu werden.

Um dieses Zieles willen lohnt sich auch ein beispielhafter, erweiternder Blick besonders in die Lebensverhältnisse des europäischen Mittelalters. Diese Orientierung kann verdeutlichen, wie wirkmächtig die Vergeltung im Sinne des körperlichen Rächens damals war (und heute anderswo noch ist). Bei ihrer Anwendung fragte man gewöhnlich nicht erstrangig danach (wie es uns heute selbstverständlich erscheint), ob der Übeltäter bei seinem Fehlverhalten von einer defizitären Motivation gesteuert war. Auch im Bereich des kirchlichen Bußverfahrens, wie man es im Frühmittelalter praktizierte, kam es oftmals primär auf die äußerliche Wiedergutmachung des angerichteten materiellen Schadens und auf die körperliche Bestrafung des Sünders an. Welche zivilisationsgeschichtlichen Anstrengungen erforderte es beispielsweise, von der allein auf den materiellen Ausgleich ausgerichteten – insofern als ortho-praktisch

---

[2] Dazu s. lesenswert Gottfried Orth, Miteinander reden – einander verstehen. Arbeitsheft für gewaltfreie Kommunikation in der Schule (Reihe Kommunikation. GFK in der Schule o. Nr.) Paderborn 2015.

[3] Thomas Ribi, Gewalt ist nie besiegt. Sie schlummert nur, in: NZZ 14.09.2018, S. 15.

einzustufenden – Tathaftung zu der von Vergeistigung getragenen Intentionshaftung, von der Bestrafung des Körpers zur Erziehung des Gewissens zu gelangen?! Nicht zuletzt mag dieses Ringen auch darin nachklingen, dass Einzelpersonen und Staaten noch heute über die Legitimität der Todesstrafe streiten.

a. Säureattentat als Vergeltungsmaßnahme

Über Jahre hinweg hielt eine atemberaubende Geschichte von verschmähter Liebe die Welt in Atem. Sie spielte im Iran. Dort hatte sich ein Mann in die junge Amene Bahrami verliebt, ohne dass sein Ansinnen bei ihr auf Gegenliebe stieß. In seiner Enttäuschung stellte der Mann der Frau auf üble Weise nach und attackierte sie 2004 schließlich, indem er ein Attentat mit Schwefelsäure auf sie verübte. Auf diese Weise verletzte er sie so stark, dass sie seitdem im Gesicht entstellt ist und ihr Augenlicht vollständig verloren hat.

Laut „Der Spiegel" entwickelte sich die Geschichte, die in Deutschland ebenso wie in vielen anderen europäischen Ländern ein intensives Medienecho erfuhr, auf dramatische Weise: „An einem Dienstag im November 2004 gießt Madschid Mowahedi vorsichtig Schwefelsäure in eine rote Karaffe. Der Student der Elektrotechnik ist verliebt, in eine Kommilitonin, die lebenslustige und gutaussehende Amene. Doch das Mädchen erhört ihn nicht. Zwei Jahre lang hat er sie nach allen Regeln der Kunst gestalkt – ihr aufgelauert, sie am Telefon terrorisiert und bedroht. Jetzt ist er des Drohens müde. Im Ressalat-Park von Teheran lauert Mowahedi der jungen Frau auf. Sieben Stunden lang wartet er geduldig mit dem Fläschchen in der Hand, dann sieht er sie kommen und schüttet ihr den ätzenden Inhalt mitten ins Gesicht. Aus sicherer Entfernung beobachtete er dann den Todeskampf."[4]

---

[4] Annette Langer, Vergeltung für Säureattentat. „Bin ich denn kein Mensch?", in: http://www.spiegel.de/panorama/justiz/vergeltung-fuer-saeureattentat-bin-ich-denn-kein-mensch-a-721058.html (09.12.2019).

In der Folge lehnte die Frau mehrere gerichtliche Entscheidungen ab, die ihr gemäß der landesüblichen Rechtsprechung eine materielle Entschädigung für das erlittene Unrecht zubilligten. Ebenso wies sie den Gerichtsbeschluss zurück, dass sie dem Attentäter *ein* Auge blenden darf – ein Urteil, das darauf basiert, dass die Frau nach iranischem Recht genau halb so viel wert ist wie ein Mann und ihr somit angesichts ihrer Erblindung auf beiden Augen die Blendung ihres Peinigers auf einem Auge zukam. Stattdessen bestand sie darauf, Gleiches mit Gleichem vergelten zu dürfen – eine Möglichkeit, die ihr die iranische Justiz schließlich einräumte. In Ergänzung zu dem bereits ergangenen Urteil, dem zufolge sie ihrem Attentäter *ein* Auge blenden durfte, wurden nunmehr ihre gleichfalls schwerwiegenden Gesichts- und Handverletzungen gegen das zweite Auge des Attentäters aufgerechnet. Dem Opfer freilich war die genaue rechtliche Begründung für die ihr nunmehr zugestandene doppelte Blendung nicht weiter wichtig. Als entscheidend galt ihr vielmehr von Anfang an allein, offiziell das Recht eingeräumt zu bekommen, ihrem Peiniger das Augenlicht auf beiden Augen nehmen zu dürfen.

Zwar stellte die Geschädigte im Rückblick ausdrücklich heraus, dass es ihr um Abschreckung und nicht um Vergeltung gegangen sei. Doch im Kern handelt es sich bei der ihr 2011 gerichtlich zugestandenen Blendung beider Augen des Mannes um eine Gerechtigkeit, die die Abschreckung durch den präzisen körperlichen Ausgleich, also mittels der maßgenauen Vergeltung für das zugefügte Leid erreicht sieht. Tatsächlich ging die Geschichte unter den Schlüsselworten „Vergeltung" und „Rache" durch die mediale Öffentlichkeit.

Zumindest um der Vollständigkeit willen halber sei noch angemerkt, dass die skizzierte Geschichte zu einem bemerkenswerten Ende gekommen ist, das man als Außenstehender angesichts der lebenslänglichen Entstellung von Amene Bahrami kaum glauben kann und das menschliches Fassungsvermögen übersteigt: Nachdem das erblindete Opfer endlich die gerichtliche Erlaubnis in Händen hielt, dass sie ihrem Peiniger gleichfalls Säure in die Augen träufeln durfte, reiste sie in den Iran, wo die Bestrafung am 14. Mai

2011 stattfinden sollte. Allerdings verschob die iranische Justiz den Akt ohne jede Angabe von Gründen kurzfristig am Vortag. Nachdem die Bestrafung neuerlich für den Juli 2011 terminiert worden war, verzichtete das Opfer im Angesicht des Mannes überraschenderweise und im letzten Moment auf den Vollzug der Rache.

Angesichts dieses krassen Falls, der unser rechtsstaatlich geprägtes Vorstellungsvermögen beinahe überfordert, geht es im Folgenden darum, ihn in seiner ortho-praktischen Dimension auch für Menschen mit unserem westlich-aufgeklärten Verstehenshorizont zu erschließen. Dafür bietet sich der Rückgriff auf ähnliche Traditionen in unserer eigenen Geschichte an, selbst wenn diese schon mehr als 1000 Jahre zurückliegen mögen.

b. Frauen – Halb so viel wert wie Männer?

Menschenrechtsorganisationen machen darauf aufmerksam, dass die Stellung der Frau im muslimischen Recht der Scharia traditionell geringer ausfällt als es die UN-Menschenrechtskonvention von 1948 festgeschrieben hat: „Je nach Land bestehen für Frauen Bekleidungsvorschriften oder gar Vorschriften zur Geschlechtersegregation etwa im Bildungsbereich. Teilweise werden Frauen vom öffentlichen Leben bzw. von öffentlichen Ämtern ausgeschlossen. In Gerichtsverfahren, so etwa bei Zeugenaussagen oder der Bemessung einer Kompensationszahlung, hat eine Frau eine deutlich geringere Position als ein Mann. Oft wiegt ihre Aussage nur halb so viel wie die des Mannes."[5] Auch im vorliegenden Fall von Amene Bahrami war es so, dass das Gericht ihre Position aufgrund ihres Frau-Seins als untergeordnet im Vergleich zu ihrem gewalttätigen männlichen Widersacher einstufte. Die Richter erachteten ihr Leben als halb so wertvoll wie das des Gewalttäters. Deshalb erlaubten sie ihr nicht, dem Angreifer gleichfalls beide Augen zu zerstören,

---

[5] N. N., Zur Stellung von Mann und Frau im islamischen Recht, in: https://www.humanrights.ch/de/ipf/menschenrechte/religion/dossier/spannungsfelder/frauenrechte/ (24.06.2022).

sondern nur ein einziges. Und bei diesem Urteil blieb es auch. Wenn Amene Bahrami ihrem Peiniger schließlich doch beide Augen zerstören durfte, fanden für diese Aufstockung der ihr nunmehr zugestandenen Gewaltausübung Tatbestände ihre Berücksichtigung, die die „Halbwertigkeit" der Frau gegenüber dem Mann weder in Frage stellten noch zu ihrer Eliminierung führten.

Wenn bisweilen zu hören ist, dass alle Weltreligionen den Frauen enge Grenzen im Bereich des Rechts und in puncto Teilnahme am öffentlichen Leben setzen[6], zeigt sich diese Tendenz in Primärkulturen zwar nicht in jedem Fall, aber doch oftmals in noch weit stärkerem Maß als in achsenzeitlich-vergeistigt geprägten Kulturen.

Immerhin finden sich in manch vergeistigter Tradition klar erkennbare Ansätze, die Frauen und Männern die gleiche Würde zubilligen. Exemplarisch lässt sich hier das Christentum nennen. Während das „Frauenbild im Alten Testament nicht einheitlich" ausfällt, überliefert das Neue Testament, dass sich „Jesus Männern wie Frauen zuwendet"[7], ja er mit einer „nachweislichen Unbefangenheit gegen Frauen (Gespräche, Heilungen, Annahme von Dienstleistungen)" unterwegs war und die „Tatsache zahlreicher weiblicher Anhängerschaft" Jesu unbestreitbar ist[8]. Nicht zuletzt misst er Mann und Frau mit gleichem Maße und kritisiert ein patriarchalisches Besitzrecht des Mannes gegenüber der Frau. Er übt Kritik am jüdischen Ehescheidungsrecht und wendet sich gegen die Hartherzigkeit der Männer gegenüber den Frauen (Mk 10,5). Sogar die Befleckung einer Frau aufgrund von Menstruationsblut hält er für unbedeutend (Mk 5,25–34). Gemäß den Überlieferungen

---

[6] Birgit Heller, Art. Frau, I. (Religions- und kulturgeschichtlich), in: Lexikon für Theologie und Kirche 4 (1995) Sp. 63–64, hier Sp. 63: „Die sog. Hochreligionen weisen viele Ähnlichkeiten hinsichtlich der Stellung und Beurteilung von Frauen auf. Die Hochreligionen sind Männerreligionen, die die religiösen Funktionen von Frauen stark reduziert und zudem die männliche Dominanz in der Gesellschaft legitimiert haben."

[7] Monika Fander, Art. Frau II. (Biblisch), in: Lexikon für Theologie und Kirche 4 (1995) Sp. 64–65, hier Sp. 64 (beide Zitate).

[8] Klaus Thraede, Art. Frau, in: Reallexikon für Antike und Christentum 8 (1972) Sp. 197–269, Sp. 227f.

der Ostergeschichte sind Frauen die ersten, die die Auferstehung Jesu bezeugen. In der Erzählung vom Pfingstwunder kommt der Heilige Geist – ohne Rücksicht auf das Geschlecht und sonstige ethnische oder soziale Grenzen – auf alle Menschen gleichermaßen herab.
Weniger eindeutig zeigen sich die Überlieferungen zur Rolle der Frau in der Alten Kirche: einerseits die Betonung der Gleichwertigkeit von Mann und Frau vor Gott auf der Basis des alttestamentlichen Schöpfungsberichts (Gen 1,27c): „Gott schuf den Menschen als sein Abbild, als Mann und Frau schuf er sie"; andererseits die Konterkarierung dieser Gleichheit durch die vorgebliche Erschaffung Evas aus der Rippe Adams (Gen 2,22). Weitere Aussagen zur Inferiorität der Frau fielen in der Christentumsgeschichte unter Rekurs u. a. auf den Apostels Paulus (z. B. 1 Kor 11,9) ins Gewicht[9]. Ohne dass wissenschaftlich bislang als gesichert gelten darf, inwieweit jüdischer Einfluss zu dieser Entwicklung beigetragen hat, steht jedenfalls fest, dass die römische Gemeinde schon um 250 „weibliche Gemeindebeamte" nicht mehr kannte. Vollends zum Durchbruch gelangte die Auffassung von der grundsätzlichen – auch körperlichen – Inferiorität der Frau schon früh erstrangig durch den Hinweis auf den durch Eva verursachten Sündenfall (z. B. 1 Tim 2,12–15). Maßgeblich lässt sich die in der Alten Kirche betriebene Abwertung der Frau, zu der auch judenchristlich-gnostische Einflüsse und Strömungen der zeitgenössischen Philosophie beigetragen haben, mit dem Klassischen Philologen Klaus Thraede so bilanzieren: „Die anfänglich noch vorhandene Unbefangenheit im Umgang der Geschlechter war dahin."[10]

Immerhin bedarf es der Aufmerksamkeit, dass zahlreiche altkirchliche Schriftsteller eine mindestens ethische Gleichbehandlung von Frau und Mann im Blick auf die eheliche Treue verlangen. Diese Linie setzte sich im Frühmittelalter fort, als unter dem Grundsatz „*Una lex de viris et de feminis*" die persönliche Zustimmung von Mann und Frau zur Ehe festgeschrieben wurde:

---

[9] Thraede, Art. Frau, Sp. 238–242 („Gleichberechtigung").
[10] Thraede, Art. Frau, Sp. 243.

„Der eheliche Konsens galt als Grundpfeiler des frühmittelalterlichen Eheverständnisses"[11].

Insgesamt sollte sich im Mittelalter bis ins kirchliche Recht hinein die Position durchsetzen, die die Unterordnung der Frau gegenüber dem Mann vertritt: „Tatsächlich befestigte die mittelalterliche Kanonistik in nicht wenigen Punkten die männliche Bevorrechtigung – der Mann als Haupt der Frau, dazu deren Zurücksetzung in Amt und Kult, mit ausdrücklichem Verbot des Diakonats, des Lehrens und noch der Berührung heiliger Gefäße. Die Gründe für die Zurücksetzung liegen nicht zuletzt in den Vorstellungen von Verunreinigung, bewirkt durch Menstruationsblut. (...) Die Frau war eben das ‚schwächere Geschlecht'."[12]

Es verlangt unsere Beachtung, dass Gott die beschriebene Schwäche der Frau mit seiner Gnade überwinden, ja sogar überbieten kann, weil sie – ebenso wie der Mann – „gottesfähig" (*capax Dei*) ist; eine christliche Grundposition, die eine religionsvergleichende Einordnung verdient: „Im Christentum ist nie bezweifelt worden, dass die Frau wie der Mann ‚capax Dei' sei und als solche erlösungsfähig. Gegenüber anderen Weltreligionen und gnostisch-manichäischen Sekten des Mittelalters, die in irgendeiner Form mit dem eschatologischen ‚Mannwerden' der Frau rechnen, ist der Widerstand der Scholastik gegen die Herabsetzung der Frau in religiös-spiritueller Hinsicht bemerkenswert. Die Frau bleibt im Eschaton Frau."[13] Mit anderen Worten: Dem Mann und der Frau kommen im Christentum bei der Heilsgewinnung gleiche Chancen zu. Freilich ist hier einschränkend zu akzentuieren, dass die Chancengleichheit im Bereich der Heilsgewinnung bis heute keine selbstverständliche *Gleichberechtigung* der Frau bedeutet[14]. Da mochte sie im

---

[11] Ines Weber, Ein Gesetz für Männer und Frauen. Die frühmittelalterliche Ehe zwischen Religion, Gesellschaft und Kultur (Mittelalterliche Forschungen 24) 2 Teilbände, Ostfildern 2008, hier Teilband 1, S. 370–372; zur „Eheschließung als Prozess" unter Beteiligung von Gatte und Gattin s. ebd., Teilband 1, S. 372–373.
[12] Angenendt, Toleranz und Gewalt, S. 162.
[13] Elisabeth Gössmann, Art. Frau A.I. (Theologisch-philosophisch), in: Lexikon des Mittelalters 5 (1989) Sp. 852–853, Sp. 852.
[14] Zu dem für diese Einschätzung relevanten Verhältnis von gleich ausgestatteter

Mittelalter – religionsgeschichtlich ungewöhnlich genug – ihre Gaben wie der Mann in der Kirche darbringen und im eigenen Namen (nicht in dem des Mannes!) handeln dürfen; es blieb trotz allem dabei, dass sie – bis heute in der römisch-katholischen Kirche – keinen Zugang zum Amt erhielt.

c. Rächende Vergeltung als „zuerst einfallendes Rechtsprinzip"

Dem Soziologen Niklas Luhmann zufolge ist das Prinzip der Vergeltung, so wie es auch in der rezitierten Geschichte aus dem Iran eine entscheidende Rolle spielt, „gleichsam das zuerst einfallende Rechtsprinzip"[15]. Aus juristischer Sicht richtet sich eine derart spiegelbildliche Bestrafung nach der Talion oder dem sogenannten Talionsprinzip. Dabei darf das Prinzip der Vergeltung keinesfalls als zivilisationsfeindlich gelten. Im Gegenteil: Es trägt dadurch zur Stabilisierung von Verhältnissen bei, die zwischen verschiedenen Menschen ins Ungleichgewicht geraten sind, dass es den Ausgleich unter allen Beteiligten wiederherstellt. „Zurück zum Nullpunkt auf der Skala", darf als handlungsleitendes, ja friedensstiftendes Motto gelten. So geht das englische Nomen „peace" auf das lateinische „pax" zurück, das wiederum im Verb „pacare = zurückzahlen" wurzelt. Demnach muss eine Schuld beglichen werden, um Frieden zu erzielen[16]. So fällt die Vergeltung angesichts eines erlittenen Unrechts im Rahmen des Talionsprinzips nicht maßlos aus. Vielmehr bleibt sie auf den genauen Ausgleich begrenzt: „Leben für Leben, Auge für Auge, Zahn für Zahn, Hand für Hand, Fuß für Fuß, Brandmal für Brandmal, Wunde für Wunde, Strieme für Strieme", wie es im alttestamentlichen Buch Exodus (21,23–25) anschaulich heißt[17]. Entspre-

---

Seele bei der Frau und beim Mann sowie des schwächeren Körpers der Frau im Vergleich zu dem des Mannes s. Angenendt, Geschichte der Religiosität, S. 164–266.
[15] Niklas Luhmann, Rechtssoziologie, 2 Bde., Reinbek – Hamburg 1972, hier 1, S. 155.
[16] William Ian Miller, Eye for an Eye, Cambridge 2006, S. 15 und S. 197.
[17] Hieke, Levitikus 2, S. 970 stellt unter Bezugnahme auf Lev 24,18.21a und Ex 21,23–24 heraus: „Vom Gesamtkontext her ist deutlich, dass mit diesen Wendungen

chend gilt dem Rechtshistoriker William Ian Miller das Talionsprinzip als eine die ungehemmte Rache begrenzende „Regel, die die Gesellschaft verbessert und voranbringt, ja zu einer freundlicheren und sanfteren Welt macht"[18].

Weist eine vom Talionsprinzip geleitete Gesellschaft in der Konsequenz mehr einäugige Menschen auf als Gesellschaften mit achsenzeitlich-vergeistigter Orientierung? Die Antwort könnte „Nein" lauten, denn zum einen mag die für ein Verbrechen fällige Ausgleichsleistung oftmals als Ausgleichs*zahlung* – als finanzielle Kompensation – erbracht werden und zum anderen sind Menschen angesichts der ihnen als Tätern drohenden Verletzungen womöglich vorsichtiger als Menschen in Gemeinwesen, die derartige Verstümmelungen nicht kennen. Tatsächlich: „Die Kosten für ein Verbrechen sind so hoch. Und wertlos ist das Leben gerade in Gesellschaft mit dem Talionsprinzip nicht!"[19]

Umso mehr kann der Grundsatz der Talion überaus zerstörerische Potentiale freisetzen, wenn er zur Rechtfertigung der Blutrache dient – einerlei ob damit erstrangig die Abschreckung oder die Vergeltung angezielt ist. Denn angesichts des Talionsprinzips gilt es erst einmal als nicht erstrebenswert, das vergossene Blut oder zwei geblendete Augen durch eine alternative Erstattung, beispielsweise durch eine materielle Leistung, zu ersetzen. Stattdessen erfolgt der Ausgleich für das vergossene Blut oder der Ausgleich für zwei geblendete Augen in exakt spiegelbildlicher Entsprechung, so dass der Täter seinerseits sein Blut oder seine Augen zur Verfügung stellen muss. Unter dem Vorzeichen dieser Logik ist die einsetzende Kettenreaktion kaum noch aufzuhalten, wenn eine erfolgte Verletzung oder eine Tötung im eigenen Lebenskreis im Gegenzug eine Verletzung oder eine Tötung im Lebenskreis des anderen erforderlich macht.

Blickt man in die abendländische Geschichte, sind aus der Zeit des Frühmittelalters derartige Kettenreaktionen zahlreich überlie-

---

[„Leben für Leben, Auge für Auge"] zunächst immer an eine angemessene finanzielle Ausgleichszahlung gedacht ist".
[18] Miller, Eye for an Eye, S 21.
[19] Miller, Eye for an Eye, S. 55.

fert, bei denen eine Tötung auf die nächste folgt, sobald sich das Handeln der Beteiligten am Talionsprinzip orientiert. Rufen wir uns exemplarisch die berühmte „Fehde des Sichar" in Tours in Erinnerung, wie sie Gregor von Tours († 594) tradiert und wie sie damals über vier Jahre hinweg zur Auslöschung von zwei Großfamilien führen sollte. Diese Episode[20], deren Darstellung auch deshalb Aufmerksamkeit verdient, weil sie im Rahmen von Gregors „Frankengeschichte" erzählt wird, mit der er eigentlich „eine christliche Vision für seine Gesellschaft zu entwickeln und zu verbreiten" suchte[21], verlief so:

Die Auseinandersetzung begann am Weihnachtsfest 584, als ein Priester die beiden Männer Sichar und Austregisel zu einem gemeinsamen Trunk einlud. Allerdings erschlug ein Gefolgsmann von Austregisel den Boten, der die Einladung überbrachte. Als Reaktion darauf fühlte sich der mit dem Priester befreundete Sichar zur Rache verpflichtet. Allerdings verlor er im Streit mit Austregisel vier Gefolgsleute, zudem noch kostbaren Silberschmuck. In der Folge verurteilte das Gericht Austregisel dazu, für die Getöteten einen Blutpreis zu zahlen (Wergeld) und für den Raub ein Strafgeld zu entrichten. Einige Tage später aber erhielt Sichar Kenntnis davon, dass Austregisel die geraubten Wertsachen, deren Rückgabe das Gericht offenbar nicht hatte erzwingen können, bei einer befreundeten Familie versteckt hatte. In seiner Empörung überfiel Sichar diese Familie. Dabei raubte er sie aus und tötete alle Familienmitglieder mit Ausnahme des Sohnes Chramnesind. Das Gericht verlangte nun von Sichar, an Chramnesind für die Getöteten eine materielle Ausgleichsleistung zu zahlen. Doch zu dieser Zahlung kam es nicht, obgleich Gregor, der sich als Bischof zur Friedensstiftung herausgefordert sah, bereit war, die fällige Geldsumme aus

---

[20] Gregor von Tours, Historiarum Libri Decem VII 47, ed. Rudolf Buchner (Ausgewählte Quellen zur deutschen Geschichte des Mittelalters. Freiherr vom Stein-Gedächtnisausgabe 1–2) Berlin ND 1956, hier Bd. 2, S. 152–157.
[21] Helmut Reimitz, Die Franken und ihre Geschichte, in: Walter Pohl – Maximilian Diesenberger – Bernhard Zeller (Hrsg.), Neue Wege der Frühmittelalterforschung. Bilanz und Perspektiven (Forschungen zur Geschichte des Mittelalters 22) Wien 2018, S. 201–216, S. 210.

Kirchenmitteln bereitzustellen. Der Grund für die nicht erfolgte Geldübergabe bestand darin, dass Chramnesind es nicht mit seiner Ehre vereinbaren konnte, eine derartige Ausgleichsleistung anzunehmen, weil er sich den Tod seiner Familienmitglieder nicht mit Geld ausgleichen lassen wollte. Als dann in der Folgezeit das – nicht den Tatsachen entsprechende – Gerücht von Sichars Tod die Runde machte, attackierte Chramnesind dessen Hof, brachte die Dienerschaft um, brannte alles nieder und trieb das Vieh fort. Im Anschluss verurteilte das Gericht Chramnesind, auf die Hälfte des ihm zuvor zugestandenen Ausgleichsbetrags zu verzichten, den er wegen der durch Sichar erlittenen Verluste von diesem hatte erhalten sollen, während Sichar erneut zur Zahlung des jetzt auf die Hälfte verringerten Wergeldes an Chramnesind verpflichtet wurde. Gregor, der dieses Urteil als ungesetzlich einstufte, beglich allerdings nichtsdestoweniger um des Friedens willen an Chramnesind den von Sichar zu leistenden Betrag. Tatsächlich kam es auf diese Weise zum Frieden unter den Kontrahenten. Mehr noch: Chramnesind und Sichar wurden sogar Freunde. Als aber Sichar im Jahre 588 bei einem gemeinsamen Umtrunk spottete, er habe Chramnesind durch die Tötung seiner Verwandten zu dem von Gregor gezahlten Bußgeld und somit zu Reichtum verholfen, loderte der Streit unvermittelt wieder auf. Chramnesind fühlte sich bei seiner Ehre so tief getroffen, dass er augenblicklich das Schwert zog und Sichar den Schädel einschlug. Daraufhin appellierte er an das Königsgericht. Nach einiger Überlegung sprach es Chramnesind mit dem Argument frei, dass er aus Notwehr gehandelt hätte. Damit galt Chramnesinds Selbstjustiz als rechtens.

Im Rückblick auf die von Gregor in allen erschreckenden und brutalen Einzelheiten beschriebene Fehde zwischen den Familien von Sichar und von Chramnesind aus Tours fällt auf, welch ungeheuerliche Spirale von Schädigung und Gegenschädigung bzw. Tötung und Gegentötung das Talionsprinzip bisweilen in Gang setzte, ohne dass kirchliche oder königliche Gerichte dem Geschehen wirkungsvoll Einhalt gebieten konnten.

Im Unterschied zur Fehde des Sichar legte es die Iranerin im Ausgangsbeispiel nicht darauf an, ihren Kontrahenten ohne Rechtsurteil auf eigene Faust zu schädigen. Warum mag sie (oder ihre Familie) von der Verwirklichung dieses naheliegenden Reflexes abgesehen haben, während die Beteiligten an der Fehde des Sichar diese Zurückhaltung nicht aufbrachten und das erlittene Unrecht stets aufs Neue im Sinne der Selbstjustiz auszugleichen suchten?

Offenbar konnte Amene Bahrami ein im Iran intaktes, jedenfalls durchsetzungsfähiges Gerichtswesen davon abhalten, das Recht auf eigene Faust wiederherzustellen. Dagegen gab es für das abendländische Leben im Übergang von der Spätantike zum Frühmittelalter keine funktionierende Justiz, wie die Rechtsgeschichte am Beispiel der gegenläufigen Entwicklung von Gerichtswesen und Fehdewesen herausstellt: Das damalige Gerichtswesen mit seinen bis in die Antike zurückreichenden Wurzeln verlor an Durchschlagskraft und Autorität, so dass das Fehdewesen mit seinem Anspruch auf vergeltende Tötung an Einfluss zunehmen konnte.

In einem anderen Punkt freilich ist eine Konvergenz zwischen dem Streit der Amene Bahrami und der Fehde des Sichar klar und deutlich zu erkennen: Zwar waren die frühmittelalterlichen Stammesrechte bemüht, die Sippe eines Getöteten durch eine Geldzahlung zufrieden zu stellen. Doch hielten es damals viele Menschen für unvereinbar mit ihrer Ehre, einen materiellen Ausgleich für den erlittenen Verlust eines Menschenlebens oder für den Verlust der körperlichen Unversehrtheit anzunehmen[22]. Eben diese Auffälligkeit prägte auch das Verhalten der oben vorgestellten Iranerin: Spiegelbildliche Verletzung ihres Peinigers! – so lautete die unmissverständliche Forderung des Opfers, von deren Verwirklichung sie im allerletzten Moment absah.

Es kann an dieser Stelle nicht unerwähnt bleiben, dass spiegelnde Strafen im Mittelalter – wie auch im obigen Beispiel aus der Gegenwart – nicht allein bei der Selbstjustiz zum Einsatz kamen, sondern vielmehr auch im Rahmen gerichtlicher Verurteilungen üblich waren. Der Anthropologe Klaus E. Müller charakterisiert die Maxime, die gestörte Ordnung exakt so wiederherzustellen, wie

---

[22] Angenendt, Das Frühmittelalter, S. 193.

sie verletzt wurde, als „Elementarregel des sozialen Zusammenlebens", die die grundsätzliche „Reversibilisierbarkeit aller Interaktionen" voraussetzt und veranschaulicht[23]. Im Mittelalter spiegelt beispielsweise die Pein, der der Täter unterworfen werden sollte, oftmals die Ausführung seines Verbrechens erkennbar wider: Die Blendung beider Augen, die der Rechtshistoriker Wolfgang Schild sogar als die im Mittelalter „härteste Form der Verstümmelungsstrafe"[24] charakterisiert, konnte einem Verbrecher drohen, der einen Menschen seinerseits auf beiden Augen geblendet hatte. Wer ein schweres Delikt mit der Zunge ausgeführt hatte – Gotteslästerung oder schwerer Meineid, Verleumdung oder Verrat – konnte mit dem Entfernen seiner eigenen Zunge belangt werden, indem man sie ihm abschnitt oder bei gespaltenem Genick von hinten herauszog. Das Ohrabschneiden war eine angesichts von Diebstahl häufige spiegelbildliche Strafe, kam aber auch dann zum Einsatz, wenn die üble Tat darin bestand, dass ein Mensch sein Wissen um das geplante Verbrechen eines anderen verheimlicht und damit einzelne oder sogar die Öffentlichkeit gefährdet hatte. In leichteren Fällen schlitzte man dem Übeltäter sein Ohr lediglich auf – von daher die bis heute geläufige Bezeichnung „Schlitzohr". Oftmals hing man dem Verurteilten auch das Tatwerkzeug oder etwas vom Diebesgut um, wenn man ihn hinrichtete. Entsprechend legte man einen Menschen, der wegen des Geschlechtsverkehrs mit einem Tier angeklagt war, auf das von ihm penetrierte Tier und verbrannte beide. Ehebrecher legte man oft aufeinander, um sie dann gemeinsam zu

---

[23] Klaus E. Müller, Wendezeiten in traditionellen Kulturen, in: Klaus E. Müller (Hrsg.), Historische Wendeprozesse. Ideen, die Geschichte machten, Freiburg 2003, S. 14–43, S. 19.

[24] Wolfgang Schild, Folter, Pranger, Scheiterhaufen. Rechtsprechung im Mittelalter, München 2010, S. 175. Nicht weiter eingegangen werden soll hier auf den Prozess, in dem die christliche Maxime des Gewaltverzichts mit der (meist gewaltsamen) Verfolgung des Gottesfrevels als Herrscheraufgabe konkurrierte. Immerhin: Während das kirchliche Recht bis ins Hochmittelalter an der altkirchlichen Maxime festhielt, dass die Vernichtung der Abweichler niemals eine menschlich-physische sein durfte, kehrte man sich christlicherseits ab der Jahrtausendwende einer Praxis zu, die auch im Judentum und im Islam üblich war und uns heutzutage bestürzen mag: Ahndung des Abfalls bis zur Vernichtung. Dazu s. Angenendt, Toleranz und Gewalt, S. 257.

Vergeltung und Rache – Zum Umgang mit Konflikten

pfählen. Manchmal kam die Spiegelung auch dadurch zum Ausdruck, dass der Tatort als Ort der Hinrichtung diente[25].

Nicht zuletzt werfen der Vergleich der beiden Kontroversen aus dem Frühmittelalter und der Gegenwart sowie das Wissen um die Relevanz der spiegelnden Strafe in mittelalterlichen Gerichtsurteilen die Frage auf, wie das Talionsprinzip innerhalb des Christentums ab dem 6. Jahrhundert überhaupt wieder zu einer derartigen Bedeutung gelangen konnte, so dass der Unterschied zwischen dem Sichar-Streit und dem ursprünglichen Ansinnen der Amene Bahrami im Rückblick sogar kaum mehr erkennbar ist.

Immerhin hatte sich doch Jesus – und mit ihm das Schrifttum des Neuen Testaments – auf epochale, auf eben achsenzeitlich-vergeistigte Weise von jedwedem Ausgleichsdenken verabschiedet. So steht aus seiner Sicht – wie sie das Neue Testament überliefert – jeder Mensch bei Gott in Schuld. Umgekehrt gilt deshalb: Jeder Mensch lebt allein von Gottes Wohlwollen, Zutrauen und Vergebungsbereitschaft. Dieses Wissen um die Angewiesenheit auf die Gnade Gottes soll den Menschen gemäß urgemeindlichem Verständnis dazu inspirieren, auch seinerseits den Mitmenschen vom Geschenk des Lebens weiterzugeben, auf dass die Welt an Menschlichkeit zunimmt: Die talionsbestimmte Wechselseitigkeit soll gänzlich überwunden werden, so das vergeistigte Plädoyer des Neuen Testaments.

Um dem Ideal einer uneingeschränkten Mitmenschlichkeit näher zu kommen, übersetzten die Menschen aus der Urgemeinde die genannte Maxime in alltagstaugliche Regeln, von denen sich eine wichtige etwa in 1 Petr 3,9 findet: „Vergeltet nicht Böses mit Bösem noch Kränkung mit Kränkung. Stattdessen segnet; denn ihr seid dazu berufen, Segen zu erlangen."

Eben dieser Maßstab eines am grenzenlosen Wohlwollen Gottes ausgerichteten Lebens leitet Jesus, wenn er auf die Frage antwortet, wie ein Mensch handeln soll, der mitten im Alltag das Opfer eines gewaltsamen Angriffs geworden ist: Wer auf die Wange geschlagen wurde, soll nicht auf die Wange seines Peinigers zurück schlagen,

---

[25] Wolfgang Schild, Alte Gerichtsbarkeit. Vom Gottesurteil bis zum Beginn der modernen Rechtsprechung, 2. Aufl., München 1985, S. 197.

sondern diesem vielmehr noch die zweite Wange hinhalten, wie Jesus unmissverständlich klarmacht. In diesem Sinn legt das Matthäus-Evangelium (5,38–42) Jesus die folgenden Worte in den Mund: „Ihr habt gehört, dass gesagt worden ist: Auge für Auge und Zahn für Zahn. Ich aber sage euch: Leistet dem, der euch etwas Böses antut, keinen Widerstand, sondern wenn dich einer auf die rechte Wange schlägt, dann halt ihm auch die andere hin. Und wenn dich einer vor Gericht bringen will, um dir das Hemd wegzunehmen, dann lass ihm auch den Mantel. Und wenn dich einer zwingen will, eine Meile mit ihm zu gehen, dann geh zwei mit ihm. Wer dich bittet, dem gib, und wer von dir borgen will, den weise nicht ab."

Tatsächlich zeigt das Neue Testament anstelle des Strebens nach Ausgleich und Äquivalenz unter den Menschen einen alternativen Weg auf: Statt auf die Vergeltung des erlittenen Unrechts oder auf die Abschreckung im Sinne des Talionsprinzips zu setzen, sollte maßlose Verzeihung das Leben prägen.

Der Primat grenzenloser Zuwendung brach sich im Neuen Testament seine Bahn – bis hinein in die bildliche Sprache: Wenn bei der Wiederherstellung der Äquivalenz im Neuen Testament überhaupt eine zahlenkonkrete Angabe ins Spiel kommt, dient sie überraschenderweise allein dazu, die *Grenzenlosigkeit* der von Gott gewährten und den Menschen zur Nachahmung empfohlenen Verzeihung zu veranschaulichen. So lehnt Jesus den ihm unterbreiteten Vorschlag, ob es mit einer siebenfachen Verzeihung getan sei, in aller Schärfe ab, wenn er die Häufigkeit der von ihm angemahnten Verzeihung sogar in den Bereich des Unzählbaren verweist: „Nicht siebenmal, sondern siebenundsiebzigmal" fordert er die Vergebung ein (Mt 18,21f.) und meint damit in bildlicher Sprache eine unbegrenzte.

In jedem Fall gilt für Jesus, dass er ein auf Berechnung und Äquivalenz hin zielendes Ausgleichsprinzip als Maxime menschlichen Zusammenlebens kompromisslos ablehnt: „Nach dem Maß, mit dem ihr messt und zuteilt, wird auch euch zugeteilt werden", wie es in einem weiteren Wort heißt, das das Matthäus-Evangelium (7,2) Jesus zuschreibt. Dessen Absicht ist so klar wie einfach: Weil jeder Mensch für sich gerne mehr haben möchte als nur das, was ihm gemäß dem Talionsprinzip zusteht, lädt Jesus die Menschen dazu ein, im zwischenmenschlichen Entgelten aufgrund der von Gott empfangenen Gaben mit dem Guten sogar maßlos zu werden. Das heißt: Die Talion wird mit der Talion überwunden, indem Jesus die Nächsten- und Feindesliebe ohne jede Obergrenze aufgrund der maßlosen göttlichen Liebe gegenüber den Menschen zum Maßstab erhebt.

Dass sich Gott, wie es die Bibel von ihm sagt, zu nichts zwingen lässt und auch gute Taten nicht belohnen *muss*, ist in der Religionsgeschichte ganz und gar ungewöhnlich, gerät damit doch ein fundamentales Religionsgesetz vor-achsenzeitlicher Provenienz in Frage: das oben schon angesprochene sogenannte *do ut des*[26], das man als „anthropologisches *universale*"[27] und als die „kürzeste Formel für das vertragsrechtlich vorgestellte Gleichgewicht (…) zwischen Göttern und Menschen"[28] bezeichnet hat.

Freilich bleiben – wie gezeigt – auch im neutestamentlich-vergeistigten Christentum von Anfang an dünne Spuren des ursprünglich maßgeblichen Vergeltungsprinzips erhalten: Wer nämlich die ihm von Gott voraussetzungs- und maßlos geschenkte Vergebung *nicht* an seine Mitmenschen weitergibt, darf auch von Gott nicht erwarten, dass ihm im göttlichen Gericht die Barmherzigkeit zuteilwird.

d. Von der Tathaftung zur Intentionshaftung

Obgleich das Opfer im eingangs beschriebenen Konflikt von der Blendung des Täters schlussendlich absah – was von ihrer kaum nachvollziehbaren Generosität zeugt –, beabsichtigte es über lange Zeit hinweg genau diese grausame körperliche Strafe. Dagegen

---

[26] Burkert, Kulte des Altertums, S. 168 differenziert: „Das *do ut des*-Prinzip erlaubt Variationen; für Mantiklos würde es heißen: *da quia dedi* (,gib, weil ich gegeben habe'), für die Athena der Odyssee: *date quia dedit* (,gebt, weil er gegeben hat'), doch auch *da ut dem* (,gib, damit ich gebe') ist ein Prinzip der Hoffnung; im Kreislauf der Votivreligion gilt die Erweiterung *do quia dedisti ut des* (,ich gebe, weil du gegeben hast, damit du gibst')."
[27] Burkert, Kulte des Altertums, S. 161.
[28] Karl Hoheisel, Do ut des, in: Handbuch religionswissenschaftlicher Grundbegriffe 2, Stuttgart – Berlin – Köln 1990, S. 228–230, S. 229.

hatte – was menschlich wiederum bestens nachvollziehbar ist – die Verurteilung des Täters zu einer Gefängnisstrafe mit der eventuellen Chance, dass er einen Prozess der inneren Heilung durchmacht und sein Verbrechen einsieht, außerhalb des Horizonts von Amene Bahrami gelegen. Selbst wenn Gefängnisstrafen auch in unserem Land keinesfalls als erstes dazu angetan sind, beim Täter einen inneren Prozess der Besserung zu initiieren, verdient es dennoch Aufmerksamkeit, welche Möglichkeiten die Intentionshaftung im Vergleich zur Tathaftung eröffnet[29]. Ein religionsgeschichtlicher Vergleich der beiden „Haftungsweisen" kann derlei veranschaulichen.

In seiner berühmten Studie „Überwachen und Strafen" vertritt Michel Foucault die Position, dass sich die Verlagerung von der (um Ausgleich bemühten) Bestrafung des Körpers hin zur Bestrafung von Geist und Seele erst seit dem 18. Jahrhundert vollzogen hat[30]. Seine Sicht kann man vorsichtig dahingehend relativieren, dass es für diese Entwicklung immerhin gewichtige Vorläufer gibt, die bis in biblische Zeiten zurückreichen und als Schlüsselelement altkirchlicher Spiritualität gelten dürfen.

Tatsächlich war es ein langer Weg, bis sich der Mensch als ein Wesen mit einem Körper und einer steuernden Seele zu begreifen begann. Im rechtsgeschichtlichen Rückblick hat Wolfgang Schild diese stufenweise sowie kultur- und epochenübergreifende Entwicklung rekonstruiert. Als eine wichtige Stufe auf diesem Weg bewertet er, dass sich der Mensch seiner individuellen Leiblichkeit bewusst wird: „Der Mensch handelt affektiv, getrieben von erregtem Zorn oder gieriger Zuwendung, in blinder Wut oder bedenkenloser Hingabe. Die Reflexion auf diese unmittelbare Leiblichkeit macht ihm dieses innere Getrieben- und Hingerissenwerden bewusst."[31]

---

[29] Dazu s. Hubertus Lutterbach, Das Ende der Gefängnisse. Eine christentumsgeschichtliche Provokation, in: Herder Korrespondenz 75 (2021) (Heft 6) S. 15–17.
[30] Michel Foucault, Überwachen und Strafen. Die Geburt des Gefängnisses (Suhrkamp Taschenbuch Wissen 184) Frankfurt (1. Auf.) 1977, S. 136f.
[31] Wolfgang Schild, Der gequälte und entehrte Körper. Spekulative Vorbemerkungen zu einer noch zu schreibenden Geschichte des Strafrechts, in: Klaus Schreiner – Norbert Schnitzler (Hrsg.), Gepeinigt, begehrt, vergessen. Symbolik und Sozialbezug des

Auf der folgenden Stufe erkennt Schild eine „Verinnerlichung des Leibverständnisses (...), aufgefasst aber noch als Differenz im Leiblichen selbst." In der Konsequenz „bleibt auch das Zentrum Leib, aber eben der den übrigen Leib führende, herrschende, kontrollierende Teil"[32]. Auf dieser Basis kommt es schließlich zu einem neuartigen, ja epochalen Schritt: „Dieses lenkende, kontrollierende, herrschende Zentrum wird nicht mehr selbst als leiblich begriffen, sondern in weitgehender Verinnerlichung als eine vom Leib zu unterscheidende ‚Seele', die aber weiterhin leibgebunden und leibabhängig ist, auch den Sitz im Leib braucht."[33] Erst aufgrund dieser Konstellation ist es möglich, dass ein Antagonismus zwischen Seele und Leib auftritt, indem sich beispielsweise der Leib der Führung durch die Seele widersetzt und ein „Eigenleben" vorzieht. Genau an dieser Stelle setzt die Askese, also die Übung, an, die es sich zur Aufgabe macht, den Leib der Seele unterzuordnen. – Die letzte Stufe der Entwicklung sieht Wolfgang Schild darin, die Seele in ihrer Stärke, in ihrer Unabhängigkeit vom Leib darzustellen[34].

In der Konsequenz bedeutet die Vorstellung von der Überordnung und der Unabhängigkeit der Seele vom Leib beispielsweise, dass sich die Verurteilung eines Übeltäters – anders als in dem Beispiel aus dem Iran – nicht erstrangig auf den messbaren Schaden seiner Handlung bezieht, die er mit seinem Körper verrichtet hat. Ebenso wenig fokussiert sie sich auf das für die Tatausführung benutzte Körperglied. Vielmehr liegt es nahe, dass die fällige Buße an die maßgebliche Intention des Täters anknüpft, die ihn zu der Missetat verleitet und die er mit seinem Körper werkzeuggleich verwirklicht hat. Bezogen auf die Iranerin in unserem Ausgangsbeispiel: Unter der angesprochenen Prämisse wäre sowohl die gerichtliche Beurteilung des Sachverhalts als auch die Ein-

---

Körpers im späten Mittelalter und in der frühen Neuzeit, München 1992, S. 147–168, S. 155.
[32] Schild, Der gequälte und entehrte Körper, S. 158 (beide Zitate).
[33] Schild, Der gequälte und entehrte Körper, S. 159.
[34] Schild, Der gequälte und entehrte Körper, S. 160.

schätzung des Opfers darauf ausgerichtet gewesen, das Seelenleben des Täters hinter seinem schrecklichen Vergehen umso tiefer zu verstehen.

Im beschriebenen Sinne bringt eine christentumsgeschichtliche Vergewisserung zum Vorschein, dass die Alte Kirche im Anschluss an das Neue Testament mit seiner Rede von der unendlichen Verzeihung Gottes tatsächlich eine als achsenzeitlich-vergeistigt zu kennzeichnende Bußauffassung vertrat, die von der Intention des Sünders bei seiner Tat ausgeht. Für die Christen damals war es von Bedeutung, ob ein Täter aus Absicht oder aus Fahrlässigkeit, aus Versehen oder aus List gehandelt hatte. Den Sünder zu verstehen bedeutete nicht weniger, als seiner tiefsten Motivation hinter seiner Tat bestmöglich gewahr zu werden. Im Hintergrund steht die Vorstellung, dass man dem Sünder bei seiner Umkehr hin zum Guten allein dann behilflich sein kann, wenn man erfasst hat, welche Intention hinter seiner Missetat wirksam war.

In der Konsequenz verstand man das Einwirken auf einen Übeltäter angesichts seiner Abkehr von den lebenszugewandten Prämissen seiner Taufberufung als einen medizinalen Akt. Mit Hilfe einer vom Bischof individuell angepassten, geistlich-verhaltenstherapeutischen „Medizin" sollte beim Übeltäter eine „Schubumkehr" im Bereich seiner tiefsten inneren Antriebe einsetzen. So galt ein Bischof, der in der Alten Kirche als Teil seiner seelsorgerlichen Aufgaben für den Kontakt mit den schweren Sündern zuständig war, als ein geistlicher Arzt: erfahren in der Diagnose von Kranken und ihren Krankheiten, sprich: von Übeltätern und ihren Intentionen, begabt in der Wahl des für die individuelle Situation bestmöglich wirksamen „Gegengifts" im Sinne des optimalen Bußmittels.

Christus als der große geistliche Heiler galt als das unübertreffliche Vorbild eines jeden Bischofs, der sich in den Dienst der Sünder stellte: „Das Evangelium selbst ist als die Botschaft vom Heiland und von der Heilung in die Welt gekommen. (…) Als Arzt ist Jesus in die Mitte seines Volkes getreten. Nicht die Gesunden bedürfen des Arztes, sondern die Kranken" (Mt 2,17; Lk 5,31). Die Reichweite dieser neutestamentlichen Grundbotschaft ist bemerkenswert: „Kaum ein Bild hat sich der christlichen Überlieferung so tief eingeprägt, wie das von Jesus als dem großen (Wunder-)Arzt."[35] So reicht das umfänglich bezeugte Motiv des *Christus medicus* tatsächlich bis in die christlichen Anfänge zurück, um von dort aus die folgenden Jahrhunderte zu überspannen[36].

Der nordafrikanische Bischof Augustinus von Hippo († 430) nahm unter den christlichen Theologen der Antike und des Mittelalters, die sich bei ihrer Erläuterung des Christentums so vielfältig vom Motiv des Arztes Christus leiten ließen, „klar den ersten Platz" ein[37], so dass man ihm sogar eine „theologia medicinalis" attestiert[38]. Als Ausdruck seiner weltzugewandten *Christus medicus*-Spiritualität war es auch dieser alltags- und seelsorgserfahrene Theologe, der „zum ersten Mal in der Kirchengeschichte den Begriff des Verbrechens in Analogie zum Krankheitsbegriff gebracht" hat[39]: „Man muss", so Augustinus wörtlich, „die Bösen in der Absicht lieben, damit sie nicht mehr böse seien, wie man auch die Kranken liebt, nicht damit sie krank bleiben, sondern damit sie gesund werden."[40] Ziel der (priesterlichen) Unterstützung auch von kriminellen Strafgefangenen ist deren „Besserung" – ein Ausdruck, der wiederum „im Zusammenhang mit Rechtsbrechern bei Augustinus zum ersten Mal in der Geschichte der Kirche auftritt"[41]. Alltagskon-

---

[35] Albrecht Oepke, Art. iaomai, in: Theologisches Wörterbuch zum Neuen Testament 3 (1938) S. 194–215, S. 204.

[36] Hubertus Lutterbach, Der *Christus medicus* und die *sancti medici*. Zum wechselvollen Verhältnis zweier Grundmotive christlicher Frömmigkeit zwischen Spätantike und Früher Neuzeit, in: Saeculum 47 (1996) S. 239–281, S. 240–247.

[37] Rudolph Arbesmann, The Concept of ‚Christus medicus' in St. Augustine, in: Traditio 10 (1954) S. 1–28, S. 2. Dazu s. auch Michael Dörnemann, Krankheit und Heilung in der Theologie der frühen Kirchenväter (Studien und Texte zu Antike und Christentum 20) Tübingen 2003, S. 342–345.

[38] Rudolf Schneider, Was hat uns Augustinus „theologia medicinalis" heute zu sagen?, in: Kerygma und Dogma 3 (1957) S. 307–315, hier S. 307f.

[39] Ellen Stubbe, Seelsorge im Strafvollzug. Historische, psychoanalytische und theologische Ansätze zu einer Theoriebildung (Arbeiten zur Pastoraltheologie 15) Göttingen 1978, S. 156.

[40] Augustinus von Hippo, Ep. 153,14, ed. Al. Goldbacher (Corpus Scriptorum Ecclesiasticorum Latinorum 44) Wien – Leipzig 1904, S. 412.

[41] Stubbe, Seelsorge im Strafvollzug, S. 156.

kret optiert der Bischof dagegen, dass die Gefängnisstrafe für einen Kriminellen allein dem vergeltenden Ausgleich für das begangene Unrecht dient. Stattdessen fordert er dazu auf, die Gefangenschaft so zu gestalten, dass sie einen Umkehrprozess des Betroffenen ermöglicht. Gegebenenfalls empfiehlt er zugunsten dieses Ziels auch die Fürsprache des Bischofs bei den Richtern[42].

Entsprechend verfolgt die Buße während der ersten fünf christlichen Jahrhunderte innerhalb des achsenzeitlichen Horizonts vor allem das Ziel, beim Täter einen Gesinnungswandel herbeizuführen und seine ethische Umkehr zu veranlassen[43]. Unter diesem Vorzeichen muss die Buße seiner persönlichen Situation in Art und Umfang entsprechen sowie auf die Umstände seiner Tat abgestimmt sein: „Buße ist Bekehrung, das heißt Abkehr von der Sünde und Hinwendung zu einem neuen, gottgefälligen Leben." Buße bedeutet eine ethische „Neuformung des Menschen"[44]. Sie „bekundet sich in Reueschmerz, Schuldgeständnis, Akten der Verdemütigung, Gebet um Erbarmen, vor allem aber in ‚würdigen Früchten', das heißt Werken, die der Bekehrung entsprechen. (...) Bußmittel sind außer den Erfordernissen echter Bekehrung Gebet, Almosen, Fasten, überhaupt Verzicht auf Genüsse leiblicher und geistiger Art, Akte der Verdemütigung und Beschämung."[45]

Wenn Amene Bahrami und auch das Gericht die Motivation des Täters nicht weiter würdigten, mag das unterschiedliche Gründe

---

[42] Augustinus von Hippo, Ep. 153,19, ed. Al. Goldbacher (Corpus Scriptorum Eccleisasticorum Latinorum 44) Wien – Leipzig 1904, S. 417.

[43] Guy G. Stroumsa, From Repentance to Penance. Tertullian's *De Paenitentia* in Context, in: Guy G. Stroumsa (Hrsg.), Barbarian Philosophy. The Religious Revolution of Early Christianity (Wissenschaftliche Untersuchungen zum Neuen Testament 112) Tübingen 1999, S. 158–167, S. 167. Auch Guy G. Stroumsa, Caro salutis cardo. Shaping the Person in Early Christian Thought, in: Guy G. Stroumsa (Hrsg.), Barbarian Philosophy. The Religious Revolution of Early Christianity (Wissenschaftliche Untersuchungen zum Neuen Testament 112) Tübingen 1999, S. 168–190, S. 172: „In the Roman Empire, the idea of moral progress or of personal reform (...) is first and foremost a Christian one."

[44] Bernhard Poschmann, Art. Buße B. (Christlich), in: Reallexikon für Antike und Christentum 2 (1954) Sp. 805–812, Sp. 805.

[45] Poschmann, Art. Buße B. (Christlich), Sp. 806.

haben, die auch kulturgeschichtlich bedingt sein können. Jedenfalls deutet das Gerichtsurteil darauf hin, dass die Richter erstrangig auf den Ausgleich des angerichteten Schadens durch den Täter bedacht waren. – Während des Frühmittelalters dominierte auch im Abendland das Mühen um den Ausgleich des angerichteten Schadens anstelle der Aufmerksamkeit für die medizinale Besserung des Übeltäters. Diese Epoche zwischen 500 und 1000 n. Chr. war dadurch geprägt, dass es angesichts des Bevölkerungsrückgangs und der Entstädterung nach dem Zusammenbruch des Imperium Romanum außer der regelmäßigen Beichte kaum mehr Institutionen gab (Universität, Schule, Tagebuch etc.), die das Individuum mit sich selbst konfrontierten und zum Ich-Sagen anleiteten. Immerhin gelang es in einer historischen Entwicklung, die sich bis hin zur Reformation erstreckte, mittels der regelmäßigen Beichte das Individuum neuerlich für sich selbst und seine inneren Regungen zu sensibilisieren[46] – ein Erbe mit achsenzeitlichen Strukturparallelen, von dem wir bis heute zehren[47]. Es wiegt umso schwerer, da trotz des christlichen Einwirkens auch über das Mittelalter hinaus viele Menschen für ihre Missetaten körperlich bestraft oder sogar hingerichtet wurden – und noch immer hingerichtet werden.

e. Die Todesstrafe – Öffentliche Vergeltung bis heute

Der bereits erwähnte Michel Foucault sieht den Umgang mit Verbrechern, soweit sie in den von der aufklärerischen Bewegung geprägten Staaten des Westens verfolgt werden, seit der Neuzeit durch

---

[46] Hubertus Lutterbach, Introspektion und Selbstthematisierung in Beichte und Supervision. Ein christentumsgeschichtlicher Vergleich, in: Kirchliche Zeitgeschichte/ Contemporary Church History 28 (2015) S. 328–343.

[47] Herbert Willems – Sebastian Pranz, Vom Beichtstuhl zum Chatroom. Strukturwandlungen institutioneller Selbstthematisierung, in: Günter Burkart (Hrsg.), Die Ausweitung der Bekenntniskultur – Neue Formen der Selbstthematisierung?, Wiesbaden 2006, S. 73–103; Alois Hahn, Identität und Selbstthematisierung, in: Alois Hahn – Volker Kapp (Hrsg.), Selbstthematisierung und Selbstzeugnis. Bekenntnis und Geständnis (Suhrkamp Tb Wissenschaft 643) Frankfurt 1987, S. 9–24, hier S. 18–22.

zwei Besonderheiten gekennzeichnet: Zum einen entfällt das öffentliche Schauspiel ihrer Verstümmelung oder ihrer Hinrichtung vor einem Publikum. Zum anderen verzichtet man im Rahmen der Urteilsvollstreckung, also wenn dem Verurteilten ein Glied seines Leibes oder sogar sein Leben genommen wird, auf die Zufügung von Schmerzen, insofern man den Verurteilten zuvor medizinisch betäubt: „Zu Beginn des 19. Jahrhunderts geht also das große Schauspiel der peinlichen Strafe zu Ende. Man schafft den gemarterten Körper beiseite. Man verbannt die Inszenierung des Leidens aus der Züchtigung."[48]

Gemäß der Berichterstattung zu dem vorgelegten Ausgangsbeispiel aus dem persischen Kulturkreis sollten für die ursprünglich vorgesehene Blendung des Täters gleichfalls beide von Foucault genannten Besonderheiten neuzeitlicher Urteilsvollstreckung zur Anwendung kommen. So trieb Amene Bahrami lange der Wunsch um, ihren Peiniger mit Hilfe einer zwar erstens diskret und zweitens medizinisch-schmerzfrei vollzogenen körperlichen Verstümmelung zu verletzen – freilich um ihn im Anschluss öffentlich umso mehr als Versehrten erkennbar zu machen.

Anders als bei Amene Bahrami, der es ursprünglich wichtig gewesen war, dass ihr Peiniger in Zukunft entstellt und aufgrund seiner vorgesehenen Blendung mit einem körperlichen Prägemal als weithin sichtbares Zeichen der Abschreckung herumlaufen sollte, war im Mittelalter die Verhängung bestimmter Körperstrafen zusätzlich mit einer Brandmarkung verbunden. Das bedeutete, dass dem Verurteilten mit Hilfe eines zuvor glühend gemachten Brenneisens oder Prägestempels ein Zeichen (Rad, Kreuz, Stadtwappen, Galgen etc.) auf die Haut gebrannt wurde. Dieses Zeichen galt nicht als eine ergänzende Bestrafung, sondern verfolgte den Zweck, dass

---

[48] Michel Foucault, Überwachen und Strafen, S. 22f. Grundsätzlich sei an dieser Stelle angefügt, dass es bei Foucault primär darum geht, wie das Strafen als Machtdemonstration/Machtmittel verwandt wird: Während die öffentlichkeitswirksame Hinrichtung die Übermacht am Körper sichtbar macht, soll sich im neuzeitlichen Strafen (in Gefängnissen durch Überwachung und Konditionierung) eine innere Kontrollmacht zeigen, die intimer und wirkmächtiger ist, als die bloß äußerliche Übermacht.

die Mitmenschen den Bezeichneten als potentiell gefährlichen Zeitgenossen erkennen sollten.

Körperliche Strafen, wie sie in den westlichen Industrienationen als weitestgehend überwunden gelten dürfen, sind nichtsdestoweniger in vielen Teilen der Welt auch heutzutage noch immer an der Tagesordnung. Zu erinnern ist hier nicht allein an die international intensiv diskutierten 1000 Peitschenhiebe, zu denen der zehn Jahre lang (bis 11. März 2022) inhaftierte Blogger Raif Badawi in Saudi-Arabien auf der Basis der Scharia neben weiteren Strafen verurteilt wurde, nachdem er sich für einen säkularen und liberalen Staat eingesetzt hatte[49]. Ebenso nahm in Indien die Zahl der Lynchmorde aufgrund von falschen WhatsApp-Nachrichten im Jahr 2018 besorgniserregend zu. Diese millionenfach geteilten Falschmeldungen warnten vor Fremden, die vermeintlich Kinder entführten oder töteten, um ihre Organe zu verkaufen. In der Folge kam es zu dutzendfachen Angriffen von Mobs auf vermeintliche Kindesentführer, so dass dadurch allein im Sommer 2018 etwa 30 Menschen in verschiedenen Bundesstaaten ihr Leben verloren[50]. Nicht weniger spektakulär erscheinen die Fälle von Selbstjustiz in Deutschland, die hierzulande zwar selten sind, aber doch vorkommen[51].

---

[49] Raif Badawi, „Auf wundersame Weise 50 Peitschenhiebe überlebt", in: http://www.spiegel.de/politik/ausland/raif-badawi-auf-wundersame-weise-ueberlebt-a-1025963.html (21.09.2019). Die zentralen verbotenen Texte des Bloggers finden sich in Raif Badawi, 1000 Peitschenhiebe. Weil ich sage, was ich denke (hrsg. v. Constantin Schreiber), Bonn [Bundeszentrale für politische Bildung] 2015. – Seit dem Jahr 2015 gibt es auch den „Raif Badawi Award", den die „Friedrich-Naumann-Stiftung für die Freiheit" regelmäßig an Einzelpersonen oder Organisationen vergibt, die sich für die Wahrung der Menschenrechte besonders einsetzen (N. N., Arabische Reporter. Raif Badawi Award vergeben, in: FAZ 21.09.2018, No. 220, S. 15).
[50] Till Fähnders, Nach den Lynchmorden. Whatsapp wappnet sich ein wenig gegen „Fake News", in: FAZ 26.09.2018, No. 224, S. 13; zur Kombination von Lynchjustiz und Massenhysterie in Indien s. auch Arne Perras, Falsche Wut. Indien ist eine Whatsapp-Nation, mehr als 200 Millionen Menschen nutzen den Online-Dienst. Aber dort kursieren jede Menge Fake News. Nun häufen sich die Fälle von Lynchjustiz, hervorgerufen durch erfundene Mitteilungen, in: SZ 03.07.2018, S. 8.
[51] N. N., Wenn Rache Gerechtigkeit bringen soll, in: https://www.bild.de/news/inland/kriminalfaelle/sechs-spektakulaere-faelle-der-selbstjustiz-36465848.bild.html (23.10.2019).

Vor allem klingt die Aufregung noch immer nach, die der türkische Präsident Erdogan am 17. April und am 15. Juli 2017 verursachte, als er die Wiedereinführung der Todesstrafe im EU-Mitgliedsstaat Türkei öffentlich erwog[52]. Der publikumswirksam ins Kalkül gezogene Schritt des türkischen Staatschefs wirkt insofern bemerkenswert, weil die Todesstrafe als maximale Körperstrafe seit 1945 von immer mehr Staaten abgeschafft wurde, darunter Deutschland, Schweiz, Österreich und Vatikan. Heutzutage gilt sie als unvereinbar mit dem Verständnis der UN-verbrieften Menschenrechte. Über viele Nichtregierungsorganisationen hinaus, die sich für ihre weltweite Ächtung einsetzen, fordert auch die Generalversammlung der Vereinten Nationen seit 2007, Hinrichtungen weltweit auszusetzen. Trotzdem dokumentiert „Amnesty International" für das Jahr 2020 noch immer 18 Länder, in denen es zu mindestens 483 Hinrichtungen gekommen ist. Die meisten Hinrichtungen erfolgten – in dieser Reihenfolge – in China, Iran, Ägypten, Irak und Saudi-Arabien. In zahlreichen Staaten darf die Todesstrafe ausdrücklich als rechtlich eliminiert gelten: „Am Ende des Jahres 2020 hatten 108 Länder (die Mehrheit der Staaten weltweit) die Todesstrafe im Gesetz für alle Verbrechen abgeschafft; faktisch war sie damit in 144 Ländern (mehr als zwei Drittel aller Staaten) abgeschafft." Zu den Staaten, die an der Todesstrafe weiterhin festhalten, gehören unter anderem die USA[53].

Bemerkenswerterweise beziehen sich die Befürworter und die Gegner der Todesstrafe gleichermaßen auf das Talionsprinzip: Die einen erachten die Todesstrafe im ursprünglichen Sinn als die einzig gerechte Vergeltung für die schwersten Verbrechen, zumal sie überdies noch einer unübertroffen wirkungsvollen Abschreckung diene. Dagegen erachten die anderen sie aus ihrer achsenzeitlich-vergeis-

---

[52] N. N., Erdogan will Todesstrafe auf Tagesordnung setzen, in: http://www.spiegel.de/politik/ausland/tuerkei-recep-tayyip-erdogan-will-todesstrafe-auf-tagesordnung-setzen-a-1143567.html (21.09.2019). Auch N. N., Erdogan will „Putsch-Verrätern den Kopf abreißen", in: http://www.t-online.de/nachrichten/ausland/id_81670394/tuerkei-erdogan-will-todesstrafe-fuer-putsch-drahzieher-.html (21.09.2018).
[53] N. N., Todesstrafe weltweit 2020. Länder, Zahlen und Fakten, in: https://www.amnesty.at/themen/todesstrafe/todesstrafe-weltweit-2020-laender-zahlen-und-fakten/ (31.05.2022).

tigten Perspektive für eine Form der (spiegelbildlichen) Rache, die in Rechtsstaaten keine Rolle spielen dürfe, alldieweil sie dem Täter von vornherein jede Möglichkeit vorenthalte, zu Einsicht und Besserung zu gelangen[54].

Bemerkenswerterweise hat Papst Franziskus im August 2018 eine Änderung des Katholischen Katechismus vorgenommen, indem er sich der vergeistigten Interpretation des Talionsprinzips anschließt und die Todesstrafe für „unzulässig" erklärt. So führt er als zentrales Argument für seine Entscheidung an, dass sie „der Unantastbarkeit und Würde der menschlichen Person widerspricht". Während die Todesstrafe „lange Zeit von der Kirche als ein annehmbares, wenn auch extremes Mittel zur Wahrung des Gemeinwohls akzeptiert" worden sei, gebe es „heute ein gewachsenes Bewusstsein dafür, dass die Würde der Person auch dann nicht verloren geht, wenn jemand schwerste Verbrechen begangen hat".

Daraus folgert Papst Franziskus im Sinne eines ersten Arguments, dass die Person des Täters mehr als die Summe seiner Verbrechen sei. Deshalb müsse ihm auch weiterhin die Möglichkeit offenstehen, sich – ganz im Sinne des geistigen Opfers – in einen selbstkritischen Bezug zu seinen Untaten zu begeben und sein Fehlverhalten zu bereuen. Mit seinem zweiten Argument bezieht sich der Papst auf ein verändertes Verständnis staatlicher Strafsanktionen. Er verweist darauf, dass der abschreckende Effekt der Todesstrafe nicht länger als hoch erachtet wird. Zudem ließen sich Justizirrtümer nach einer vollstreckten Todesstrafe nicht mehr korrigieren. Als drittes Argument führt der Papst zugunsten seiner neuen Position ins Feld, dass der Verbrecher bei der Vollstreckung der Todesstrafe zu einem ausschließlichen Objekt staatlichen Handelns herabgestuft werde. Viertens schließlich verweist der Papst auf effiziente Haftsysteme, die zum einen die Sicherheit der Bürger ge-

---

[54] Hans Joachim Pieper, „Hat er aber gemordet, so muss er sterben." Klassiker der Philosophie zur Todesstrafe, in: Helmut C. Jacobs (Hrsg.), Gegen Folter und Todesstrafe. Aufklärerischer Diskurs und europäische Literatur vom 18. Jahrhundert bis zur Gegenwart, Frankfurt 2007, S. 169–184, S. 171f.

währleisten und zum anderen der Resozialisierung des Verbrechers voran helfen würden[55].

2019 wiederholte das Oberhaupt der katholischen Kirche seine Position, als sich der Papst mit einer Videobotschaft an den „Weltkongress gegen die Todesstrafe" in Brüssel wandte. Die Todesstrafe sei „eine schwerwiegende Verletzung des Rechts auf Leben, das jeder Mensch hat", heißt es in der vom Vatikan verbreiteten Ansprache[56].

Zwar schlug Papst Franziskus für sein Eintreten zugunsten der Abschaffung der Todesstrafe manche Kritik entgegen, die sich aus der Sorge speist, seine veränderte Position sei ein Ausdruck seiner Verbeugung vor dem Zeitgeist auf Kosten der traditionsreichen kirchlichen Lehre[57]. Doch kann man das, was seine Kritiker als Schwäche geißeln, mit den Theologen Michael Seewald und Jan-Heiner Tück umgekehrt auch als Stärke werten: „als Ausdruck einer pontifikalen Lernfähigkeit, die dem unbedingten Schutz der menschlichen Person nun auch im Rechtswesen Nachdruck verleiht"[58]. Nicht zuletzt dokumentiert die päpstliche Ächtung der Todesstrafe im Sinne einer Abkehr von ortho-praktischen Plausibilitäten ein medizinales Bußverständnis, das das Innere des Straftäters zu heilen sucht.

Auch die aktuelle päpstliche Umwertung der Todesstrafe, die nicht zuletzt auf einer neuen Akzentuierung der Intentionshaftung

---

[55] https://www.vaticannews.va/de/vatikan/news/2018-08/todesstrafe-katechismus-katholische-kirche-todesstrafe-ablehnung.html (24.10.2018).

[56] https://www.domradio.de/themen/menschenrechte/2019-02-27/schwerwiegende-verletzung-des-rechts-auf-leben-papst-sendet-botschaft-weltkongress-gegen-todesstrafe (27.02.2019).

[57] Michael Seewald, Reform. Dieselbe Kirche anders denken, Freiburg 2019, S. 85–87 dechiffriert die Veränderung der päpstlichen Lehre von der Todesstrafe als Ausdruck des „Autokorrekturmodus" in der dogmatischen Entwicklung der katholischen Kirche.

[58] Jan-Heiner Tück, Der Papst korrigiert eine verfehlte Wahrheit. Franziskus hat die Todesstrafe für unzulässig erklärt. Konservative Katholiken kritisieren das. Doch Lehrtraditionen gelten nicht ewig, in: NZZ 29.09.2018, S. 23; Michael Seewald, Todesstrafe, Kirchenlehre und Dogmenentwicklung. Überlegungen zur von Papst Franziskus vorgenommenen Änderung des Katechismus, in: Concilium 55 (2019) S. 100–112, bes. S. 106–108.

beruht, mag als Beispiel dafür dienen, dass dem Faktor Religion bei der Zurückdrängung der physischen Gewalt, wie sie nicht allein in ortho-praktisch dominierten Settings in Gestalt von Vergeltung und Rache zum Zuge kommt, eine durchaus einflussreiche Rolle zufallen kann[59]. Nichtsdestoweniger müssen wir uns beim täglichen Blick in die Medien – und womöglich auch bei der Gestaltung des eigenen Alltags – eingestehen, dass die Eindämmung der physischen (und meist talions-basierten) Gewalt eine Errungenschaft ist, die sehr viel fragiler und bedrohter daherkommt, als mancher Mitmensch zu glauben geneigt ist[60].

---

[59] Der Journalist Thomas Ribi, Gewalt ist nie besiegt. Sie schlummert nur, in: NZZ 14.09.2018, S. 15 fügt hier noch eine bemerkenswerte Beobachtung an: „Es ist kein Zufall, dass der Begriff der ‚strukturellen Gewalt' seinen Aufstieg genau zu dem Zeitpunkt begann, als sich die wahrnehmbare physische Gewalt weltweit einem historisch noch nie erreichten Tiefpunkt näherte."

[60] Erinnert sei hier allein an zwei Forderungen nach der Todesstrafe im Juli/August 2019 aus Sri Lanka und aus den USA, nachzulesen bei: Till Fähnders, Henker mit mentaler Stärke und exzellentem Charakter gesucht. Der Präsident von Sri Lanka will die Todesstrafe wieder einführen. Als Vorbild dient ihm Rodrigo Dutertes Kampf gegen die Drogen, in: FAZ 09.07.2018, No. 156, S. 3; N. N., Trump will Todesstrafe für Hassverbrechen und Massenmord, in: https://www.zeit.de/politik/ausland/2019-08/usa-donald-trump-el-paso-dayton-massaker-waffengewalt (30.08.2019). Bemerkenswert auch die Nachricht vom 15.09.2020 unter N. N., Mehrheit der Franzosen will Todesstrafe wieder einführen, in: https://www.n-tv.de/der_tag/Mehrheit-der-Franzosen-will-Todesstrafe-wieder-einfuehren-article22037899.html (23.06.2021).

D. Epilog – Ambiguitätstoleranz angesichts von ortho-praktischer und vergeistigter Religiosität

Bei den religiösen Anbietern in unserem Land handelt es sich in erster Linie um Institutionen (bzw. Einzelpersonen) christlicher Bekenntnisse (Denominationen); zunehmend geraten Beiträge anderer Weltreligionen in den Blick: allen voran der Einfluss der jüdischen, muslimischen und buddhistischen Glaubensgemeinschaften. Sie alle zählen zu den großen Offenbarungsreligionen, die zivilisationsgeschichtlich in vielen Hinsichten als achsenzeitlich-vergeistigte Religionen zu charakterisieren sind.

Sowohl in ihrer Präsenz als auch in ihren Auswirkungen oft übersehen, aber dennoch subkutan virulent, machen sich in unserem Land zugleich religiöse Ideen, Praktiken und Vertreter von Ausrichtungen bemerkbar, die weitreichende Strukturähnlichkeiten mit vor-achsenzeitlichen Kulturen und ortho-praktisch ausgerichteter Religiosität aufweisen. Vor allem über die Medien begegnen die entsprechenden Zeugnisse auch jenen Menschen, die danach weder persönlich gesucht noch dazu bislang einen persönlichen Zugang haben. Umso wichtiger ist es, diese Erweiterung des religiösen Spektrums nicht gezielt zu ignorieren oder absichtslos beiseite zu lassen, sie abzuwerten oder gar zu kriminalisieren. Stattdessen braucht es für die Menschen (auch hierzulande) komparativ basiertes Orientierungswissen, um Schlüsselaspekte von ortho-praktisch und vergeistigt ausgerichtetem Leben umso tiefer zu realisieren – und zwar unabhängig von der eigenen Religionszugehörigkeit oder der persönlichen weltanschaulichen Positionierung.

So liegt der Fokus des vorliegenden Buches als erstes darauf, die (aktuelle) Vielfalt des religiösen Lebens unter besonderer Berücksichtigung gesellschaftlich bislang kaum beachteter ortho-praktischer Phänomene wahrzunehmen und zu verstehen. Auf diese Weise unterstützt die – jeweils von der Gegenwart ausgehende – wissenschaftliche Erschließung der ortho-praktischen Phänomene, denen die vorangegangenen Kapitel (immer im Zusammenspiel mit den vergeistigten Komplementärphänomenen) gewidmet sind, implizit eine

Epilog

Forderung des Islamwissenschaftlers Thomas Bauer. Der hat seine Mahnung allerdings allein auf die – historisch als achsenzeitlich zu charakterisierenden – monotheistischen Offenbarungsreligionen bezogen: Wer religiöses Leben in der Gegenwart und in der Vergangenheit verstehen will, braucht eine „hohe Ambiguitätstoleranz", um anderen Welt- und Lebensdeutungen gerecht zu werden und eventuell auch, um sie – gemessen am eigenen Standpunkt – in ihrer vielgestaltigen Fremdheit auszuhalten, oder besser noch: in einen Dialog mit ihnen zu treten[1].

Die angesprochene Differenzierung zwischen ortho-praktischen und vergeistigten (im vorliegenden Buch sprachlich synonym: zwischen primär- und sekundärreligiös zu situierenden) Phänomenen orientiert sich an der Achsenzeittheorie des Philosophen Karl Jaspers. Seinem universalhistorisch ausgreifenden Konzept zufolge machte die zivilisatorische Entwicklung zeitgleich zwischen 800 bis 200 v. Chr. in unterschiedlichen Kulturkreisen (China, Indien, Griechenland, Israel etc.) einen bemerkenswerten Sprung von einer Primärkultur hin zu einer Sekundärkultur. Damit verbunden, vollzogen diese Kulturkreise eine Entwicklung von primärreligiös hin zu sekundärreligiös geprägten Verhaltens- und Deutungsmustern. Mehr als je zuvor wurde sich der Mensch im Gefolge dieser Entwicklung seiner selbst als Individuum bewusst.

Im Zuge dieses Prozesses hin zu achsenzeitlich-vergeistigten Kulturen und Religionen – es sei abschließend nochmals hervorgehoben – nahm der Kampf gegen den Mythos von Seiten der Rationalität seinen Ausgang. Weiter rangen die Menschen um die Transzendenz des Einen Gottes so weit, dass die Gottheit durch die Ethisierung der Religion sogar noch gesteigert wurde. Dieser menschheitsgeschichtlich erstmalige Prozess der Vergeistigung zog auch im religiösen Bereich alltagspraktisch bemerkenswerte Konsequenzen nach sich: Aufrichtiges Gebet und beherzte Mitmenschlichkeit machten materielle Opfer(-gaben) an die Götter erst wertvoll oder traten an deren Stelle; das Weltverstehen universalisierte sich und blieb nicht länger stammesbezogen;

---

[1] Thomas Bauer, Die Vereindeutigung der Welt. Über den Verlust an Mehrdeutigkeit und Vielfalt (Reclams Universal-Bibliothek 19492) Stuttgart 2018, S. 33f.

die Sorge um das „reine Herz" – im Sinne von Lebenswahrhaftigkeit – löste das Mühen um eine eher äußerlich verstandene kultische Reinheit ab; die Akzentuierung der guten Absicht ersetzte die minutiös eingehaltene äußere Form(-strenge) in Recht und Liturgie; eine auf Argumenten und Nachprüfbarkeit beruhende Rechtsfindung folgte dem zuvor für plausibel gehaltenen Gottesurteil[2].

Freilich blieb die achsenzeitliche Hochkultur im Westen ein zeitlich nur bis etwa 500 n. Chr. gesellschaftsprägendes Phänomen. In dem Maße, wie die römische Hochzivilisation aus sozialgeschichtlich unterschiedlichen Gründen „ausdünnte", so dass Akademien und Schulen ihren Betrieb einstellten, gestalteten die Menschen in diesen Regionen ihr Leben in manchen Bereichen – mannigfaltig auch im religiösen – teilweise wieder gemäß den Plausibilitäten einer vor-achsenzeitlichen Kultur. Bezieht man heutiges Leben in die Überlegungen ein, ergibt sich angesichts der aufgezeigten zivilisationsgeschichtlichen Entwicklung kultur- und epochenübergreifend eine bisweilen bemerkenswerte Korrespondenz: Primärreligiöse Phänomene, die sich aktuell in anderen Teilen der Welt aufspüren lassen und über die die Medien auch in Deutschland berichten, zeigen nicht selten Strukturähnlichkeiten mit religiösen Ausdrucksweisen, die für unsere Breiten zwischen 500 und 1000 n. Chr. – also für das sogenannte Frühmittelalter – bezeugt sind[3].

a. Die Unterscheidung von ortho-praktischer und vergeistigter
   Religiosität   Eine Schule im Umgang mit Ambivalenz

Ambiguitätstoleranz angesichts der Fülle von ortho-praktischen und vergeistigten Ausdrucksweisen im Bereich des religiösen Lebens

---

[2] Dazu s. forschungsgeschichtlich kontextualisierend Hans Joas, Die Macht des Heiligen. Eine Alternative zur Geschichte von der Entzauberung, 2. Aufl., Berlin 2017, S. 304–316.

[3] Dazu s. differenziert Mischa Meier, Geschichte der Völkerwanderung. Europa, Asien und Afrika vom 3. bis zum 8. Jahrhundert n. Chr., 2. Aufl., München 2020, S. 1089–1098; Arnold Angenendt, Das Mittelalter – Eine archaische Epoche?, in: Theologische Quartalschrift 173 (1993) S. 287–300.

Epilog

will gelernt und eingeübt sein. Das gilt umso mehr, da Hans Joas herausstellt, dass das Vergeistigte – er spricht von „Achsenzeitlichem" – „zum Alten hinzutritt", ohne es „ganz zu verdrängen oder zu ersetzen". Also: „Keine Kultur [ist] rein achsenzeitlich, jede stellt eine Synthese von Archaischem und Axialem dar."[4] – Das vorliegende Buch versteht sich nicht zuletzt als Orientierungsversuch für die Leserinnen und Leser, die auch in ihrem unmittelbaren Lebensumfeld das Zusammenspiel zwischen ortho-praktischer und vergeistigter Religiosität tiefer verstehen möchten.

Um des genannten Zieles willen sollen in diesem „Epilog" nochmals all jene religiösen Phänomene in ihren ortho-praktischen und vergeistigten Ausfaltungen zur Sprache kommen, die zuvor im Rahmen der Fallstudien ausführlich behandelt worden sind. Dabei geht es im Kern darum, die Phänomene mit Strukturparallelen zu vorachsenzeitlichen Verstehens- und Ausdrucksweisen von ihren achsenzeitlich-vergeistigten Ausprägungen abzuheben und in ihrer Unterschiedlichkeit wahrzunehmen. Dieses komparative Vorgehen zeigt die ortho-praktischen (und die vergeistigten) Phänomene in ihrer Reichweite und in ihren Begrenzungen, also in der mit ihnen verbundenen Ambivalenz.

Erstaunlich wirkt auf Menschen aus sekundärreligiös dominierten Kulturen die anderswo bis heute vielfach für selbstverständlich erachtete Identifikation von Urbild und Abbild. Unter diesem Vorzeichen macht das Bild eines Religionsstifters oder eines Heiligen den Dargestellten in der Weise präsent, dass er dem Betrachter darin als mit Leib und Seele anwesend gilt. Die beschriebene Identifikation, die vergeistigte Kulturen zugunsten einer Differenzierung zwischen Urbild und Abbild aufgeben, sodass das Bild als Hinweiszeichen auf den Abgebildeten gilt, erachten heutzutage beispielsweise Islamisten weltweit als nicht hinterfragbar, eben als ganz und gar selbstverständlich. In der Konsequenz deuten sie eine Karikatur des Propheten Mohammed wie eine Schändung, die diese Persönlichkeit in ihrer körperlichen und seelischen Integrität unmittelbar trifft und verletzt, so

---

[4] Joas, Die Macht des Heiligen, S. 338.

Epilog

dass sie sich im Gegenzug zu rächendem Verhalten für diese Schändung motiviert und legitimiert sehen. – Ohne Frage sind die brutalen Folgen dieser Identifikation von Urbild und Abbild im Rahmen aktueller „Bilderstreitigkeiten" kritisch einzuschätzen, allzumal sie die freie Meinungsäußerung betreffen; doch zeigt sich diese Einssetzung in ihrer ganzen Ambivalenz, wenn Menschen auf der anderen – nach-aufgeklärten – Seite angesichts des Terror-Anschlags von Paris 2015 ebendort im Sinne einer Solidarität mit den Opfern millionenfach skandierten: „Wir *sind* Charlie". Denn auch damit gaben sie unbeabsichtigt eine achsenzeitlich eigentlich „gesetzte" Aufmerksamkeit gegenüber dem Verweischarakter der Satire-Zeitschrift auf, um sich stattdessen mit dem Satire-Magazin (und seinen „Machern") zu identifizieren und so die Distanz zwischen Urbild und Abbild auf diese Weise zumindest erkennbar zu verkleinern.

Das von einem Volk für sich in Anspruch genommene reine Blut und die reine Abstammungsgemeinschaft („Clan") reichen als „Identity-Marker" bis weit ins Vor-Achsenzeitliche zurück. Im Hintergrund steht die Frage nach der Identität eines Volkes, die man sich ursprünglich allein als Abstammungsgemeinschaft vorstellen konnte: mit einem oftmals als Halbgott verehrten Spitzenahn sowie mit einem auf ihn zurückgeführten Volk, das davon überzeugt ist, die „geerbte" Göttlichkeit exklusiv zu verkörpern. Unter diesem Vorzeichen sieht ein Volk die „Welt" und die „Sonne" bisweilen genau so weit reichen wie die eigene Abstammungsgemeinschaft, wohingegen man alle anderen im Abseits bzw. im Dunkeln wähnt. Während die Völkerschaften auch im europäischen Frühmittelalter ihre Vorstellungen für menschliches und gesellschaftliches Zusammenleben nicht selten von der eigenen Sippe ableiteten, vertritt das neutestamentliche Christentum im Grundsatz eine universale Weltdeutung: Alle Menschen sind Menschen, unabhängig von ihrer Abstammung; alle Menschen sind Gottes Kinder und untereinander Brüder und Schwestern. Damit stehen ein vor-achsenzeitlich verwurzeltes Clan-Konzept als Ausdruck des Gentilismus auf der einen Seite sowie auf der anderen Seite ein auf die Inklusion aller Menschen angelegtes achsenzeitlich-vergeistigtes Weltverstehen, das die Menschen in einer einzigen Menschheitsfamilie vereinigt sieht, in

Epilog

Spannung zueinander[5]. Eigentlich hätte das primärreligiöse Konzept, demzufolge sich jeder einzelne Clan als exklusiv reine Abstammungsgemeinschaft versteht, durch seine katastrophalen Auswirkungen während der Zeit des Nationalsozialismus an sein unwiderrufliches Ende kommen müssen. Doch erfreut es sich als „Identitätsspender" bemerkenswerterweise auch heute noch in vielen Ländern dieser Welt (selbst in nationalistisch gesonnenen Strömungen westlicher Industrieländer) erstaunlicher Beliebtheit.

Ein Toter, der nicht verwest, stellt auch heutige Naturwissenschaftler vor Fragen, die sie bisweilen nicht einmal mit hohem interdisziplinärem Aufwand befriedigend beantworten können. Innerhalb des Spannungsfeldes von „primärreligiös" und „sekundärreligiös" bzw. „ortho-praktisch" und „vergeistigt" lässt sich ein „unverweslicher Toter" als ein primärreligiöses Phänomen einordnen, insofern die Überlieferung erstrangig den Verzicht dieses Menschen auf (kultisch verunreinigende) Sexualität zu Lebzeiten ursächlich hinter seiner Nicht-Verwesung als Verstorbener sieht. Wenn die Nicht-Verwesung dagegen gemäß den Zeugnissen auf ein Leben des Gebetes und der Meditation zurückverweist, lässt sich der „unverweste Leib" des Toten als Ausdruck des Vergeistigt-Sekundärreligiösen verstehen. In beiden Fällen gehört es zu den urtümlichen Ausdrucksweisen des Religiösen, dass ein unverwest gebliebener Leib die Menschen in Scharen anzieht, weil sie sich vom Anblick dieses „lebenden Toten" Heil und Wohlergehen versprechen. – Ebenso wie die Trauernden auf dem Petersplatz den verstorbenen Papst Johannes Paul II. bereits in den Tagen nach seinem irdischen Tod 2005 als lebenden Toten verehrten und diesem Kirchenmann damals sogar religionskritisch eingestellte Medien die Unverweslichkeit voraussagten[6], bringt es auch der (weitgehend) unverwest aufgefundene italienische Pater Pio († 1968) als „Wallfahrtsmagnet" bis heute zu höchster Anziehungskraft. Viele Menschen sehen in

---

[5] Zu den Ausnahmen s. Kapitel 2c dieses Buches.
[6] Dazu s. mit umfänglichem Material und diachroner Verortung Hubertus Lutterbach, Tot und heilig? Personenkult um „Gottesmenschen" in Mittelalter und Gegenwart, Darmstadt 2008.

ihm die Ambivalenz von „naturwissenschaftlich tot" und „religiös lebendig" verkörpert, weshalb sich sein (Heiligen-)Bild auch in unserem Land in beinahe jeder italienischen Pizzeria unmittelbar neben dem Pizza-Backofen findet.

Von höchster Ambivalenz sind heutzutage in unseren Breiten auch materielle Opfer. Sie finden so lange Akzeptanz, wie sie dem gebenden Menschen eine Herzensangelegenheit sind und als caritative Gaben bedürftigen Mitmenschen das Leben erleichtern – einerlei ob ein solches Geschenk innerhalb oder außerhalb eines religiösen Horizonts erfolgt. Ebenso ist unter diesem Vorzeichen die beherzt bereitgestellte Blutspende, die uneigennützige Organspende oder die aus Mitgefühl motivierte Haarspende (zugunsten von Echthaarperücken für Krebskranke) gesellschaftlich anerkannt, weil sie Mitmenschen in einer lebensgefährlichen Situation unterstützt bzw. weil sie sich sogar medizinisch-naturwissenschaftlich verständlich machen lässt. Dagegen bleibt zumindest in unseren Breiten ein materielles Opfern oder gar die Opferung des eigenen Blutes bzw. eines eigenen Körperteils meist ohne Zustimmung, wenn Menschen diese handfeste Gabe allein einer jenseitigen Macht darbringen – erst recht, wenn sie es ohne innere Beteiligung im Sinne einer Vorleistung tun, für die die Geber *do ut des*-artig eine unmittelbare göttliche Gegenleistung zu erwirken suchen[7]. – Freilich: So entschieden Menschen in unserem Land die Gott zugedachten materiellen Opfer abwerten oder ablehnen, während sie die geistigen Opfer (Gebet und Nächstenliebe) befürworten, stellen dennoch viele Menschen angesichts schweren persönlichen Leids die Frage: „Womit habe ich dieses Schicksal verdient?" Aus einer anderen Blickrichtung ließe sich dieser existentielle Seufzer womöglich mit diesen Worten übersetzen: „Was könnte ich gegenüber einem (wie auch immer vorgestellten) göttlichen Wesen an Gütern positiv einbringen (,opfern'), um von diesem Leid befreit zu werden?" Schließlich: Vergessen wir angesichts einer vorschnellen Dis-

---

[7] Eine eigene Untersuchung würden die Kerzenopfer lohnen, die heutzutage nicht allein an traditionellen Stätten der Frömmigkeit (Wallfahrtsorte etc.) dargebracht werden, sondern ebenso an Stätten von Unglücken und Katastrophen.

tanzierung vom *do ut des*-basierten Opfern zwischen Erde und Himmel nicht: Selbst die (neutestamentlich-achsenzeitlich verwurzelten und vergeistigt ausgerichteten) Christen hoffen auf eine göttliche Gegenleistung für ihre beherzt eingebrachten Gaben – freilich nicht schon im Diesseits, sondern erst im Jenseits.

Ein ambivalent anmutendes Stimmenkonzert erhebt sich gleichfalls angesichts der Frage, inwieweit es im Recht und in der Liturgie eines formstrengen Vorgehens bzw. eines formstreng gefeierten Ritus bedarf. Befürworter der in ortho-praktisch dominierten Gesellschaften selbstverständlichen Formstrenge können darauf verweisen, dass eine Liturgie, die gemäß den traditionsreichen Vorgaben „richtig" gefeiert wird, insofern unstrittig ist, weil jeder Mensch die äußere Erfüllung der Vorgaben unmittelbar verfolgen und bestätigen kann. Ein solches Vorgehen, so könnte man sagen, gewährt allen Beteiligten ein hohes Maß an Sicherheit, während ihre innere Teilnahme – oder ihre innere Präsenz – (oftmals) ohne Bedeutung ist. Wer dagegen gemäß der achsenzeitlich-vergeistigten Plausibilität eher auf der Haltung der Lebenswahrhaftigkeit besteht, in der ein Ritus zu feiern ist, und auf diese Weise mit Gott in Kontakt tritt, eröffnet damit Interpretationsspielräume, die schwer überprüfbar sind, insofern hier erstrangig alles auf das Herz – also auf die inwendig-aufrichtige Teilnahme – der Beteiligten ankommt. – Kein Wunder, dass manche insgesamt achsenzeitlich-vergeistigt ausgerichtete Glaubensgemeinschaft heutzutage einen Konflikt in den eigenen Reihen erlebt, bei dem eine Minderheit – zum Beispiel die sogenannten „Pius-Brüder" in der römisch-katholischen Kirche – den formstreng gefeierten, vermeintlich geistliche „Sicherheit" verheißenden (und in dieser Form von ihr sogar autoritativ bis auf Jesus zurückgeführten) Ritus exklusiv einfordert. Damit nehmen diese Menschen zwar am Leben einer Offenbarungsreligion teil, bewerten die Befolgung des „richtigen" Ritus aber höher als eine innerlich aufrichtige Gott-Mensch- bzw. Mensch-Mensch-Beziehung (bzw. verstehen die Befolgung der Formstrenge als den entscheidenden Ausdruck ihrer Gottesbeziehung). Dagegen lehnen sie alle anderen Weisen der liturgischen Feier oftmals ab, weil sie mit ihnen allein Unsicherheit, ja sogar eine Missachtung Gottes und – in der Folge – Unheil für Zeit und Ewigkeit verbunden sehen.

Losentscheidungen durch Jungen, wie sie bei der Wahl des Koptenpapstes bis heute regelmäßig stattfinden, sollen Ausdruck religiöser Ambivalenz sein? Tatsächlich verhält es sich so, denn auch innerhalb eines religiösen Settings monotheistischer Prägung – wie im Falle der christlichen Kopten – gibt es Belege für die Herbeiführung wichtiger Entscheidungen auf der Basis eines sogenannten Gottesurteils. Die Beteiligten halten das Resultat umso mehr für ein von aller Weltlichkeit unbeeinflusstes Ergebnis, weil es ein sexuell noch „unschuldiger" („äußerlich-reiner") Junge – werkzeuggleich in Gottes Hand – den Menschen kundtut: Indem er mit verbundenen Augen, also mit einem von aller Weltlichkeit befreiten Blick, eine Loskugel zieht, macht er den Willen Gottes offenbar, so die hintergründige Überzeugung. Diese Weise der Rechtsfindung kann für sich den Vorteil beanspruchen, dass sie in jedem Fall zu einem Ergebnis führt, das alle Beteiligten ihr Gesicht wahren lässt. Immerhin weiß innerhalb dieses Settings niemand, warum Gott so und nicht anders entschieden hat. Umgekehrt ist es für heutige Zeitgenossen zumindest in den westlichen Industrieländern zwar nur schwer verstehbar, dass einen Bewerber/eine Bewerberin nicht erstrangig Begabung und Können für einen freien Posten empfehlen; doch finden Losentscheidungen in unserer Gesellschaft als Mittel der Entscheidungsfindung nichtsdestoweniger im Blick auf manch andere offene Fragen durchaus einige Akzeptanz (zuletzt die Zuteilung von Corona Impfungen[8] etc.) – allerdings immer nur dann, wenn sie von allein innerweltlicher Relevanz sind und nicht als Ausdruck eines Gottesurteils gelten.

---

[8] Martin Flashar, Per Losentscheid zur Impfung. Das Zufallsverfahren kam schon im alten Athen zur Anwendung. Es könnte heute wieder Vorbild sein, in: NZZ 13.02.2021, S. 16: „Im alten Griechenland wurde das Losverfahren für die Wahlen in politische Ämter eingesetzt. Heute geht es um die Reihenfolge, in der die Bevölkerung zur Corona-Impfung zugelassen wird. Das ist ein großer Unterschied. Doch in beiden Fällen geht es darum, Menschen Vorteile zukommen zu lassen, und dies auf eine Weise, die möglichst gerecht ist."

Epilog

Die Beschneidung von Jungen als die womöglich älteste Operation der Welt war ursprünglich ein Ritus, der die Zugehörigkeit zu einer Gruppe mittels einer Körpermarkierung veranschaulichte. An diese Deutung knüpfen Juden und Muslime bis heute an, wenn sie den Beschneidungsritus gegenüber Jungen innerhalb ihres jeweiligen religiösen Interpretationsrahmens als Initiationsritus praktizieren. Freilich: Während die Beschneidung von Jungen im vor-achsenzeitlichen Religionsleben verwurzelt ist und noch im achsenzeitlich-vergeistigten Religionsleben als Ausdrucksweise der Zugehörigkeit rezipiert wird, wird sie in Gesellschaften diesseits der Aufklärung (als historischer Epoche) unter medizinischen Aspekten inzwischen zunehmend kritisch gesehen. Somit steht zur Frage, ob und inwieweit die von seinen Eltern bestimmte religiöse Markierung eines Jungen höher oder niedriger zu bewerten ist als seine (ansonsten auch durch elterlich verfügte Impfungen und medizinisch notwendige Operationen tangierte) Selbstbestimmung bzw. seine körperliche Unversehrtheit.

Im Bereich der Sexualität dominierte ursprünglich die Verständniskategorie von äußerlicher Reinheit und äußerlicher Unreinheit als Ausprägungen der kultischen Reinheit bzw. Unreinheit. Innerhalb dieses Horizonts fragen Menschen nicht nach einem verantwortlichen Urheber der Verunreinigung, sondern vielmehr nach der objektiven Verletzung eines Gebotes. So entsteht eine kultisch-äußerliche Verunreinigung erstrangig durch die Berührung mit einem Toten, mit Blut – besonders mit Menstruationsblut – und mit anderen Körperflüssigkeiten, mit einer Frau sowie aufgrund sexueller Betätigungen aller Art. Sogleich erkennbar, unterscheidet sich dieses Verständnis der Reinheit von der ethisch-gesinnungsorientierten Reinheit, bei der es um die aufrichtige oder lebensbejahende Intention („reines Herz") hinter einer Handlung oder hinter einer (sexuellen) Begegnung geht. Freilich: So fremd uns das kultisch-äußerliche Reinheitsdenken heutzutage auch anmuten mag, wenn es sich bei Abiturienten manifestiert, die ihren gratulierenden Lehrerinnen den Handschlag verweigern, so bleibt immerhin mit zu bedenken, dass es zivilisationsgeschichtlich auch lebensfreundliche Auswirkungen nach sich ziehen kann: Wenn ein Mann in sexuellen

Epilog

Hinsichten äußerlich möglichst rein bleiben will, hält er sich eben (zumindest) vom Geschlechtsverkehr mit jeder Frau fern, die nicht seine Ehefrau ist. Nicht allein die Anhängerinnen und Anhänger der „MeToo"-Bewegung werden auf Anhieb verstehen, welche Relevanz – und Ambivalenz – auch der Wahrung von kultisch-äußerlicher Reinheit bis heute eigen sein kann.

Die in ortho-praktisch dominierten Vorstellungswelten verwurzelte und auch im Christentum bereits jahrhundertealte Mietpilgerschaft zeigt sich in ihrer Ambivalenz, insofern ein Mietpilger einen religiösen Einsatz – die Wallfahrt zu einem Heiligtum – stellvertretend für einen anderen Menschen gegen eine vertraglich vereinbarte (materielle) Entlohnung übernimmt. So verdächtig uns heutzutage die Gleichung „Religiöse Leistung für materielle Gegenleistung" vorkommen mag, ist die Mietpilgerschaft jedenfalls für manchen Pilgerwilligen bis heute die einzige Möglichkeit, mit dem Heiligtum seiner Wahl derart unmittelbar in Kontakt zu kommen, wenn er selber dazu nicht imstande ist. Umgehen lässt sich diese Ambivalenz vor allem durch eine Art „inneres Pilgern": entweder anhand von Büchern und schriftlichen Pilgerberichten oder mittels entsprechender Internet-Angebote, die der Pilgerwillige ohne fremde Hilfe, eben allein virtuell, bewerkstelligen kann. Gemeinsam ist all diesen „Annäherungen" die urtümlich verwurzelte Fokussierung auf heilige Orte, von denen sich Menschen selbst diesseits der Aufklärung nicht selten heilende Kraft erhoffen.

Das Thema „Vergeltung und Rache" ist zivilisationsgeschichtlich von so grundlegender Bedeutung, weil die Rache für erlittenes Unrecht ursprünglich zur Maßlosigkeit tendiert. Erst auf einer weiteren Entwicklungsstufe konkretisiert sich die Rache im Mühen um die Herstellung von Äquivalenz („Auge um Auge, Zahn um Zahn"). So löschten sich im europäischen (Früh-)Mittelalter mitunter ganze Großfamilien gegenseitig aus, wenn sie ihre erlittenen Verluste an Menschenleben in mindestens gleichem Umfang auch ihren Gegnern zufügten. Dagegen bemühen sich die Menschen in vergeistigten Kulturen – man denke beispielsweise an das neutestamentliche Christentum – darum, den Täter im Falle eines von ihm verursachten Unrechts nicht im quantitativ gleichen Maße zu schä-

Epilog

digen („Tathaftung"), sondern seine für die Fehlhandlung leitende Intention zu verstehen und gegebenenfalls gezielt zu bessern („Intentionshaftung")[9]. In genau diese zuletzt genannte Richtung hat jüngst auch Papst Franziskus die katholische, inzwischen gegen die Todesstrafe gerichtete Lehrtradition fortentwickelt. Ist es angesichts dieser zivilisationsgeschichtlichen Bewegung nicht bemerkenswert, dass selbst heute noch zahlreiche Staaten auf der Todesstrafe als der größtmöglichen Maßnahme der Vergeltung, Rache und Abschreckung bestehen? Was heißt es, dass einige Regierende auch der westlichen Welt die Todesstrafe für wirkungsvoller erachten als die Umerziehung eines Straftäters in seiner Gefängnishaft? Umgekehrt: Was bedeutet es, dass es Gemeinwesen, die pädagogisch für eine Besserung des Täters eintreten, oft nicht gelingt, die dafür notwendigen Ressourcen (Personal, Räumlichkeiten, Geld etc.) in ausreichendem Maße bereitzustellen[10]?

Somit lässt sich zusammenfassen: Religionsphänomene mit religiös ortho-praktischen Strukturähnlichkeiten finden sich in der Gegenwart auch in Gesellschaften, deren Leben ansonsten vielfach von Wissenschaft und Empirie bestimmt ist. Es drängt sich der Eindruck auf, dass das ortho-praktisch zuzuordnende Gedankengut in unseren Breiten aktuell oftmals besonders dann rinnsalartig zum Vorschein kommt, wenn Individuen oder ganze Gesellschaften in den Krisenmodus geraten (Geburt, Tod, Unglücksfälle, Naturkatastrophen etc.) und sich in der Folge eine große individuelle oder gesamtgesellschaftliche Unsicherheit breit macht. In jedem Fall besteht die Ambivalenz im Blick auf religiös ortho-praktisch verwurzelte Phänomene nicht zuletzt darin, dass sie einerseits eigentlich nicht in das achsenzeitlich-aufgeklärte Selbstverständnis gegenwärtiger Industriegesellschaften passen, während sie andererseits womöglich sogar unverzichtbar sind, um die „Löchrigkeit" – die Unzulänglichkeit – des aufgeklärten Denkens erträglich zu machen.

---

[9] Lutterbach, Das Ende der Gefängnisse, S. 15–17.
[10] Dazu s. Thomas Galli, Weggesperrt. Warum Gefängnisse niemandem nützen, Hamburg 2020, S. 181–208.

Epilog

b. Ortho-praktische Religiosität in der Gegenwart – Was sie für Ökumene, interreligiöses Lernen und Menschenrechtsdiskurs bedeutet

Zum Schluss seien exemplarisch drei aktuelle gesellschaftliche Diskurs- und Handlungsfelder ausblicksartig-knapp in den Fokus gerückt, für die das erarbeitete Orientierungswissen um Phänomene mit primärreligiösen oder ortho-praktischen Strukturähnlichkeiten von innovativer und vorwärtsweisender Bedeutung sein mag. Im Blick auf das ökumenische Gespräch und das interreligiöse Lernen könnte die zukünftige Berücksichtigung von ortho-praktisch (mit-)geprägter Religiosität mit einer Perspektiverweiterung einhergehen; unter dem Horizont des Menschenrechtsdiskurses gilt es jeweils dezidiert abzuwägen, inwieweit derartige religiöse Praktiken und Verstehensweisen mit der UN-Menschenrechts-Charta kompatibel oder nicht-kompatibel sind. Dadurch schärft sich das individuelle und das gesellschaftliche Bewusstsein für die Menschenrechte wie für die Ausdrucksweisen ortho-praktischer Religiosität gleichermaßen.

Grundlegend weisen die Bemühungen um das Verstehen orthopraktischer und vergeistigter Religiosität sowohl im Blick auf die relevanten Vorstellungen als auch hinsichtlich der maßgeblichen Praktiken weit über das gegenwärtig dominierende Verständnis von Ökumene hinaus; denn meist beschränken sich diese theologischen Gespräche zwischen Vertreterinnen und Vertretern verschiedener Denominationen oder Religionen auf den Abgleich von Lehraussagen und auf die beiderseitige Festschreibung von theologischen Grundübereinstimmungen in Katechismen oder anderen Formel- bzw. Textsammlungen. Selbst die aktuell viel diskutierte „pluralistische Theologie der Religionen" und das vom Theologen Hans Küng initiierte Projekt „Weltethos" lassen primärreligiöse Deutungen und Praktiken weitestgehend außen vor (obgleich die sich ja durchaus – siehe oben – auch in Offenbarungsreligionen finden können).

Hören wir exemplarisch den Theologen Perry Schmidt-Leukel, der sich als Anwalt einer pluralistischen Theologie mit vorwärtsweisendem Anspruch versteht und der innerhalb wie außerhalb der Theologie hohes Ansehen genießt: „Wenn die pluralistische Überzeu-

Epilog

gung zutrifft, dass sich die großen religiösen Traditionen der Menschheit zwar unterschiedlich, aber prinzipiell gleichwertig auf eine letzte transzendente Wirklichkeit beziehen, dann muss sich diese These auf jeweils spezifische Weise von den einzelnen religiösen Traditionen und ihren Voraussetzungen her formulieren lassen. Das heißt, dann muss es eine pluralistische Theologie der Religionen als jüdische, christliche, islamische, hinduistische, buddhistische, usw. Theologie geben."[11] Mit anderen Worten: Der tatsächlich beachtlich weit gespannte ökumenische Horizont bezieht dennoch erstrangig religiöse Traditionen ein, die als vergeistigt zu charakterisieren sind und deren Überlieferungsbasis schriftlich vorliegt. Primärreligiös bzw. ortho-praktisch ausgerichtete oder zumindest beeinflusste Gemeinschaften und Traditionen aus Geschichte und Gegenwart aber finden keine oder kaum Berücksichtigung.

In ähnlicher Weise hat auch das zutiefst ökumenisch ausgerichtete Projekt „Weltethos" des 2021 verstorbenen Theologen Hans Küng allein achsenzeitliche Religionen und vergeistigte Traditionen im Blick, wohingegen religiös ortho-praktisch dominierte Gemeinschaften und Überzeugungswelten ohne Echo zu bleiben scheinen: „Die Idee des Weltethos geht zurück auf den katholischen Theologen Hans Küng. Bei seinen empirischen Forschungen rund um den Globus stellte er fest, dass allen Weltreligionen und philosophisch-humanistischen Ansätzen bereits grundlegende Wert- und Moralvorstellungen gemeinsam sind. Die Goldene Regel beispielsweise, nach der man sich seinen Mitmenschen gegenüber so verhalten soll, wie man selbst behandelt werden möchte, findet sich in allen Traditionen wieder. Ebenso die Forderung, dass alle Menschen menschlich behandelt werden müssen und Werte wie Gewaltlosigkeit, Gerechtigkeit, Wahrhaftigkeit sowie Partnerschaft von Mann und Frau. Für unsere globale Gesellschaft muss ein solcher gemeinsamer Wertekanon also nicht erst entwickelt werden, denn er existiert bereits: Wir nennen ihn ‚Weltethos'. Jedoch muss dieser Wertekanon immer wieder neu bewusst gemacht, gelebt und

---

[11] Perry Schmidt-Leukel, Gott ohne Grenzen. Eine christliche und pluralistische Theologie der Religionen, Gütersloh 2005, S. 31.

weitergegeben werden."[12] Dieser auf Hans Küng zurückgehende Gründungsgedanke hat sich bis heute durchgehalten, wie Eberhard Stilz, der Präsident der „Stiftung Weltethos" (bis Herbst 2022), unterstreicht: „Für die wissenschaftliche Begründung [des ‚Weltethos'] bedurfte es zwar zuverlässiger Kenntnisse der Weltreligionen. Doch ging es von Anfang an nicht um die eigentlichen Glaubenssätze der Religionen, sondern um ihre jeweiligen ethischen Fundierungen, und von diesem Ausgangspunkt aus um die Suche nach den ethischen Gemeinsamkeiten der Weltreligionen. Hinzu kam die Suche nach jenen ethischen Grundprinzipien, zu denen sich auch religionsferne Humanisten bekennen."[13]

Sind diese ökumenisch ausgreifenden Weltdeutungs- und Forschungsansätze womöglich doch dadurch limitiert, dass sie die Gemeinschaften und Ausdrucksweisen ortho-praktischer Religiosität (die jedenfalls in ihren ursprünglichen Bezugsfeldern mit pluralem Denken, Dialogfähigkeit und religiöser Toleranz kaum vereinbar sind) weitestgehend unberücksichtigt lassen?

Auch das interreligiöse Lernen bezieht ortho-praktisch fundierte Gemeinschaften und Ausdrucksformen höchstens am Rande ein, wenn es sich in der Regel auf zwei antagonistische Lernbereiche konzentriert: die Glaubens*praxis* von Schülerinnen und Schülern, oft im Kontext von christlicher, muslimischer oder jüdischer Familienreligiosität (unabhängig von ihrer tatsächlichen Übereinstimmung mit der Glaubenslehre) auf der einen Seite und auf der anderen Seite die Glaubens*lehre* einer Religion (unabhängig von ihrer tatsächlichen Observanz). In der Religionspädagogik können unterschiedliche Lernbereiche im Vordergrund stehen: Theologinnen und Theologen, wie erstrangig jene, die auf dem sogenannten

---

[12] https://www.weltethos.org/was_ist_weltethos/ (20.06.2020); ähnlich Hans Küng, Wozu Weltethos? Religion und Ethik in Zeiten der Globalisierung (Herder Spektrum 5227) Freiburg 2002, S. 17–19 und S. 33–36; Hans Küng (Hrsg.), Dokumentation zum Weltethos (Serie Piper 3489) München 2002, S. 37–42.
[13] Eberhard Stilz, Weltethos heute, in: Ulrich Hemel (Hrsg.), Weltethos für das 21. Jahrhundert, Freiburg 2019, S. 11–13, S. 11; auch Stephan Schlensog, Das Weltethos-Projekt. Drei Jahrzehnte globaler gesellschaftlicher Dialog, in: Ulrich Hemel (Hrsg.), Weltethos für das 21. Jahrhundert, Freiburg 2019, S. 28–38, S. 32f.

Epilog

„Hamburger Weg" unterwegs sind, optieren vehement für die Religion des Alltags und der Praxis[14]. Dabei trennen sie den Unterricht nicht nach (Welt-)Religionen, sondern bieten seit etwa 30 Jahren allen Schülerinnen und Schülern – einerlei welcher Religionszugehörigkeit – einen übergreifenden Religionsunterricht an[15]. Alle großen Weltreligionen inklusive Christentum zählen zum Gegenstand des Unterrichts. – Eher im Sinne eines Religionsunterrichts als Ort religiöser Unterweisung plädieren andere Theologinnen und Theologen wie Friedrich Schweitzer oder Albert Biesinger für eine stärkere materiale Auseinandersetzung mit den Lehren der Glaubensgemeinschaften, auch weil die islamische oder die jüdische und vor allem die christliche Religion ansonsten stark auf wenige subjektive Praxisformen reduziert würden[16].

---

[14] Thorsten Knauth – Wolfram Weiße (Hrsg.), Ansätze, Kontexte und Impulse zu dialogischem Religionsunterricht, Münster 2020; Thorsten Knauth – Andreas Gloy (Hrsg.), Gott und Göttliches. Eine interreligiöse Spurensuche. Unterrichtsmaterialien zum dialogischen, interreligiösen Lernen, Berlin 2018; Diaa Eldin Hassanein, Der Hamburger Weg des Religionsunterrichts. Eine empirische Analyse im Klassenzimmer (Religionspädagogik in Forschung und Praxis 3) Hamburg 2013, bes. S. 19–26.
[15] Zur aktuellen Relevanz dieses sog. „Hamburger Weg"-Modells für das Verständnis und die Gestaltung des Religionsunterrichts s. Hannah Bethke, Hier lernen Christen, Juden und Muslime zusammen. In Hamburg wird der Religionsunterricht nicht nach Konfessionen getrennt, in: NZZ 03.05.2022, S. 4.
[16] Joachim Schmidt, Interreligiöse Kommunikationsfähigkeit in der und durch die Begegnung zwischen Jugendlichen aus unterschiedlichen Religionen, in: Albert Biesinger – Klaus Kießling u. a. (Hrsg.), Interreligiöse Kompetenz in der beruflichen Bildung. Pilotstudie zur Unterrichtsforschung (Religion und berufliche Bildung 6) Berlin 2011, S. 118–159; Joachim Schmidt, Zusammenfassende Thesen zu den Ergebnissen des Pilotprojekts „Interreligiöse Kompetenz in der beruflichen Bildung", in: Albert Biesinger – Klaus Kießling u. a. (Hrsg.), Interreligiöse Kompetenz in der beruflichen Bildung. Pilotstudie zur Unterrichtsforschung (Religion und berufliche Bildung 6) Berlin 2011, S. 160–166, S. 166; Anke Edelbrock – Friedrich Schweitzer – Albert Biesinger (Hrsg.), Wie viele Götter sind im Himmel? Religiöse Differenzwahrnehmung im Kindesalter (Interreligiöse und interkulturelle Bildung im Kindesalter 1) Münster – New York – München 2010; Albert Biesinger – Anke Edelbrock – Friedrich Schweitzer (Hrsg.), Auf die Eltern kommt es an! Interreligiöse und interkulturelle Bildung in der Kita (Interreligiöse und interkulturelle Bildung im Kindesalter 2) Münster – New York – München 2011; Friedrich Schweitzer – Anke Edelbrock – Albert Biesinger (Hrsg.), Interreligiöse und interkulturelle Bildung in der Kita. Eine Repräsentativbefragung von Erzieherinnen in

Epilog

Diese – zugegeben – äußerst knappe Verortung des interreligiösen Lernens legt es nahe, dass im Bereich des Religiösen ortho-praktisch geprägte Denk-, Lebens- und Ausdrucksweisen bislang allein dann eine Berücksichtigung im Religionsunterricht finden können, insoweit sie in die Glaubenslehre und Glaubenspraxis der (primär vergeistigt ausgerichteten) Offenbarungsreligionen Judentum, Christentum oder Islam eingegangen sind (Beschneidung etc.). Darüber hinaus kommt es darauf an, ob sich überhaupt Schülerinnen und Schüler aus ortho-praktisch geprägten Settings bzw. mit primärreligiös geübten Praktiken oder Verstehensweisen in einer Schulklasse einfinden. Lehrmaterialien für diesen Bereich des religiösen Lernens liegen bislang jedenfalls noch nicht vor. – Auch außerschulisch vollzieht sich interreligiöses Lernen, wenn sich beispielsweise im Dreijahresrhythmus seit 2003 der „Kongress der Führer der Weltreligionen und der traditionellen Religionen" in Kasachstan trifft. 2018 nahmen bereits 82 Delegationen aus 46 Ländern an der Versammlung teil, bei der die Delegierten gemeinsam beten und sich um ihren gemeinsamen Beitrag für ein friedvolles Miteinander auf dieser Erde mühen. Bereits Papst Johannes Paul II. († 2005) hatte sich bei seiner Kasachstanreise 1994 an den Vorbereitungen eines solchen Dialogformats beteiligt, zumal sein 1986 initiiertes (und 1993, 2002, 2011 sowie 2016 fortgesetztes) interreligiöses „Weltgebetstreffen für den Frieden" in Assisi als Inspirationsquelle wirkte. – Welche Perspektiverweiterungen könnten sich nicht zuletzt im verstehend-lernenden Umgang mit religiös orthopraktischen Traditionen auch für die globale Öffentlichkeit auftun, wenn die Delegierten sie – über das gemeinsame Beten und Planen hinaus – in all ihrer lebendigen Vielfalt der Welt vorstellen und interreligiös nahebringen würden?!

Zwischenfazit: Die Berücksichtigung von aktuell anzutreffenden Manifestationen ortho-praktischer Religiosität kann sowohl den ökumenischen Dialog als auch das interreligiöse Lernen in bisher noch uneingelöster Weise bereichern und die Aufmerksamkeit für

---

Deutschland – interdisziplinäre, interreligiöse und internationale Perspektiven (Interreligiöse und interkulturelle Bildung im Kindesalter 3) Münster – New York – München 2011.

Epilog

Ambivalenzen schärfen, wie sie sich besonders im Zusammenspiel von primär- und sekundärreligiösen Einflüssen herauskonturieren.

Angesichts der Tatsache, dass ortho-praktische Perspektiven und Praktiken auf die Gestaltung unserer westlichen Gegenwartsgesellschaften (beinahe unmerklich) Einfluss nehmen, bedarf es für diesen Bezugsrahmen – über alle historisch-wissenschaftlich einzufordernde Indifferenz bei der Beschreibung der Phänomene hinaus – alltags- und gesellschaftspraktisch einer genauen Obacht, dass sie mit der UN-Menschenrechtskonvention vereinbar sind; denn das gesellschaftliche Miteinander in unserem Land ist den Menschenrechten verpflichtet, so wie sie die Vereinten Nationen 1948 in ihrer Menschenrechts-Charta formuliert haben[17].

Anhand einiger Beispiele sei ein letztes Mal dargetan, in welcher Weise sich ortho-praktische Religionsphänomene auf ihre Vereinbarkeit mit den Menschenrechten hin reflektieren lassen[18]. – So mag das von manchen Menschen auch hierzulande hochgehaltene Denken in den Kategorien von äußerlich-physischer Reinheit als Ausprägung des kultischen Reinheitsdenkens nicht so weit an Einfluss gewinnen, dass das Verhalten von jungen Männern mit Migra-

---

[17] Assmann, Religion, Staat, Kultur, S. 234–242. Dazu s. auch Katharina Kunter, Christentum, Menschenrechte und sozialethische Neuorientierungen, in: Jens Holger Schjorring – Norman A. Hjelm – Kevin Ward (Hrsg.), Geschichte des globalen Christentums 3 (Die Religionen der Menschheit 34) Stuttgart 2018, S. 209–237, S. 215–218 und S. 222f. („Der Beitrag des Vatikans zur Festschreibung der Menschenrechte").

[18] Leitend sei hier jenes Verständnis der Menschenrechte, demzufolge diese historisch auf die verschiedenen achsenzeitlichen Durchbrüche zurückgehen, die eine „Sakralität der Person" proklamieren. Dazu s. Hans Joas, Sind die Menschenrechte westlich?, in: Michael Kühnlein – Jean-Pierre Wils (Hrsg.), Der Westen und die Menschenrechte. Im interdisziplinären Gespräch mit Hans Joas (Texte und Kontexte der Philosophie 5) Baden-Baden 2019, S. 13–21, hier S. 16 und 18. Erläuternd pointiert Christian Hillgruber, Kommentar zu Hans Joas – Die Sakralität der Person, in: ebd., S. 45–56, hier S. 52: „Die Menschenwürde sollte zum ‚Darum' der Menschenrechte werden. Indem er [i. e. Hans Joas] sie für unantastbar, d. h. für unberührbar erklärt hat, ist das *noli me tangere* zum Rechtsgrundsatz erhoben und der Menschen zum heiligen Bezirk erklärt worden. In ihn einzudringen, wurde fortan zum Sakrileg. Mit der ihm zugesprochenen Würde wird der Mensch in die Sphäre des Heiligen, des Sakrosankten gehoben."

Epilog

tionshintergrund in unserem Land auf Akzeptanz stößt, wenn sie einer Lehrerin den Handschlag bei der Abitur-Zeugnisübergabe verweigern, weil sie ihr Gegenüber als äußerlich-physisch unrein ablehnen. Anstelle derartiger, mit den Menschenrechten unvereinbarer Handlungen, liegt es näher, unter diesen jungen Leuten ein Bewusstsein dafür zu schaffen, dass Männer und Frauen in unserer Gesellschaft als gleichwertig gelten und ihnen in der Öffentlichkeit deshalb auch die gleichen Gesten der Respektbezeugung zustehen[19]. Freilich: Damit eine solche Position als glaubwürdig wahrgenommen werden kann, sollten die, die ein gesinnungsorientiert-ethi-

---

[19] Entsprechend warnt Jürgen Habermas, Fundamentalismus und Terror, in: Jürgen Habermas, Der gespaltene Westen (Kleine politische Schriften 10) Frankfurt 2004, S. 11–31, S. 17 vor Menschen, die sich als „Hüter und Repräsentanten des wahren Glaubens" verstehen, die „Situation einer weltanschaulich pluralistischen Gesellschaft ignorieren und – sogar mit Gewalt – auf der politischen Durchsetzung und Allgemeinverbindlichkeit ihrer Lehre beharren". – Jedenfalls weicht der im Rundfunk vorgetragene Vorschlag von Hanno Loewy, Leiter des Jüdischen Museums in Hohenems, dem Grundkonflikt um die Bedeutung der äußerlich-physischen Reinheit als Wurzel für die (kultisch bedingte)Abwertung der Frau aus, wenn er anregt: Man solle den Jungen erklären, dass der Handschlag in unserem Land eine Bezeugung des Respekts ist. Und wenn sie diesen verweigerten, mögen sie eine andere Weise der Respektbezeugung vorschlagen. Dazu siehe Isolde Charim, Was bedeutet es eigentlich, integriert zu sein?, in: NZZ 04.09.2018, S. 17, die als Philosophin und Publizistin diesen Vorschlag verteidigt, weil damit die Form (in diesem Fall das Händereichen) unterschiedlich seien, aber der Inhalt (das Respekt-Erweisen) gewahrt bliebe. – Gleichermaßen fragwürdig ist der fortdauernde Ausschluss von Frauen aus dem kirchlichen Diakonen- und Priesteramt, der maßgeblich auch auf dem Verdikt der (menstruationsbedingten) äußerlich-physischen Unreinheit beruht und der gemeinsamen Gotteskindschaft von Mann und Frau qua Taufempfang keinen angemessenen Ausdruck verleiht. Auf dieser Verstehenslinie müsste angesichts des kirchenoffiziell überwundenen Primats des materiell-physisch geprägten kultischen Reinheitsdenkens auch der Pflichtzölibat als kirchliche Norm fallen. So beantworten die Ausgangsfrage „Sexualität – Eine Quelle der Unreinheit?" bis heute auch in unseren Breiten noch immer viel zu viele Christen entgegen dem Neuen Testament positiv, ohne dass sie dabei bedenken: „Zu den Gründen, weshalb das Christentum zu einer so erfolgreichen Religion wurde, gehört der menschenfreundliche Umgang der frühen Jesuaner mit der Sexualität" – und, so müsste man ergänzen, mit den Frauen. Mattthias Drobinski, Missbrauchsskandal. Was Kirche tun muss, in: https://www.sueddeutsche.de/panorama/missbrauch-katholische-kirche-1.4141178 (25.09.2018). Abgerufen am 30.06.2022.

sches Reinheitsverständnis vertreten, ebenso entschieden für die Gleichberechtigung zwischen den Geschlechtern und für den lebenswahrhaftig-fairen, auf Augenhöhe angesiedelten Umgang zwischen Frauen und Männern auch in anderen Bereichen des gesellschaftlichen (und kirchlichen!) Alltags einstehen.

Wer Tieropfer (oder selten: Menschenopfer), die aus religiösen Gründen auch heutzutage noch in vielen Ländern dargebracht werden, ablehnt, weil er sie auf der Basis festgeschriebener (Tier- und) Menschenrechte als unvereinbar mit dem Recht auf Leben für Tiere und für Menschen ansieht, täte gut daran, diese Grundüberzeugung nicht allein gegen ortho-praktisch fundierte Gepflogenheiten in Stellung zu bringen. Denn: Wie viele Tiere leben und sterben gerade auch in den westlichen Industriegesellschaften, ohne dass sich deren Bewohnerinnen und Bewohner ausreichend um das Tierwohl kümmern[20]?! Und wie viele Menschen leben auch hierzulande unter Bedingungen, die man kaum als menschenwürdig im Sinne der UN-Charta bezeichnen kann?!

Nicht zuletzt: Wie ist der entwicklungsgeschichtlich als primärreligiös zu charakterisierende Gentilismus einzuschätzen, wenn er sich in unserem – zutiefst dem Universalismus verpflichteten – Land breitmacht (Arabische Clans, Mafia etc.)? Immerhin zählen wir die Gleichheit aller Menschen sowie die Trennung von Religion und Politik, nicht zuletzt die Gewissens- und die Religionsfreiheit, zu den Grundfesten, auf denen unser Gemeinwesen basiert. Allerdings: Um diese Position glaubwürdig zu vertreten, bedarf es eines menschenfreundlichen Umgangs mit Migrantinnen und Migranten. Nicht weniger braucht es eine Aufmerksamkeit gegenüber allen rassistischen Tendenzen innerhalb des Parteien- und Gesellschaftsspektrums, einerlei ob sie sich auf Menschen anderer Hautfarbe, anderer Religion oder anderer sexueller Orientierung (LGBTQIA) beziehen. Grundlegend ergibt sich für alle gesellschaftlichen Player

---

[20] Siehe dazu die Mahnung an die Menschen zum Respekt gegenüber den Tieren bei Frédéric Lenoir, Offener Brief an die Tiere und alle, die sie lieben, Stuttgart 2018, bes. S. 37–46 („Seid Ihr also nichts weiter als Sachen?").

gleichermaßen die Herausforderung, die Menschenrechte zu achten und den säkularen Staat zu akzeptieren[21].

Die knapp angedeuteten Beispiele zum Einfluss von Faktoren mit ortho-praktischen Strukturähnlichkeiten auf unsere Gegenwartsgesellschaft veranschaulichen, dass die Grundüberzeugung der Philosophin Myisha Cherry im Einzelfall durchaus zur Herausforderung werden kann: „Wir müssen die Schönheit und Menschlichkeit im Unterschied erkennen. Nur dann können wir andere so behandeln, wie sie es verdienen – als Menschen."[22] Tatsächlich kommt es als erstes darauf an, andere Menschen über das alle verbindende Menschsein hinaus in ihrer Unterschiedlichkeit wahrzunehmen. Immer geht es um die anspruchsvolle Aufgabe, Menschen anderer Kulturen und Epochen nach Kräften gemäß ihrem je eigenen Selbstverständnis heranzuzoomen. Denn: Verständnis füreinander und untereinander – man denke hier an das ökumenische Zusammenkommen oder an das interreligiöse Lernen – kann allein dann wachsen, wenn man nicht die eigene persönliche oder gemeinschaftliche Perspektive zur allein gültigen Sichtweise (v)erklärt, sondern die Herausforderung annimmt, im Spiegel des Fremden sowohl sich selbst als auch den anderen/die andere tiefer zu verstehen[23].

Schlussendlich aber bringt es die Ausrichtung an der UN-Menschenrechtskonvention im Blick auf die Gestaltung des gesellschaftlichen Alltags mit sich, dass längst nicht jede Ausdrucksweise ortho-praktisch ausgerichteten (Religions-)Lebens gleichermaßen akzeptabel ist, wenn das Zusammenleben in unserem Land gelingen soll, also sich das gesellschaftliche Handeln am Grundsatz der gleichen Würde und der Gleichberechtigung aller Menschen ausrichten und sich unter den Menschen in einem Dialog auf Augenhöhe widerspiegeln soll[24]. Insofern bietet die wissenschaftliche Be-

---

[21] Ghadban, Arabische Clans. Die unterschätzte Gefahr, S. 259.
[22] Myisha Cherry, Das Paradox der Ausschließung. Wie das Prinzip des „Othering" funktioniert und wie man ihm begegnen kann, in: SZ 19.12.2018, S. 9.
[23] Lutterbach, Bonifatius, S. 10f. und S. 279f.
[24] Michael Kühnlein, Ein Meisternarrativ zwischen Sakralität und Fragilität. Über

Epilog

fassung mit primärreligiös oder ortho-praktisch kategorisierbaren Phänomenen in der Gegenwart einen perspektiverweiternden Ansatzpunkt, der für die Ausbalancierungsprozesse innerhalb einer multikulturellen – auch multireligiösen – Gesellschaft neue Horizonte auftut, nicht zuletzt dadurch, dass er Ambivalenzen auch im Bereich des Religionslebens ins Bewusstsein hebt und Orientierungen anbietet.

---

die Emergenz der Werte bei Hans Joas, in: Michael Kühnlein – Jean-Pierre Wils (Hrsg.), Der Westen und die Menschenrechte. Im interdisziplinären Gespräch mit Hans Joas (Texte und Kontexte der Philosophie 5) Baden-Baden 2019, S. 105–116, S. 106 unterstreicht: „Wenn der charismatische *Glaube* an die Menschenrechte Ausdruck eines tiefgreifenden kulturellen Transformationsprozesses ist, der in der Sakralisierung der Person historische Werterfahrungen auf narrativ exzeptionelle Weise gebündelt hat, dann sind logisch gesehen auch ‚Abstiegserfahrungen' denkbar, die ihre Wertbindungen kulturell ganz anders codieren bzw. resonant werden lassen."

Literaturverzeichnis

Im Literaturverzeichnis sind alle in den Fußnoten berücksichtigten Sekundärtitel aufgeführt. Bei der Erstnennung in den Fußnoten findet sich der vollständige Titel bibliographiert, bei allen folgenden Nennungen der Kurztitel, der im Literaturverzeichnis durch Kursivierung kenntlich gemacht ist. Um der Übersichtlichkeit willen und aufgrund der Fülle der Primärliteratur ist jeder jeweils herangezogene Quellentext in der jeweiligen Belegnote vollständig bibliographiert und wird im Literaturverzeichnis nicht eigens aufgeführt. Aus den gleichen Gründen sind die in den schon Fußnoten jeweils vollständig aufgenommenen www.-Angaben nicht in das Literaturverzeichnis aufgenommen worden.

A

Hans Alves – Alex Koch – Christian Unkelbach, A Cognitive-Ecogolical Explanation of Intergroup Biases, in: Psychological Science 29 (2018) S. 1126–1133.

Arnold Angenendt, Der eine Adam und die vielen Stammväter. Idee und Wirklichkeit der Origo gentis im Mittelalter, in: Peter Wunderli (Hrsg.), Herkunft und Ursprung. Historische und mythische Formen der Legitimation, Sigmaringen 1994, S. 27–52.

–, *Corpus incorruptum*. Eine Leitidee der mittelalterlichen Reliquienverehrung, in: Saeculum 42 (1991) S. 320–348.

–, Deus, qui nullum peccatum impunitum dimittit. Ein „Grundsatz" der mittelalterlichen Bußgeschichte, in: Matthias Lutz-Bachmann (Hrsg.), Und dennoch ist von Gott zu reden. FS Herbert Vorgrimler, Freiburg 1994, S. 142–156.

–, *Das Frühmittelalter*, Die abendländische Christenheit von 400 bis 900, 2. Aufl., Stuttgart – Berlin – Köln 1995.

–, Die Geburt der christlichen Caritas, in: Christoph Stiegemann (Hrsg.), Caritas. Nächstenliebe von den frühen Christen bis zur Gegenwart, Petersberg 2015, S. 40–51.

–, *Geschichte der Religiosität* im Mittelalter, 4. Aufl., Darmstadt 2005.

–, *Heilige und Reliquien*. Die Geschichte ihres Kultes vom frühen Christentum bis zur Gegenwart, München 1994.

–, Libelli bene correcti. Der „richtige Kult" als ein Motiv der karolingischen Reform, in: Peter Ganz (Hrsg.), Das Buch als magisches und als Repräsentationsobjekt (Wolfenbütteler Mittelalter-Studien 5) Wiesbaden 1992, S. 117–135.
–, Das Mittelalter – Eine archaische Epoche?, in: Theologische Quartalschrift 173 (1993) S. 287–300.
–, *Offertorium*. Das mittelalterliche Messopfer (Liturgiewissenschaftliche Quellen und Forschungen 101) Münster 2013.
–, *Christliche Ortlosigkeit*, in: Johannes Fried – Olaf B. Rader (Hrsg.), Die Welt des Mittelalters. Erinnerungsorte eines Jahrtausends, München 2011, S. 349–360.
–, Die Revolution des geistigen Opfers. Blut – Sündenbock – Eucharistie, Freiburg 2011.
–, *Toleranz und Gewalt*. Das Christentum zwischen Bibel und Schwert, 5. Aufl., Münster 2009.
Rudolph Arbesmann, The Concept of ‚Christus medicus' in St. Augustine, in: Traditio 10 (1954) S. 1–28.
Jóhann Páll Árnason, Weltliche Autonomie und Religion in der Konstitution der Moderne. Soziologische und sozialphilosophische Zugänge (Blumenberg-Vorlesungen 3) Freiburg 2019, S. 69–88.
Aleida Assmann, *Zeit und Tradition*. Kulturelle Strategien der Dauer, Köln – Weimar 1999.
Aleida Assmann – Jan Assmann, Art. Mythos, in: Handbuch religionswissenschaftlicher Grundbegriffe 4 (1998) S. 179–200.
Jan Assmann, *Achsenzeit*. Eine Archäologie der Moderne, München 2018.
–, Altägypten und Christentum, in: Marlis Gielen – Joachim Kügler (Hrsg.), Liebe, Macht und Religion. Interdisziplinäre Studien zu Grunddimensionen menschlicher Existenz, Stuttgart 2003, S. 31–42.
–, *Was ist so schlimm an den Bildern?*, in: Hans Joas (Hrsg.), Die zehn Gebote. Ein widersprüchliches Erbe? (Schriften des Deutschen Hygiene-Museums Dresden 5) Köln – Weimar – Wien 2006, S. 17–32.
–, *Exodus*, Die Revolution der Alten Welt, München 2015.
–, *Religion, Staat, Kultur*. Altägypten und der Weg Europas (Blumenberg Vorlesungen 5) Freiburg 2021.
–, *Die Monotheistische Wende*, in: Klaus E. Müller (Hrsg.), Historische Wendeprozesse. Ideen, die Geschichte machen, Freiburg 2003, S. 44–71.
Christoph Auffarth, Religiöses Denken und sakrales Handeln. Grundlegendes zum Verständnis antiker Religion, in: Imperium der Götter. Isis –

Mithras – Christus. Kulte und Religionen im Römischen Reich, hrsg. v. Badischen Landesmuseum Karlsruhe, Darmstadt 2013, S. 15–19.

B

Peter-Paul Bänziger – Magdalena Beljan – Franz X. Eder – Pascal Eitler, Sexuelle Revolution? Zur Sexualitätsgeschichte seit den 1960er Jahren im deutschsprachigen Raum, in: Peter-Paul Bänziger – Magdalena Beljan – Franz X. Eder – Pascal Eitler (Hrsg.), Sexuelle Revolution? Zur Geschichte der Sexualität im deutschsprachigen Raum seit den 1960er Jahren (1800 – 2000. Kulturgeschichten der Moderne) Bielefeld 2015, S. 7–23.

François Baix, Saint Hubert. Sa mort, sa canonisation, ses reliques, in: Mélanges Félix Rousseau. Études sur l'histoire du pays mosan au moyen âge, Bruxelles 1958.

Lewis M. Barth, Berit Mila in Midrash and Agada, in: Lewis M. Barth (Hrsg.), Berit Mila in the Reform Context, Cincinnati (Ohio) 1990, S. 104–112.

Axel W. Bauer, Karl Landsteiner. Entdecker der Blutgruppen in Wien – Nobelpreisträger in New York, in: Transfusionsmedizin 8 (2018) S. 164–169.

Thomas Bauer, *Die Vereindeutigung der Welt*. Über den Verlust an Mehrdeutigkeit und Vielfalt (Reclams Universal-Bibliothek 19492) Stuttgart 2018.

Michaela Bauks, *Menschenopfer in den Mittelmeerkulturen*, in: Verkündigung und Forschung 56 (2011) S. 33–44.

Theofried Baumeister, *Martyr invictus*. Der Martyrer als Sinnbild der Erlösung in der Legende und im Kult der frühen koptischen Kirche. Zur Kontinuität des ägyptischen Denkens (Forschungen zur Volkskunde 46) Münster 1970.

Michael Baxandall, Painting and Experience in Fifteenth Century Italy. A Primer in the Social History of Pictorial Style, Oxford 1972 (dt. 2. Aufl., Frankfurt 1980).

Mary Beard – John North – Simon Price, Religions of Rome 1 („A History"), Cambridge 1998.

Heinrich Beck, *Probleme einer völkerwanderungszeitlichen Religionsgeschichte*, in: Dieter Geuenich (Hrsg.), Die Franken und die Alemannen bis zur „Schlacht bei Zülpich" (496/497) (Ergänzungsbände zum Reallexikon der Germanischen Altertumskunde 19) Berlin – New York 1998, S. 475–488.

Manfred Becker-Huberti, *Lexikon der Bräuche und Feste*, Freiburg 2000.

Wolfgang Behringer, „Kleine Eiszeit" und Frühe Neuzeit, in: Wolfgang Behringer – Hartmut Lehmann – Christian Pfister (Hrsg.), Kulturelle

Konsequenzen der „Kleinen Eiszeit". Cultural Consequences of the „Little Ice Age" (Veröffentlichungen des Max-Planck-Instituts für Geschichte 212) Göttingen 2005, S. 415–508.

Hans Belting, *Bild und Kult.* Eine Geschichte des Bildes vor dem Zeitalter der Kunst, München 1990.

–, Bildkulturen und Bilderstreit, in: Ursula Baatz – Hans Belting u. a., Bilderstreit 2006. Pressefreiheit? Blasphemie? Globale Politik? (Wiener Vorlesungen im Rathaus 122) Wien 2007, S. 47–61.

Ruth Benedict, *Rassenforschung und Rassentheorie,* Göttingen 1947.

–, Die Rassenfrage in Wissenschaft und Politik (Das Weltbild o. No.) Bergen (Oberbayern) 1947.

Klaus Bergdolt, Installationen aus Menschenmaterial oder die missbrauchte Didaktik, in: Gottfried Bogusch – Renate Graf – Thomas Schnalke (Hrsg.), Auf Leben und Tod. Beiträge zur Diskussion um die Ausstellung „Körperwelten", Darmstadt 2003, S. 71–81.

Klaus Berger, *Theologiegeschichte des Urchristentums,* Tübingen – Basel 1994.

Jacob Bernays, Theophrastos' Schrift über Frömmigkeit. Mit Bemerkungen zu Porphyrios' Schrift über Enthaltsamkeit, Berlin 1866 (ND Hildesheim – New York 1979).

Karl Beth, Art. Jenseits, in: Handwörterbuch des deutschen Aberglaubens 4 (1987) Sp. 642–655.

Albrecht Beutel, *Kirchengeschichte* im Zeitalter der Aufklärung. Ein Kompendium, Stuttgart 2009.

Albert Biesinger – Anke Edelbrock – Friedrich Schweitzer (Hrsg.), Auf die Eltern kommt es an! Interreligiöse und interkulturelle Bildung in der Kita (Interreligiöse und interkulturelle Bildung im Kindesalter 2) Münster – New York – München 2011.

Andreas Blaschke, *Beschneidung.* Zeugnisse der Bibel und verwandter Texte (Texte und Arbeiten zum neutestamentlichen Zeitalter 28) Tübingen – Basel 1998.

Johanna E. Blume, Verstümmelte Körper? Lebenswelten und soziale Praktiken von Kastratensängern in Mitteleuropa 1712–1844 (Veröffentlichungen des Instituts für Europäische Geschichte Mainz 257) Göttingen 2019.

Yigal Blumenberg, Wie kann aus der Begrenzung die Vollständigkeit entspringen?, in: Christina von Braun – Christoph Wulf (Hrsg.), Mythen des Blutes. Psychoanalytische Überlegungen zur Beschneidung in der jüdischenTradition, Frankfurt – New York 2007, S. 227–242.

Alfred Bodenheimer, *Haut ab!* Die Juden in der Beschneidungsdebatte, Göttingen 2012.

Pierre Bonnechere, Le sacrifice humain en Grèce ancienne (Kernos. Supplement 3) Lüttich 1994.

Allan Bouley, *From Freedom to Formula*. The Evolution of the Eucharistic Prayer from Oral Improvisation to Written Texts (Studies in Christian Antiquity 21) Washington 1981.

Hugo Brandenburg, Die frühchristlichen Kirchen Roms. Vom 4. bis zum 7. Jahrhundert. Der Beginn der abendländischen Kirchenbaukunst, 3. komplett überarb. Aufl., Regensburg 2013.

Georg Braulik, *Die Beschneidung an Vorhaut und Herz*. Zu Gebot und Gnade des Bundeszeichens im Alten Testament, in: Jan-Heiner Tück (Hrsg.), Die Beschneidung Jesu. Was sie Juden und Christen heute bedeutet, Freiburg 2020, S. 63–95.

Martin Brecht, Martin Luther, 3 Bde., 3. Aufl., Stuttgart 1990.

Horst Bredekamp, *Der Bildakt* (Wagenbachs Taschenbuch 744) Berlin 2015.

–, *Theorie des Bildakts*. Frankfurter Adorno-Vorlesungen 2007, Berlin 2010.

Jan N. Bremmer, *Götter, Mythen und Heiligtümer* im antiken Griechenland, Darmstadt 1996.

Clemens Brentano, Sämtliche Werke und Briefe, hrsg. v. Jürgen Tische, 2 Bde. (Ausgabe, veranstaltet vom freien Deutschen Hochstift 28,1–2), Stuttgart 1981–1982.

Cilliers Breytenbach, Gnädigstimmen und opferkultische Sühne im Urchristentum und seiner Umwelt, in: Bernd Janowski – Michael Welker (Hrsg.), Opfer. Theologische und kulturelle Kontexte (Suhrkamp TB Wissenschaft 1454) Frankfurt 2000, S. 217–243.

Peter Browe, Die eucharistischen Wunder des Mittelalters (Breslauer Studien zur historischen Theologie N. F. 4) Breslau 1938.

Peter Brown, *Spätantike*, in: Georges Duby – Philippe Ariès (Hrsg.), Geschichte des privaten Lebens 1 („Vom Römischen Imperium zum Byzantinischen Reich") Frankfurt 1989, S. 229–297.

Harald Buchinger, Die Feier der Beschneidung des Herrn am Oktavtag von Weihnachten. Liturgische Entwicklung und Entfaltung im ersten Jahrtausend, in: Jan-Heiner Tück (Hrsg.), Die Beschneidung Jesu. Was sie Juden und Christen heute bedeutet, Freiburg 2020, S. 147–185.

Hubertus Buchstein, Randomizing Europe. The Lottery as a Decision-Making Procedure for Policy Creation in the EU, in: Critical Policy Studies 3 (2009) Heft 1, S. 29–57.

–, Gehen Sie über Los. Das Zufallsprinzip als demokratisches Lebenselixier, in: Polar. Politik – Theorie – Alltag 7 (2009) S. 41–44.

–, *Lostrommel und Wahlurne*. Losverfahren in der parlamentarischen Demokratie, in: Zeitschrift für Parlamentsfragen 44 (2013) Heft 2, S. 384–403.

Achim Budde, Improvisation im Eucharistiegebet. Zur Technik freien Betens in der Alten Kirche, in: Jahrbuch für Antike und Christentum 44 (2001) S. 127–141.

Walter Burkert, Anthropologie des religiösen Opfers. Die Sakralisierung der Gewalt (Carl Friedrich von Siemens Stiftung. Themen 40) München – Nymphenburg 1984.

–, „Blutsverwandtschaft". Mythos, Natur und Jurisprudenz, in: Christina von Braun – Christoph Wulf (Hrsg.), Mythen des Blutes, Frankfurt – New York 2007, S. 247–256.

–, Homo necans, Berlin – New York 1972.

–, *Kulte des Altertums*. Biologische Grundlagen der Religion, 2. Aufl., München 2009.

–, *Opfertypen* und antike Gesellschaftsstruktur, in: Gunther Stephenson (Hrsg.), Der Religionswandel unserer Zeit im Spiegel der Religionswissenschaft, Darmstadt 1976, S. 168–187.

C

Louis Carlen, Wallfahrt und Recht im Abendland (Freiburger Veröffentlichungen aus dem Gebiete von Kirche und Staat 23) Fribourg 1987.

Georg Cavallar, Islam, Aufklärung und Moderne, Stuttgart 2017.

Otto Clemen, Eine seltsame Christusreliquie, in: Archiv für Kulturgeschichte 7 (1909) S. 137–144.

Douglas Cole, Franz Boas. Ein Wissenschaftler und Patriot zwischen zwei Ländern, in: Volker Rodekamp (Hrsg.), Franz Boas 1858–1942. Ein amerikanischer Anthropologe aus Minden, Bielefeld 1994, S. 9–23.

D

Wilhelm Damberg, Missbrauch. Die Geschichte eines internationalen Skandals, in: Birgit Aschmann (Hrsg.), Katholische Dunkelräume. Die Kirche und der sexuelle Missbrauch, Paderborn 2022, S. 3–22.

–, Die Priesterbruderschaft St. Pius X. (FSSPX) und ihr politisch-geistlicher Hintergrund, in: Peter Hünermann (Hrsg.), Exkommunikation oder Kommunikation? Der Weg der Kirche nach dem II. Vatikanum und die Pius-Brüder (Quaestiones Disputatae 236) Freiburg 2009, S. 69–122.

Charles Darwin, Die Abstammung des Menschen, 2. Aufl., ND Wiesbaden 1874, ND 1992.

Friedrich-Wilhelm Deichmann, Vom Tempel zur Kirche, in: Alfred Stuiber – Alfred Hermann (Hrsg.), Mullus. Festschrift Theodor Klauser (Jahrbuch für Antike und Christentum. Ergänzungsband 1) Münster 1964, S. 52–59.

Laura Dekker, *Solo um die Welt.* Ein Mädchen, ein Traum, 3. Aufl., Bielefeld 2013.

Alexander Demandt, Der Fall Roms. Die Auflösung des Römischen Reiches im Urteil der Nachwelt, München 2014.

Otto Demus, Romanische Wandmalerei, München 1968.

Antje Yael Deusel, Mein Bund, den ihr bewahren sollt. Religionsgesetzliche und medizinische Aspekte der Beschneidung, Freiburg 2012.

Albrecht Dihle, Die goldene Regel. Eine Einführung in die Geschichte der antiken und frühchristlichen Vulgärethik (Studienhefte zur Altertumswissenschaft 7) Göttingen 1962.

Erich Dinkler – Erika Dinkler-von Schubert, Art. Friede, in: Reallexikon für Antike und Christentum 8 (1972) Sp. 434–505.

Peter Dinzelbacher, *Das fremde Mittelalter.* Gottesurteil und Tierprozess, Essen 2006.

–, Die ‚Realpräsenz' der Heiligen in ihren Reliquiaren und Gräbern nach mittelalterlichen Quellen, in: Peter Dinzelbacher – Dieter R. Bauer (Hrsg.), Heiligenverehrung in Geschichte und Gegenwart, Ostfildern 1990, S. 115–174.

–, *Vision und Magie.* Religiöses Erleben im Mittelalter, Paderborn 2019.

–, Vision und Visionsliteratur im Mittelalter (Monographien zur Geschichte des Mittelalters 23) Stuttgart 1981.

Christoph Dohmen, Art. Bild II. (Biblisch), in: Lexikon für Theologie und Kirche 2 (1994) Sp. 441–443.

–, „*Du sollst Dir kein Bild machen ...*" – Was verbietet das Bilderverbot der Bibel wem?, in: Marianne Stößl (Hrsg.), Verbotene Bilder. Heiligenfiguren in Rußland, München 2006, S. 20–28.

–, Vom Gottesbild zum Menschenbild. Aspekte der innerbiblischen Dynamik des Bilderverbotes, in: Christoph Dohmen, Studien zu Bilderverbot und Bildtheologie des Alten Testaments (Stuttgarter Biblische Aufsatzbände 51) Stuttgart 2012, S. 113–121.

–, *Religion gegen Kunst?* Liegen die Anfänge der Kunstfeindlichkeit in der Bibel?, in: Christoph Dohmen, Studien zu Bilderverbot und Bildtheologie des Alten Testaments (Stuttgarter Biblische Aufsatzbände 51) Stuttgart 2012, S. 60–72.

Michael Dörnemann, Krankheit und Heilung in der Theologie der frühen Kirchenväter (Studien und Texte zu Antike und Christentum 20) Tübingen 2003.

Franz Dünzl, Der Auftakt einer Epoche. Konstantin und die Folgen, in: Franz Dünzl – Wolfgang Weiß (Hrsg.), Umbruch – Wandel – Kontinuität (312–2012). Von der Konstantinischen Ära zur Kirche der Gegenwart (Würzburger Theologie 10) Würzburg 2014, S. 11–40.

–, Bilderstreit im ersten Jahrtausend, in: Erich Garhammer (Hrsg.), Bilder-Streit. Theologie auf Augenhöhe, Würzburg 2007, S. 47–76.

E

Christian Eberhart, *Das Opfer als Gabe. Perspektiven des Alten Testaments*, in: Jahrbuch für biblische Theologie 27 (2012) S. 93–120.

–, Opfer und Kult in kulturanthropologischer Perspektive, in: Verkündigung und Forschung 56 (2011) S. 4–16.

–, *Der Opferbegriff* im antiken Christentum. Zur Entwicklung und christologischen Applikation einer zentralen Kultkategorie, in: Berliner theologische Zeitschrift 33 (2016) S. 11–38.

–, *Studien zur Bedeutung der Opfer im Alten Testament*. Die Signifikanz von Blut- und Verbrennungsriten im kultischen Rahmen (Wissenschaftliche Monographien zum Alten und Neuen Testament 94) Neukirchen-Vluyn 2002.

Sebastian Eck, Die Apologien – Zur Prägekraft einer christlichen Gebetsform für die mittelalterliche Religiosität, in: Das Mittelalter 24 (2019) S. 319–336.

Anke Edelbrock – Friedrich Schweitzer – Albert Biesinger (Hrsg.), Wie viele Götter sind im Himmel? Religiöse Differenzwahrnehmung im Kindesalter (Interreligiöse und interkulturelle Bildung im Kindesalter 1) Münster – New York – München 2010.

Franz X. Eder, *Eros, Wollust, Sünde*. Sexualität in Europa von der Antike bis in die Frühe Neuzeit, Frankfurt 2018.

–, Die lange Geschichte der „Sexuellen Revolution" in Westdeutschland (1950er bis 1980er Jahre), in: Peter-Paul Bänziger – Magdalena Beljan – Franz X. Eder – Pascal Eitler (Hrsg.), Sexuelle Revolution? Zur Geschichte der Sexualität im deutschsprachigen Raum seit den 1960er Jahren (1800 – 2000. Kulturgeschichten der Moderne) Bielefeld 2015, S. 25–59.

Arthur Engelbert, Global Images. Eine Studie zur Praxis der Bilder, Bielefeld 2011.

Rudolf Englert – Sebastian Eck, *R-A-D-E-V*. Religionsunterrichtliche Lehrstücke im Praxistest (Religionspädagogische Bildungsforschung 7) Bad Heilbrunn 2021.

Theodor Erbe – Johannes Mirkus (Hrsg.), Festial. A Collection of Homilies (Early English Text Society. Extra Series 96) London 1905.

Wolfgang Eßbach, Religionssoziologie, Bd. 1–2, Paderborn 2014–2019.

Arnold Esch, Zwischen Antike und Mittelalter. Der Verfall des römischen Straßensystems in Mittelitalien und die Via Amerina, München 2011.

Stefan Esders, *Kingdoms of the Empire*, AD 608–616. Mediterrane Konnektivität, Synchronität und Kausalität als analytisches und darstellerisches Problem der Frühmittelalterforschung, in: Walter Pohl – Maximilian Diesenberger – Bernhard Zeller (Hrsg.), Neue Wege der Frühmittelalterforschung. Bilanz und Perspektiven (Forschungen zur Geschichte des Mittelalters 22) Wien 2018, S. 93–135.

F

Franz Falk (Hrsg.), Drei Beichtbüchlein nach den zehn Geboten aus der Frühzeit der Buchdruckerkunst (Reformationsgeschichtliche Studien und Texte 2) Münster 1907.

Monika Fander, Art. Frau II. (Biblisch), in: Lexikon für Theologie und Kirche 4 (1995) Sp. 64–65.

Norbert Finzsch, Der widerspenstigen Verstümmelung. Eine Geschichte der Kliteridektomie im „Westen", 1500–2000 (Gender, Diversity and Culture in History and Politics 1) Bielefeld 2021.

Balthasar Fischer, *„Oratio periculosa"*. Eine altirische Bezeichnung für die Einsetzungsworte in der Messe, in: Albert Gerhards – Heinzgerd Brakmann – Martin Klöckener (Hrsg.), Prex Eucharistica 3,1 (Spicilegium Friburgense 42) Fribourg 2005, S. 237–241.

James Fishkin – Robert C. Luskin, Experimenting with a Democratic Ideal. Deliberative Polling and Public Opinion, in: Acta Politica 40 (2005) Heft 3, S. 284–298.

Josef Fleckenstein, Art. Bildungsreform Karls des Großen, in: Lexikon des Mittelalters 2 (1983) Sp. 187–189.

Michel Foucault, *Überwachen und Strafen*. Die Geburt des Gefängnisses (Suhrkamp Taschenbuch Wissen 184) 1. Aufl., Frankfurt 1977.

Hubert Frankemölle, Art. Feindesliebe I. (Biblisch), in: Lexikon für Theologie und Kirche 3 (1995) Sp. 1212–1213.

Adolph Franz, Die Messe im deutschen Mittelalter. Beiträge zur Geschichte der Liturgie und des religiösen Volkslebens, Freiburg 1902.

Paula Fredriksen, *Mandatory Retirement*. Ideas in the Study of Christian Origins whose Time has Come to Go, in: Studies in Religion/Sciences Religieuses (Revue Canadienne/A Canadian Journal) 35 (2006) Heft 2, S. 231–246.

Johanna Freiin von Proff zu Irnich, Kulturelle Freiheitsrechte und Menschenwürde. ‚Körperwelten' in der Diskussion (Studien zur Rechtswissenschaft 236) Hamburg 2009.

Johannes Fried, *Karl der Große*. Gewalt und Glaube. Eine Biographie, 4. Aufl., München 2014.

G

Thomas Galli, Weggesperrt. Warum Gefängnisse niemandem nützen, Hamburg 2020.

Johann Gamberoni, Art. Los II. (Biblisch 1. Altes Testament), in: Lexikon für Theologie und Kirche 6 (1997) Sp. 1059.

Harry Y. Gamble, Books and Readers in the Early Church. A History of Christian Texts, New Haven – London 1995.

Matthias Gaudron, Die Messe aller Zeiten. Ritus und Theologie des heiligen Messopfers, 3. Aufl., Stuttgart 2012.

Ulrich Gäbler, *Die Kinderwallfahrten* aus Deutschland und der Schweiz zum Mont-Saint-Michel 1456–1459, in: Zeitschrift für schweizerische Kirchengeschichte 63 (1969) S. 221–331.

Peter Gerlitz, Art. Theodizee I. (Religionsgeschichtlich), in: Theologische Realenzyklopädie 33 (2002) S. 210–215.

Ralph Ghadban, *Arabische Clans. Die unterschätzte Gefahr*, 3. Aufl., Berlin 2018.

Sander L. Gilman, Gesundheit, Krankheit und Glaube. Der Streit um die Beschneidung, in: Felicitas Heimann-Jelinek (Hrsg.), Haut ab! Haltungen zur rituellen Beschneidung, Göttingen 2014, S. 119–126.

Burkhard Gladigow, Opfer und komplexe Kulturen, in: Bernd Janowski – Michael Welker (Hrsg.), Opfer. Theologische und kulturelle Kontexte (Suhrkamp TB Wissenschaft 1454) Frankfurt 2000, S. 86–107.

–, Mediterrane Religionsgeschichte, römische Religionsgeschichte, europäische Religionsgeschichte. Zur Genese eines Fachkonzepts, in: H. F. J. Horstmanshoff – H. W. Singor u. a. (Hrsg.), Kykeon. FS Henk S. Versnel (Religions in the Graeco-Roman World 142) Leiden – Boston – Köln 2002, S. 49–67.

Leonard B. Glick, Marked in Your Flesh. Circumcision from Ancient Judea to Modern America, Oxford 2005.

David Gollaher, *Das verletzte Geschlecht*. Die Geschichte der Beschneidung, Berlin 2002.

Alexander Görlach, Der Karikaturen-Streit in deutschen Printmedien. Eine Diskursanalyse (Perspektiven germanistischer Linguistik 2) Stuttgart 2009.

Elisabeth Gössmann, Art. Frau A.I. (Theologisch-philosophisch), in: Lexikon des Mittelalters 5 (1989) Sp. 852–853.

Christine Göttler, *Betrachtung der Beschneidungswunde*, in: Christoph Geissmar-Brandi – Eleonora Louis (Hrsg.), Glaube Hoffnung Liebe Tod (Ausstellungskatalog), Wien 1995, S. 306–307.

Rudolf Graber, Marienerscheinungen, 2. Aufl., Würzburg 1986.

Thomas Großbölting, *Die schuldigen Hirten*. Geschichte des sexuellen Missbrauchs in der katholischen Kirche, Freiburg 2022.

Duard Grounds, Miracles of Punishment and the Religion of Gregory of Tours and Bede, Münster 2015.

Alexandra Grund-Wittenberg, Kulturanthropologie und Altes Testament. Stand und Perspektiven der Forschung, in: Theologische Literaturzeitung 141 (2016) Sp. 874–886.

H

Friedrich-Wilhelm Haack, Wotans Wiederkehr. Blut-, Boden- und Rasse-Religion, München 1981.

Ernst Haag, Art. Knecht Gottes, in: Lexikon für Theologie und Kirche 6 (1997) Sp. 154–156.

Jürgen Habermas, Fundamentalismus und Terror, in: Jürgen Habermas, Der gespaltene Westen (Kleine politische Schriften 10) Frankfurt 2004, S. 11–31.

Alois Hahn, Identität und Selbstthematisierung, in: Alois Hahn – Volker Kapp (Hrsg.), Selbstthematisierung und Selbstzeugnis. Bekenntnis und Geständnis (Suhrkamp Tb Wissenschaft 643) Frankfurt 1987, S. 9–24.

Berndt Hamm, ‚Frömmigkeitsbilder' und Partikulargericht vom 14. bis zum frühen 16. Jahrhundert, in: Hans-Christoph Dittscheid – Doris Gerstl – Simone Hespers (Hrsg.), Kunst-Kontexte. FS Heidrun Stein-Kecks (Schriftenreihe des Erlanger Instituts für Kunstgeschichte 3) Petersberg 2016, S. 130–152.

–, Pure Gabe ohne Gegengabe – Die religionsgeschichtliche Revolution der Reformation, in: Jahrbuch für biblische Theologie 27 (2012) S. 241–276.

–, *Spielräume eines Pfarrers vor der Reformation. Ulrich Krafft in Ulm* (Veröffentlichungen der Stadtbibliothek Ulm 27) Ulm 2020.

Christian Hardegen, Art. Aufklärung, in: Handbuch religionswissenschaftlicher Grundbegriffe 2 (1990) S. 104–105.

Andreas Hartmann, Zwischen Relikt und Reliquie. Objektbezogene Erinnerungspraktiken in antiken Gesellschaften (Studien zur Alten Geschichte 11) Berlin 2010.

Diaa Eldin Hassanein, Der Hamburger Weg des Religionsunterrichts. Eine empirische Analyse im Klassenzimmer (Religionspädagogik in Forschung und Praxis 3) Hamburg 2013.

Hans Hattenhauer, *Europäische Rechtsgeschichte*, Heidelberg 1992.

Wolf-Dieter Hauschild, Art. Basilius, in: Theologische Realenzyklopädie 5 (1980) S. 301–313.

Brigitta Hauser-Schäublin, *Blutsverwandtschaft*, in: Christina von Braun – Christoph Wulf (Hrsg.), Mythen des Blutes, Frankfurt – New York 2007, S. 171–183.

Gunhild Häusle-Paulmichl, Der tätowierte Leib. Einschreibungen in menschliche Körper zwischen Identitätssehnsucht, Therapie und Kunst, Wiesbaden 2018.

Peter Heather, Invasion der Barbaren. Die Entstehung Europas im ersten Jahrtausend nach Christus, Stuttgart 2019.

Christian Hecht, Katholische Bildertheologie der Frühen Neuzeit. Studien zu Traktaten von Johannes Molanus, Gabriele Paleotti und anderen Autoren, 3. Aufl., Berlin 2016.

Stefan Heid, *Altar und Kirche*. Prinzipien christlicher Liturgie, Regensburg 2019.

–, *Gelübde (vota) in der frühchristlichen Religionspraxis* und Liturgie, in: Lukas Clemens – Hiltrud Merten – Christoph Schäfer (Hrsg.), Frühchristliche Grabinschriften im Westen des Römischen Reiches (Interdisziplinärer Dialog zwischen Archäologie und Geschichte 3) Trier 2015, S. 227–246.

Uta Heil (Hrsg.), Das Christentum im frühen Europa. Diskurse – Tendenzen – Entscheidungen (Millennium-Studien zur Kultur und Geschichte des ersten Jahrtausends n. Chr. 75) Berlin – Boston 2020.

Uta Heil – Volker Henning Drecoll, Anti-Arianismus und mehr. Zum Profil des lateinischen Christentums im entstehenden Frühmittelalter, in: Uta

Heil (Hrsg.), Das Christentum im frühen Europa. Diskurse – Tendenzen – Entscheidungen (Millennium-Studien 75) Berlin – Boston 2020, S. 3–31.

Birgit Heller, Art. Frau, I. (Religions- und kulturgeschichtlich), in: Lexikon für Theologie und Kirche 4 (1995) Sp. 63–64.

Yitzhak Hen, Dialog und Debatte in Spätantike und frühmittelalterlichem Christentum, in: Uta Heil (Hrsg.), Das Christentum im frühen Europa. Diskurse – Tendenzen – Entscheidungen (Millennium-Studien zur Kultur und Geschichte des ersten Jahrtausends n. Chr. 75) Berlin – Boston 2020, S. 157–169.

Martin Hengel, Judentum und Christentum. Studien zu ihrer Begegnung unter besonderer Berücksichtigung Palästinas bis zur Mitte des 2. Jh.'s v. C. (Wissenschaftliche Untersuchungen zum Neuen Testament 10) 2. durchges. u. erg. Aufl., Tübingen 1973.

Klaus Herbers, Jakobsweg. Geschichte und Kultur einer Pilgerfahrt (Beck TB Wissen 2394) München 2006.

Liselotte Hermes da Fonseca, „*Trauerlose Würfelanatomie*" als Gesellschaftsmodell. Der Verlust verschiedener Menschen und Leben in den „Körperwelten", in: Lieselotte Hermes da Fonseca – Thomas Kliche (Hrsg.), Verführerische Leichen – Verbotener Verfall. „Körperwelten" als gesellschaftliches Schlüsselereignis (Perspektiven politischer Psychologie 1) Lengerich 2006, S. 378–442.

Peter Hersche, Die Allmacht der Bilder. Zum Fortleben ihres Kults im nachtridentinischen Katholizismus, in: Peter Blickle u. a. (Hrsg.), Macht und Ohnmacht der Bilder. Reformatorischer Bildersturm im Kontext der europäischen Geschichte (Historische Zeitschrift. Beiheft 33) München 2002, S. 391–405.

Karl Heß – Paul Stricker, Ein Beitrag zur Unterrichtsgestaltung in der Vererbungslehre und Rassenkunde für das 4. bis 6. Schuljahr, Karlsruhe 1936.

Gerda Heydemann, People(s) of God? Biblical Exegesis and the Language of Community in Late Antique and Early Medieval Europe, in: Erik Hovden – Christina Lutter – Walter Pohl (Hrsg.), Meanings of Community across Medieval Eurasia (Brill's Series on the Early Middle Ages 25) Leiden – Boston 2016, S. 27–60.

Jasmin Hettinger, Hochwasservorsorge im Römischen Reich. Praktiken und Paradigmen (Geographica historica 44) Stuttgart 2022.

Thomas Hieke, *Levitikus* (Herders Theologischer Kommentar zum Alten Testament o. No.) 2 Bde., Freiburg 2014.

Literaturverzeichnis

Christian Hillgruber, Kommentar zu Hans Joas – Die Sakralität der Person, in: Michael Kühnlein – Jean-Pierre Wils (Hrsg.), Der Westen und die Menschenrechte. Im interdisziplinären Gespräch mit Hans Joas (Texte und Kontexte der Philosophie 5) Baden-Baden 2019, S. 45–56.

Otto Hiltbrunner, Art. Patria potestas, in: Der Kleine Pauly 4 (1972) S. 552–553.

Nikolaus Himmelmann, Tieropfer in der griechischen Kunst (Nordrhein-Westfälische Akademie der Wissenschaften. Vorträge G 349) Opladen 1997.

Reinhard Hoeps, Aus dem Schatten des goldenen Kalbes. Skulptur in theologischer Perspektive, Paderborn – München – Wien 1999.

Andreas Hoffmann, *Art. Los*, in: Reallexikon für Antike und Christentum 23 (2010) Sp. 471–510.

Veronika Hoffmann, Die Opfergabe Jesu Christi, in: Jahrbuch für biblische Theologie 27 (2012) S. 295–320.

Karl Hoheisel, *Art. Ordal*, in: Handbuch religionswissenschaftlicher Grundbegriffe 4 (1998) S. 285–290

–, Do ut des, in: Handbuch religionswissenschaftlicher Grundbegriffe 2, Stuttgart – Berlin – Köln 1990, S. 228–230.

André Holenstein, Seelenheil und Untertanenpflicht. Zur gesellschaftlichen Funktion und theoretischen Begründung des Eides in der ständischen Gesellschaft, in: Peter Blickle (Hrsg.), Der Fluch und der Eid. Die metaphysische Begründung gesellschaftlichen Zusammenlebens und politischer Ordnung in der ständischen Gesellschaft (Zeitschrift für historische Forschung. Beiheft 15) Berlin 1993, S. 11–63.

Andreas Holzem, Religion und Lebensformen. Katholische Konfessionalisierung im Sendgericht des Fürstbistums Münster 1570–1800 (Forschungen zur Regionalgeschichte 33) Paderborn 2000.

Peter Hünermann, Ein persönliches Schlusswort, in: Peter Hünermann (Hrsg.), Exkommunikation oder Kommunikation? Der Weg der Kirche nach dem II. Vatikanum und die Pius-Brüder (Quaestiones Disputatae 236) Freiburg 2009, S. 206–208.

I

Alexander Ignor, Indiz und Integrität. Anmerkungen zum Gerichtsverfahren des Sachsenspiegels, in: Ruth Schmidt-Wiegand (Hrsg.), Text – Bild – Interpretation. Untersuchungen zu den Bilderhandschriften des Sachsenspiegels (Münstersche Mittelalter-Schriften 55,1–2) 2 Bde., München 1986, hier Bd. 1, S. 77–91.

Dana Ionescu, *Judenbilder* in der deutschen Beschneidungskontroverse (Interdisziplinäre Antisemitismusforschung 9) Baden-Baden 2018.

J

Bernd Janowski, Dankbarkeit. Ein anthropologischer Grundbegriff im Spiegel der Toda-Psalmen, in: Bernd Janowski, Der Gott des Lebens (Beiträge zur Theologie des Alten Testaments 3) Neukirchen-Vluyn 2003, S. 267–312.

Karl Jaspers, Vom europäischen Geist. Vortrag im Rahmen der Rencontres Internationales de Genève 1946, München 1947.

–, *Vom Ursprung und Ziel* der Geschichte, München 1949.

–, Vernunft und Freiheit. Sonderausgabe, Stuttgart – Zürich 1960.

Hubert Jedin, Entstehung und Tragweite des Trienter Dekrets über die Bilderverehrung, in: Theologische Quartalschrift 116 (1935) S. 143–188 und S. 404–429.

Uffa Jensen, Art. Blut, Blutfahne, Blutopfer, Blutorden, in: Wolfgang Benz – Hermann Graml – Hermann Weiß (Hrsg.), Enzyklopädie des Nationalsozialismus, 5. erw. Aufl., Stuttgart 2007, S. 441–442.

Hans Joas, *Die Macht des Heiligen*. Eine Alternative zur Geschichte von der Entzauberung, 2. Aufl., Berlin 2017.

–, Sind die Menschenrechte westlich?, in: Michael Kühnlein – Jean-Pierre Wils (Hrsg.), Der Westen und die Menschenrechte. Im interdisziplinären Gespräch mit Hans Joas (Texte und Kontexte der Philosophie 5) Baden-Baden 2019, S. 13–21.

Klaus-Peter Jörns, Religiöse Unverzichtbarkeit des Opfergedankens? Zugleich eine kritische Relecture der kirchlichen Deutung des Todes Jesu, in: Bernd Janowski – Michael Welker (Hrsg.), Opfer. Theologische und kulturelle Kontexte (Suhrkamp TB Wissenschaft 1454) Frankfurt 2000, S. 304–338.

Claudia Christina Jost, Wissenschaftsexperimente mit Leichen und die Ausstellung „Körperwelten". Aufklärung, Kunst und Totenrecht, in: Lieselotte Hermes da Fonseca – Thomas Kliche (Hrsg.), Verführerische Leichen – Verbotener Verfall. „Körperwelten" als gesellschaftliches Schlüsselereignis (Perspektiven politischer Psychologie 1) Lengerich 2006, S. 313–336.

Josef Andreas Jungmann, Die Abwehr des germanischen Arianismus und der Umbruch der religiösen Kultur im frühen Mittelalter, in: Zeitschrift für katholische Theologie 69 (1947) S. 36–99.

–, Der Gottesdienst der Kirche. Auf dem Hintergrund seiner Geschichte kurz erläutert, Innsbruck u. a. 1955.

K

Klaus-Dieter Kaiser, Zur Streitkultur in der Diskussion um die Beschneidung, in: Martin Langanke – Andreas Ruwe – Henning Theißen (Hrsg.), Rituelle Beschneidung von Jungen. Interdisziplinäre Perspektiven (Greifswalder theologische Forschungen 23) Leipzig 2014, S. 171–191.

Arne Karsten, *Verkehrsprobleme frühneuzeitlich*, in: Arne Karsten – Volker Reinhardt, Kardinäle, Künstler, Kurtisanen. Wahre Geschichten aus dem päpstlichen Rom, Darmstadt 2004, S. 60–65.

Doris Kaufmann, „Rasse und Kultur". Die amerikanische Kulturanthropologie um Franz Boas (1858–1942) in der ersten Hälfte des 20. Jahrhunderts – ein Gegenentwurf zur Rassenforschung in Deutschland, in: Hans-Walter Schmuhl (Hrsg.), Rassenforschung an Kaiser-Wilhelm-Instituten vor und nach 1933 (Geschichte der Kaiser-Wilhelm-Gesellschaft im Nationalsozialismus 4) Göttingen 2003, S. 309–327.

Thomas Kaufmann, Art. Westfälischer Friede, in: Theologische Realenzyklopädie 35 (2003) S. 679–686.

Necla Kelek, *Die unheilige Familie*. Wie die islamische Tradition Frauen und Kinder entrechtet, München 2019.

James Francis Kenney, The Sources for the Early History of Ireland. An Introduction and Guide, 2. Aufl., New York 1966.

Hertha Elisabeth Killy – Maximiliana Höpfner, Art. Bild II. (Griechisch-Römisch), in: Reallexikon für Antike und Christentum 2 (1954) Sp. 302–318.

Wolfram Kinzig, *Formation des Glaubens*. Didaktische und liturgische Aspekte der Rezeption altkirchlicher Symbole in der lateinischen Kirche der Spätantike und des Frühmittelalters, in: Uta Heil (Hrsg.), Das Christentum im frühen Europa. Diskurse – Tendenzen – Entscheidungen (Millennium-Studien zur Kultur und Geschichte des ersten Jahrtausends n. Chr. 75) Berlin – Boston 2020, S. 389–431.

Hans-Georg Kippenberg, *Die Entdeckung der Religionsgeschichte*. Religionswissenschaft und Moderne, München 1997.

Hans-Josef Klauck, Der erste Johannesbrief (Evangelisch-katholischer Kommentar zum Neuen Testament 23,1) Zürich – Neukirchen-Vluyn 1991.

Marc Kleijwegt, Art. Kind A. (Griechisch-Römisch), in: Reallexikon für Antike und Christentum 20 (2004) Sp. 865–893.

Nina Kleinschmidt – Henri Wagner, Endlich unsterblich? Gunther von Hagens – Schöpfer der Körperwelten, Bergisch Gladbach 2000.

Romy Klimke, Das heimliche Ritual. Weibliche Genitalverstümmelung in Europa (Beiträge zum Europa- und Völkerrecht 11) Halle 2015.

John S. Kloppenborg, The Attraction of Roman Élite to the Christian Movement, in: Ute E. Eisen – Heidrun E. Mader (Hrsg.), Talking God in Society. Multidisciplinary (Re)constructions of Ancient (Con)texts. FS Peter Lampe, 2 Bde., Göttingen 2020, hier Bd. 1, S. 263–280.

–, Urchristentum, Primitive Christianity, Early Christianity, the Jesus Movement, in: Early Christianity 11 (2020) S. 389–412.

Thorsten Knauth – Wolfram Weiße (Hrsg.), Ansätze, Kontexte und Impulse zu dialogischem Religionsunterricht, Münster 2020.

Thorsten Knauth – Andreas Gloy (Hrsg.), Gott und Göttliches. Eine interreligiöse Spurensuche. Unterrichtsmaterialien zum dialogischen, interreligiösen Lernen, Berlin 2018.

Johannes Kollwitz, Art. Bild III. (Christlich), in: Reallexikon für Antike und Christentum 2 (1954) Sp. 318–341.

Ruud Koopmans, Das verfallene Haus des Islam. Die religiösen Ursachen von Unfreiheit, Stagnation und Gewalt, München 2019.

Raymund Kottje, Oratio periculosa. Eine frühmittelalterliche Bezeichnung des Kanons, in: Archiv für Liturgiewissenschaft 10 (1967) S. 165–168.

Johannes Krause, „Die Reise unserer Gene". Eine Geschichte über uns und unsere Vorfahren, Berlin 2019.

Daniel Krochmalnik, Mila und Shoah, in: Jan-Heiner Tück (Hrsg.), Die Beschneidung Jesu. Was sie Juden und Christen heute bedeutet, Freiburg 2020, S. 278–288.

Hugo Kuhn, Entwürfe zu einer Literatursystematik des Spätmittelalters, Tübingen 1980.

Katharina Kunter, Christentum, Menschenrechte und sozialethische Neuorientierungen, in: Jens Holger Schjorring – Norman A. Hjelm – Kevin Ward (Hrsg.), Geschichte des globalen Christentums 3 (Die Religionen der Menschheit 34) Stuttgart 2018, S. 209–237.

Michael Kunzler, Die „Tridentinische" Messe. Aufbruch oder Rückschritt?, Paderborn 2008.

Dietrich Kurze, Krieg und Frieden im mittelalterlichen Denken, in: Heinz Durchhardt (Hrsg.), Zwischenstaatliche Friedenswahrung in Mittelalter und Früher Neuzeit (Münstersche historische Forschungen 1) Köln – Wien 1991, S. 1–44.

Hans Küng (Hrsg.), Dokumentation zum Weltethos (Serie Piper 3489) München 2002.

–, Wozu Weltethos? Religion und Ethik in Zeiten der Globalisierung (Herder Spektrum 5227) Freiburg 2002.

L

Bernhard Lang, Art. Ritual/Ritus B. (Phänomenologie), in: Handbuch religionswissenschaftlicher Grundbegriffe 4 (1998) S. 445–452.

Kurt Latte, *Römische Religionsgeschichte*, 2. Aufl. (Handbuch der Altertumswissenschaft, Abt. 5, Teil 4) München 1967.

Jonathan David Lawrence, Washing in Water. Trajectories of Ritual Bathing in the Hebrew Bible and Second Temple Literature (Academia biblica 23) Atlanta – Leiden 2006.

Frédéric Lenoir, Offener Brief an die Tiere und alle, die sie lieben, Stuttgart 2018.

Thomas Lentes, *„Andacht" und „Gebärde"*. Das religiöse Ausdrucksverhalten, in: Bernhard Jussen – Craig Koslofsky (Hrsg.), Kulturelle Reformation. Sinnformationen im Umbruch 1400–1600 (Veröffentlichungen des Max-Planck-Instituts für Geschichte 145) Göttingen 1999, S. 29–67.

–, *Der Blick auf den Durchbohrten*. Die Wunden Christi im späten Mittelalter, in: Reinhard Hoeps – Richard Hoppe-Sailer (Hrsg.), Deine Wunden. Passionsimaginationen in christlicher Bildtradition und Bildkonzepte in der Kunst der Moderne, Bielefeld 2014, S. 43–61.

–, Verum Corpus und Vera Imago. Kalkulierte Bildbeziehungen in der Gregorsmesse, in: Andreas Gormans – Thomas Lentes (Hrsg.), Das Bild der Erscheinung. Die Gregorsmesse im Mittelalter (KultBild. Visualität und Religion in der Vormoderne 3) Berlin 2007, S. 13–35.

–, *Gebetbuch und Gebärde*. Religiöses Ausdrucksverhalten in Gebetbüchern aus dem Dominikanerinnen-Kloster St. Nikolaus in Undis zu Straßburg (1339–1550) (Diss. Masch.), Münster 1996.

–, Nikolaus Paulus (1853–1930) und die „Geschichte des Ablasses im Mittelalter", in: Thomas Lentes (Hrsg.), Nikolaus Paulus. Geschichte des Ablasses im Mittelalter, 2. Aufl., 3 Bde., Darmstadt 2000.

–, *Der hermeneutische Schnitt*. Die Beschneidung im Christentum, in: Felicitas Heimann-Jelinek (Hrsg.), Haut ab! Haltungen zur rituellen Beschneidung, Göttingen 2014, S. 105–113.

–, *Auf der Suche nach dem Ort des Gedächtnisses*. Thesen zur Umwertung der symbolischen Formen in Abendmahlslehre, Bildtheorie und Bildandacht des 14.–16. Jahrhunderts, in: Klaus Krüger – Alessandro Nova (Hrsg.), Imagination und Wirklichkeit. Zum Verhältnis von mentalen und realen Bildern in der Kunst der frühen Neuzeit, Mainz 2000, S. 21–46.

Volker Leppin, *Geschichte des mittelalterlichen Christentums* (Neue theologische Grundrisse o. Nr.) Tübingen 2012.

Claude Lévi-Strauss, *Traurige Tropen*, 2. Aufl., Frankfurt 1989.

Roland Lhotta, Gehen Sie nicht über Los. Eine Erwiderung auf Hubertus Buchstein, in: Zeitschrift für Parlamentsfragen 44 (2013) Heft 2, S. 404–418.

Veronika Lipphardt, *Biologie der Juden*. Jüdische Wissenschaftler über „Rasse" und Vererbung 1900–1935, Göttingen 2008.

Gerhard Lubich, Hochmittelalter. Über einen schwierigen Ordnungsbegriff, in: Lisa Klocke – Matthias Weber (Hrsg.), Das Hochmittelalter. Eine vernachlässigte Epoche? Neue Forschungen zum 11. bis 13. Jahrhundert (Studien zur Vormoderne 2) Berlin 2020, S. 11–18.

Niklas Luhmann, Rechtssoziologie 2 Bde., Reinbek b. Hamburg 1972.

Hubertus Lutterbach, *Bonifatius* – Mit Axt und Evangelium. Eine Biographie in Briefen, 2. Aufl., Freiburg 2005.

–, Die mittelalterlichen Bußbücher – Trägermedien von Einfachreligiosität?, in: Zeitschrift für Kirchengeschichte 114 (2003) S. 227–244.

–, Der *Christus medicus* und die *sancti medici*. Zum wechselvollen Verhältnis zweier Grundmotive christlicher Frömmigkeit zwischen Spätantike und Früher Neuzeit, in: Saeculum 47 (1996) S. 239–281.

–, *Das Ende der Gefängnisse*. Eine christentumsgeschichtliche Provokation, in: Herder Korrespondenz 75 (2021) Heft 6, S. 15–17.

–, Die *Fastenbuße* im Mittelalter, in: Klaus Schreiner (Hrsg.), Frömmigkeit im Mittelalter. Politisch-soziale Kontexte, visuelle Praxis, körperliche Ausdrucksformen, München 2002, S. 399–437.

–, *Gotteskindschaft*. Kultur- und Sozialgeschichte eines christlichen Ideals, Freiburg 2003.

–, Intentions- oder Tathaftung? Zum Bußverständnis in den frühmittelalterlichen Bußbüchern, in: Frühmittelalterliche Studien 29 (1995) S. 120–143.

–, Introspektion und Selbstthematisierung in Beichte und Supervision. Ein christentumsgeschichtlicher Vergleich, in: Kirchliche Zeitgeschichte/Contemporary Church History 28 (2015) S. 328–343.

–, *Kinder und Christentum*. Kulturgeschichtliche Perspektiven auf Schutz, Bildung und Partizipation von Kindern zwischen Antike und Gegenwart, Stuttgart 2010.

–, *„Kindergebet dringt durch die Wolken."* Zum Zusammenhang von Askese, kindlichen Stimmen, kirchlicher Liturgie und karitativer Wirkung, in: Werner Röcke – Julia Weitbrecht (Hrsg.), Askese und Identität in Spätantike, Mittelalter und Früher Neuzeit (Transformationen der Antike 14) Berlin – New York 2010, S. 81–104.

–, „Was ihr einem dieser Kleinen getan habt, das habt ihr mir getan …" Der historische Beitrag des Christentums zum „Jahrhundert des Kindes", in: Jahrbuch Biblische Theologie 17 (2002) S. 199–223.

–, *The Holy Mass and Holy Communion* in the Medieval Penitentials (600–1200). Liturgical and Religio-Historical Perspectives, in: Charles Caspers – Gerard Lukken (Hrsg.), Bread of Heaven. Customs and Practices Surrounding Holy Communion. Essays in the History of Liturgy and Culture, Kampen (NL) 1995, S. 61–82.

–, *Monachus factus est*. Die Mönchwerdung im frühen Mittelalter. Zugleich ein Beitrag zur Frömmigkeits- und Liturgiegeschichte (Beiträge zur Geschichte des Alten Mönchtums und des Benediktinertums 44) Münster 1995.

–, *Tot und heilig?* Personenkult um „Gottesmenschen" in Mittelalter und Gegenwart, Darmstadt 2008.

–, *Der Pflichtzölibat im Christentum*. Ausdruck der besonderen Gotteskindschaft?, in: Jahrbuch für biblische Theologie 33 (2020) S. 191–210.

–, Die kultische Reinheit – Bedingung der Möglichkeit für sexuelle Gewalt von Klerikern gegenüber Kindern?, in: Magnus Striet – Rita Werden (Hrsg.), Unheilige Theologie! Analysen angesichts sexueller Gewalt gegen Minderjährige durch Priester (Katholizismus im Umbruch 9) Freiburg 2019, S. 175–195.

–, *So prägt Religion* unsere Mitmenschlichkeit, Kevelaer 2018.

–, Zwischen Selbstfindung und Gebeinverehrung – Pilgerschaft heute, in: Hubertus Lutterbach, Vom Jakobsweg zum Tierfriedhof. Wie Religion heute lebendig ist, Kevelaer 2014, S. 21–46.

–, Der 11. September 2001, das vorrationale religiöse Denken und die fundamentalistische Versuchung, in: Hubertus Lutterbach – Jürgen Manemann (Hrsg.), Religion und Terror. Stimmen zum 11. September 2001 aus Christentum, Islam und Judentum, Münster 2002, S. 94–99.

–, *Sexualität im Mittelalter*. Eine Kulturstudie anhand von Bußbüchern des 6. bis 12. Jahrhunderts (Beihefte zum Archiv für Kulturgeschichte 43) Köln – Weimar 1999.

–, Die Speisegesetzgebung in den mittelalterlichen Bußbüchern (600–1200). Religionsgeschichtliche Perspektiven, in: Archiv für Kulturgeschichte 80 (1998) S. 1–37.

–, Spiritualität und Missbrauch. Werdet wie die Kinder. Die Vorstellung von der kultischen Reinheit, die Priester und Kinder verbindet, in: Herder Korrespondenz 73 (2019) S. 48–51.

–, Keine Sühne ohne Blut? Das Martyrium des Hl. Ansgar, in: Studien und Mitteilungen zur Geschichte des Benediktinerordens 106 (1995) S. 79–99.

–, Das Täuferreich von Münster. Wurzeln und Eigenarten eines religiösen Aufbruchs, 2. überarb. Aufl., Münster 2021.

–, Der Weg in das Täuferreich von Münster. Ein Ringen um die heilige Stadt (Geschichte des Bistums Münster 3) Münster 2006.

M

Hans Maier, Die Politischen Religionen und die Bilder, in: Peter Blickle u. a. (Hrsg.), Macht und Ohnmacht der Bilder. Reformatorischer Bildersturm im Kontext der europäischen Geschichte (Historische Zeitschrift. Beiheft 33) München 2002, S. 485–507.

Guy P. Marchal, Das vieldeutige Heiligenbild. Bildersturm im Mittelalter, in: Peter Blickle u. a. (Hrsg.), Macht und Ohnmacht der Bilder. Reformatorischer Bildersturm im Kontext der europäischen Geschichte (Historische Zeitschrift. Beiheft 33) München 2002, S. 307–332.

Christoph Markschies, *Das antike Christentum*. Frömmigkeit, Lebensformen, Institutionen, 2. Aufl., München 2012.

–, Ist Monotheismus gefährlich? Einige Beobachtungen zu einer aktuellen Debatte aus der Spätantike, in: Christoph Markschies, Antike ohne Ende, Berlin 2008, S. 129–148.

Jon Mathieu – Simon Teuscher – David Warren Sabean (Hrsg.), Kinship in Europe. Approaches to Long-Term Development (1300–1900), New York 2007.

Rob Meens, Penance in Medieval Europe 600–1200, Cambridge 2014.

–, *Ritual Purity and the Influence of Gregory the Great* on the Early Middle Ages, in: Robert Norman Swanson (Hrsg.), Unity and Diversity in the Church (Studies in Church History 32) Oxford 1996, S. 31–43.

–, „A Relic of Superstition". Bodily Impurity and the Church from Gregory the Great to the Twelfth-Century Decretists, in: Marcel J. H. M.

Poorthuis – Joshua Schwarz (Hrsg.), Purity and Holiness. The Heritage of Leviticus (Jewish and Christian Perspectives Series 2) Leiden – Boston – Köln 2000, S. 281–293.

Mischa Meier, Geschichte der Völkerwanderung. Europa, Asien und Afrika vom 3. bis zum 8. Jahrhundert n. Chr., 2. Aufl., München 2020.

Karl-Heinz Menke, Art. Stellvertretung II. (Biblisch-theologisch) und IV. (Spirituell), in: Lexikon für Theologie und Kirche 9 (2000) Sp. 952–953 und Sp. 955–956.

Andreas Merkt, *„Über den Gräbern Gott anbeten"*. Religiöse „Revolutionen" und kulturelle Umbrüche in der Spätantike, in: Andreas Merkt (Hrsg.), Metamorphosen des Todes. Bestattungskulturen und Jenseitsvorstellungen im Wandel – Vom alten Ägypten bis zum Friedwald der Gegenwart (Regensburger Klassikstudien 2) Regensburg 2016, S. 125–143.

Hans Bernhard Meyer, Luther und die Messe. Eine liturgiewissenschaftliche Untersuchung über das Verhältnis Luthers zum Meßwesen des späten Mittelalters (Konfessionskundliche und kontroverstheologische Studien 11) Paderborn 1965.

Tim Meyer, *Gefahr vor Gericht*. Die Formstrenge im sächsisch-magdeburgischen Recht (Forschungen zur deutschen Rechtsgeschichte 26) Köln – Weimar – Wien 2009.

William Ian Miller, *Eye for an Eye*, Cambridge 2006.

Stephan Moebius, Geben, nehmen, erwidern, opfern und anerkennen. Zur Soziologie und Diskussion von Marcel Mauss' *Essai sur le don*, in: Jahrbuch für biblische Theologie 27 (2012) S. 3–21.

Martin Mosebach, Der Heilige und das Handy, in: Die Zeit Literatur 61. Jg., No. 40, Sept. 2006 (Sonderbeilage).

Sigmund Mowinckel, Religion und Kultus, Göttingen 1953.

Alexander C. Murray, Germanic Kinship Structure. Studies in Law and Society in Antiquity and the Early Middle Ages (Studies and Texts 65) Toronto 1983.

Robert Muth, *Einführung in die griechische und römische Religion*, 2. durchges. u. erw. Aufl., Darmstadt 2010.

Klaus E. Müller, Das magische Universum der Identität. Elementarformen sozialen Verhaltens. Ein ethnologischer Grundriss, Frankfurt – New York 1987.

–, Wendezeiten in traditionellen Kulturen, in: Klaus E. Müller (Hrsg.), Historische Wendeprozesse. Ideen, die Geschichte machten, Freiburg 2003, S. 14–43.

Ilse Müllner – Peter Dschulnigg, *Jüdische und christliche Feste* (Die Neue Echter Bibel. Themen 9) Würzburg 2002.

N

Karl J. Narr, Beiträge der Urgeschichte zur Kenntnis der Menschennatur, in: Hans-Georg Gadamer – Paul Vogler (Hrsg.), Neue Anthropologie, Bd. 4, Stuttgart 1973, S. 3–62.

Christophe Nihan, Forms and Functions of Purity in Leviticus, in: Christian Frevel – Christophe Nihan (Hrsg.), Purity and the Forming of Religious Traditions in the Ancient Mediterranean World and Ancient Judaism (Dynamics in the History of Religions 3) Leiden – Boston 2012, S. 311–367.

O

Albrecht Oepke, Art. iaomai, in: Theologisches Wörterbuch zum Neuen Testament 3 (1938) S. 194–215.

Friedrich Ohly, Kathedrale als Zeitenraum. Zum Dom von Siena, in: Friedrich Ohly, Schriften zur mittelalterlichen Bedeutungsforschung, Darmstadt 1977, S. 171–274.

Peter Oestmann, *Die Zwillingsschwester der Freiheit*. Die Form im Recht als Problem der Rechtsgeschichte, in: Peter Oestmann (Hrsg.), Zwischen Formstrenge und Billigkeit. Forschungen zum vormodernen Zivilprozess (Quellen und Forschungen zur höchsten Gerichtsbarkeit im Alten Reich 56) Köln – Weimar – Wien 2009, S. 1–54.

John W. O'Malley, Praise and Blame in Renaissance Rome. Rhetoric, Doctrine and Reform in the Sacred Orators of the Papal Court (c. 1450–1521), Durham 1979.

Christian Nikolaus Opitz, Genealogical Representations of Monastic Communities in Late Medieval Art, in: Erik Hovden – Christina Lutter – Walter Pohl (Hrsg.), Meanings of Community across Medieval Eurasia (Brill's Series on the Early Middle Ages 25) Leiden – Boston 2016, S. 183–202.

Eric Ottenheijm, Impurity between Intention and Deed. Purity Disputes in the First Century Judaism and in the New Testament, in: Marcel J. H. M. Poorthuis – Joshua Schwarz (Hrsg.), Purity and Holiness. The Heritage of Leviticus (Jewish and Christian Perspectives Series 2) Leiden – Boston – Köln 2000, S. 129–147.

P

Steffen Patzold, *Konflikte im Kloster*. Studien zu Auseinandersetzungen in monastischen Gemeinschaften des ottonisch-salischen Reichs (Historische Studien 463) Husum 2000.

Jörg Peltzer, Idoneität. Eine Ordnungskategorie oder eine Frage des Rangs?, in: Cristina Andenna – Gert Melville (Hrsg.), Idoneität, Genealogie, Legitimation. Begründung und Akzeptanz von dynastischer Herrschaft im Mittelalter (Norm und Struktur 43) Köln – Weimar – Wien 2015, S. 23–38.

Otto Penz, Die Somatisierung von Sex-Appeal, in: Peter-Paul Bänziger – Magdalena Beljan – Franz X. Eder – Pascal Eitler (Hrsg.), Sexuelle Revolution? Zur Geschichte der Sexualität im deutschsprachigen Raum seit den 1960er Jahren (1800 – 2000. Kulturgeschichten der Moderne 9) Bielefeld 2015, S. 285–302.

Rudolf Pesch, Die Apostelgeschichte, Teilband 1 (Evangelisch-Katholischer Kommentar zum Neuen Testament 5,1) Zürich 1986.

–, Römerbrief (Die Neue Echter Bibel. Kommentar zum NT mit der Einheitsübersetzung) Würzburg 1983.

Hans Joachim Pieper, „Hat er aber gemordet, so muss er sterben." Klassiker der Philosophie zur Todesstrafe, in: Helmut C. Jacobs (Hrsg.), Gegen Folter und Todesstrafe. Aufklärerischer Diskurs und europäische Literatur vom 18. Jahrhundert bis zur Gegenwart, Frankfurt 2007, S. 169–184.

Luce Pietri, La ville de Tours du IVe au VIe siècle. Naissance d'une cité chrétienne (Collection de l'école française de Rome 69) Rom 1983.

Steven Pinker, Aufklärung jetzt. Für Vernunft, Wissenschaft, Humanismus und Fortschritt. Eine Verteidigung, 2. Aufl., Frankfurt 2018.

Walter Pohl, *Die christliche Dimension ethnischer Identitäten* im Frühmittelalter, in: Uta Heil (Hrsg.), Das Christentum im frühen Europa. Diskurse – Tendenzen – Entscheidungen (Millennium-Studien zur Kultur und Geschichte des ersten Jahrtausends n. Chr. 75) Berlin – Boston 2020, S. 35–49.

–, Von der Ethnogenese zur Identitätsforschung, in: Walter Pohl – Maximilian Diesenberger – Bernhard Zeller (Hrsg.), Neue Wege der Frühmittelalterforschung. Bilanz und Perspektiven (Forschungen zur Geschichte des Mittelalters 22) Wien 2018, S. 9–34.

–, *Genealogy*. A Comparative Perspective from the Early Medieval West, in: Erik Hovden – Christina Lutter – Walter Pohl (Hrsg.), Meanings of

Community across Medieval Eurasia (Brill's Series on the Early Middle Ages 25) Leiden – Boston 2016, S. 232–269.

Walter Pohl – Daniel Mahoney, Narratives of Ethnic Origins. Eurasian Perspectives, in: The Medieval History Journal 21 (2018) Heft 2, S. 187–191.

Bernhard Poschmann, Art. Buße B. (Christlich), in: Reallexikon für Antike und Christentum 2 (1954) Sp. 805–812.

Heribert Prantl, Der Zorn Gottes. Denkanstöße zu den Feiertagen, 4. Aufl., München 2015.

Q/R

Joachim Friedrich Quack, Zur Beschneidung im Alten Ägypten, in: Angelika Berlejung – Jan Dietrich – Joachim Friedrich Quack (Hrsg.), Menschenbilder und Körperkonzepte im Alten Israel, in Ägypten und im Alten Orient (Orientalische Religionen in der Antike 9) Tübingen 2012, S. 561–651.

Ulrich Rebstock, Art. Beschneidung, Abschnitt Islam, in: Hans Dieter Betz u. a. (Hrsg.) Religion in Geschichte und Gegenwart. Handwörterbuch für Theologie und Religionswissenschaft, 4. Aufl., Tübingen 1998, S. 1358 (insges.).

Helmut Reimitz, Die Franken und ihre Geschichte, in: Walter Pohl – Maximilian Diesenberger – Bernhard Zeller (Hrsg.), Neue Wege der Frühmittelalterforschung. Bilanz und Perspektiven (Forschungen zur Geschichte des Mittelalters 22) Wien 2018, S. 201–216.

Marcell Restle, Art. Pilgerandenken, Pilgerzeichen, in: Lexikon des Mittelalters 6 (1993) Sp. 2154–2156.

Paul Ricœur, Symbolik des Bösen, Bd. 2, Freiburg – München 1971.

Bernd Roeck, *Macht und Ohnmacht der Bilder*. Die historische Perspektive, in: Peter Blickle u. a. (Hrsg.), Macht und Ohnmacht der Bilder. Reformatorischer Bildersturm im Kontext der europäischen Geschichte (Historische Zeitschrift. Beiheft 33) München 2002, S. 33–63.

Veit Rosenberger, Religion in der Antike (Geschichte kompakt o. No.) Darmstadt 2012.

Andreas Rödder, *21.0. Eine kurze Geschichte der Gegenwart*, 4. Aufl., München 2016.

Els Rose, *Emendatio* and *effectus* in Frankish Prayer Traditions, in: Rob Meens – Dorine van Espelo (Hrsg.), Religious Franks. Religion and Power in the Frankish Kingdoms. Studies in Honour of Mayke de Jong, Manchester 2016, S. 128–147.

–, *Plebs sancta ideo meminere debet*. The Role of the People in the Early Medieval Liturgy of Mass, in: Uta Heil (Hrsg.), Das Christentum im frühen Europa. Diskurse – Tendenzen – Entscheidungen (Millennium-Studien 75) Berlin – Boston 2020, S. 459–476.

Kurt Ruh, *Geistliche Prosa*, in: Neues Handbuch der Literaturwissenschaft 8 („Europäisches Spätmittelalter", hrsg. v. Willi Erzgräber), Wiesbaden 1978, S. 565–605.

Andreas Ruwe, *Aspekte von Beschneidung* im Alten Orient und das Motiv der „Herzensbeschneidung" im Alten Testament, in: Martin Langanke – Andreas Ruwe – Henning Theißen (Hrsg.), Rituelle Beschneidung von Jungen. Interdisziplinäre Perspektiven (Greifswalder theologische Forschungen 23) Leipzig 2014, S. 83–98.

–, *Beschneidung als interkultureller Brauch* und Friedenszeichen Israels. Religionsgeschichtliche Überlegungen zu Genesis 17, Genesis 34, Exodus 4 und Josua 5, in: Theologische Zeitschrift 64 (2008) S. 309–342.

S

David W. Sabean, *Kinship and Class Dynamics* in Nineteenth-Century Europe, in: Jon Mathieu – Simon Teuscher – David Warren Sabean (Hrsg.), Kinship in Europe. Approaches to Long-Term Development (1300–1900), New York 2007, S. 301–313.

Pierre Saintyves, En Marge de la Légende Dorée. Songes, miracles et survivances. Essai sur la formation de quelques thèmes hagiographiques, 2. Aufl., Paris 1987, S. 495–896.

Kurt Salamun, Einleitung des Herausgebers [zu Karl Jaspers, Vom Ursprung und Ziel der Geschichte], in: Thomas Fuchs u. a. (Hrsg.), Karl Jaspers. Gesamtausgabe I 10, Basel 2017, S. VII–XXII.

John Scheid, *Sacrifices for Gods and Ancestors*, in: Jörg Rüpke (Hrsg.), A Companion to Roman Religion, Oxford 2007, S. 263–271.

Wolfgang Schild, Folter, Pranger, Scheiterhaufen. Rechtsprechung im Mittelalter, München 2010.

–, Alte Gerichtsbarkeit. Vom Gottesurteil bis zum Beginn der modernen Rechtsprechung, 2. Aufl., München 1985.

–, Der gequälte und entehrte Körper. Spekulative Vorbemerkungen zu einer noch zu schreibenden Geschichte des Strafrechts, in: Klaus Schreiner – Norbert Schnitzler (Hrsg.), Gepeinigt, begehrt, vergessen. Symbolik und Sozialbezug des Körpers im späten Mittelalter und in der frühen Neuzeit, München 1992, S. 147–168.

Stephan Schlensog, Das Weltethos-Projekt. Drei Jahrzehnte globaler gesellschaftlicher Dialog, in: Ulrich Hemel (Hrsg.), Weltethos für das 21. Jahrhundert, Freiburg 2019, S. 28–38.

Bernhard Schlink, Das Opfer des Lebens, in: Berliner theologische Zeitschrift 33 (2016) S. 55–68.

Francis Schmidt, Élection et tirage au sort, in: Revue d'histoire et de philosophie religieuses 80 (2000) S. 105–117.

Gunter Schmidt, *Aus der Zauber?* Eine kurze Geschichte der Sexualität in der BRD, in: Gunter Schmidt (Hrsg.), Kinder der sexuellen Revolution. Kontinuität und Wandel studentischer Sexualität 1966–1996. Eine empirische Untersuchung (Beiträge zur Sexualforschung 77) Gießen 2000, S. 9–15.

Joachim Schmidt, Interreligiöse Kommunikationsfähigkeit in der und durch die Begegnung zwischen Jugendlichen aus unterschiedlichen Religionen, in: Albert Biesinger – Klaus Kießling u. a. (Hrsg.), Interreligiöse Kompetenz in der beruflichen Bildung. Pilotstudie zur Unterrichtsforschung (Religion und berufliche Bildung 6) Berlin 2011, S. 118–159.

–, Zusammenfassende Thesen zu den Ergebnissen des Pilotprojekts „Interreligiöse Kompetenz in der beruflichen Bildung", in: Albert Biesinger – Klaus Kießling u. a. (Hrsg.), Interreligiöse Kompetenz in der beruflichen Bildung. Pilotstudie zur Unterrichtsforschung (Religion und berufliche Bildung 6) Berlin 2011, S. 160–166.

Perry Schmidt-Leukel, Gott ohne Grenzen. Eine christliche und pluralistische Theologie der Religionen, Gütersloh 2005.

Rüdiger Schmitt – Edward Burnett Tylor. Primitive Culture. Researches into the Development of Mythology, Philosophy, Religion, Language, Art and Custom (1871), in: Christel Gärtner – Gert Pickel (Hrsg.), Schlüsselwerke der Religionssoziologie, Wiesbaden 2019, S. 65–69.

Barbara Schmitz, *Geschichte Israels* (UTB 3547. Grundwissen Theologie) 2. Aufl., Paderborn 2015.

Romedio Schmitz-Esser, *Der Leichnam im Mittelalter.* Einbalsamierung, Verbrennung und die kulturelle Konstruktion des toten Körpers (Mittelalter-Forschungen 48) 2. Aufl., Ostfildern 2016.

Rudolf Schnackenburg, Das Urchristentum, in: Johann Maier – Josef Schreiner (Hrsg.), Literatur und Religion des Frühjudentums. Eine Einführung, Würzburg – Gütersloh 1973, S. 284–309.

Thomas Schnalke, Demokratisierte Körperwelten. Zur Geschichte der öffentlichen Anatomie, in: Gottfried Bogusch – Renate Graf – Thomas

Schnalke (Hrsg.), Auf Leben und Tod. Beiträge zur Diskussion um die Ausstellung „Körperwelten", Darmstadt 2003, S. 3–28.

Rudolf Schneider, Was hat uns Augustinus „theologia medicinalis" heute zu sagen?, in: Kerygma und Dogma 3 (1957) S. 307–315.

Norbert Schnitzler, Ikonoklasmus – Bildersturm. Theologischer Bilderstreit und ikonoklastisches Handeln während des 15. und 16. Jahrhunderts, München 1996.

Eberhard Schockenhoff, *Testfall für die Toleranzfähigkeit des demokratischen Rechtsstaats*? Zur Debatte um die religiös motivierte Beschneidung von Knaben, in: Klaus Viertbauer – Florian Wegscheider (Hrsg.), Christliches Europa? Religiöser Pluralismus als theologische Herausforderung, Freiburg 2017, S. 207–231.

Percy Ernst Schramm, Karl der Große. Denkart und Grundauffassungen. Die von ihm bewirkte ‚correctio' (nicht ‚Renaissance'), in: Percy Ernst Schramm, Kaiser, Könige, Päpste. Gesammelte Aufsätze zur Geschichte des Mittelalters 1, Stuttgart 1968, S. 302–341.

Klaus Schreiner, *Maria*. Jungfrau, Mutter, Herrscherin, München – Wien 1994.

Friedrich Schweitzer – Anke Edelbrock – Albert Biesinger (Hrsg.), Interreligiöse und interkulturelle Bildung in der Kita. Eine Repräsentativbefragung von Erzieherinnen in Deutschland – interdisziplinäre, interreligiöse und internationale Perspektiven (Interreligiöse und interkulturelle Bildung im Kindesalter 3) Münster – New York – München 2011.

Gerd Schwerhoff, Zungen wie Schwerter. Blasphemie in alteuropäischen Gesellschaften 1200–1650 (Konflikte und Kultur – Historische Perspektiven 12) Konstanz 2005.

Michael Seewald, *Reform*. Dieselbe Kirche anders denken, Freiburg 2019.

–, Todesstrafe, Kirchenlehre und Dogmenentwicklung. Überlegungen zur von Papst Franziskus vorgenommenen Änderung des Katechismus, in: Concilium 55 (2019) S. 100–112.

Theodor Seidl, Kunstverbot oder Kultverbot? Zum Verständnis des alttestamentlichen Bilderverbots, in: Erich Garhammer (Hrsg.), BilderStreit. Theologie auf Augenhöhe, Würzburg 2007, S. 29–45.

Emmanuel von Severus, *Art. Gebet I.*, in: Reallexikon für Antike und Christentum 8 (1972) Sp. 1134–1158.

Yves Sintomer, Das demokratische Experiment. Geschichte des Losverfahrens in der Politik von Athen bis heute, Wiesbaden 2016.

Hans-Georg Soeffner, Luther und das Entstehen des modernen Typus von Individualität, in: Klaus E. Müller (Hrsg.), Historische Wendeprozesse. Ideen, die Geschichte machten, Freiburg 2003, S. 163–187.

Georg Söll, Die Marienerscheinungen im 19. und 20. Jahrhundert und ihre Bedeutung für die Marienverehrung, in: Anton Ziegenaus (Hrsg.), Marienerscheinungen. Ihre Echtheit und Bedeutung im Leben der Kirche (Mariologische Studien 10) Regensburg 1995, S. 13–28.

Sven Speer, Offene Religionspolitik. Eine liberale Antwort auf religiös-weltanschauliche Vielfalt (Position Liberal 105) Potsdam 2012.

Myriam Spörri, *Reines und gemischtes Blut*. Zur Kulturgeschichte der Blutgruppenforschung (1900–1933), Bielefeld 2013.

Inga Steffen, Der Kampf gegen weibliche Genitalverstümmelung. Zerstörung einer langjährigen Tradition oder das Recht auf körperliche Unversehrtheit, Kiel 2018.

Wolfgang Stegemann, Jesus und seine Zeit (Biblische Enzyklopädie 10) Stuttgart 2010.

Leo Steinberg, *The Sexuality of Christ* in Renaissance Art and in Modern Oblivion, 2. überarb. u. erw. Aufl., Chicago 1996.

Peter Stih, Als die Kirche slawisch zu sprechen begann. Zu den Hintergründen der Christianisierung in Karantanien und Pannonien, in: Walter Pohl – Maximilian Diesenberger – Bernhard Zeller (Hrsg.), Neue Wege der Frühmittelalterforschung. Bilanz und Perspektiven (Forschungen zur Geschichte des Mittelalters 22) Wien 2018, S. 339–356.

Eberhard Stilz, Weltethos heute, in: Ulrich Hemel (Hrsg.), Weltethos für das 21. Jahrhundert, Freiburg 2019, S. 11–13.

Barbara Stollberg-Rillinger, Entscheidung durch das Los. Vom praktischen Umgang mit Unverfügbarkeit in der Frühen Neuzeit, in: André Brodocz (Hrsg.), Die Verfassung des Politischen. FS Hans Vorländer, Wiesbaden 2014, S. 63–84.

–, Europa im Jahrhundert der Aufklärung, Stuttgart 2000.

–, *Rituale* (Historische Einführungen o. No.) Frankfurt 2013.

Klaus von Stosch, *Theodizee* (Grundwissen Theologie) Paderborn 2013.

Guy G. Stroumsa, Caro salutis cardo. Shaping the Person in Early Christian Thought, in: Guy G. Stroumsa (Hrsg.), Barbarian Philosophy. The Religious Revolution of Early Christianity (Wissenschaftliche Untersuchungen zum Neuen Testament 112) Tübingen 1999, S. 168–190.

–, Early Christianity – A Religion of the Book?, in: Margalit Finkelberg – Guy G. Stroumsa (Hrsg.), Homer, the Bible, and Beyond (Jerusalem Studies in Religion and Culture 2) Leiden – Boston 2003, S. 153–173.

–, *Das Ende des Opferkults*. Die religiösen Mutationen der Spätantike, Berlin 2011.
–, Mystical Jerusalems, in: Guy G. Stroumsa (Hrsg.), Barbarian Philosophy. The Religious Revolution of Early Christianity (Wissenschaftliche Untersuchungen zum Neuen Testament 112) Tübingen 1999, S. 294–314.
–, From Repentance to Penance. Tertullian's *De Paenitentia* in Context, in: Guy G. Stroumsa (Hrsg.), Barbarian Philosophy. The Religious Revolution of Early Christianity (Wissenschaftliche Untersuchungen zum Neuen Testament 112) Tübingen 1999, S. 158–167.
Ellen Stubbe, *Seelsorge im Strafvollzug*. Historische, psychoanalytische und theologische Ansätze zu einer Theoriebildung (Arbeiten zur Pastoraltheologie 15) Göttingen 1978.
F. Stummer, Art. Beschneidung, in: Reallexikon für Antike und Christentum 2 (1954) Sp. 159–169.

T

Paola Tartakoff, Conversion, Circumcision, and Ritual Murder in Medieval Europe (The Middle Ages Series o. No.) Philadelphia 2020.
Gerd Theißen, Die Religion der ersten Christen. Eine Theorie des Urchristentums, 3. Aufl., Gütersloh 2003.
Michael Theobald, „Christus – Diener der Beschnittenen" (Röm 15,8). Der Streit um die Beschneidung nach dem Neuen Testament, in: Jan-Heiner Tück (Hrsg.), Die Beschneidung Jesu. Was sie Juden und Christen heute bedeutet, Freiburg 2020, S. 96–144.
Klaus Thraede, Art. Frau, in: Reallexikon für Antike und Christentum 8 (1972) Sp. 197–269.
–, Art. Gleichheit, in: Reallexikon für Antike und Christentum 11(1981) Sp. 122–164.
Markus Tiwald, *Beschneidung und Taufe* als Identity Markers in Frühjudentum und beginnendem Christentum, in: Ute E. Eisen – Heidrun E. Mader (Hrsg.), Talking God in Society. Multidisciplinary (Re)constructions of Ancient (Con)texts. FS Peter Lampe, 2 Bde., Göttingen 2020, hier Bd. 1, S. 223–240.
–, Das Frühjudentum und die Anfänge des Christentums. Ein Studienbuch (Beiträge zur Wissenschaft vom Alten und Neuen Testament Heft 208 = 11. Folge, Heft 8) Stuttgart 2016.
–, Wanderradikalismus. Jesu erste Jünger – ein Anfang und was davon bleibt (Österreichische biblische Studien 20) Frankfurt 2002.

Peter J. Tomson, Jewish Purity Laws as Viewed by the Church Fathers and by the Early Followers of Jesus, in: Marcel J. H. M. Poorthuis – Joshua Schwartz (Hrsg.), Purity and Holiness. The Heritage of Leviticus (Jewish and Christian Perspectives Series 2) Leiden – Boston – Köln 2000, S. 73–91.

Karel van der Toorn, Sin and Sanction in Israel and Mesopotamia. A Comparative Study (Studia Semitica Nederlandica 22) The Hague 1985.

Jan-Heiner Tück, Beschneidung Jesu. Ein Zeichen gegen die latente Israelvergessenheit der Kirche, in: Jan-Heiner Tück (Hrsg.), Die Beschneidung Jesu. Was sie Juden und Christen heute bedeutet, Freiburg 2020, S. 27–60.

Josef Tutsch, *Heilige Körperverletzungen*. Die Beschneidung im Kreis der Geburts- und Pubertätsriten der Völker, Kulturen und Religionen, in: Matthias Franz (Hrsg.), Die Beschneidung von Jungen. Ein trauriges Vermächtnis, Göttingen 2014, S. 20–51.

Edward B. Tylor, „Wild Men and Beast Children", in: The Anthropological Review 1 (1863) S. 21–32.

V

Nina Verheyen, Der ausdiskutierte Orgasmus. Beziehungsgespräche als kommunikative Praxis in der Geschichte des Intimen seit den 1960er Jahren, in: Peter-Paul Bänziger – Magdalena Beljan – Franz X. Eder – Pascal Eitler (Hrsg.), Sexuelle Revolution? Zur Geschichte der Sexualität im deutschsprachigen Raum seit den 1960er Jahren (1800 – 2000. Kulturgeschichten der Moderne) Bielefeld 2015, S. 181–197.

Philipp Vielhauer, Geschichte der urchristlichen Literatur. Einleitung in das Neue Testament, die Apokryphen und die apostolischen Väter, Berlin 1985.

Herbert Vorgrimler, Geschichte der Hölle, München 1993.

W

Caroline Walker Bynum, *The Body of Christ* in the Later Middle Ages. A Reply to Leo Steinberg, in: Renaissance Quarterly 39 (1986) S. 399–439.

Rainer Warland, Die ältesten Christusbilder. Bildkonzepte des 3. und 4. Jahrhunderts in stetiger Veränderung, in: Imperium der Götter. Isis – Mithras – Christus. Kulte und Religionen im Römischen Reich, hrsg. v. Badischen Landesmuseum Karlsruhe, Darmstadt 2013, S. 362–363.

Ines Weber, Ein Gesetz für Männer und Frauen. Die frühmittelalterliche Ehe zwischen Religion, Gesellschaft und Kultur (Mittelalterliche Forschungen 24) 2 Teilbände, Ostfildern 2008.

Max Weber, *Wirtschaft und Gesellschaft*. Grundriss der verstehenden Soziologie, hrsg. v. Johannes Winckelmann, 5. Aufl., Tübingen 1976.

Barbara Weber-Dellacroce, Der Konstantinische Kirchenbau – Die Suche nach der rechten Form, in: Martin Klöckener – Albert Urban (Hrsg.), Liturgie in Wendezeiten. Zwischen konstantinischem Erbe und offener Zukunft, Trier 2009, S. 60–85.

Andreas Weckwerth, *Art. Reinheit, kultische*, in: Reallexikon für Antike und Christentum 28 (2018) Sp. 870–914.

–, *Was hat Cicero mit der Liturgie zu schaffen?* Zur Bedeutung der Rhetorik in der spätantiken lateinisch-christlichen Gebetssprache, in: Uta Heil (Hrsg.), Das Christentum im frühen Europa. Diskurse – Tendenzen – Entscheidungen (Millennium-Studien zur Kultur und Geschichte des ersten Jahrtausends n. Chr. 75) Berlin – Boston 2020, S. 433–457.

–, *Ne polluantur corpora*. Die Furcht vor ritueller Befleckung im Komplethymnus *Te lucis ante terminum*, in: Römische Quartalschrift 111 (2016) S. 50–69.

Alfons Weiser, Art. Los II. (Biblisch 2. Neues Testament), in: Lexikon für Theologie und Kirche 6 (1997) Sp. 1059.

Otto Weiß, Aufklärung – Modernismus – Postmoderne. Das Ringen der Theologie um eine zeitgemäße Glaubensverantwortung, Regensburg 2017.

Johannes Weiß, Stellvertretung. Überlegungen zu einer vernachlässigten soziologischen Kategorie, in: Kölner Zeitschrift für Soziologie und Sozialpsychologie 36 (1984) S. 43–55.

Maria von Welser, *Wo Frauen nichts wert sind*. Vom weltweiten Terror gegen Mädchen und Frauen, München 2016.

Dorothea Wendebourg, *Die alttestamentlichen Reinheitsgesetze* in der frühen Kirche, in: Zeitschrift für Kirchengeschichte 95 (1984) S. 149–174.

Uwe Wesel, *Geschichte des Rechts in Europa*. Von den Griechen bis zum Vertrag von Lissabon, München 2010.

Franz Josef Wetz, Der Grenzgänger, in: Angelina Whalley – Franz Josef Wetz (Hrsg.), Der Grenzgänger. Begegnungen mit Gunther von Hagens, Heidelberg 2005, S. 274–293.

Thomas Wiedemann, *Adults and Children* in the Roman Empire, London 1989.

Herbert Willems – Sebastian Pranz, Vom Beichtstuhl zum Chatroom. Strukturwandlungen institutioneller Selbstthematisierung, in: Günter Burkart (Hrsg.), Die Ausweitung der Bekenntniskultur – Neue Formen der Selbstthematisierung?, Wiesbaden 2006, S. 73–103.

Ina Willi-Plein, Ein Blick auf die neuere Forschung zu Opfer und Kult im Alten Testament, in: Verkündigung und Forschung 56 (2011) S. 16–33.

Jean Wirth, Aspects modernes et contemporains de l'iconoclasme, in: Peter Blickle u. a. (Hrsg.), Macht und Ohnmacht der Bilder. Reformatorischer Bildersturm im Kontext der europäischen Geschichte (Historische Zeitschrift. Beiheft 33) München 2002, S. 455–481.

–, Soll man die Bilder anbeten? Theorien zum Bilderkult bis zum Konzil von Trient, in: Cécile Dupeux – Peter Jezler – Jean Wirth (Hrsg.), Bildersturm. Wahnsinn oder Gottes Wille? Katalog zur Ausstellung, Zürich 2000, S. 28–37.

Helmut Wolf, *Beschneidung und Recht*, in: Martin Langanke – Andreas Ruwe – Henning Theißen (Hrsg.), Rituelle Beschneidung von Jungen. Interdisziplinäre Perspektiven (Greifswalder theologische Forschungen 23) Leipzig 2014, S. 237–256.

Hubert Wolf, Konklave. Die Geheimnisse der Papstwahl, Darmstadt 2017.

–, Zölibat. 16 Thesen, München 2019.

Michael Wolter, Der Brief an die Römer (Teilband 1: Röm 1–8) (Evangelisch-Katholischer Kommentar zum Neuen Testament 6,1) Neukirchen-Vluyn 2014.

X/Y/Z

Ann Marie Yasin, Saints and Church Spaces in the Late Antique Mediterranean. Architecture, Cult, and Community, Cambridge 2009.

Christian Zentner (Hrsg.), Das große Lexikon des Dritten Reiches, Augsburg 1993.

Philipp Zitzlsperger, *Trient und die Kraft der Bilder*. Überlegungen zur virtus der Gnadenbilder, in: Peter Walter – Günther Wassilowsky (Hrsg.), Das Konzil von Trient und die katholische Konfessionskultur (1563–2013) (Reformationsgeschichtliche Studien und Texte 163) Münster 2016, S. 335–372.

Paul M. Zulehner, Zum Rechtspopulismus in Deutschland. Gründe und Gegenstrategien, in: Stefan Orth – Volker Resing (Hrsg.), AfD, Pegida und Co. Angriffe auf Religion?, Freiburg 2017, S. 9–35.

Danksagung

Lehrveranstaltungen mit Überblickscharakter locken zu weit ausholenden Brückenschlägen. So didaktisch hilfreich und inhaltlich spannend derartige Seminare für alle Beteiligten sind, so ist ein daraus hervorgehendes Buch für den Autor doch mit einem hohen Risiko verbunden. Die Untersuchung religiöser Phänomene, verbunden mit diachronen Schnitten sowie kultur- und epochenübergreifenden Perspektiven, heißt nicht selten, sich auf ansonsten meist streng voneinander getrennte wissenschaftliche Gebiete zu begeben.

Trotz der genannten Schwierigkeiten halte ich es angesichts der großen Bedeutung des Faktors Religion in den aktuellen internationalen und interdisziplinären Diskussionslagen rückblickend für unbedingt lohnend, das Wagnis eingegangen zu sein, die Frage nach ortho-praktischer Religiosität in der Gegenwart gestellt und die auf dem Radar aufscheinenden Phänomene historisch untersucht zu haben.

Ich bin dankbar dafür, dass in dieses Buch manches Wissen eingegangen ist, das mir freundschaftlich verbundene Kolleginnen und Kollegen zur Verfügung gestellt haben.

Für die Lektüre des gesamten Manuskriptes in den unterschiedlichen Stadien und für die daraus zahlreich hervorgegangenen Anregungen fühle ich mich dankbar verbunden: Mirko Breitenstein (Dresden), Sebastian Eck (Münster), Torsten Habbel (Münster), Berndt Hamm (Ulm), Andreas Holzem (Tübingen), Rolf Husmann (München), Matthias Kloft (Frankfurt a. M.), Barbara Schmitz (Würzburg) und Michael Sommer (Regensburg). Markus Lau (Fribourg) hat das Kapitel zur Beschneidung kritisch gegengelesen, Josef Freitag (Lantershofen) die Einleitung und das Schlusskapitel kritisch geprüft. Norbert Reck (München) hat das Kapitel zur Sexualität mit seinem Wissen vorangebracht. Reinhard Hoeps (Münster) hat wichtige Hinweise zum Kapitel über die Bilder beigesteuert. Weitere entscheidende Einzelhinweise gehen zurück auf

Danksagung

Michael Bangert (Basel), Wilhelm Damberg (Münster), Stephan Goertz (Mainz), Michael Hemmer (Münster), Thomas Hieke (Mainz), Thomas Kestermann (Marburg), Julia Knop (Erfurt), Benedikt Kranemann (Erfurt), Klaus Nelissen (Köln), Tobias Nicklas (Regensburg), Clauß-Peter Sajak (Münster), Hildegard Scherer (Duisburg-Essen), Thomas Sternberg (Münster), Magnus Striet (Freiburg), Markus Tiwald (Wien) und Klaus van-Eickels (Bamberg). Allen ein sehr herzliches Danke.

Mathis Erpenbeck hat sich als Mitglied des Lehrstuhl-Teams um die Beschaffung auch schwer zugänglicher Literatur bemüht, das Literaturverzeichnis betreut und das Korrekturlesen unterstützt. Auch dafür: Danke!

Einem Aufenthalt im „Theologischen Forschungskolleg Erfurt" im WiSe 2017/18 und den Kontakten mit den dortigen Kolleginnen und Kollegen verdankt die vorliegende Publikation einen ersten Push. Der Dank für die erfahrene Gastfreundschaft gilt stellvertretend Benedikt Kranemann und Julia Knop.

Schließlich ist dieses Buch nicht denkbar ohne die kritischen Rückmeldungen der Studierenden in meinen Lehrveranstaltungen an der Universität Duisburg-Essen zu den vorgelegten Thematiken während der vergangenen Semester. Auch ihnen gilt dafür ein herzliches Danke.

Der Althistoriker Peter Brown stellt heraus, dass ein Historiker nicht allein davon lebt, viele Bücher in seiner Studierstube gelesen zu haben. Ebenso wichtig sei es, dass er innerlich und äußerlich offen ist für Neues und Lust daran hat, es im Alltag zu entdecken. In genau diese Richtung hat mich auch meine regelmäßige ehrenamtliche Mitarbeit in einer therapeutischen Wohngruppe der Behindertenhilfe St. Johann in Osnabrück inspiriert, die mir seit vier Jahren immer wieder neue Einblicke in die Vielfalt menschlichen Lebens beschert. Einigen Bewohnern sowie Teamkolleginnen und Teamkollegen sei für diese Verbundenheit stellvertretend gedankt: Baris Altun, Tim Armbruster, Christiane Böhne, Pascal Brockel, Luca Gedigk, Alena Hartmann, Michelle Kathmann, Mike Mildner, Gani Sali, Lukas Scheller, Freddy Seidel, Kathy Steindor und Felix Wolkenstein.

Danksagung

Last not least wäre dieses Buch nicht entstanden ohne die Ermutigung, die Feedbacks und die technische Unterstützung des Lektors Clemens Carl vom Verlag Herder. Vielen Dank auch dafür!

Münster, im Herbst 2022

Register

A

Abaelard, Peter († 1142) 139
Abendmahlsworte, s. sollemnia verba
Abraham 230, 232
Abschreckung 272, 294, 310
Abstammung 17, 73
Achsenzeit 17–34, 163, 301f.
Adam 87, 275
Ägypten 107
Alanus ab Insulis († 1202) 137
Alkuin († 804), Theologe 191
Altar 12, 109, 139, 159
Ambiguität 299–301
Ambrosius von Mailand († 397), Bf. 103
Amnesty International 294
Antonius von Padua († 1231) 64
Apollinaris von Laodicaea († 390) 244
Apostel 52, 195
Archimedes 19
Aufklärung, Bewegung der 34, 57, 110, 143, 202, 207, 246, 251, 260, 273, 291, 310
Augustinus von Hippo († 439), Bf. 63, 87, 104, 186, 205, 289f.

B

Bali 12
Barmherzigkeit, s. Nächstenliebe
Benedict, Ruth († 1948) 91
Benedikt XVI., Papst 39, 175
Benin 154
Beschneidung 224–251, 309
– An Herz und Ohr 229, 234–236, 239
– Christlich 237–246
– Jesu 240–246
– Jüdisch 229–236, 249, 308
– Juristisch umstritten 225–227
– Körperverletzung 226f., 250f.
– Medizinisch begründet 227f., 308
– Muslimisch 236f., 249, 308
– Religiös begründet 249
– Zwecks körperlicher Perfektionierung 247–249
Bild
– Abbild 39–67, 302f.
– Gnadenbild 60
– Urbild 39–67, 302f.
– Verehrung der 54, 56
– Vom Himmel gefallen 56
Bilderdekret 60
Bildersturm 61f.
Bildertheologie 60
Bilderverbot
– Christliches 47f., 51–53, 56
– Jüdisches 48–51
Bildungsreform, karolingische 31
Biologie 90f.
Bischof 85, 141, 279, 288f.
Blannbekin, Agnes († 1315), Mystikerin 245
Blendung 272, 282, 291
Blut 152f., 308
Blutgruppe 152f.
Blutrache 278

357

Blutspende 152f., 305
Blutsverwandtschaft 20
  – Naturwissenschaftlich 68f., 74, 95
  – Ursprungsmythisch 70–75, 81–88
Bluttransfusion 152f.
Boas, Franz († 1942) 91
Bonifaz VIII. († 1303), Papst 64
Brentano, Clemens von († 1842) 110
Brot- und Kelchritus 25, 171, 186
Buchdruck 33
Buchreligion 20, 257
Buddha 19, 101, 107
Buddhist 98–101
Buße
  – Intentionshaftung 261f., 271, 285–291
  – Tathaftung 261f., 271, 285–288, 291, 309f.
Bußleistung 252f.

C
Caritas 20, 86, 169, 171
Carvajal, Bernardino († 1523), Kardinal 244
Charlie Hebdo 42–45 A. 10, 62, 65, 67, 303
Chavez, Hugo († 2013) 113 A. 26
China 17, 19
Columban von Luxeuil († 615) 85
Corpus incorruptum 98–115, 118f., 138, 304f.
Credo 26

D
Degenerationsthese 14f.
Demokratie 222f.

Diakon 141, 145f.
Do ut des 141, 154, 156, 173, 259, 285, 305f.

E
Ehe 83, 127, 141, 151, 275f.
Eid 181, 196f.
Ekkehard von St. Gallen († 973) 79
Elevation 142
Emmerick, Anna-Katharina († 1824), Mystikerin 110
Entziehungswunder 142
Erbfolge 68
Erbrecht 69
Erdogan, Recep T., Türkischer Präsident 70–72, 294
Ethik 20, 25, 27, 30, 163, 172, 312f.
Eucharistie 257f.
Eugenik 90f.
Europa 22, 65f., 86, 94f.
Eusebius von Caesaraea († 339) 52f.
Eva 275
Evangelische Räte 146
Ewiges Gericht 263, 285

F
Fabri, Felix († 1502), Dominikaner 266f.
Familie
  – Geistliche Familie 81–88, 95
  – Großfamilie (Clan) 95f.
  – Herkunftsfamilie 78–81
Fehde 64, 279–281, 283
Feindesliebe 20, 62f.
Felix von Bourges († 580), Bf. 106
Formstrenge 177–180, 306
  – Bedeutungslosigkeit der 185–187, 195–197, 306f.

– Im Recht 180–183, 196f., 306f.
– In der Liturgie 183–185, 188–196, 306f.
Franziskus I., Papst 175, 295–297, 310
Franziskus von Assisi († 1226) 64, 93
Frau 10, 126f., 139f., 151, 203, 237, 266f., 271–277, 309, 317
Frieden 62, 277, 279f., 315

G

Gebet 13, 20, 158, 165, 171, 184, 210
Geburt 130, 132, 150, 257f., 300, 310
Gelübde 27, 171
Gene 95
Gentilismus 72–78, 303f., 318f.
Gleichberechtigung 126–128, 318f.
Goldene Regel 312
Gott
– Transzendenz 20, 48, 184, 257, 283, 312
– Vater 81–88
Gotteskinder 81–88
Gottesknecht 165–167
Gottesurteil 109, 201, 212–215, 220, 307
Gotteszorn 189
Grab 103, 101–111
Gregor der Große († 604), Papst 29, 134
Gregor von Tours († 594), Bf. 106, 205, 279
Griechenland 17
Guthlac († 714), Hl. 206

H

Hagens, Gunther von 114–118
Heilige 44, 46f., 54, 117, 267
– Doppelexistenz 108, 258
– Erhebung/Exhumierung 108–112
– Lebender Toter 112f., 121, 304
– Realpräsenz 108, 258f.
Heiligenbilder 52f., 56f.
Heilige Zeit 269
Heiliger Ort 256–259, 263f., 309
Heilsmittler 141
Hensel, Luise († 1876) 110
Heraklit († 460 v. Chr.) 163
Herz 20, 120, 189, 194, 301
Hieronymus († 420), Bf. 104
Hilarion von Gaza († 371) 104
Hinduismus 10f., 156
Hitler, Adolf († 1945) 89
Hochgebet 186, 189f., 192f., 196
Homer 19, 158, 216
Homosexualität 11, 149
Hubertus von Maastricht-Lüttich († 727), Bf. 108–110

I

Ignatius von Loyola († 1556) 57
Ikone 54, 57, 60, 166
Imperium Romanum 140
– Westteil 28f., 76f., 135, 191, 291, 301
– Ostteil 140
Indien 11f., 17, 19
Innerer Mensch 21
Interreligiöses Lernen 313–315, 319
Iran 270
Irland 132, 189

Isidor von Sevilla († 633), Theologe 136
Islam 246, 250f.
Islamist 11, 42–44, 66, 302
Israel 17, 217f., 229–231, 233

J
Jakobus, Apostel 118, 255
Jaspers, Karl († 1969) 17–23, 300
Jerusalem 266f.
Jesuiten 147
Jesus (Christus) 25f., 40f., 44, 47, 52, 81–88, 102f., 106, 118–120, 132f., 166–168, 170, 194f., 204, 218, 237–239, 267, 275, 283f., 288f.
Johannes Chrysostomus († 407), Bf. 211
Johannes der Täufer 166
Johannes Paul II. († 2005), Papst 111, 304, 315
Johannes von Damaskus († 750) 58
Jordan von Sachsen († 1370/80) 193
Josef, Vater Jesu 106f.
Judas, Apostel 218
Judentum 150, 153, 204
Juncker, Jean-Claude 93

K
Kapitaldelikt 131, 137
Karikaturenstreit 41–44
Karl der Große († 814), Kaiser 29, 31, 190f.
Karlmann († 771), König 109
Karolingische Renaissance 31f.
Katharina von Siena († 1380), Hl. 207, 242, 245

Kaysersberg, Johann Geiler von († 1550) 267
Kind 86, 143–147, 170, 192, 198, 200–223, 307f.
Kinderbischof 146
Kindergebet 209–212
Kinderopfer, s. Opfer
Kinderpartizipation 198f.
Kinderrechte 189f., 251
Kinderstimme 204f., 209–212
Kinderwallfahrt 212
Kippenberger, Martin († 1997) 40
Kleindelikt 137
Kleine Eiszeit 33
Klemens von Alexandrien († 215) 52
Kloster
 – Aufnahmeversprechen 27, 78
 – Buddhistisch 98–101
 – Konflikte im 78–80
Kolonisierung 15f.
Kommunionempfang 138
Konfuzius († 479 v. Chr.) 19
Konklave 215, 220
Konsekrationsworte 192
Konstantin († 337), Kaiser 53, 140, 257
Kopten 199–203
Koptenpapst 199–203
Koran 51
„Körperwelten", Ausstellung 114, 116f.
Kosmisches Gleichgewicht 261–263
Kreuz 40f., 47, 241
Kreuzzug 138
Krieg
 – Gerechter 63
 – Heiliger 63

Register

Küng, Hans († 2021) 311f.
Kyrie eleison 210

L
Laie 147, 151, 200
Landsteiner, Karl († 1943) 152
Langobarden 85
Laotse 19
Lenin, Wladimir I. († 1924) 113
Liturgietabu 130, 139, 189
Losentscheid 201–203, 215–221, 307
Lotterie 221f.
Lukas, Evangelist 54, 56
Luther, Martin († 1546) 192f.

M
Mani († 274), Gnostiker 244
Maria, Mutter Jesu 207
Marienerscheinung 207f.
Markus, Evangelist 202
Martin von Tours († 397), Bf. 108, 208
Martyrium 105
– Blutiges 105, 157, 164–168, 258
– Unblutiges 105, 168, 170–172
Matthias, Apostel 218
Mekka 256
Menstruation 10, 131f., 138, 142, 150, 274f.
Menstruationshütte 10f.
Mietpilger 254–256, 260, 262, 264f., 309
Missbrauch, sexueller 40, 144–147
Mittelalter
– Frühes 31f., 34, 52, 57, 73, 76, 78, 84f., 105, 120, 137, 142, 153, 182f., 188, 261f., 278f., 301, 309
– Hohes 32, 47, 55f., 78, 242, 244f., 265
– Spätes 33f., 55f., 58, 183, 211, 242, 244f., 253, 265
Mohammed, Prophet 41–46, 65–67, 236, 302f.
Mönch 85, 140, 145f., 148, 172, 266
Monotheismus 48f. A. 18, 300
Mose 48
Mumifizierung 107 A. 13
Muslim 127, 257
Mutian, Konrad († 1526) 193
Mystik 32f., 55

N
Nächstenliebe 84, 165, 172, 186, 300
Nahrungstabu 130
Narr, Karl J. († 2009) 18
Nationalsozialismus 21f., 88–94, 304
– „Blutschranke" 88
– Blutschutzgesetz 89
– Blutsfremd 88
– Blutsgemeinschaft 88
– Nordische Rasse 88
Nikolaus von Myra († 343), Bf. 206

O
Obama, Barack 176–179, 196f.
Offenbarungsreligion, s. Weltreligion
Ökumene 311, 315f., 319f.
Opfer
– Geistiges 26, 153, 164, 295, 300, 305

- Geistlos dargebrachtes 20, 305
- Kinderopfer 156f.
- Lob- und Dankopfer 164f.
- Materielles 152–162, 173f., 300
- Menschenopfer 155f., 162, 173, 318
- Schlachtopfer 157f., 164
- Selbstopfer (s. auch Opfer, geistiges) 163–172
- Tieropfer 155, 158, 160–162, 318

Opferaltar 12, 159–162, 164
Opferfeier 159–162
Opferfeuer 12
Opfergabe 12, 20
Opfertier 155, 159–161
Oratio periculosa 189f., 193
Ordal, s. Gottesurteil
Origenes († 254) 52
Ortlosigkeit, christliche 258
Otto I. († 973), König 79
Ovid († 17 n. Chr.) 163

P

Padre Pio († 1968) 118, 304f.
Papst 44, 80, 175f.
Paradies 109, 188
Pater familias 82f., 161
Patria potestas 82f.
Paulus, Apostel 25f., 53, 102, 136, 235f., 238, 275
Pegida 94
Petrus, Apostel 53, 80f., 188
Philo von Alexandrien († nach 40 n. Chr.) 218
Philosoph(-ie), griechisch 25, 27, 47f., 51f., 163
Pilger 101, 117f.

Pilgerhut 267
Pilgermantel 267
Pilgerschaft
- Äußere 266, 309
- Innere 253, 265–268, 309
- Virtuelle 267f.

Pilgerstab 267
Pilgerurkunde 264
Pilgerweg 253
Pilgerzeichen 264
Pirmin († 753) 136
Piusbrüder 194f., 306
Plastination 114–117
Platon († 348/7 v. Chr.) 216
Pollutio 136f.
Pollution 131, 134, 138, 142
Pontifikalreligion 184
Porphyrios († 301/305) 163
Presbyter (Priester) 141, 144–147, 187, 266
Primiz 192f.
Prophet (Israels) 19, 51 132, 164, 172

R

Rache 20, 269f., 272f., 277–285, 297, 309f.
Raschi († 1105) 233
Realpräsenz 56, 58, 65, 67
Reformation 56–59, 61, 143, 291
Reichskammergericht 64
Reinheit, kultische
- Äußere 11, 105, 129–132, 135–151, 199, 204f., 301, 307, 316–318
- Innere 20, 129–135, 143, 148–151, 317f.

Religion
- Einfachreligion 14–16

Register

- Hochreligion 14–16
Religiosität
    - Ortho-praktisch 23f., 34f.
    - Vergeistigt 23f., 34f.
Reliquien 47, 55, 139
    - Fingernägel 112
    - Ganzkörperreliquien 112–114, 116
    - Haare 112
    - Partikularreliquien 112–114, 116
    - Verehrung 105
    - Vorhaut 112, 244f.
    - Zähne 112
    - Zehennägel 112
Ritual 178f.
Rom 29, 175f., 188, 266f.
Rosenberg, Alfred († 1946) 90
Rotes Kreuz 153

S
Saintyves, Pierre († 1935) 110
Santiago de Compostela 118f., 254f., 267
Schabmadonna 57
Schluckbild 57
Scholastik 32, 276
Schriftlichkeit 33f., 85
Schwur 181
Selbstjustiz 269f., 280f., 293
Sendgericht 269f.
Severinus von Noricum († 482), Hl. 104
Sexualität
    - Unreinheit, kultisch-äußere 125–151, 208f., 223, 308f.
    - Unreinheit, kultisch-innere 125–151
Sexualtabu 130

Sixtus IV. († 1484), Papst 244
Sollemnia verba 184f.
Soubirous, Bernardette († 1879) 208
Spätantike, Übergang zum Frühmittelalter 29–31
Speisetabu 130, 139
Spiegelnde Strafe 282f., 295
Spitzenahn 72–78, 81, 87, 303
Stammbaum 76
Stephanus, Märtyrer 102
St. Gallen, Kloster 79
Strafwunder 63f.
Sühne 165–168, 241, 246
Syrien 11

T
Talion 277–279, 284f., 291, 294f., 297
Taufe 26, 81–83, 145, 237, 248, 288
Täufer 61
Täuferreich von Münster 61f.
Taufpate 83
Tawadros II., kopt. Papst 200–223
Taylor, Edward B. († 1917) 15
Tertullian († 220) 170
Testament
    - Altes 25, 48–50, 130, 257, 274
    - Neues 25, 28, 50–52, 81–88, 101, 134f., 140, 185f., 218, 257, 274
Thanatopraktiker 97
Theofried von Echternach († nach 1110), Abt 120
Theophanie 48
Thomas von Froidmont († nach 1225) 136f.
Thysia 158f.

363

Register

Thysia logikä 171
Titus Livius († 17 n. Chr.) 162
Tod 97, 130, 308, 310
Todesstrafe 271, 291, 294–297, 310
Toleranz 65
Tonsur 146
Tora 50, 230
Tridentinische Liturgie 192, 194f.
Tridentinum 60, 194
Türke 70–72, 212

U
Universalität 17, 20, 22, 73, 77, 81–88, 93, 169, 300, 303f., 318
UN-Kinderrechtskonvention, s. Kinderrechte
UN-Menschenrechtskonvention 86, 273, 294, 311, 316–320
Unverweslichkeit 101, 113f., 119–121, 304f.
Upanischaden 19
Urahn, s. Spitzenahn

V
Valentinian III. († 455), Kaiser 103
Valentinus († nach 160), Gnostiker 244
Valerius von Saint-Lizier († ca. 451) 106
Vater
 – Geistlicher 81–88
 – Leiblicher 82
Vatileaks-Affäre 39

Vereinigte Staaten (USA) 13, 91, 94f., 176–179
Vergeistigung, Prozess der (s. auch Innerer Mensch) 17, 33f., 309f.
Vergeltung 20, 269, 272, 277–285, 291–297
Verhandlungsmoral 149
Verwesung 97, 138
Verzeihung 284
Vespasian († 79), Kaiser 233
Völkerwanderung 135
Voodoo 154f.

W
Wallfahrt 60, 138, 257, 263, 304, 309
Wanderapostel 82
Warschau 94
Waschung, rituelle 131
Weber, Max († 1920) 171f.
„Weltethos" 311–313
Weltreligion 300, 306, 311–313, 315
Westergaard, Kurt († 2021) 41f.
Westfälischer Friede 65

Z
Zarathustra 19
Zehn Gebote 50f.
Zetergeschrei 182
Zölibat 120, 140
Zweite Taufe 145f.
Zweiter Weltkrieg 21, 94